支払免責制度の研究

島田志帆 著
Shimada Shiho

法律文化社

　　　　　　は　し　が　き

　本書は，支払免責——手形金の支払債務を負担している手形債務者は，裏書の連続した手形の所持人に支払えば，たとえその所持人が真の権利者ではなかったとしても，その支払によって免責される——について，筆者のこれまでの研究をまとめたものである。さらに，無権限者に対して支払った債務者を免責するという共通点に着目し，預金の不正な払戻しと銀行の免責——預金の払戻義務を負う銀行は，通帳・届出印の持参人に対して払い戻せば，たとえその通帳や印鑑の持参人が真の預金者でなかったとしても（窃盗者・なりすまし），その払戻しによって免責される——に関して，若干の付論を行っている。もっとも，その壮大なタイトルからみて追求すべき目的を本書で達成できたとは言い難く，各所において十分に掘り下げた検討・考察がなされておらず，未検討の課題も少なくない。このように拙いものではあるが，まとめる機会をいただいた幸運に感謝しつつ，皆様からのご批判，ご教示を今後の糧として精進していきたい。

　本書の第1章，第2章，第3章はそれぞれ，大学院在籍時に公表した3つの論文（「手形債務者の免責の法的構造——手形法40条3項の意義と適用範囲——」法学政治学論究47号（2000年），「民法470条の法的構造——民法上の指図債権における『形式的資格』——」法学政治学論究50号（2001年），「遡求権保全の要件としての支払呈示に関する一考察——ドイツの支払拒絶証書論を参考に——」法学政治学論究53号（2002年））について，大幅な加筆・修正を行ったものである。また，付論1「預金者と銀行の利害調整基準に関する一試論——払戻請求書の免責的効力を基礎に——」は京都学園法学2008年2・3号（2009年）に掲載予定であり，付論2「預金払戻しに関する免責約款の効力」は『慶應の法律学　商事法——慶應義塾創立一五〇年記念法学部論文集』（慶應義塾大学出版会，2008年），付論3「【判例研究】盗難通帳による不正な預金払戻しと預金者の過失」は旬刊金融法務事情2008年8月25日号（1843号）が初出となる。

　本書を完成させるまでに，多くの先生方と実務家の方からご指導をいただい

た。研究会報告がその機会であり，慶應義塾大学商法研究会において，京都へ赴任してからはさらに立命館大学商法研究会，関西金融判例・実務研究会において，鋭いコメントや有益な示唆をいただいた。ここでは，学部時代からご指導をいただいている倉澤康一郎先生，宮島司先生のお名前のみを挙げて，他の多くの方々への謝辞ともさせていただきたい。

なお，本書の刊行にあたっては，平成20年度京都学園大学学術出版助成をいただいた。製作については，法律文化社にご尽力いただいた。末尾ながら，関係各位の皆様に厚く御礼を申し上げたい。

2008年秋

著　者

文献略語表

判例集・雑誌・紀要等の名称については、以下の略称によって引用する。

<日本>

民録	大審院民事判決録	綜合	綜合法学
大民集	大審院民事判例集	手研	手形研究
民集	最高裁判所民事判例集	判時	判例時報
高民集	高等裁判所民事判例集	判タ	判例タイムズ
下民集	下級裁判所民事裁判例集	評論	法律学説判例評論全集
重判解	重要判例解説	別ジュリ	別冊ジュリスト
新聞	法律新聞	法時	法律時報
判評	判例評論	曹時	法曹時報
リマークス	私法判例リマークス	民商	民商法雑誌
企会	企業会計	愛学	愛知大学法経論集法律篇
金判	金融・商事判例	一論	一橋論叢
金法	金融法務事情	関法	関西大学法学論集
銀法	銀行法務21	神戸	神戸法学雑誌
ジュリ	ジュリスト	同法	同志社法学
新聞	法律新聞	法協	法学協会雑誌
手研	手形研究	法研	法学研究
受新	受験新報	論叢	法学論叢
商事	旬刊商事法務	北九州	北九州大学法政論集
		名学	名古屋学院学論集社会科学篇

<ドイツ>

ROHG	Entscheidungen des Bundes=Oberhandelsgerichts, Bd.1(1871)- Bd.2(1871); Entscheidungen des Reichs=Oberhandelsgerichts, Bd.3(1872)-Bd.25(1880)
RGZ	Entscheidungen des Reichsgerichts in Zivilsachen, Bd.1(1880)-Bd.172 (1945)
BGHZ	Entscheidungen des Bundesgerichtshofes in Zivilsachen, Bd.1(1951)ff.
BGBl I	Bundesgesetzblatt, Teil I, 1951ff.
ArchDWR	Archiv für deutsches Wechselrecht, Bd.1(1851)-Bd.5(1857); Archiv für deutsches Wechselrecht und Handelsrecht, Bd.6 (1858)-Bd.18(1869).
ArchTP	Archiv für Theorie und Praxis des allgemeinen deutschen Handelsrechts, Bd.1(1863)-Bd.25(1872); Archiv für Theorie und Praxis des allgemeinen

	deutschen Handels- und Wechselrechts, Bd.26(1873)- Bd.48 (1888)
BB	Der Betriebs-Berater, 1946ff.
DJZ	Deutsche Juristenzeitung (1896-1936)
HRR	Höchstiricherliche Rechtsprechung (1928-1942)
JherJb	Jherings Jahrbücher für die Dogmatik des bürgerlichen Rechts, Folge 2, Bd.1(1897)-Bd.54(1943)
JR	Juristische Rundschau (1925-1935, N.F.1947ff.)
JuS	Jurisutische Schulung, 1961ff.
JW	Juristische Wochenschrift, Bd.1(1872)-Bd.68(1939)
LZ	Leipziger Zeitschrift für Handels-, Konkurs-, und Versicherungsrecht, Bd.1(1907)-Bd.7(1913)
NJW	Neue Juristische Wochenschrift, 1947ff.
NJW-RR	NJW-Rechtsprechung-Report Zivil Recht, 1986ff.
Recht	Das Recht: Rundschau für dem Deutschen Juristenstand, Bd.1(1897)-Bd.28 (1924)
VuR	Verbraucher und Recht, 1986ff.
WM	Wertpapier-Mitteilungen. Teil IV: Zeitschrift für Wirtschafts- und Bankrecht, 1947ff.
ZfH	Zentralblatt für Handelsrecht, Bd.1(1926)-Bd.8(1933).
ZHR	Zeitschrift für das gesammte Handelsrecht, Bd.1(1858)-Bd.59(1907); Zeitschrift für das gesamte Handelsrecht und Konkursrecht, Bd.60(1907)-Bd.123(1960); Zeitschrift für das gesamte Handelsrecht und Wirtschaftsrecht, Bd.124(1961/1962) ff.

目　　次

はしがき
文献略語表

序　章 … 3
第1節　問題意識 … 3
第2節　本書の課題と構成 … 5

第1章　支払免責制度の法的構造 … 11
第1節　はじめに … 11
第2節　手形債務者の支払免責と所持人の形式的資格の関係 … 15
1　手形法40条3項の法的構造を巡る議論　15
2　所持人の「形式的資格」　19
3　裏書の連続と権利行使の「資格」　22

第3節　ドイツにおける支払免責制度の生成と確立 … 26
1　普通ドイツ手形条例36条の成立　26
2　いわゆる善意取得制度の導入　36
3　支払免責と善意取得の関係──1861年ニュルンベルク改正法における議論　41
4　小　括　46

第4節　有価証券理論としての支払免責 … 47
1　資格者に対する支払と免責　47
　（1）当事者適格（Legitimation zur Sache）としての資格　（2）悪意の取得者への支払と支払免責の効果
2　学説にみる支払免責の理論構造　54
　（1）Brunnerの見解　（2）von Gierkeの見解　（3）Jacobiの見解
3　小　括　73

第5節　統一手形法の受容と現行ドイツ手形法における支払免責制度 … 75
　　1　統一手形法40条3項の成立史　78
　　　（1）第1回ハーグ会議──統一手形法予備草案49条3項　　（2）第2回ハーグ会議──ハーグ規則39条3項　　（3）ジュネーブ専門家委員会──専門家委員会草案39条3項　　（4）ジュネーブ会議──統一手形法40条3項
　　2　ドイツ手形法40条3項における議論──適用範囲と「悪意」概念に関して　93
　　　（1）旧時の学説　　（2）現在の学説
　　3　小　括　103

　第6節　手形法40条3項の意義と適用範囲 ……………………………… 105
　　1　支払免責制度における所持人の形式的資格の意義　105
　　2　手形法40条3項の意義と適用範囲　113

　第7節　小　　括 ……………………………………………………………… 117

第2章　民法上の指図債権における債務者の支払免責 … 121

　第1節　はじめに ……………………………………………………………… 121

　第2節　民法470条の立法趣旨 ……………………………………………… 128
　　1　弁済の効果と債務者の免責　128
　　2　「所持人ノ真偽及ヒ其署名，捺印ノ真偽」の「調査義務」「調査権」　132
　　3　民法470条に関する学説の展開　137

　第3節　商法草案における所持人の「資格(Legitimation)」と債務者の支払免責 … 143
　　1　所持人の形式的資格と実質的資格　143
　　2　手形債務者の調査権と支払免責　155
　　3　手形債務者の支払免責と所持人の形式的資格　159
　　4　所持人の形式的資格と弁済受領資格　161
　　5　小　括　169

　第4節　民法470条の法的構造と所持人の同一性についての調査義務 … 172

　第5節　小　　括 ……………………………………………………………… 177

第3章　手形法における裏書の連続の意義 …………………… 181

第1節　はじめに ……………………………………………………… 181
1　問題の所在——わが国における「裏書の連続」の意義についての変容　181
2　分析の素材と観点　193

第2節　ドイツにおける支払拒絶証書の作成に関する学説の展開 … 198
1　支払欠缺による遡求の要件　199
2　支払呈示と支払拒絶証書作成の関係　200
　（1）拒絶証書の意義と支払呈示の資格　（2）所持人による呈示（Privat-präsentation）と公証人による呈示（Protestpräsentation）　（3）支払拒絶証書作成のための形式的資格の意義
3　小括　212

第3節　遡求権保全と所持人の形式的資格 ……………………………… 213
1　現行ドイツ手形法における支払拒絶証書作成のための形式的資格　213
2　わが国への妥当性　219
　（1）拒絶証書作成の場合　（2）拒絶証書作成免除の場合

第4節　小括 ……………………………………………………………… 231

終章 ……………………………………………………………………… 235

付論1　預金者と銀行の利害調整基準に関する一試論
　　——払戻請求書の免責的効力を基礎に—— ………………………… 239
1　はじめに　239
2　民法480条の沿革　243
3　ドイツ民法370条における債務者と債権者の利害調整基準　245
　（1）沿革　（2）偽造の受取証書の場合の利害調整と債務者・債権者の注意義務
4　わが国への示唆　250

付論2　預金払戻しに関する免責約款の効力 ………………………… 254
1　はじめに　254
2　免責約款と民法478条の関係　257

　　　　　(1) 損失負担特約ないし商慣習としての免責　　(2) 免責約款の解釈
　　　　規準としての478条と免責約款の無意味化
　3　偽造小切手・手形の支払と銀行の免責　263
　　　　　(1) 判例と免責約款　　(2) 昭和46年判決の意義と射程
　4　預金払戻しに関する免責約款の効力　270
　5　結びに代えて　279

付論3　【判例研究】
盗難通帳による不正な預金払戻しと預金者の過失 … 281

　1　免責要件としての預金者の過失　281
　　　　　(1) 普通預金約款の改定　　(2) 今後の論点
　2　預金者の過失と過失相殺　284
　　　　　(1) 福岡高判平成18年8月9日　　(2) 判例における過失相殺類推適
　　　　用の理論構成　　(3) 検　討　　(4) 今後の論点

参考文献・資料一覧 …………………………………………………………… 291

支払免責制度の研究

# 序　章

第 1 節　問題意識

　手形法40条 3 項は債務者[1]の支払免責を定めた規定である[2]。その 1 文は「満期ニ於テ支払ヲ為ス者ハ悪意又ハ重大ナル過失ナキ限リ其責ヲ免ル」と定め, 2 文は「此ノ者ハ裏書ノ連続ノ整否ヲ調査スル義務アルモ裏書人ノ署名ヲ調査スル義務ナシ」と規定しているが, 裏書連続の整否についての調査義務といっても何ら具体的な注意義務を指すものではなく, 債務者は, 形式的に裏書の連続する手形の所持人に対して「悪意又は重大な過失」がなく支払えば, たとえ所持人が実質的無権利者であっても, 債務者は免責の効果を享受できることを意味するものと解されている[3]。同条の 1 文と 2 文の関係については議論があるものの, 多数説は, 手形法40条 3 項において, 裏書の連続した所持人に支払えば, 最後の被裏書人と所持人とが同一性を欠く場合や, 所持人が支払受領能力や代理権限を欠く場合にも, これについて悪意又は重過失ない限り, 債務者は免責されるものと解している[4]。もっとも, 所持人の同一性や能力・権限などの手形外の問題について手形法40条 3 項は適用されないとする少数説も, 多数説の理論的な弱さを突くものとして根強く主張されている[5]。

---

1) 手形法40条 3 項は「支払をなす者」と規定しており, これには引受をしていない支払人や支払担当者等も含むとするのが通説である。このような場合には手形上の債務を免れるという意味での免責を考えることはできないが, 振出人などの手形債務者のために支払をなすものであり, その支払の効果を振出人の計算に帰せしめることができるからである。本稿では, 支払免責の法的構造の解明という問題の核心を突くため, 手形債務者がその責を免れる場合を出発点とし, 支払人, 支払担当者も含めるという意味で, 支払をなす者に代えて「手形債務者」ないし「債務者」の語を用いることとしたい。
2) 本書においては, 為替手形に関する条文を約束手形に準用する手形法77条 1 項各号, 2 項, 3 項の引用は省略する。
3) 第 1 章第 2 節 (1) 参照。
4) 第 1 章第 1 節参照。

預金の不正な払戻しに関しては，預金通帳と印鑑の所持人（窃盗者）は民法478条の「債権準占有者」にあたるものとして，同条が適用されることが判例法理として確立している。つとに判例は，「弁済」以外の取引類型，すなわち定期預金の期限前払戻しや預金担保貸付と相殺，総合口座取引の当座貸越，生命保険契約に基づく契約者貸付にも民法478条が類推適用されることを認め[6]，機械払式の預金払戻しに関しても，免責約款が存在しない場合であるが，民法478条の適用を認めるものが現れている[7]。これに対し，判例・通説による「債権準占有者」概念については批判的見解が根強く存在しており[8]，民法478条の適用範囲の拡大化については異論も多いとされる[9]。外観法理に基づき，あるいは適用範囲の拡大化に批判的な観点から，民法478条の適用に際して，債権者の過失を考慮すべきとする主張も有力化している[10]。

　他方，無権限資金移動取引全般を対象とする立法論的検討の必要性が，近年，

---

5) 第1章 第1節参照。
6) 上に関する判例および民法478条類推適用拡大化の歴史については，吉田光碩「民法四七八条≪債権準占有者への弁済≫は，どこまで拡大ないし類推を許すべきか」椿寿夫編『講座・現代契約と現代債権の展望　第二巻債権総論(2)』(日本評論社，1991年) 275頁以下，池田真朗「債権の準占有者に対する弁済」『分析と展開　民法Ⅱ＜第五版＞』(弘文堂，2005年) 111頁以下，副田隆重「預金担保貸付，生命保険契約上の契約者貸付と478条」椿寿夫＝中舎寛樹編著『解説　類推適用から見る民法』(日本評論社，2005年) 176頁以下等参照。
7) 最判平成15年4月8日民集57巻4号337頁。
8) 三宅正男『判例民事法昭和十六年度』(有斐閣，1941年) 60事件，山崎寛「判批」法時36巻2号94頁 (1963年)，来栖三郎「債権の準占有と免責證券」民商33巻4号1頁以下 (1956年)，新関輝夫「預金証書の持参人に対する弁済と民法四七八条」遠藤浩他監修『現代契約法体系第五巻金融取引契約』(有斐閣，1984年) 64頁以下。詐称代理人への民法478条の適用を否定するものとして，内池慶四郎「債権の準占有と受取證書」法研34巻1号45頁以下 (1961年)。
9) 吉田・前掲注6) 275頁参照。例えば，預金担保貸付と相殺に民法478条を適用することに批判的な見解として，潮見佳男『債権総論Ⅱ＜第三版＞』(信山社出版，2005年) 262頁以下参照。
10) 主として外観法理の観点から，篠田昭次＝柳田幸男「準占有と代理資格の詐称」判タ139号144頁 (1963年)，磯村哲編『注釈民法(12) 債権(3)』87頁［沢井裕］(有斐閣，1970年)，星野英一『民法概論Ⅲ（債権総論）＜補訂版＞』(良書普及会，1992年) 240, 242頁，加藤雅信『新民法体系Ⅲ 債権総論』(有斐閣，2005年) 376, 382頁。民法478条の適用範囲の拡大化に批判する観点から，池田真朗「民法四七八条の解釈・適用論の過去・現在・未来」『慶應義塾大学法学部法律学科開設百年記念論文集法律学科編』(慶應通信，1990年) 348頁，河上昭二『民法判例百選Ⅱ』別ジュリ176号89頁 (2005年)。

強く叫ばれていることも見逃せない。なかでも，比較法的見地から，静的安全の保護より動的安全の保護を優先させるというわが国の私法学を特徴づける考え方そのものについて，強く批判がなされている。すなわち，取引安全保護の強調する傾向はわが国私法学の大きな特徴であり，この傾向は，手形・小切手法にも著しいといえるが，民法478条の場合や，手形・小切手における取得者保護は，銀行がリスクなく業務を行える規定として機能しているに過ぎない，という[12]。

　上のような民法478条や取引安全保護の見直しに係る議論，さらには近年の預金者保護のための立法や約款改定の動きを踏まえると，今いちど，手形法における支払免責の法的構造を明らかにすることには意味があると思われる。手形金の支払と預金の払戻しとは，その免責を規律する法律は異なるものの，それぞれ同趣旨の免責約款を有している（当座勘定規定ひな型16条，普通預金規定参考例8条）。また，支払免責に関する手形法40条3項は，民法478条を手形法的にモディファイしたものであるといわれるように，無権利者に対して支払った債務者を免責するという点では基本的な視点を同じくするものといえる。本書は，手形法にあるべき支払免責の法的構造を明らかにすることを通じて，債務者保護という意味での取引安全保護のあり方を検討し，付論として，不正な預金払戻しと銀行の免責に関する若干の問題を取り扱うものである。

第2節　本書の課題と構成

　本書の本編では，手形債務者の支払免責制度を考察対象とする。手形法40条3項はもっぱら善意の債務者を広く保護する規定と解されているが，それは，理論的には，有価証券法理としてドイツ法に由来する権利外観理論が広く主張されたことに求められ[1]，沿革的には，ジュネーブ手形法統一条約（以下「統一

---

11) 岩原紳作「資金移動取引の瑕疵と金融機関」『国家学会百年記念　国家と市民　第3巻』（有斐閣，1987年）167頁以下，同『電子決済と法』（有斐閣，2003年），沢野直紀「無権限資金移動取引と損失負担」岩原紳作編『現代企業法の展開』（有斐閣，1990年）353頁以下。
12) 岩原・前掲注11) 130頁以下参照。

手形法」という。）の批准によって，悪意又は重過失のない債務者の支払に直接に免責の効果を定める同法40条3項が成立したことに求められる。これを受けて，債務者の調査義務及び免責の範囲，免責の主観的要件に関する学説の展開についていえば，それは昭和40年代に一つの到達点に達したといえる。しかし，昭和の時代に論争を主導した論者は，平成に入って「再論」とする論文を相次いで公表している。その意味で，手形法40条3項における解釈論上の論争の根底には，支払免責という効果をどのように理論的に説明するかという基本的な問題が伏在しているといえる。

わが国の手形法学は，統一手形法の成立以前から立法と解釈の両面においてドイツ有価証券法学から強力な影響を受けてきており，支払免責の理論的な側面はもっぱらその成果に負うものである。しかし，そこでは，わが国とドイツの法規制の違い，ドイツ法における資格（Legitimation）理論の発展，統一手形法の批准，ドイツ法において生成・発展した権利外観理論（Rechtsscheintheorie）の受容，裏書連続自体の意義に関するわが国独自の展開，といった要素が複雑に絡み合っており，これがおそらく未だ支払免責についての研究がなされる所以であろう。本編では，ドイツ法において成立・発展した支払免責の理論について，わが国におけるその受容と展開を旧法下から現行法に至るまでクロノロジカルに追うことによって，あるべき支払免責制度の姿を理論的に追究していく。

そこでまず，このような検討を行うにあたって，わが国において支払免責制度が，旧法から現行法に至るまで——とりわけ支払免責の規定がなかった旧法

---

1) 代表的研究として，河本一郎「免責証券について」神戸3巻1号141頁（1953年），同「有価証券におけるレヒツシャイン」神戸2巻4号725頁以下（1953年）〔以上河本一郎『有価証券法研究（商事法研究第1巻）』（成文堂，2000年）所収〕，小橋一郎「ヤコビの有価証券概念」『商法の諸問題（竹田省先生古稀記念論集）』（有斐閣，1952年）393頁以下，同「ヤコビの手形理論（権利外観理論）について」『商法論集Ⅱ　商行為・手形(1)』（成文堂，1983年）152頁以下，西本辰之助「ヤコビの権利表見説」綜合2巻5号244頁以下（1959年），川村正幸「手形法におけるレヒツシャイン法理に関する若干の考察」一論71巻6号48頁（1974年），福瀧博之「手形法と権利外観理論」菱田政宏編『商法における表見法理（岩本慧先生傘寿記念論文集）』（中央経済社，1996年）249頁以下。

2) 例えば喜多了祐「手形支払者の調査義務再論」『商法学における論争と省察（服部榮三先生古稀記念）』（商事法務研究会，1990年）263頁以下，手塚尚男「手形法四〇条三項における弁済受領者の範囲再論」同法48巻1号1頁以下（1996年）。

下において——いかなる理論のもとにいかなる制度として理解されてきたのかを検討する（第1章第2節）。次に，わが国に多大な影響を与えてきたドイツ法における所持人の資格（Legitimation）についての理論とそれに基づく支払免責の法的構造を明らかにするため，その先駆的・代表的立法例である1848年ドイツ手形条例36条の成立史を追うことにする。より具体的には，手形条例における善意取得制度の創設が支払免責制度に及ぼした影響について考察する（第1章第3節）。そして，ドイツの有価証券法学は，支払免責の制度にどのような理論的根拠を与えたのか，そして，近代における取引安全の思想の高まりを受けて，その理論はどのような進化を遂げたのかという点について，代表的な学説をいくつか取り上げ，その分析を試みる（第1章第4節）。ドイツ法において発展を遂げた支払免責の理論は，統一手形法の受容によって転換期を迎える。というのは，手形法40条3項の成立に際しては，ドイツ法系とフランス法系とで大きく異なる支払免責制度の融合と調和が問題とされたからである。そこで，統一手形法の受容はドイツ法においてどのような意味をもたらし，その後の手形法40条3項における解釈にどのような影響を与えたのかという点を考察する（第1章第5節）。最後に，以上の考察を踏まえ，わが国において支払免責制度の法的構造はどのように理解されるべきか，それに基づいて手形法40条3項の適用範囲はいかに解されるべきかを検討する（第1章第6節）。

　次いで，以上の考察を踏まえて，民法上の指図債権に関する民法470条について，その法的構造といわゆる所持人の同一性についての調査義務をいかに解すべきかという問題を取り扱う。民法470条は，手形法40条3項を逆転させた形で，その但書が債務者の支払免責の効果を定め，本文が債務者の調査義務・調査権を規定している。ところが，その難解な法文を巡って，民法学説と商法学説とでは従来その適用範囲について争いがあり，また「調査権」が何を意味するかという点についても見解が対立している。民法470条において所持人の同一性についての調査義務が免除されると解されている点では相違はないものの，他方，かかる調査義務の免除は第1章で検討した支払免責の理論からは直ちに導き出されないものであり，このような規定はわが国が長年母法としてきたドイツ法でも議論があるところである。そこで，民法上の指図債権法の立法について中心的役割を果たした梅謙次郎博士の発言に沿って，民法470条の立

法趣旨を探り，立法者及び民法成立直後の学説が考えた民法470条の法的構造を探究する（第2章第2節）。そして，民法470条の系譜をたどり，その前身となる草案459条に関して商法草案の起草者であるロエスエルがそこにいかなる趣旨を求め，どのような理論構成を理解していたのかということを，当時のドイツにおける資格概念に基づく支払免責の理論を指針にして検討していく（第2章第3節）。それを踏まえて，民法上の指図債権に関して支払免責の構造がどのように理解されるべきか，そして所持人の同一性の調査義務についてはいかに解されるべきかを検討する（第2章第4節）。

続いて，免責の効果が認められるのは裏書の連続した所持人に対する支払であるという点から，裏書の連続が手形法において果たす意義を検討する。まずは，問題の所在を明らかにするために，ドイツ法とわが国における裏書の連続の意義についての変容を手がかりに，わが国独自の架橋説が形成された理由とそこに生ずる問題点を把握する。そして，その解決の手がかりとして，ドイツ法で議論されている支払拒絶証書作成のための形式的資格ということが，わが国における裏書連続の意義を明らかにするうえでの分析の素材たりうるかを検討する（第3章第1節）。それを踏まえて，ドイツ法において，支払拒絶証書作成のための形式的資格ということが何を意味するものと理解され，どのような発展を遂げてきたのかを考察する（第3章第2節）。引き続き現行ドイツ法で理解される支払拒絶証書作成のための形式的資格の意義を検討したうえで，拒絶証書作成免除が通常であるわが国において，アナロジーとしてその理論を当てはめる場合の要件を検討したうえ，当てはめた結果について分析する（第3章第3節）。

終章においては，これまでの考察結果をまとめ，結語を導くこととする。

最後に，上の研究を踏まえて，預金の不正な払戻しと銀行の免責に関して，以下の付論を行う。

まず，**付論1**では，払戻請求書の免責的効力を基礎とした銀行と預金者との新たな利害調整基準を模索する。払戻請求書の免責的効力を規律する民法480条に関してはほとんど議論の蓄積がないため，その母法であるドイツ民法370条に関する議論と判例法理を参考にする。

付論2では，現在ではその実質的意義が失われている預金払戻しに関する

免責約款について，偽造小切手・手形の支払に関する同種の免責約款に係る判例法理，とりわけリーディングケースである最判昭和46年6月10日民集25巻4号492頁の意義と射程を明らかにすることによって，係る免責約款の意義と効力について見直しを行う。

　付論3では，盗難通帳を用いた預金の不正な払戻しと銀行の免責に関して，預金者の過失を考慮すべきという議論が高まっていることを踏まえ，預金者の過失を扱った近年の判例を研究する。

第1章
支払免責制度の法的構造

第1節　はじめに

　債権は，債権の目的たる給付が実現され，債権者がこれを受領するとき消滅する。手形は金銭債権を表章し，手形金の支払を目的とする有価証券であるから，そこで債務者が有効に支払をなし手形債権を消滅させるには，支払は原則として債権者ないし弁済受領権限者に対してなされなければならない（民法479条参照）。しかしながら，転々流通して所持人が変更していく手形取引においては，手形債務者は真の債権者が誰であるかを知るのは困難であり，債務者は常に二重払いの危険を負わせられることになる。そこで手形法40条3項は，「満期ニ於テ支払ヲ為ス者ハ悪意又ハ重大ナル過失ナキ限リ其責ヲ免ル此ノ者ハ裏書ノ連続ノ整否ヲ調査スル義務アルモ裏書人ノ署名ヲ調査スル義務ナシ」と定め，手形債務者の保護を図っている。すなわち，満期において形式的に裏書の連続した手形の所持人に対して支払をした債務者は，悪意又は重過失なく支払えば，たとえその者が無権利者であっても免責されることになる。

　ところが，裏書人の署名以外の事項，すなわち所持人と最後の被裏書人（ないし受取人）との同一性，所持人の支払受領能力や代理権限などの事項については，手形法40条3項は何も触れていないから，この点をどのように解するかが問題となる。この点について多数説は，その根拠や調査義務の有無については一様ではないものの，上のような手形外の事項についても手形法40条3項が適用されるべきであり，これらの事項について悪意又は重過失がなく支払えば債務者は免責されるものと解している[1]。一般に，本条は善意の債務者を広く保護するための特別な制度を規定したものと解されているといえよう[2]。

　しかしながら，多数説に対しては，所持人の同一性や能力・権限などの手形

外の問題については，手形法40条3項が適用されるものではなく，原則にかえって民法が適用されるべきとする少数説も，多数説の理論的な弱さを突くものとして根強く主張されている。[3]

1) 山尾時三『新手形法論』（岩波書店，1935年）330頁，田中耕太郎『手形法小切手法概論』（有斐閣，1935年）440頁，須賀喜三郎『手形法原論』（厳松堂書店，1935年）242頁以下，納富義光『手形法に於ける基本理論』（有斐閣，1940年）640頁以下，同『手形法・小切手法論』（有斐閣，1982年）386頁以下，伊澤孝平『手形法・小切手法』（有斐閣，1949年）456頁以下，竹田省『手形法・小切手法』（有斐閣，1955年）143頁以下，大隅健一郎＝河本一郎『注釈手形法・小切手法（ポケット註釈全書）』（有斐閣，1959年）269頁以下，高窪利一『手形法・小切手法』（文久書林，1964年）136頁以下，同『手形・小切手法通論＜全訂版＞』（三嶺書房，1986年）245頁，同『現代手形・小切手法＜三訂版＞』（経済法令研究会，1997年）288頁，鈴木竹雄『手形法・小切手法（法律学全集32）』（有斐閣，1957年）281頁以下，田中誠二『手形・小切手法詳論下巻』（勁草書房，1968年）591頁以下，石井照久『手形法・小切手法（商法Ⅳ）＜第二版＞』（勁草書房，1972年）261頁以下，服部榮三『手形・小切手法＜改訂版＞』（商事法務研究会，1978年）141頁（ただし同一性についてのみ明言），加美和照『手形・小切手法入門』（北樹出版，1979年）127頁，木内宜彦『手形法小切手法（企業法学Ⅲ）』（勁草書房，1982年）257頁以下，前田庸『手形法・小切手法入門（法学教室全書）』（有斐閣，1983年）264頁以下，同『手形法・小切手法（法律学体系）』（有斐閣，1999年）557頁以下，大隅健一郎『新版手形法小切手法講義（有斐閣ブックス）』（有斐閣，1989年）137頁以下，平出慶道『手形法小切手法』（有斐閣，1990年）441頁以下，鈴木竹雄＝前田庸補訂『手形法・小切手法＜新版＞（法律学全集32）』（有斐閣，1992年）304頁以下，小橋一郎『手形法・小切手法』（成文堂，1995年）240頁，平出慶道＝神崎克郎＝村重慶一編『手形・小切手法（注解法律学全集25）』（青林書院，1997年）471頁以下［矢崎俊一］，後藤紀一『要論手形小切手法＜第三版＞』（信山社出版，1998年）256頁以下，福瀧博之『手形法概要』（法律文化社，1998年）327頁以下，丸山秀平『手形法小切手法概論＜第二版＞』（中央経済社，2001年）186頁以下，田邊光政『最新手形法小切手法＜五訂版＞』（中央経済社，2007年）195頁，関俊彦『金融手形小切手法＜新版＞』（商事法務，2003年）136頁以下，川村正幸『手形小切手法＜第3版＞（新法学ライブラリー＝15）』（新世社，2005年）276頁，田邊宏康『手形小切手法講義』（成文堂，2005年）191頁。喜多了佑「支払人の調査義務」鈴木竹雄＝大隅健一郎編『手形法・小切手法講座第四巻』（有斐閣，1965年）141頁以下，手塚尚男「手形法四〇条三項における弁済受領者の範囲」民商54巻6号26頁以下（1966年），納富義光「手形法第四〇条三項について——特に支払者の調査権を中心として——（上）（下）」手研266号4頁以下（1978年），同267号4頁以下（1978年），服部育生「手形の支払と善意免責」名学21巻1・2合併号93頁以下（1984年）。その他，僭称代理人に対する支払について，支払者の側から手形の支払受領につき請求者の有資格者を信ずるに足りる客観的徴表が存在するときは手形法40条3項が類推適用されるとする見解として，長谷川雄一「手形法四〇条三項の善意支払の意義について」法と権利2・民商78巻臨増(2)468頁以下（1978年），同一性を欠く者に対する支払について手形法40条3項の類推適用を認める見解として，黒野恭成「手形法四〇条三項の適用範囲」愛学88号1頁以下（1978年）。
2) 代表的見解として，鈴木・前掲注1) 281頁以下。

さらには，現行法のような支払免責に関する規定のなかった現行手形法制定前の商法（明治32年新商法）のもとにおいても，債務者の支払免責の効果は認められるものと解されていたことに付言する必要がある。すなわち，裏書の連続した手形所持人は「資格」ないし「形式的資格」を有するものとされ，債務者は所持人の形式的資格の調査義務を負い，形式的資格を備えた所持人に対して支払えば，たとえ所持人が実質的権利を欠く場合でも，支払って免責されるものと解されていたのである。

　確かに，現行法において手形法40条3項が規定されたことをもって，債務者

---

3) 小切手の僭称代理人に関して大判昭和15年7月20日民集19巻1379頁。大橋光男『手形法』（巌松堂書店，1942年）227頁以下，高鳥正夫『手形法小切手法＜改訂版＞』（慶應通信，1983年）150頁以下，弥永真生『リーガルマインド手形法・小切手法＜第2版補訂＞』（有斐閣，2005年）191頁以下。手形所持人の同一性につき，高鳥正夫「證券所持人の同一性に關する調査義務」法研27巻12号1頁以下（1954年），同一性欠缺の場合・代理人を詐称する者に対して民法470条適用を認める見解として，長谷川雄一「所持人の形式的資格と善意の支払（一）（二）」愛学102号55頁以下（1983年），103号41頁以下（1983年）。

4) 手形に関するわが国の法制は，明治15年(1882年)の為替手形約束手形条例(明治15年太政官布告第17号)を起源に持つ。大体フランス法系といわれるが，早くもドイツ法系への傾斜を示し，ロエスエルの影響であるといわれる(小山賢一「ドイツ手形法・手形理論の継受——ロエスエル草案まで——（上）」商事1041号58頁(1985年))。ただし，そこには支払免責に関する規定は存在していなかった。この後，明治17年(1884年)ドイツ人ヘルマン・ロエスエル(Hermann Roesler)の起草にかかるいわゆる商法草案が完結する。支払免責に関しては，指図証券及び無記名証券の通則として草案459条が，手形に関して草案821条がこれを規定していた。第5章第3節1，2参照。草案を基礎とし，法律取調委員会の審議，太政官の議決を経て，明治23年(1890年)に公布されたのがいわゆる旧商法(明治23年法律第32号)である。旧商法には，支払免責に関しては，草案459条を受け継いだ400条，草案821条を受け受け継いだ760条が存在していた。第2章第2節1，2参照。明治32年(1899年)にいわゆる新商法(明治32年法律第48号)が成立するが，明治29年に成立した民法典に指図債権及び無記名債権に関する総則的規定が導入されたことを受けて，指図証券及び無記名証券に関する通則は廃止され，支払免責に関しても，債務者の免責を定める規定はなくなる。ただし，裏書の連続に関する草案721条に由来する464条が「裏書アル爲替手形ノ所持人ハ其裏書カ連続スルニ非サレハ其権利ヲ行フコトヲ得ス」と規定していたことから，この規定のもとで，解釈上，支払免責の効果が論じられていた。第3章第1節1参照。その後，わが国は昭和5年(1930年)に成立したジュネーブ手形法統一条約(昭和6年(1931年)に小切手法統一条約)に批准し，現行の手形法，小切手法が制定されると共に(いずれも昭和9年(1934年)1月1日に施行)，新商法第4編は削られ(第5編が第4編とされた)，現在に至っている。

5) 岡野敬次郎『日本手形法』（有斐閣，1905年）291頁，田中耕太郎『手形法（現代法学全集第7巻）』（日本評論社，1928年）146頁以下，松本烝治『手形法』（有斐閣，1918年）339頁以下等。本章第2節3参照。手形所持人の同一性についての調査義務に関しては，民法470条が適用されるものと解されていた。

の保護範囲は拡大されたものと考えることもできる。しかし，支払免責制度は善意の債務者を保護する制度であると解すればこそ，そこに債務者の保護範囲の拡大を論ずることができるが，旧法下の理解のように，支払免責が所持人の形式的資格に関する問題であるとすれば，理論的には，何故形式的資格を有する者に支払うことによって債務者が免責されることになるのかが明らかにされなければ，その保護範囲の拡大をただ論ずることはできないと思われる。

　後述するように，手形所持人の資格ないし形式的資格の意味についてはわが国独自の変容があると同時に，沿革的には，その理論はもっぱらドイツ手形法学における立法・解釈の成果を継受したものである。さらに，著名な研究によれば，「Legitimation【筆者注：資格】の理論が有価証券法的に発展せしめられて，それが誠実な第三者の信頼して差し支えない権利の外観として構成されると共に，……善意の債務者の信頼しうる権利の外観を表す意味において使われ」るようになったと説かれている[6]。そうしてみると，支払免責の理論構造の解明のためには，ドイツ手形法学において債務者の支払免責が資格・形式的資格，ひいては権利外観（Rechtsschein）の概念のもとにどのように論じられてきたのかを明らかにすることが不可欠であるといえそうである。また，ドイツ法において発展を遂げた支払免責の理論は，統一手形法の受容によって転換期を迎える。というのは，手形法40条3項の成立に際しては，ドイツ法系とフランス法系とで大きく異なる支払免責制度の融合と調和が問題とされたからである。そうしてみると，統一手形法の受容が支払免責制度の理解に与える影響も看過できないといえる。

　そこで以下では，債務者の支払免責に関するわが国の議論を整理したうえ，わが国の学説が拠り所としてきたドイツ法において，支払免責に関する法制及び理論がどのように生成し，展開したのか，そして支払免責制度に関して統一手形法会議でどのような議論が行われたのかを考察する。そして，その結果を踏まえて手形法40条3項における支払免責制度の法的構造がどのように理解されるかを検討し，それに基づいて手形法40条3項の意義と適用範囲がどのよう

---

6) 河本一郎「免責証券について」神戸3巻1号160頁（1953年）〔『有価証券法研究（商事法研究第1巻）』（成文堂，2000年）所収〕。

に解されるかを検討することとしたい。

第2節　手形債務者の支払免責と所持人の形式的資格の関係

　わが国は，昭和に入ってまもなく，他の大陸法系諸国と共に，手形・小切手に関する統一法を制定するための条約（1930-1931年）に参加し，それに伴って，新たに現行の手形法（昭和7年7月15日法律第20号）及び小切手法（昭和8年7月29日法律第57号）を制定した。既に述べたように，手形債務者の支払免責や調査義務については現行手形法制定前の商法（明治32年新商法）には明文の規定がなかったことを踏まえると，現行手形法制定前後で支払免責についての理論構成と解釈が異なると考えられることはいうまでもない。そこで，本節ではまず，わが国において債務者の支払免責が——旧法から現行法まで——どのように理解されてきたのかを歴史を遡る形で検討し，その問題点を明らかにしておくこととしたい。

1　手形法40条3項の法的構造を巡る議論

　手形法40条3項の適用範囲を広く解するのが多数説であるが，その根拠は必ずしも一様ではない。中でも，理論的な面からは，善意無重過失の支払について債務者の免責を規定する1文と，債務者の調査義務を規定する2文との関係をいかに解するかという点が問題とされている。
　まず，有力に主張されている喜多了祐博士の見解である。喜多博士は同法40条3項を外観を信頼した債務者を保護する規定と解したうえで，次のように説く。すなわち，支払人の調査義務とは何ら直接の調査義務をいうものではなく，単に調査義務のあるとされる事項の完備していることが有効な支払をするための前提要件であるとの意味に過ぎない。そして，裏書連続の調査義務の意味は，

---

1)　本章第5節1参照。
2)　本章第1節注1)参照。

積極的には，裏書の連続が権利の外観を作り出すことにある。手形法40条3項2文前段は，裏書連続の不備な場合を考えて，その場合には権利外観の作用がないから用心せよという意味で，「裏書ノ連続ノ整否ヲ調査スル義務アル」ことを説いたのに対し，後段は逆に裏書の連続の完備している場合を考えて，その場合には権利外観の作用があるから信用してよいという意味で，「裏書人ノ署名ヲ調査スル義務ナシ」と述べたのである。このようにみてくると，調査義務がないとされる事項は，善意保護がある事項と解される[4]。このことを，明らかに善意保護の要件を定めた手形法40条3項1文と考え合わせると，ここでの善意は2文所定の事項についてのみ考えられるのではなく，規定の順序からいっても，2文は1文所定の要件のもとに善意保護がある事項の一つを例示したとみれないこともない。とすれば，その他の事項，すなわち所持人の同一性，受領能力，代理権についても，重過失がない程度に注意をする義務としての調査義務はあるわけで，そこには権利の外観ではないが他の法外観が作用する，と[5]。

要するに，喜多博士によれば，手形法40条3項1文は善意支払の効果を定めた本則であって，2文はその免責事項を例示的に規定したに過ぎず，免責の効果は広く手形外の事実にまで及ぶとする。ただし，債務者には重過失なきことが要求されるから，それら手形外の事実についても重過失に当たらない程度の注意義務があるとする。

そのうえで，善意の内容についてはいわゆる害意説を主張される。すなわち，わが国では詐欺説が通説であって[6]，単に所持人の無権利を知っているだけでなく，さらにそれの容易にして確実な立証手段を有することが「悪意」とされている。しかし喜多博士は，所持人を相手とする訴訟で所持人の無権利を主張することは支払人自身の利益のためというより，むしろ真正権利者の利益のためであることからすれば，十分な立証手段を支配しておれば，必ず支払を拒絶し

---

3) 喜多了祐「支払人の調査義務」鈴木竹雄＝大隅健一郎編『手形法・小切手法講座第四巻』（有斐閣，1965年）124頁。
4) 喜多・前掲注3) 127頁。
5) 喜多・前掲注3) 132頁以下。
6) 西島彌太郎「手形法に於ける悪意重過失」民商9巻2号191頁以下（1939年），本章第1節注1) 2) に挙げた文献参照。詐欺説が通説化したのは，統一手形法40条3項の成立過程でこの点が議論された点に負うところが大きい。本章第5節1参照。

て争うべきであるというのも，いいすぎである，という。例えば，真正権利者に事情を知らせたが，権利者自身が何ら労を執ろうとしないような場合には，その訴訟を権利者のために肩代わりしなくとも，もはや悪意ではないとみるべきである，と。[7]

すなわち，この説によれば，真の権利者に対してその利益を害することが手形法40条3項にいう「悪意」であるとされ，それゆえ「悪意」の有無はこの点について個別具体的に判定されるべきとする。しかし，裏書の連続している手形の所持人は権利推定を受けるので，善意の意味内容を拡大するものは権利推定の原則による挙証責任の転換にあり，その拡大の限界線を画するものは瑕疵の立証可能性にあると一応はいえるとし[8]，論理的に上の推定が及ばない他の瑕疵，すなわち所持人の同一性，代理権，受領能力の欠歓については，普通の善意概念が適用され，単に知るだけで害意があるとする[9]。

これに対して，通説を代表する鈴木竹雄博士の見解によれば，同じく手形法40条3項の適用範囲を広く解するも，条文構成についての理解は異なっているように思われる。

すなわち，手形法40条3項が，支払をなす者は，裏書人の署名が実質的に有効であるか否かを調査する義務はないが，裏書の連続が形式的に整っているか否かを調査する義務を負うとしているのは，裏書の連続する手形の所持人に支払ったことを前提とする。理論的にいっても，裏書が連続している手形の所持人は権利者たる資格を認められるから，振出人も当然これを権利者として遇することができ，したがって，所持人に支払えば免責を受けるのは，形式的資格の当然の効果である。しかし，裏書が連続していても，それを根拠として，最後の被裏書人と所持人とが同一人であるとか，又は，所持人が支払受領能力ないし代理権限を有するものと推定することはできないから，所持人の形式的資格の効力として考える限り，これらについては一般原則に従うほかない。しかし，それでは振出人はこれについて調査をし，大丈夫と決まらないと支払をな

---

[7] 喜多・前掲注3) 137頁以下。なお，田中耕太郎『手形法小切手法概論』（有斐閣，1935年）444頁は，単に損害を加える意思をもって悪意と解し，上の害意説に近いとされる。
[8] 喜多・前掲注3) 138頁。
[9] 喜多・前掲注3) 140頁以下。

しえないとすれば，支払は遅延し，手形所持人にとっても有利ではない。したがって，40条3項の規定は，手形の表面からわかる裏書の連続については調査義務はあるが，手形の表面からわからない事項については，これらの点をも含めて，積極的に調査する義務はなく，単に消極的に「悪意又は重大な過失」がない限り免責を許したものと解すべきである。すなわち，この場合にも，善意取得の場合と同様，手形の決済の迅速安全を図るために，法は資格授与的効力の本来の効果よりもさらに一歩進めたものを認めていると考える[10]，と。

　要するに，2文によれば，裏書の連続した所持人に対して支払えば，実質的に無効な裏書が介在していても，債務者は免責されることになるが，これは「形式的資格の当然の効果」であるとする。その限りで，所持人の同一性，受領能力，代理権限といった手形外の問題については一般原則によるほかないことになるが，この点について悪意又は重過失がない限り特に免責を許すことを定めたのが，1文である，というわけである。

　したがってこの見解は，善意の内容についても，所持人の形式的資格の効果が及ぶか否かにより区別されるとする。すなわち，所持人が形式的資格を備えていれば，たとえ無権利者であっても，振出人はそれを立証しない限り支払を拒否しえないのであるから，「悪意」というのは，単に知っているだけでなく，容易に証明をして支払を拒みうるにかかわらず故意に支払を拒まないこと（詐欺説）を意味するが，それ以外の場合には形式的資格の効力は及ばないから，この場合には通常の意味の「悪意」と解されるものとする[11]。

　鈴木博士も，手形法40条3項1文を本則とみる点では喜多博士と同様であるといえる。しかし，喜多説がその趣旨を外観を信頼した債務者の保護に求めている――したがって，2文は1文との関係で免責事項を例示したに過ぎないとする――のに対し，鈴木博士は，1文は政策的に善意の債務者保護を拡大した規定であって，理論的には2文，すなわち「形式的資格の当然の効果」として債務者の支払免責の効果が認められるとしている。それゆえ，鈴木博士においては，善意の内容も，所持人の形式的資格の効果が及ぶか否かにより区別されるとする。これに対し，喜多博士は，40条3項は信頼保護の問題であると解するから

---

10) 鈴木竹雄『手形法・小切手法（法律学全集32）』（有斐閣，1957年）281頁以下。
11) 鈴木・前掲注10) 282頁以下。

こそ，善意の内容も，真の権利者の利益を害するかどうか，すなわち債務者は誠実といいうる行動をしていたのかどうかにより判断されると解するわけである。

そうしてみると，いずれの見解も手形法40条3項を善意の債務者保護を定めた規定であると解してはいても，支払免責を本来的に信頼保護の問題とみるのか，それとも，支払免責は本来形式的資格の効果の問題であり，債務者の善意がただ政策的に所持人の形式的資格以外の事項にも及ぶに過ぎないと考えるのかという点において，大きな違いがあるといえそうである。

2　所持人の「形式的資格」

両説の具体的検討は最終節に譲るとして，上の考察を踏まえると，まずは通説が根拠としている「形式的資格の効果」ないし「資格授与的効力」の意味はいかなるものかという点が問題になる。

鈴木博士は，証券所持人の形式的資格について次のように説く。「有価証券においても本体をなすものは実質的な権利（materielle Berechtigung）であって，第一段階に於いて証券の所持人を権利者と認めたのは，それが大多数の場合に真実に合致するため，関係者，ことに権利を譲り受けたものの便宜と安全を図って，一般原則によれば必要な証明の面倒をはぶいただけのことである。換言すれば，証券の所持人は権利行使の形式的資格（formelle Legitimation）を認められるだけであって，終局的にも実質的権利（materielle Berechtigung）を有する者と見なされるわけではない。従って，例外的な場合に証券の所持人と権利者とが一致しないことが証明されるならば，証券の所持に基づく形式的資格が破られて，法律関係は真実に従って決定されることとなる。」[12]と。そして，指図証券においては「権利者が裏書によって証券上に次の権利者を指定した上証券を交付することを要するため，権利の移転がなされる度ごとに裏書がなされ，従って証券上に順次権利移転の経路が記録されたものが交付されることになる。従って，これを逆にすれば，裏書の連続によって権利移転の経路が記録された証券を所持する者は，大多数の場合においては権利者でもあるわけである。そ

---

12) 鈴木・前掲注10) 12頁。

こで，このような蓋然性に基づいて，裏書が連続した証券の所持人に権利行使の形式的資格を認めるにいたった。」とされる。要するに，所持人の形式的資格とは，「権利行使の形式的資格」，すなわち裏書が連続していれば所持人には権利行使が認められるという意味に理解されているものの，所持人と権利者とが一致しないことが証明される場合には所持人の形式的資格が破られることからすれば，形式的資格とは，「所持人が権利者として推定されること」を意味するものといえる。

　これを踏まえて，鈴木博士は，手形に関しては，「裏書の記載上被裏書人となっている者が手形を所持するときは，手形上の権利者たる資格が認められる。裏書人が裏書の記載をして手形を被裏書人に交付すれば，上述の権利移転的効力によって被裏書人は手形上の権利者ともなるから，これを裏返して，裏書の記載上被裏書人たる者が手形を所持しているときは，この者を権利者と認めても大多数の場合には真実に合致する。そこで，手形の権利行使又は流通の簡易と安全をはかるため，このような蓋然性を法的制度にまで高めて，本来ならば権利者につき認められる効果を，裏書に記載上被裏書人たる者が手形を所持するという外形的事実があれば，一応認めることとしたのが裏書の資格授与的効力である。」と説く。つまり，「本来ならば権利者につき認められる効果」，すなわち裏書の連続した所持人は権利者として推定されるということを法的制度にまで高めたものがいわゆる裏書の資格授与的効力であるとする。それゆえ，手形法16条1項の「適法な所持人とみなす」は「推定す」の意味に解すべきであるとして，裏書の連続した手形の所持人が権利者と推定されるのは，各個の裏書の有する資格授与的効力が集積した結果にほかならないと説く。

　さらに，鈴木博士は，「権利者たる資格」に基づいて「一応」生ずる効果として，次のような効果が認められるとする。すなわち，「第一に，権利を行使しうる者は一般原則によれば真の権利者でなければならないから，実質的に有効な権利の移転が順次行われて自己が権利者となった事実を証明しなければ権利を行使しえない筈であるが，裏書の連続した所持人は，このような証明をし

---

13) 鈴木・前掲注10) 13頁以下。
14) 鈴木・前掲注10) 235頁。
15) 鈴木・前掲注10) 235頁。

ないでも当然に権利を行使することができる。これがいわゆる裏書の資格授与的効力である。しかし，彼が無権利者であって，債務者の側でそれを証明できれば，その権利の行使を拒むことができる。第二に，債務者は一般原則によれば真の権利者に支払ったとき免責されるに過ぎないが，裏書の連続した手形の所持人に支払えば，その者が真の権利者でない場合等にも免責を受けうる。これが裏書の免責力である。しかし，悪意又は重大な過失のあるとき（無権利者なることを立証しうるのに拘らず支払ったとき，又はそれにつき重大な過失があるとき）は，免責を受け得ない。第三に，一般原則によれば裏書が実質的に有効でなければ，被裏書人は権利を取得しえないが，裏書の連続した手形の所持人から裏書によって手形を取得した場合には，裏書人が無権利者であること等によってその裏書が無効であるときも，なお，権利を取得することができる。これがいわゆる善意取得である。しかし，その裏書が無効であることにつき悪意又は重大な過失のある場合には，権利の取得は認められない。」[17]と。要するに，所持人の形式的資格は手形法において裏書の資格授与的効力という法的制度として現れており，それに基づいて——あるいは裏書の資格授与的効力そのものとして——所持人の権利推定の効果——所持人は債務者による反証があるまでは権利行使できる——と債務者の支払免責の効果，第三者の善意取得の効果が理解されるというわけである。[18]しかも，鈴木博士は，各個の裏書に資格授与的効力があることを前提に，裏書の連続を欠く所持人も，欠缺部分の実質関係の証明によって裏書の連続が架橋されると主張され，裏書不連続手形の所持人も，その欠缺部分について実質的な権利移転を証明すれば善意取得の保護が認められ，また債務者についても，「所持人がなした実質関係に関する証明が客観的にもっともであって，振出人がこれを信じ，かつ，信ずるにつき重大な過失がなかった場合には，やはり免責を受ける。」と説いている。[19]

---

16) 鈴木・前掲注10) 237頁。
17) 鈴木・前掲注10) 238頁。
18) 鈴木・前掲注10) 235頁注（五）参照。
19) 鈴木・前掲注2) 254頁注（三一），283頁。同旨，石井照久『手形法・小切手法（商法Ⅳ）＜第二版＞』(勁草書房，1972年) 234，267頁，前田庸『手形法・小切手法入門（法学教室全書）』(有斐閣，1983年) 200，269頁，平出慶道『手形法小切手法』(有斐閣，1990年) 43，444頁等。

しかしながら，所持人の形式的資格を「権利者として推定されること」――権利行使の地位が推定されること――に求める考え方に対しては異論もある。すなわち，例えば高窪利一博士は，形式的資格者とは，形式的な裏書連続を備えた手形の所持人のことをいい，形式的な裏書の連続の外観に基づく理論上の効果として，資格証明力――権利推定の効果――が認められるものとする[20]。さらに，この効果を前提として，善意支払と善意取得の二制度も認められるとする[21]。

　こうしてみると，「形式的資格」の意味を，権利者と推定されることに求めるか，形式的な裏書連続それ自体に求めるかという点において，この概念は一様には理解されていないといえ，これが旧法下の学説に由来することからすれば，旧時の学説のもとでこの概念がどのような意味を有するものと解されていたのかを考察する必要がある。

3　裏書の連続と権利行使の「資格」

　現行手形法制定前の商法（明治32年新商法）の下では，手形法40条3項のような規定はなく，ただし，商法464条1項本文が「所持人ハ其裏書カ連続スルニ非サレハ其権利ヲ行フコトヲ得ス」と規定していたに過ぎなかった。そしてこの規定のもとに，講学上，「資格」ないし「形式的資格」，「資格授与的効力」が語られていたわけであるが，その意味するところは現行法と全く異なっていた。すなわち，同464条は，裏書の連続した手形の被裏書人に手形上の権利を行使する資格を授与する規定，いわく裏書の資格授与的効力を定めた規定と解

---

20)　高窪利一『手形法・小切手法』（文久書林，1964年）74頁以下，同『現代手形・小切手法＜三訂版＞』（経済法令研究会，1997年）232頁，同『手形・小切手法通論＜全訂版＞』（三嶺書房，1986年）183頁。同旨，升本喜兵衛『有価証券法（新法学全書）』（評論社，1952年）68頁，同「有価証券における権利と資格」綜合2巻5号263頁（1959年），古瀬村邦夫「裏書の連続」鈴木竹雄＝大隅健一郎編『手形法・小切手法講座第三巻』（有斐閣，1965年）59頁注（一）。また，個々の裏書の有する資格授与的効力が集積したものとみるものの，形式的資格はまさに外観から与えられるものであると説くものとして，木内宜彦『手形法小切手法（企業法学Ⅲ）』（勁草書房，1982年）157頁。なお，これらの見解は，実質的権利を立証しても所持人の形式的資格すなわち裏書の連続は覆しえないから「看做ス」のままでよいとする。

21)　高窪・前掲注20)『手形法・小切手法』76頁。

されていたのである。

　この点につき松本烝治博士は次のように説く。すなわち,「裏書の資格授與的効力（Legitimationseffekt, Legitimationsfunktion）とは被裏書人が裏書ありたる事実に依りて手形上の権利を行使しうる資格を得る事を云ふ。詳言すれば是れ被裏書人が手形に依りて受取人より自己に至るまでの裏書が連続せることを證明することを得るときは,實質的に自己が権利者なることの證明を要せずして,此の外形的事實のみに依りて當然手形上の権利を行使することを得る趣旨である（商法四六四條一項本文参照）。」と。[22] 要するに,被裏書人が手形上の権利を行使するには自己が権利者であることを証明する必要があるが,裏書が間断なく連続していれば被裏書人はその事実のみをもって権利行使できるものとされ,そのような外形的事実を備えた被裏書人の地位を「資格」と呼んでいたわけである。もっとも,裏書の連続した所持人に権利行使の資格が認められる結果,「裏書が連続を欠くときは手形そのものが破壞せらるるものではなく,單に断絶以後の裏書が手形法上意義なきものになり,斷絶前の最後の被裏書人が手形上の権利者であり斷絶後の被裏書人が手形上の権利者と認められざるのみであ

---

[22] 田中耕太郎『手形法（現代法学全集第7巻）』（日本評論社,1928年）92頁。同旨,松本烝治『手形法』（有斐閣,1918年）263頁。現在の通説とは違って,権利行使の資格が与えられるという意味においてまさに「資格授与」と解されていたわけである（後掲注24）に挙げられた文献参照）。岡野敬次郎博士は,形式的に裏書の連続した手形によって所持人が最後の被裏書人であることが示されている場合にその所持人には「形式的資格（formelle Legitimation）」が与えられることを「裏書連続の原則」と述べている（岡野敬次郎『日本手形法』（有斐閣,1905年）285頁）。この意味での資格及び資格授与効力の理解には岡野博士と松本博士の影響が大きいことが推察される。これに対して,例えば青木徹二博士は,「裏書カ實質二於テ無効ナルモ裏書タルノ形式ヲ備フルトキハ善意ニシテ重過失ナキ取得者ヲシテ完全ニ手形ノ所有権ヲ取得セシムル爲メノ形式的媒介ヲ爲スの作用ヲ有ス獨逸學者ハ之ヲ裏書ノ公認的効力（Legitimationseigenshaft/funktion）ト稱スルヲ常トス之ヲ他方ヨリ立言スレハ裏書ハ其連續セル外形ヲ有スルコトニ依リ所持人ヲ手形ノ所有者（権利者）ナリト推定セシムルノ効力アリト云フモ可ナリ」と説き（青木徹二『手形法論＜訂正二十一版＞』（有斐閣,1925年）399頁），水口吉蔵博士は「所謂手形所持人ノ形式的権原ノ公認 Formelle Legitimation ハ此裏書連續ヨリ來タルモノトス即チ裏書ニ依リ連續セル裏書ノ最終所持人ト爲リタル者ハ手形債務者ニ對シ形式上手形ノ正當ナル所持人タリ権利者タル地位ヲ取得セシムル推定的効力ヲ生セシム」（水口吉蔵『手形法論』（清水書店,1916年）469頁）と説き,また,裏書の連続により所持人が当然に「法律上ノ推定」を受けることを明言され（477頁），Legitimationの機能をむしろ権利の推定の意味に解している。これらの学説は当時ドイツ法において理解されたLegitimation——権利の証明——に沿った解釈をしていたといえる。

る。斷絶後の所持人は啻に斷絶前の前者に對して其の權利を行使し得ざるのみならず斷絶後の裏書人に對しても其の權利を行使することを得ぬ。」と説いている。[23] すなわち，權利行使の「資格」とは，權利者であっても，裏書が連続していなければ権利行使できないこと，要するに，所持人が権利を行使するための形式的要件を意味するものと解されていたわけである。[24]

もっとも，所持人の資格の意味はこれにとどまらず，さらに「裏書の資格授與が手形當事者に及ぼす效力」が認められていた点に留意する必要がある。すなわち，まず「最後の被裏書人に對する關係」では，「資格授與の效力は最後の被裏書人をして手形上の權利者としての資格を取得せしむる。其の者が眞の手形債權者に非ずしも，假令竊盗に依りて手形を占有せる者にても差し支えない。最後の被裏書人は手形所持人として手形債務者より手形金額を請求し受領する權限を有するのであって，實質上權利者たることを證明する必要はない。」という。さらに，「手形債務者に對する關係」においては，「手形債務者は最後の被裏書人に手形金額を支拂ひて債務を免がるゝことを得，其の者が眞の權利者たると否とを問はない。……又手形債務者は其の者の請求に應じて手形の占有を取得した原因の如何を問わず其の者に支拂を爲すことを要する。」とされる。[25] すなわち，最後の被裏書人に資格が与えられる以上，真の権利者でない被裏書人も手形上の権利を行使できることになるが，だとすれば，これは最後の被裏書人が権利推定を受けることを意味する。同時に，資格を有する最後の被裏書人の権利行使に対して，債務者は彼が真の権利者であるか否かを問わずに支払って免責されるとする。要するに，裏書の連続を所持人の権利行使の形式的要件と解する旧法下の学説においても，資格授与が及ぼす効果として，所持人の権利推定及び債務者の支払免責の効果が理解されていたのである。[26]

以上要するに，現行法下の通説の理解する「資格授与的効力」——権利者と

---

23) 田中（耕）・前掲注22) 97頁以下。同旨，松本・前掲注22) 266頁以下，岡野・前掲注22) 286頁。青木博士は，資格という言葉は用いないが，裏書の連続が権利行使の条件とされることをもって裏書連続の原則と称される（青木・前掲注22) 419頁)。権利行使の資格といっても条件といっても，裏書が連続していなければ権利行使はできないという意味では同じである。

24) 倉澤康一郎「手形所持人の形式的資格」『手形法の判例と論理』(弘文堂，1981年) 176頁以下，同「有価証券法重点ゼミ」受新41巻9号41頁 (1991年)。

25) 田中（耕）・前掲注22) 98頁。

推定されること——と旧法下における「資格授与的効力」——所持人の権利行使要件——とは全く異なるものといえる。確かに，現行法においてはもはや裏書の連続は所持人の権利行使要件と解されていないから（第3章第1節参照），その意味で，資格ないし資格授与的効力の意義は変容したといえる。しかしながら，資格概念が変容したからといって裏書の連続自体の定義まで変容しなければならないというものではなく，現行法の通説が「形式的資格」の理解の前提として依拠する架橋説については，批判的な見解が存在することを看過することはできない。[27] 他方，講学上，形式的資格の効果として述べられる効果——所持人の権利推定，債務者の支払免責，善意取得——に関していえば，裏書の連続がもはや権利行使要件とは解されなくなったこととは別に，現行法においても上の効果は認められるものと解されている。しかし，旧法下においては，資格に基づく効果として所持人の権利推定及び債務者の支払免責の効果が論じられた一方で，いわゆる善意取得はそこで論じられてはいなかったことに留意する必要がある。[28] つまり，当時は，形式的資格の効果としての支払免責は，必ずしも善意取得と同様の意味における善意者保護の制度とは解されていなかったわけである。そうしてみると，形式的資格の効果としての支払免責が何を意味し，そもそもどのような構造で理解されるのかを考察する必要があるといえる。

26) 松本・前掲注22) 263頁以下，岡野・前掲注22) 283頁。青木博士は「手形債務者カ形式上裏書ノ連續スル手形ニ付テ其債務ノ履行ヲ免カレント欲セハ其裏書（少ナクトモ其一カ）カ實質上無效ノモノナルコト及ヒ所持人カ其無效ノ事實ヲ知リテ手形ヲ取得シ又ハ重大ナル過失ノ爲メ之ヲ知ラスシテ手形ヲ取得シタルコトヲ證明セサルヘカラス」として（青木・前掲注22) 425頁以下），所持人が善意取得していないことまで証明しなければ免責されないものと解していた。
27) 裏書不連続手形の所持人も「実質関係を証明すれば」権利行使できるとの現行法での解釈が，裏書の連続の定義自体を見失わせる結果をも導いたと指摘されている。坂井芳雄「架橋説批判」『裁判手形法（再増補）』（一粒社，1988年）99頁。第3章第1節参照。
28) 善意取得については，商法441条が「何人ト雖モ悪意又ハ重大ナル過失ナクシテ手形ヲ取得シタル者ニ對シ其手形ノ返還ヲ請求スルコトヲ得ス」と規定していた。なお，現行法においては，支払免責と善意取得とでは，その適用範囲が問題とされている。善意支払（この場合に論者は善意支払と表現することが多い）においても，善意取得の場合と同様，無権利以外の瑕疵が全て治癒されるとする見解と（前田庸『手形法・小切手法入門（法学教室全書）』（有斐閣，1983年）266頁），支払免責の免責範囲を広く解するも，善意取得とは論理的には違う側面の問題であって，その適用範囲を同じに考えることはできないとする見解がある（関俊彦『金融手形小切手法＜新版＞』（商事法務，2003年）137頁）。第6節1参照。

ここで，その手がかりとなるのはドイツ法である。資格（Legitimation）ないし形式的資格（formelle Legitimation）はドイツ法に由来する概念だからである。そこで次節では，ドイツにおいて支払免責制度が Legitimation 概念のもとにどのように理解されたのかということを，ドイツの立法例である普通ドイツ手形条例36条の成立史から明らかにしていくこととしたい。

第3節　ドイツにおける支払免責制度の生成と確立

1　普通ドイツ手形条例36条の成立

　19世紀になっても，ドイツでは，ローマ法が普通法として全般的に行われたほかは，各州，各地方により諸種の法律があった。このような私法特に商法の地方的分裂は，取引にとって不便であったが，ことにそれは手形法において著しく，1843年当時，手形法が57種類あったといわれる[1]。この時期に，ドイツ関税同盟（der Deutscher Verein）は，内的な関税障壁を撤廃し，既に関税の分野において統一的な経済領域を創出することに成功していた。そこで，商法統一事業がドイツ関税同盟の主導で進められることになった。この点，手形法の分野は，経済・商業の領域においてほかに先駆けて法統一を行うにはうってつけの分野であった。そこで主導的な役割を果たしたのがプロイセンである。プロイセンは，既に関税の領域に関して独自の立法を関税同盟全体に拡大していたが，プロイセンにおける手形法の改革は，各国の手形法の改訂活動に大きな力を与えることになった。学術的な面においても，この時期には全ドイツ的な手形法学が形成されつつあり，統一法の要求は高まりつつあった[2]。このような背景事情のもと，1847年10月20日から12月9日までの50日間，ザクセン王国の首都ライプチヒで手形法会議が開催されることとなった。28州を代表する委員によっ

---

1) 小橋一郎『有価証券法の基礎理論』（日本評論社，1982年）5頁以下。
2) Kurt von Pannwitz, Die Entstehung der Allgemeine Deutschen Wechselordnung: ein Beitrag zur Geschichte der Vereinheitlichung des deutschen Zivilrechts im 19. Jahrhundert, 1999, S.93ff.

て普通ドイツ手形条例草案が作成され，翌年公布されると，各州はそれぞれの立法権に基づいて1848年から1862年までの間にこれを採用し，法律として施行した。これが普通ドイツ手形条例である。ライピチヒでの開催は，おそらくザクセンを懐柔しようとしたプロイセンの攻略によるものであり，手形法会議で審議の対象とされたのはプロイセン手形条例草案であって，これが修正・変更されて普通ドイツ手形条例草案になったといわれている。ドイツ法における支払免責制度は，このプロイセン手形条例に成立した支払免責制度を基礎としている。そこで，まずは1847年プロイセン手形条例草案が成立するまでの草案の作成過程を概観しておく。

　プロイセンにおける手形法改革は，1832年，1794年プロイセン一般ラント法（ALR）(以下「ラント法」という。) の手形に関する部分の改訂作業という形で始められた。ラント法第2部第8章第8節「手形（von Wechseln, §§713-1249.)」においては，債務者の支払免責は直接に規定されていなかったが，同1154条が偽造裏書について「偽造された裏書に重過失で支払を給付した者，あるいは，後に不誠実な所持人であると判明するような疑わしい人物と支払において関係する者は，通常訴訟において手形所有者に責任を負う。そして彼は，欺罔を働いた者とその共謀者に対してのみその責任を追求することができる。」と規定し，同1160条が喪失手形に関して「債務者が手形の喪失について何ら知らせを受けず，それゆえ満期に疑わしくない所持人に支払った場合には，名目上手形を失った所有者が損害を負担しなければならない。そして所有者は，不誠実な方法で為替手形の占有に至った者に対してのみ責任を求めることができる。」と規定していた。つまり，債務者は，偽造裏書に基づく手形所持人に重過失で支払

---

3) 庄子良男「19世紀プロイセン手形立法史の概観と考察——1847年プロイセン手形条例草案を中心として——」『ドイツ手形法理論史（下）』(信山社出版，2001年) 851頁。プロイセン手形条例草案の成立過程，それが普通ドイツ手形条例草案として結実する過程についての詳細な研究である。

4) ラント法の条文については，Hans Hattenhauer, Allgemeines Landrecht für die Preußischen Staaten von 1794, Textaufgabe, 1970, S.476ff.

5) ALR §1154：Wer aus groben Versehen auf ein falsches Indossament Zahlung leistet, oder mit einer verdächtigen Person, von der es sich in der Folge findet, daß sie unredlicher Inhaber gewesen sei, auf dergleichen Zahlung sich einläßt, bleibt dem Eigentümer des Wechsels im ordentlichen Prozesse verhaftet, und kann sich nur an den Urheber des Betrugs, und die Teilnehmer desselben halten.

った場合や疑わしい人物に支払った場合や喪失手形に対して知らせを受けたにもかかわらず疑わしい手形所持人に支払った場合に，損害賠償責任を負わせられることだけが定められていたわけである。ただし，偽造裏書については，同1153条が「債務者は最後の裏書の真正も適切に調査しなければならない。」と規定していたため[7]，債務者は最後の裏書のみを調査すればよいのか，あるいは全ての裏書を調査しなければならないのかが問題とされ，いずれにせよこのような調査義務は実務上の手形取引において手形の流通力を阻害してしまうということが問題になっていた。また，資格（Legitimation）については，その概念は既に講学上用いられていたものの，法律上の文言としては規定されていなかった。

　そこで，1836年に完成されたプロイセン手形条例の草案では，「受領者の資格（Legitimation des Empfängers）」という項目が設けられ，はじめて「資格」という文言が条文上に現れることになった。すなわち，債務者により満期に異議なくして行われる資格者への給付は有効であるが（2項），重過失で無資格者へ給付した債務者は真の権利者への損害賠償責任を負う（1項）とする108条と[8]，債務者は，ある所持人から別の所持人へと続く完全な裏書の連続により資格づけられている者に支払うことができるが，裏書の真正を調査する義務はないと

---

6) ALR §1160：Hat der Bezogene von dem Verluste des Wechsels keine Nachricht erhalten, und daher denselben zur Verfallzeit einem unverdächtigen Inhaber bezahlt: so muß der Eingentümer, der den Wechsel angeblich verloren hat, den Schaden tragen, und kann sich nur an denjenigen, welcher unredlicher Weise zum Besitze der Tratte gelangt ist, halten.

7) ALR §1153：Auch die Richtigkeit des letzten Indossaments muß der Bezogene gehörig untersuchen.

8) §108：Wer aus grobem Versehen einem Empfänger Zahlung leistet, dessen Legitimation verdächtigt war, haftet dem Eigenthümer des Wechsels, jedoch nicht im Prozeß, für den Schaden, wenn sich in der Folge findet, daß diese Person unredlicher Inhaber gewesen ist. Wer sonst zur gehörigen Zeit, ohne daß Einspruch wider die Zahlung geschehen ist, einem Inhaber, dessen Legitimation nicht verdächtig war, auf einen richtigen Wechsel Zahlung leistet, hat solche gültig geleistet.

9) §109：Ist der Wechsel indossirt, so darf, wer den Wechsel bezahlt, nur demjenigen die Zahlung leisten, welcher durch ein von dem ersten Inhaber ihm unmittelbar ausgestelltes Indossament oder, im Fall der Wechsel mehrmals indossirt worden, durch die vollständige Folge der Indossamente von einem Inhaber auf den andern legitimirt ist. Er hat jedoch keine Verbindlichkeit, die Achtheit der Indossamente zu prüfen.

規定する109条である。これは，裏書の調査義務を課すラント法1153条への批判を受けたものであった。この1836年草案は，1807年フランス商法典（Code de commerce）が適用されていたラインラント地域の強い反発を受け，1838年草案においては，真の権利者への損害賠償責任を規定する1836年草案108条1項は民法に任されるべきであるとして削除され，資格者に対する支払の効果を定める同108条2項と債務者の調査義務を定める109条とが合わせて整理されて1838年草案117条として規定され，それは1840年草案114条としてそのまま引き継がれることとなった。1840年草案はさらに国家評議会委員会（Staatsrats-Kommission）で審議されることになり，同草案114条は，1843年草案においては144条から147条までに分けられて以下のように規定されることになった。すなわち，同144条が「裏書された手形の支払は，受取人から記名式裏書又は白地式裏書により手形を譲渡された者，あるいは手形が複数裏書されている場合には手形所有権者から別の所有権者へと連続する記名式裏書により手形所有権者として資格づけられている裏書人から手形を譲渡された者にのみ，支払をなすことができる。」と，145条が抹消された裏書の効果を，そして146条1文が「債務者は裏書の真正を調査する必要はない。」と，147条が「上の規定によって資格づけられた受領者に支払を給付する者は，それによってその義務から解放される。」と規定していた。つまり，144条が所持人の資格についての要件を，146条1文が債務者の調査義務を，147条が支払免責の効果を定めていたわけである。た

---

10) Motive zu dem Entwurf von 1836 in: Werner Schubert(hrsg. u. eingel.), Gesetzrevision (1825-1848): Quellen zur preussischen Gesetzgebung des 19. Jahrhunderts, 2.Abt. Öffentliches Recht, Zivilrecht und Zivilprozeβrecht, Bd.4 Wechselrecht, 1. und 2. Halbband, 1983, S.153f.

11）この地域は，1801年ナポレオンに破れたオーストリアが神聖ローマ帝国の名でフランスに割譲して以来，フランス商法典の適用地域となり，1815年ウィーン会議でプロイセンに帰属した後も，フランス商法典が若干の修正を受けつつ，特に1834年以降はライン商法典の名のもとに，フランス商法典が適用されていた。文化と経済が最も進んだ地域であったから発言力が強く，そのためラインラント地域（フランス法）との調整問題がプロイセンの立法作業の大きな課題であったという（庄子・前掲注3）857頁）。

12) Motive zu den Entwurf von 1838 in: Fn.10, Gesetzrevision, S.488.

13) Allerhöchste Kabinetsordere vom 2ten Juli 1840, den Entwurf des Wechselrechts betreffend und Protokolle über die Verhandlungen im Staatsministerum, 1840 in: Fn.10, Gesetzrevision, S.596.

だし，146条2文においては，しかるべき異議がある場合や手形の本質的な部分に明らかな偽造の痕跡がある場合には，利害関係人の同意がある場合にのみ債務者は所有者に支払ってよいものとする留保が付されていた。この1843年草案は，さらに国家評議会において実務家を中心とした専門家委員会に提出して検討されることになった。結果として，明らかな偽造の痕跡がある場合等の支払に関する146条2文と，支払免責の効果を定める147条は削除されることとなり，1846年草案35条が次のように規定するに至った。「手形の所持人は白地式裏書又はしかるべく連続する記名式裏書により支払受領のために資格づけられる。抹消された裏書は資格調査においては書かれなかったものとみなされ，存在する裏書の有効性を害しない。債務者は，裏書の真正を調査する義務はない。」と。そこでは，支払免責の効果自体は規定されることはなく，むしろ資格調査という一定の調査義務の履践のもとに支払免責の効果が理解されていたのであり，これは現在に至るまで続くドイツ法における支払免責制度の特徴であるといえる。

---

14) §144：Die Zahlung eines indossirten Wechsels darf nur dem jenigen geleistet werden, dem der Wechsel vom Remittenten durch ein ausgefülltes Indossament, oder ein Indossament in Blonko, oder, im Fall der Wechsel mehrmals indossirt worden ist, von einem Indossanten übertragen worden ist, welchen eine zussamenhängende Reihe aus gefüllter Indossamente von einem Eigenthümer zum andren als letzten Eigenthümer des Wechsels legitimirt.

§145：Ausgestrichne Indossamente werden als nicht vorhanden gesehen, und schaden der Gültigkeit der bestehenden nicht, in sofern diese nur nach der vorstehenden Bestimmung von einem Eigenthümer zum andern legitimirt.

§146：Der Zahlende hat keine Verbindlichkeit, die Achtheit der Indossamente zu prüfen. Er darf aber die Zahlung an den Eigenthümer des Wechsels in den Fällen §§245. und 259. nur mit Zustimmung dessen leisten, der nach jenen Vorschriften seine Einwilligung zur Zahlung zu ertheilen hat.

§147：Wer an einen nach den vorstehenden Bestimmungen legitimirten Empfänger die Zahlung leistet, wird dadurch von seiner Verbindlichkeit frei.

1843年草案は1845年草案として理由書と共に公表されている。Entwurf einer Wechsel=Ordnung. Nach den Verrathungen der Kommission des Königlichen Staatsraths, 1845 in: Fn.10, Gesetzrevision, S.623ff.を参照。

15) Entwurf ener Wechsel=Ordnung nach den Ergebnissen der Berathung mit den einberufenen kaufmännischen Sachverständeigen, 1846 in: Fn.10, Gesetzrevision, S.1026.

議事録によれば，専門家委員会では主として，明らかな偽造の痕跡がある等の場合に真の権利者への支払を認める1843年草案146条2文に代えて，支払の有効性を推定することにより免責の効果を認めるフランス商法典145条が受け入れられるべきか否かが論じられた。Gräff（ブレスラウ商人団体顧問）は，債務者はただ手形所持人の誠実性（Redlichkeit）について調査すればよく，先行する偽造裏書に基づく支払に対する異議を述べることはできない，と提案した。Jopst（シュテッティン騎士銀行頭取）も同様の立場から次のように述べた。すなわち，草案は債務者が誰を資格者とみなさなければならないかを規定しており，支払に異議がある場合や手形に明らかな偽造の痕跡がある場合を除き，そのように資格づけられた最後の所持人に支払って免責されなければならない。それゆえ，1843年草案146条2文において特別に，債務者が所持人を資格者とみなさず，支払を拒絶する権利も義務もある場合が規定されているのである。これらの規定は，債務者の善意について一般的な推定を設定するが反証を排除しないフランス商法典145条より優れている，と。Witt（王立中央銀行顧問）も，手形に明らかに修正や偽造がある場合や支払に異議が述べられた場合にはこの特別規定が適用され，債務者は支払を拒絶しなければならない，と述べた。ところが，これに対してvan Gülpen（アーヘン商事裁判所長官）は，Wittの見解に賛成しつつも，フランス商法典145条の受容に賛意を表し，これによれば個々の特別事例については裁判所の判断に委ねることができる，と述べた。議論を経て，委員会は，明らかな瑕疵（vitium visibile）が手形にある場合や利害関係人が異議を述べた場合には債務者は支払ってはならないということには一致したが，そのためにJobstの主張するように1843年草案146条を基礎とするべきか，それともフランス商法典145条のような一般的な支払免責の効果を定めた規定を基礎とするべきかが採決されることとなった。投票の結果，1843年草案146条の代わりにフランス商法典145条が採用されること，それゆえ支払免責の効果を規定する147条は削除されることに決定された。これを受けて，専門家委員会としてはフランス商法典145条に基づく支払免責制度を支持するが，その採否は評議会に任せること，異議がある場合や明らかな瑕疵（vitium visible）に関する問題は喪失手形と偽造手形に関する章で論じられるべきであることが評議会に報告された。しかしながら，最終的に，1843年草案147条と同146条2文を除いた部分をまとめ合わせた規定が1846年草案35条として起案されることとなり，フランス商法典145条に基づく支払免責の規定は採用されなかった。

---

16) 1807年フランス商法典145条は「手形を満期に異議を受けずして支払う者は，有効に免責されるものと推定される」と規定していた。以後フランス法系の支払免責制度を規定する本条は統一手形法のための手形法会議に至るまで議論の対象とされていく。本章第5節1参照。

17) Protokolle, den Entwurf einer Wechsel-Ordnung, 1845 in: Fn.10, Gesetzrevision, S.805ff.

18) Kommissions-Bericht, betreffend die Vernehmung von Sachverständigen über den Entwurf einer Wechsel=Ordnung, 1846 in: Fn.10, Gesetzrevision, S.971f.

この1846年草案35条は1847年プロイセン手形条例草案36条にほぼそのまま引き継がれた。すなわち，「裏書された手形の所持人は，自己まで連続する裏書によって手形の所有権者[19]として資格づけられる。最初の裏書は受取人により，続く全ての裏書は，直接に先行する裏書が被裏書人と示す者により作成されていなければならない。白地式裏書に続く裏書は，その白地式裏書によって手形を取得した者によって作成されたものとみなされる。抹消された裏書は資格調査のもとでは書かれなかったものとみなされる。債務者は裏書の真正を調査する義務はない。」[20]と。なお，この規定は文言的修正を加えられたが内容的には変わらず，普通ドイツ手形条例36条として規定されることになる。[21]プロイセン手形条例草案の理由書によれば，その起草趣旨は次のように述べられている。

　「満期前に，所持人は支払を受領する必要はなく，債務者は支払を安全に給付することはできない，という規定はよく見うけられるが，不必要と思われる。それは既に自明のことである。これに対し満期後は，債務者は，呈示人への支払が別の権限者によって無効なものとして取り消される危険にさらされてはならない。もし，債務者の

---

19) 河本教授の研究によれば，手形の所有権者という用語及び手形上の所有権という用語は，前者はドイツ普通手形条例の36条，73条，後者は17条に現れており，プロイセン手形条例草案には多数の条文（9，11，13，14，15，18，20，29，38，39，43，44，48，55，58，59，92条）の中に使われていたという。その後審議の過程で，各条文の法律関係に従って手形の所有者ないし所持人という表現を選ぶように決せられ，その結果，ドイツ普通手形条例では上述3箇条の中にこの言葉が残ったといわれる。そしてこの用語法は，同草案審議の議事録によれば，手形証券に対する所有権に手形債権者たることを結びつけるという明確な所有権理論の立場に立っていたことがほぼ推論されるとする（河本一郎「物としての有価証券──所有権理論について──」神戸4巻2号288注（9）（1954年）〔『有価証券法研究（商事法研究第1巻）』（成文堂，2000年）所収〕）。手形所有説の詳細については，小橋一郎『手形行為論』（有信堂，1964年）192頁以下，田邊光政「手形所有権説の新展開──新手形所有権説への指向──」関法19巻1・2・3合併号76頁以下（1970年）を参照されたい。

20) §36：Der Inhaber eines indossirten Wechsels wird durch eine zusammenhängende, bis uf ihn hinuntergehende Reihe von Indosamenten als Eigenthümer des Wechsels legitimirt. Das erste Indossament muß demnach von dem Remittenten, jedes folgende Indossament vom demjenigen ausgestellt sein, welchen das unmittelbar vorhergehende Indossament ist als Indossatar bezeichnet. Ein auf Blanco=Indossament folgendes Indossament ist als von demjenigen ausgestellt zu erachten, welcher den Wechsel durch das Blanco=Indossament erworben hatte. Ausgestrichene Indossamente werden bei Prüfung der Legitimation als nicht geschrieben angesehen. Die Echtheit der Indossamente zu prüfun ist der Zahlende nicht verpflichtet.

免責が，受領者が本当に正当な権限を有する所持人であるということに左右されるとすれば，手形取引は不可能であろう。それゆえ，フランス商法典145条は次のように規定している。『手形を満期に異議を受けずして支払う者は，有効に免責されているという推定を自己のために有している。』と。しかしこの規定は，あまりに不確かで一般的に過ぎる。つまり，一方では，その推定に対してどの程度の反証を行えばよいのかが明らかでなく，他方では，債務者はあらゆる資格調査から免除され得ない。どの程度まで彼の調査が広げられるのかが決定されるべきである。債務者が，もし手形の内容と裏書によって権限者（Berechtigte）とみなされない呈示人に対して支払う場合は，免責されることはできない。それゆえ，その限りで債務者は受領者の資格を調査しなければならない。もし受取人自身が裏書されていない手形を呈示するのではない場合には，その資格は，連続した，呈示人の所有権を証明する一連の裏書を前提とし

---

21) プロイセン手形条例草案36条2文の「von dem Remittenten」が「mit dem Namen des Remittenten」へ，同じく「vom demjenigen ausgestellt sein」が「mit dem Namen desjenigen unterzeichnet sein」という表現に改められた。また，同3文「Ein auf Blanco=Indossament folgendes Indossament ist als von demjenigen ausgestellt zu erachten, welcher den Wechsel durch das Blanco=Indossament erworben hatte.」は「Wenn auf ein Blanko=Indossament ein weiteres Indossament folgt, so wird angenommen, daβ der Aussteller des letzten Wechsel durch das Blanko=Indossament erworben hat.（白地式裏書に続いて裏書がなされた場合には，後者の裏書の作成者はその手形を白地式裏書によって取得したものとみなされる（wird angenommen））。」に変えられた。

22) フランス商法典145条について，Hoffmannは次のように述べている。「ここではただ，支払が有効であるために必要な条件が遵守されているということが推定されている，ということしか述べられていない。しかし，この条件がどこに存在するのか，そしてどのような反証によって推定が覆されうるのかということについてはこれ以上詳述されていない。そして本条によれば，最後の被裏書人と所持人との同一性を欠くような場合に，その支払が絶対的に無効とみなされるのかどうかについては不確定なままである。もっとも，本条において，最後の被裏書人と一致する所持人への支払は証明される必要はなく，ゆえに債務者はそのような支払を証書にする必要もないこと，むしろ最後の被裏書人が署名した受取（Quittung）の真正が推定されなければならない，ということは明らかである。しかし，そのような推定を設定することによって多くの場合に紛争が阻止されるという観点から出発している本条は，それに対して，そもそもそのような受取の署名が真正であるということは重大なことなのか，そうであるとすればどの程度重大であるのかという疑問には答えていない。それゆえ，フランスの法律家は，手形債務者が偽造の受取に対して給付した支払によって免責されるかどうかについて活発な議論を展開している。多数説はこの問題を肯定している。」と（Emil Hoffmann, Ueber die Bedingungen der Gültigkeit des Erwerbs eines Wechsels und der an den Wechselinhaber geleisteten Zahlung, ArchDWR Bd.5, 1857, S.401ff.）。支払免責制度をどのように構成するかという点においてフランス法とドイツ法とは大きく異なり，フランス法系の支払免責制度の妥当性がしばしば問題とされていたわけである。なお，フランス法系とドイツ法系の支払免責制度の融合と調和は，手形法の統一において最重要課題とされることになる。本章第5節2参照。

ている。最後の裏書が記名式の場合には，呈示人を被裏書人と指名しなければならない。もしそれが白地式である場合には，その白地式裏書又はいくつかの白地式裏書のうちの最初の白地式裏書が先行する記名式裏書によってその資格を証明される者によって作成されている場合には，そのような白地式裏書が所持人を資格づける。同様の条件のもとで，記名式裏書の間に存在する白地式裏書により裏書の連続が作り出される。裏書するには手形の所持を前提とするので，白地式裏書に続く全ての記名式裏書は権限者によって作成されたものとみなさなければならない。債務者の調査はこれに制限されるべきである。彼は，そのように資格づけられた受領者への支払によって，もしほかに特別の理由，すなわち故意（Arglist）などが対抗していないならば，免責される。裏書の真正の調査を債務者に負わせることはできない。既にラント法1153条は，最後の裏書の無効を調査する必要がある限りで，債務者を裏書の調査から免除している。しかしこれもまたあまりに広範囲といわざるをえない。なぜなら，債務者は遠く離れた裏書人と全く取引関係にないということは頻繁にあり，そしてそれゆえ署名を調査する機会などないのは珍しくないからである。手形を紛失したときは，満期前の早期に適切な安全措置を取るよう，所持人に委ねられなければならない。[23)]」

要するに，同36条は，手形取引の確実な実現のため，債務者の調査の範囲を所持人の資格に限定する一方で，債務者は，資格を備えた呈示人に対して支払って免責されることを意味するものと解されている。最後の裏書の調査義務を要求していたラント法1153条と比べても債務者の調査は軽減されており，調査の範囲を具体的に制限する点でフランス商法典145条より優れているという見解であったといえる。そうすると，問題は，どの程度まで債務者の調査は軽減されうるのかという点であるが，これが手形法会議において議論されることになった。

「本条第1文についてはたしかに，所持人まで続く一連の裏書による所持人の資格が問題とされているという限りで，異議は述べられなかった。しかし，数人の代表者によって，債務者が裏書の連続により資格づけられた手形の呈示人自身に金銭を交付するのをやめるような，疑念を持つべき特別な状況が起こりうるので，この規定は十分ではない，ということが言い添えられた。すなわち，偽造の疑いを基礎付けるよう

---

23) Motiv zum Entwurfe einer Wechsel=Ordnung für die Preußischen Staaten in: Protocolle der zur Berathung einer Allgemeinen Deutschen Wechsel=Ordnung in der Zeit von 20. October bis zum 9. Dezember in Leipzig gehaltenen Conferenz nebst dem Entwurfe einer Wechsel=Ordnung für die Preußischen Staaten, den Motiven zu demselben und dem aus den Beschlüssen der Conferenz hervorgegangenen Entwurfe, 1848, S.LVIf.

な，削除，書換え，あるいはその他同様の目に見える欠陥が手形そのものにあるような場合である。一般的な法原則によれば，手形債務者はそのような手形に支払うことを要求されない。しかし，このことは法律において明文をもって述べられなければならない。なぜなら，さもなければ36条の内容から，所持人に支払う手形債務者の絶対的な義務が導き出されることになりうるからである，と。このような理由に基づき，手形債務者は，削除，書換えあるいはその他目に見えうる偽造の痕跡がある場合には，手形金額を裁判所に供託する権限を与えられる，という規定の追加（ホルスタイン草案78条に準じて起草されたもの）が提案された。」[24][25]

要するに，裏書の連続した所持人に絶対的に支払う義務はなく，裏書の削除・書換え等により偽造の疑いが明らかな場合には，債務者に支払を供託する権限を認め，これにより債務者を免責させるべきことが提案されたわけである。裏書の明らかな瑕疵（vitium visibile）については，その対応を巡って，プロイセン手形条例草案の作成過程においても問題とされたところである。しかし，この提案に対しては次のような異議が唱えられた。

「そのような規定は容易にシカーネ【筆者注：悪意による権利行使，権利行使に藉口した加害。主観的害意。】のために濫用されうるであろう。債務者は，裏書人に対して注意（Diligenz）する義務もなく，それゆえ彼に迫っている危険に全く考慮する必要はないのであり，行われた詐欺の訴追は，それによって損害を被った者に委ねられなければならない。そのうえ，債務者が寄託のために支払うとしても，拒絶証書の作成や遡求を禁じることはできないのである。引受後の債務者に要求された支払にかかわる問題であるならば，詐欺の抗弁（exceptio falsi）の問題である。この抗弁権（Einrede）によって，債務者は，原告の請求棄却を要求できるだろう。棄却後なら，債務者が，免責されるために，手形金額を裁判所に供託するということが考えられる。しかし，民事訴訟で手形所持人が敗訴する前に，債務者が寄託を申し出ることによって手形所持人の請求から解放されるということは，おそらく許されないだろう。手形

---

24) 手形法会議で審議の対象とされたのはプロイセン草案であるが，草案の選択前には，ザクセン草案，ヴュルテンベルク草案，ブラウンシュバイク草案，ハノーファー手形条例，ザクセン手形条例，ホルスタイン＝ラウエンブルク草案，メクレンブルク＝シュベーリン草案が各国から提出されたという。庄子・前掲注3) 864頁。

25) Protocolle der zur Berathung einer Allgemeinen Deutschen Wechsel=Ordnung in: Protocolle der zur Berathung einer Allgemeinen Deutschen Wechsel=Ordnung in der Zeit von 20. October bis zum 9. Dezember in Leipzig gehaltenen Conferenz nebst dem Entwurfe einer Wechsel=Ordnung für die Preußischen Staaten, den Motiven zu demselben und dem aus den Beschlüssen der Conferenz hervorgegangenen Entwurfe, 1848, S.69.

所持人は，手形債務者のそのような権限によって不利に扱われるといえる。手形所持人には，この問題を片付けるためには，費用と手間のかかる免責手続（Edictalverfahren）を勝ち取る以外の手段はほとんど残されていないのである。もっとも，手形に存在する偽造の痕跡によって刑事手続が取られ，そして裁判所が手形金額の一時的な寄託を命ずるよう決定するような場合は別である。偽造により不利な立場におかれた者による仮差押えの申請も考えられる。しかし，手形金額を供託する債務者の権限を規定することはできない。」[26]

つまり，供託を認めると，債務者がシカーネのため支払を供託してしまうということが起こりうるので，支払の確実性は損なわれることになる。これに対して，支払を受けられなかった真の権利者の利益は，損害賠償の訴追により処理すればよいのであって，債務者の側では，真の権利者からの支払請求に対しては，詐欺の抗弁（exceptio falsi）を対抗するによって，これを免れることができるとする。要するに，上の議論から知りうることは，真の権利者の救済は損害賠償など事後的に図られればよく，たとえ債務者が注意すれば偽造に気づくことができるような状況であっても，裏書の連続した所持人には支払うべきと解されていたということである。その意味で，迅速・円滑な決済の実現による手形取引の安全が真の権利者保護より重視されていたといえよう。

2　いわゆる善意取得制度の導入

ローマ法の原則によれば，正権原なく物を占有する者に対して，真の権利者は，返還請求をなしうる（Vindikation）。ローマ法の継受後，取得者が善意の場合には動産追及が制限されると考えられるようになると，近代の立法事業において，これは制度的に保障されることになる。いわゆる善意取得制度である。[27]そして，手形法の分野においても，この取引安全のための制度の導入が懸案事

---

26) Fn.25, S.69f. なお，これに対しては，寄託後にはじめて事実審理が裁判の目的となるというならばシカーネの危険は除去されているし，債務者は自身の固有の利益を有しており，債務者の損害賠償の義務はそのことに由来するのであるから，それによって既にシカーネは妨げられる，と再反論されたが，結果として，この提案は11対6で否決された。Fn.25, S.70.

項とされることになったわけである。しかし，手形に関していえば，債務者が裏書の連続した手形を所持する資格者に支払って免責されるとすれば，真の権利者は，手形の返還を成し遂げてももはや手形金を回収することはできず，その利益は害されることになってしまう。そこで手形に関しては，善意取得制度が認められるか，認められるとすれば債務者の支払との関係をどのように解するかということが問題となり，既にプロイセン手形条例草案の作成作業の過程で，これを巡って論議が巻き起こっていた。そこで，1845年草案では，返還請求する真の権利者の利益を実質的に保護するため，債務者に対する支払禁止の制度の導入が考えられていた[28]。しかし，規定が煩雑になりすぎるという理由でこれは廃止され，1846年草案77条は次のように規定することとなった。「偽造の裏書のある手形が交付された場合には，連続する完全裏書又は白地式裏書により資格づけられた誠実な取得者は，適法な所持人とみなされる。それゆえ彼は，その偽造の裏書人を除いて，手形の裏書人に対する権利を保持する。」と[29]。

---

27) Vindikationとは，ローマ法に由来する所有権に基づく返還請求権である。ローマ法継受によりこれがドイツ普通法となり，所有者は所有権に基づき，あらゆる場合に第三者に返還を請求することができるものとされ，特に南ドイツの多くの都市法でローマ法が採用されたという（安永正昭「動産の善意取得制度についての一考察——いわゆる占有の権利外観効を中心として——」論叢88巻第4・5・6号285頁注（24），289頁（1970年），なお，善意取得についての詳細な研究として田島順『民法一九二條の研究』（立命館出版部，1919年）がある。）。ところで，これが善意の場合には返還請求を制限すると考えられるようになると，ドイツ私法学ではこれを説明するに，譲渡人に対して占有者たる資格において物（手形証券）の処分権を法が付与する結果であると説くいわゆる処分権説（Legitmationstheorie）が主張されるようになっていく。ドイツの処分権説ないし処分権理論については，田島・前掲483頁以下，本章第4節2（2）参照。

28) Hoffmannの述べるところによれば，真の権利者に手形の返還請求権（Vindication）が認められるということは，真の権利者は，手形を再び保持すること，そして所持人が手形を再交付してしまう又は受け戻してしまうことによって自己の権利行使が挫折させられることはない，ということでなければならない。それゆえ，真の所有権者が返還請求権を確実に行使することができるためには，債務者に支払を禁止する権限がさらに与えられなければならない。それにより，不適法の所持人は債務者から手形を取り立てることができなくなる，と（Hoffmann, Fn.22, S.392）。要するに，表章された債権が問題になる手形においては，手形の返還請求権制限の制度をより実効性あるものにならしめるために，当時としては，債務者に対する支払禁止（Zahlungusverbot）の制度が考えられ，1845年草案257条乃至264条は，この所有権者による支払禁止の手続について詳細に規定していた。

29) Fn.15, S.1033.

興味深いのは，1846年草案では，既に同35条（プロイセン手形条例草案36条）が手形所持人の資格について規定していたが，同77条とは反対に，主観的要件を問題としていなかったということである。すなわち，同35条1文は「手形の所持人は，白地式裏書又はしかるべく連続した記名式裏書によって支払受領のためにしかるべく資格づけられる。」と規定していたが，「債務者は，裏書の真正を調査する義務はない。」と規定する同条末文と合わせて，裏書が連続していれば手形所持人は資格づけられ，資格者に対して支払って債務者は免責されることになる。他方，同77条によれば，資格づけられた「誠実な」取得者が適法の所持人とみなされる。この意味は，適法な所持人が手形上の権利を保持するということにあるとされているから，このような者に対して債務者は有効に支払うことができることになる。しかし，これらの規定からは，誠実でない資格づけられた取得者に対して債務者は支払わなければならないのか，あるいは支払うことができるというに過ぎないのか，それとも支払ってはならないのか，は明らかではない。つまり，初期の手形所持人の資格理論では，誰が正当な所持人であるかということは，形式的な手形面上の記載だけで決まることであるのか，それとも主観的要件を含めて決定されるべきことであるのかについて，定まっていなかったということである。[30]

もっとも，1846年草案77条は1847年草案及びプロイセン手形条例草案には受け入れられなかった。その理由は，手形訴訟において外面的（äußerlich）に資格づけられた者の不誠実さ（Unredlichkeit）を証明することは困難であるからというものであった[31]。その結果，1846年草案35条のみが1847年草案及びプロイセン手形条例草案に引き継がれることとなった。

しかし，手形にも善意取得の制度が採用されるべきかについては，ライプチヒ手形法会議において再び問題とされることになった。1847年11月17日の会議において，いわゆる手形行為独立の原則の規定に関して取得者が善意（bona fides）であると推定される場合にのみ保護が与えられるべきかが議論され，これに関連してさらに，盗難ないし紛失手形の善意占有者（bonae fidei possessor）は真の所有権者に優るべきか否かが議論されることになった。

　「この問題を提起したハンブルクの代表者は次のように主張した。このことは――民法の一般規定は別として――手形に関しても特別に定めるのがふさわしい。つまり

---

30) 河本・前掲注19) 286頁参照。
31) Hoffmann, Fn.22, S.393.

正権原をもって善意で手形を取得した占有者に対する返還請求権は許されないということである。手形取引の安全性がこれを要求している。しかし，裁判所は一貫してこの意見であるというわけではない。少なくとも，最近，リューベックの上級控訴裁判所は逆の判断を下した。しかし，その判決は大きな注目を呼び起こしたのであり，この観点から手形取引にふさわしい原則が立てられることがどれほど必要であるかが示されている，と。……提案者と同様の意味において，また紙の所有権者が手形債権者であるという原則の結論としても，この提案が支持されるとする多数の意思が表明された。」[32]

要するに，手形取引の安全のため，手形においても善意取得制度を採用すべきことが主張されたわけである。もっとも，この提案に反対する代表者も少なくなかった。

「この規定は民法にふさわしいものであり，仮にそれが手形に関しても独自の考慮において好ましいものであるとしても，手形条例において受け入れることは疑問に思われる。なぜなら，個々の州において返還請求権に関する立法の体系はきわめて様々であり，それゆえ，それに介入して手形条例において置かれた単独の規定は扱いにくい。また，既に他の機会でも登場したように【筆者注：いわゆる手形行為独立の原則に関する規定に関して】，何が善意（bona fides）であるかを規定せずにこれを規定することはできないし，36条を変更することなくしてこの提案が矛盾なく受け入れられることはありえない。」[33]

反対の理由としては，いわゆる民法上の善意取得について法体系が統一されていなかったこと，また，「善意（bona fides）」という概念が明確ではないこと，36条との間で矛盾が生じ，その変更が必要となること，などが挙げられている。結果として，採決では否決されることとなったが，それは10票の反対に対して，賛成が9票という，きわめて僅差の否決であった。

そこで，約2週間後の12月1日の会議において再び，この問題が36条との関係で取り上げられることになった。

「手形の返還請求権と裏書不連続の効果について次のような提案がなされた。『裏書の連続に欠缺がある場合，あるいは裏書が明らかに偽造されている場合には，支払を

---

32) Fn.25, S.143.
33) Fn.25, S.143f.

請求された手形債務者は，それを拒絶する権限を有するが，手形の占有者は，充分な保証と引換えに，手形金額の支払ないし裁判上の売却益（Ertrag）を要求することができる。欠陥のある裏書の前に最後の占有者として現れる者は，その手形をあらゆる所持人から返還請求することができるが，手形がそのような欠陥のある裏書によって第三者の手に渡った場合には，先行する適法な所有権者は，その第三者が変造に加担した場合か手形の受戻の前にその変造を知っていた場合，あるいはしかるべき注意のもとで裏書の不真正を発見できたであろう場合にのみ，返還請求することができる。』と。そして，この提案理由としては次のように述べられた。すなわち，手形の所有権は偽造の裏書によっても有効に譲渡され，そしてそのような偽造の裏書に先行する裏書人は後者の被裏書人に責任を負うということが原則として理解されなければならない。所有者性（Eingenthümlichkeit）と手形取引の安全がこれを要求している。なぜなら，後の被裏書人に対して，先行する全ての裏書の署名を知っていることを要求できないからであり，そして，偽造の裏書は通常，真の裏書と区別されないように偽造されるからである。誠実性さと善意の推定は，あらゆる所持人にとって有利な証拠となる。しかし，この推定が事実によって覆される場合，手形の占有者が裏書の変造に加担し，あるいは手形の受戻前にそれについて知っていたということが証明されている場合には，善意の推定（Präsumtion）およびそのような所持人を保護する全ての理由はなくなってしまう。全ての手形取得者に対し，彼が手形の受戻前に，支払を行う前の債務者と同様に，前の所持人の占有の合法性を調査し，通常の注意（Diligenz）を払うことを要求することができる，と。

これに続けられた議論において示された会議の見解は，提案の１文については，既にその実質的な内容に関して36条において議論がなされており，受け入れられるべきではない，という趣旨のものであった。２文に関しては，数名から，ここに妥当するような場合においてはただ比喩的に返還請求権という言葉が用いられているに過ぎない，というすでに過去になされた発言が繰り返された。幾人かの代表者は，提案されたような方法による規定は民法に割り当てられるべきであるという意見だった。しかし，多くの者は提案の受入れに賛成の態度を表明した。もっとも，２文の終わりの『あるいはしかるべき注意（"oder bei gehöriger Aufmerksamkeit"）』という文言は取り除かれるか変更されるべきと考えられていた。というのも，過失（culpa lata）もここで考慮に入れるべきか，そしてそれは故意（dolus）と同様に取り扱われるべきかが問題となっていたからである。そして，この問題は採決される状態になったとして，賛成17票，反対２票でHeislerの提案は原則的に受け入れられた。また，占有者に過失

---

34) 提案者Heislerは，支払免責に関しては，引き続き，「ただし，裏書の連続の欠缺は容易に全ての者に認識できるものであり，そのことは明らかな変造についてもいえるので，手形を受戻す者【筆者注：手形債務者】は，しかるべき手形の調査を行わなかった場合には，重過失（ein globes Verschulden）の責任を負う。」と述べている。

（culpa lata）の責任しかない場合にも返還請求権は許されるべきかという問題も，賛成14票，反対5票で可決された。ほかに，その表現は編集委員に委ねられることとなった。」[35]

すなわち，12月1日の会議では，手形取得者の所有者性と手形取引の安全の観点から，その善意が覆される事実が証明される場合には所持人に保護を与えなくてよいという意味において，善意取得制度が採用されるべきことが主張されたわけである。これが多数の支持を受けたのは，おそらく，手形の占有者が裏書の変造に加担し，あるいは手形の受戻前にそれについて知っていた場合というように，「善意」でない場合の具体例が示されたこともあるだろう。結果として，手形の善意取得は過半数の支持を受けて採択され，普通ドイツ手形条例74条として規定されることになった。すなわち，「36条の規定により資格づけられている手形の占有者は，手形を悪意で（in bösem Glauben）取得し，あるいは取得の際に重過失の責を負う場合にのみ，返還しなければならない。」[36]と。

3　支払免責と善意取得の関係──1861年ニュルンベルク改正法における議論

善意取得制度が普通ドイツ手形条例74条において採用されると，手形条例成立後には，これと支払免責を規定した同36条との関係をどのように解するかが問題とされることになった。

まず，当時の36条についての解釈であるが，この規定のもとで，裏書の連続した所持人に支払えば，債務者は二重払いの危険を負わないという意味で免責されると解されることに争いはなかった。しかし，36条は免責の効果を直接には規定しておらず，それは債務者は誰に有効に支払うことができるのかという問題として論じられたため，債務者が裏書の連続した所持人に支払って免責されるのは，係る所持人が支払を請求しかつ支払を受領する権限（Berechtigung）を有し，それゆえ彼に有効に支払うことができるためであると説かれていた。[37]

---

35) Fn.25, S.228f.
36) §74：Der nach den Bestimmungen des §36 legitimirte Besitzer eines Wechsels kann nur dann zur Herausgabe desselben angehalten werden, wenn er den Wechsel in bösem Glauben erworben hat oder ihm dabei eine grobe Fahrlässigkeit zur Last fällt.

「普通ドイツ手形条例は、一連の欠歉のない裏書の連続によって適法な所持人として証明されている手形所持人は、支払請求と受領のために十分に資格づけられると述べている。……我々が、この規定【筆者注：普通ドイツ手形条例36条】と、個々の裏書が偽造又は変造されていても、振出人と裏書人は（及び法律に基づく債務者も）手形上の真正な署名に基づいて責任を負わなければならないとする76条の規定【筆者注：手形行為独立の原則】とを結びつければ、裏書の連続により資格づけられる各手形所持人は支払を請求し、完全な法的効力をもって受領してよいという一般原則を手形条例が含んでいるということが、はっきりと明らかになる。この規定は手形の性質に全くふさわしいと思われる。手形に基づく支払は、手形債務の本質によれば、最初の手形取得者、あるいは全ての適法な所持人に当然与えられるべきである。外面的（auβerlich）に整った裏書により手形を保持している者は、必然的にそのような者とみなされなければならない。なぜなら、手形の取得者は、裏書の文言を調査する以外に、裏書人として手形に現れた人物がその時きちんとした手形上の権利を取得し、裏書によって他人からその権利を譲り受けていたということを確認する手段を有してないからである。」「さらに、手形の交付者が本当に所持人として、つまり被裏書人として名乗られている人物であるか、そして取得者がこの関係について欺されていた場合に不利益を被るべきかという問題がある。……この場合にも、手形取得者はただ手形の文言と裏書だけを調査すればよいという一般原則が適用されるべきであり、その結果、手形条例は正当にも制限なくして次の基本原則をたてることができる。裏書の連続により資格づけられた手形の所持人は、個々の裏書の真正を考慮することなく、支払請求と受領のための権限（Berechtigung）を有する。」

しかし、このような理解は善意取得との関係では問題になる。すなわち、普

---

37) 支払免責の効果を説明するために、当時の学説は、形式的資格者に支払請求及び支払受領する権限（Berechtigung）を理解していた。W.Hartmann, Das deutsche Wechselrecht, 1869, S.352ff.; Heinrich Thöl, Das Wechselrecht, Das Handelsrecht, Bd.2, 4.Aufl., 1878, S.504ff.; Heinrich Otto Lehmann, Lehrbuch des deutschen Wechselrechts, 1886, S.528ff. Brunnerは資格のもとに「第三者のためにする給付約束」の効果として所持人の給付受領権限を理解する（Heinrich Brunner, Die Werthpapiere in: W. Endemann(hrsg.), Handbuch des deutschen Handels-, See-, und Wechsel- rechts, Bd.2, 1882, S.160ff.）。なお河本・前掲注19）283頁注（8）参照。
38) §76：Auch wenn die Unterschlift des Ausstellers eines Wechsels falsch oder verfälscht ist, behalten dennoch das ächte Accept und die ächten Indossamente die weselmäβige Wirkung.
39) Jolly, An wen muβ und an wen kann die Zahlung einse Wechsel geshehen?, ArchDWR Bd.2, 1852, SS.163, 166f.
40) Jolly, Fn.39, S.169.

通ドイツ手形条例74条によれば，裏書の連続により資格づけられている取得者が善意無重過失で手形を取得した場合にその権利を取得し，正当な権利者となるはずであるが，他方で36条を，裏書の連続した所持人が支払請求と受領の権限を有すると解するとすれば，裏書の連続により資格づけられた者は，善意で取得していなくとも，支払の請求と受領の権限を有することになる。そこで，このような場合に債務者は支払わなければならないのか，それとも支払を拒絶できるかが問題とされることになった。そこで，この点についてJollyは次のように説く。

> 「不真正の裏書による取得者が悪意（mala fides）——これは一般的に，自己への裏書に欠陥があることについての認識と理解されている——である場合には，新たな難問が生ずる。手形条例に関する議論によれば，いくつかの点からこの問題に関する法的な規定が提案されたが，当初，これに関係する特別な条項を法典に導入することは否定された。脱法を避けるため規定があまりに細目に及ぶことが恐れられたこと，そして一般命題で十分であると見なされたためといわれている。しかし今や，悪意の手形取得者が最後の被裏書人であるならば，債務者は，支払を拒絶することができる。このことは，債務者が悪意の抗弁（exceptio doli）を直ちに主張できるということを前提とする。何人も違法な行為から法的な利益を引き出すことはできないという一般的な法原則に基づき，このような決着は手形に偽造が介在した場合には疑う余地はない。たとえ他人が不真正の裏書を作成し，その他人による違法行為に関与することによって取得者が手形の交付を受けたにせよ，あるいは，手形の被裏書人欄を偽造して自己の名称を記入し，自身による違法行為によって手形の取得者になったにせよ，故意（wissentlich）の取得者は不真正の裏書について責任を負うのである。」[41]

Jollyによれば，悪意で手形を取得した取得者の権利行使に対しては，債務者はローマ法上の悪意の抗弁（exceptio doli）を対抗して支払を拒絶できるものとしている。これは，原告の請求が衡平に反することを主張して請求を免れることのできる権利であり，つまり，債務者を害することを知りながら取得した者の権利行使は認められるべきでない，と考えられたわけである。

さらに，上のような考え方が，ドイツ手形条例における解釈として結実するうえでの重要な契機として，1861年ニュルンベルク改正法を挙げなければなら

---

[41] Jolly, Fn.39, S.175f.

ない。すなわち，既にライプチヒでの手形法会議の最終回において，ヴュルテンベルクの代表者が，実務で生ずるであろう欠欠を埋め，法の適用における同一性をもたらすために，数年後にドイツ各州の委員を普通ドイツ手形条例の修正のために招集することを提案していた。その予測通り，普通ドイツ手形条例施行後，当時のドイツには共通の上級裁判所が存在しなかったため判例が形成されず，立法の留保を認めた普通ドイツ手形条例2条及び3条のもとに各州で多様な判断が下されるといった問題が生じていたのである。そこで，1856年12月28日には，ドイツの国民議会が，普通ドイツ商法典（ADHGB）の起草に向けて委員会を招集することを決議し，商法典立法委員会が1857年1月15日にニュルンベルクで開催されるに至ったが（ニュルンベルク会議），これを受けて，同年2月19日には，ヴュルテンベルク州政府の提案に基づき，商法典立法委員会のもとに副委員会が指名され，普通ドイツ手形条例に関する論争を調査させることが決議された。副委員会は，1858年5月，1861年5月の議論を経て，普通ドイツ手形条例の改正法の草案を作成し，それはいわゆる1861年ニュルンベルク改正法として成立・公布されることとなった[42]。委員会報告書によれば，所持人の資格については次のような見解が示されている。

「所持人の資格は，ただ形式的に正当な裏書の連続の存在に基づいており，法律は，権限者によって裏書が手形上にもたらされたということを要求していない。それゆえ，76条の規定と関連づければ，形式的に連続した裏書によって資格づけられた手形所持人は，裏書の真正を問題とすることなく，支払を請求し，完全に法的な効力をもってそれを受領する権限（Berechtigung）を有するということが明らかになる。裏書の真正は所持人の資格に影響はないので，支払義務者もまた，その真正を調査することは許されない。ただし，所持人が裏書の不真正に関して故意（dolus）又は過失（culpa lata）の責めに帰せられる場合は，所持人に対して抗弁を主張する支払義務者の権利は排除されない。この場合には，単なる所持人の資格調査ではなく，支払義務者による支払に関する真の抗弁権が問題となっている。その抗弁は普通ドイツ手形条例82条[43]により判断される抗弁権である[44]。」

つまり，裏書の連続により資格づけられた所持人は支払請求及び受領の権限

---

42) Vgl. Hartmann, Fn.37, S.41ff.; Achilles Renaud, Lehrbuch des Allgemeine Deutschen Wechselrechts, 3.Aufl., 1868, S.18ff.

を有するが，善意取得していない場合には，債務者はその支払請求に対して手形条例82条の意味における抗弁権を主張できるというわけである。82条の抗弁権は訴訟上で行使される抗弁権であるが，これが訴訟で主張されれば実体法上の権利行使も中断されることになる。[45]訴訟において原告が善意取得していないことについて被告が十分に証明できない場合には被告は敗訴するから，その場合に被告は原告に支払わざるをえないが，証明に成功すれば，支払う必要はなくなるというわけである。

ところで，抗弁権を行使して支払を拒むことができるとはいえ，裏書の連続により資格づけられた所持人が支払請求及び支払受領の権限を有すると理論構成する以上，抗弁権を行使せずに債務者がなした支払の効力については，有効と考えざるをえない。しかし，所持人が不誠実な方法で手形を取得したことを知る債務者は支払を差し控えるべきであるともいえる[46]。悪意の債務者による支払の効力は排除されるべきかという点が論じられるようになるのは，もう少しの後のことである。つまり，この段階ではまだ，支払免責は善意の債務者保護の問題として理解されるには至っていなかったのである。

43) 普通ドイツ手形条例82条は，第2章第14節「手形債権者の訴権」において，「手形債務者は，手形上の権利に由来する抗弁か，原告に対して彼に直接帰属する抗弁のみを対抗されうる。(Der Wechselschuldner kann sich nur solcher Einreden bedienen, welche aus dem Wechselrechte selbst hervorgehen oder ihm unmittelbar gegen den jedesmaligen Kläger zustehen.)」と規定していた。手形抗弁の規定である。手形抗弁は当時ただ訴訟法上の問題と解されていた。

44) Stranz, Bemerkungen über die Verhandlungen der Nürnberger Conferenz zur Berathung eines Allgemeinen Deutschen Handelsgesetzbuchs bezüglich der Allgemeinen Deutschen Wechselordnung, ArchDWR Bd.9, 1860, S.240f.

45) Volkmar=Loewy, Die deutsche Wechselordnung, 1862, S.289.

46) 例えばHartmannは，悪意・重過失で手形を取得した所持人に対しては所持人に悪意の抗弁（exceptio doli）や詐欺の抗弁（exeptio falsi）が許されるとしながらも，この場合に債務者は支払を差し控える，あるいは手形金を供託すべきであるとする。もっとも，支払を差し控えることは困難と考えられていたようであり，「呈示人に対し支払を留保する権限を債務者に与える事情は事実問題（quaestiones facti）であり，ドイツ手形条例においても詳細は示されていない。……というのは，そのような状況は非常に多様でありえるし，過失の概念や，疑わしい場合として草案で挙げられていた訂正や修正が何を指すかという点は定まっておらず，法的に確定するのは困難であるからである。」と述べている（Hartmann, Fn.37, S.362）。善意・悪意，過失の有無といった問題は訴訟で確定されるべきと考えられていたことが推察される。

4　小　　括

　1848年普通ドイツ手形条例36条は1847年プロイセン手形条例草案36条を引き継いだ規定である。プロイセン手形条例草案の起草過程では，所持人の権利について債務者はどの程度の調査をすべきか，裏書に明らかな瑕疵がある場合にも債務者は資格者に支払ってよいのか，支払免責の規定としては，支払の有効性を推定することにより免責の効果を認めるフランス商法典145条がより適しているのではないか，といったことが議論の対象とされた。結果として，調査の範囲及び反証の程度が明らかにならないフランス商法典145条ではなく，所持人の資格調査を前提に，資格者に対して支払って免責されるという趣旨で，「裏書された手形の所持人は，自己まで続く一連の裏書によって手形の所有権者として資格づけられる。」こと，そして「債務者は裏書の真正を調査する義務はない。」ことが規定された。ここに，資格調査という一定の調査義務の履践のもとに支払免責の効果を理解するドイツ支払免責制度の基本形が確立されたといえる。なお，裏書に明らかな瑕疵がある場合については，普通ドイツ手形条例作成のためのライプチヒ手形法会議において，この場合に支払を供託する権限を認めるとする見解は採用されなかった。すなわち，真の権利者の利益は損害賠償の訴追により処理すればよく，他方，債務者は裏書の連続した所持人に支払うべきとされ，迅速・円滑な決済の実現による手形取引の安全が真の債権者の保護より優先すべきものと考えられていたといえる。

　他方，プロイセン手形条例草案には受け入れられなかった善意取得制度が普通ドイツ手形条例74条として採用されるに至ると，36条と74条との関係をどのように解するか——裏書の連続により資格づけられているが悪意で手形を取得した所持人にも，債務者は支払を義務づけられるのか——が問題とされることなった。この問題については，1861年ニュルンベルク改正法の成立を受けて，解釈上は一つの結論が出されるに至った。すなわち，裏書の連続した所持人は支払請求及び支払受領の権限を有するが，所持人が善意取得していない場合には，債務者はその権利行使に対して手形条例82条の抗弁権を主張し，支払を拒絶することができるというものである。もっとも，裏書の連続により資格づけられた所持人が支払請求及び支払受領の権限を有すると理論構成する以上，抗

弁権を行使せずに債務者がなした支払の効力については，有効と考えざるをえない。つまり，この段階ではまだ，支払免責は善意の債務者保護の問題として理解されるには至っていなかったのである。

第4節　有価証券理論としての支払免責

本節では，有価証券法という体系において資格概念のもとに支払免責制度がどのように理論構成されていったのかという点について，学説史的な展開をみていく。

1　資格者に対する支払と免責

(1)　当事者適格（Legitimation zur Sache）としての資格

Legitimationという概念は講学上どのような意味で用いられていたのだろうか。プロイセンの代表的な商法学者の一人であるTreitschkeは，「手形法百科事典」（1831年）の「支払」の項目において，「Legitimation zur Sache」について次のように解説している。「確実に支払をなしうるためには，手形の債務者は，何よりまず，呈示人が裏書と関連した手形の内容によって支払請求の権限があるかどうかについての情報を得なければならない。そして債務者は，裏書されていない手形の場合には手形の文言による者，裏書されている場合には最後の裏書が支払受領者として指名する者以外の者に支払ってはならない。しかし，最後の裏書人，その裏書人が自己の権利を導き出すところの前者の裏書人が，最初の手形取得者まで遡って有効な裏書によって正しく資格づけられている（legitimiren）ことがなお条件とされている。」と。つまり，Legitimation zur Sacheとは，裏書が連続していなければ，債務者はその呈示人を，支払請求と受領の権利・権限を有する者と扱ってはならない，という意味で語られている[2]。

---

1)　Georg Carl Treitschke, Alphabetische Encyclopädie der Wechselrechte und Wechselgesetze, Bd.2, 1831, S.804f.

河本一郎教授の詳細な研究によれば，当時のLegitimation概念とは，当事者が裁判によって追求しようとする権利がその当事者に帰属すること，かつその相手方に対して帰属することについての証明であると解されており，その意味で，当事者適格（Sachlegitimation, legitimatio ad causam）の問題として論じられたと述べられている[3]。

ところで，手形に関する初期のLegitimation概念のもとでは，当事者適格欠缺の抗弁（exceptio deficientis legitimations ad causam）が可能であるか否かが問題とされていた。原告が訴訟の正当な当事者であることを主張するには，手形が裏書により移転する以上，裏書の連続した手形の所持で十分であるといえる。そして，確かに普通ドイツ手形条例36条1文は「裏書された手形の所持人は，自己まで続く一連の裏書によって手形の所有権者として資格づけられる。」と規定している。しかし，この規定の文言上は，実質的にも有効な裏書が連続していなければならないのか，それとも，形式的に裏書が連続していればよいのかは明らかではない。ここで，裏書の連続が形式的な連続を意味するものであるとすれば，形式的に連続する裏書の中に不真正の裏書が介在していても原告適格は否定されることにはならない一方で，反対に裏書不連続の場合には原告適格が否定され，訴訟が却下されることになる。これに対して，裏書の連続が

---

2) 例えばThölは，その著書「手形法」において，「資格（Legitimation）」に関する章を設け，被告適格（Passivlegitimation）は手形の授受により手形契約締結の意思と共に基礎づけられ，原告適格（Activlegitimation）は，白地式裏書の手形所持人，受取人，記名式裏書の被裏書人かによって区別されるものとし，「資格のもとには，必ずしも支払請求する権利のみならず，ただ有効に受領する権利が理解される。」と述べている（Heinrich Thöl, Das Wechselrecht, Das Handelsrecht, Bd.2, 1878, SS.504f., 505 Anm.3.）。

3) Legitimation概念については河本教授による詳細な研究がある。その叙述によれば，レギチミーレン（sich legitimiren）されるということは，一般的にいえば，一定の行動・行為を自らなす権能を有する（befugt sein）ことを証明するということで用いられ，訴訟法概念としては，自己の名において訴訟を追行しうる権能についての証明をlegitimatio ad causam—Legitimation zur Sacheと呼び，これは，当事者が裁判によって追求しようとする権利がその当事者に帰属すること，かつその相手方に対して帰属することについての証明であると解されていたという（河本一郎「物としての有価証券――所有権理論について――」神戸4巻2号283頁注（8）（1954年）〔『有価証券法研究（商事法研究第1巻）』（成文堂，2000年）所収〕）。Legitimationは当時，原告は，証券所持以外に権利証明（Legitimation）を必要とせずに，訴えを提起しうるか――原告の当事者適格（Sachlegitimation, legitimatio ad causam）に十分であるか――という問題として論じられたとされる（河本・前掲281頁）。

実質的な連続を意味するものとすれば，形式的に裏書が連続していても，その中に不真正の裏書が介在する場合には，被告はそれを原告への請求権の帰属を妨げる事実として主張して，原告の当事者適格を否定することができる。これを「当事者適格欠缺の抗弁」というにふさわしいかは別として，この場合に被告は，原告に対して一種の無権利の抗弁を対抗できることになる。そこで，当事者適格を作り出す裏書の連続は形式的な連続を意味するのか，実質的な連続を意味するのかが問題とされたわけである。

　契機となったのはある事件である。原告Xは，被告Yが振り出した手形を受け戻した所持人で，Yに手形金の償還請求の訴えを提起した。ところがYは，本件手形に存在するXへの白地式裏書は偽造されたものであり，外見上偽造された裏書があるためXの原告としての資格（Legitimation）は挫折させられているとして，宣誓拒絶（Eidliche Dissession）を申し立てた。証書訴訟においては，訴訟を基礎づける証書の認証又は拒絶が証明及び反証の役割を果たすので，被告が裏書の不真正に基づき原告の当事者適格の欠缺を理由として宣誓拒絶すると，原告は証明及び反証の機会なく，訴訟は排除されることになってしまう。判決は，裏書の連続した手形の所持人が資格づけられることを規定した普通ドイツ手形条例36条と手形行為独立の原則を規定する同76条の趣旨から，裏書の連続（白地式裏書を含む）により資格づけられたXに対する宣誓拒絶は認められないとして，Yに手形金額を支払うよう命じた。同時期に類似の事件が相次いだが，同様に宣誓拒絶は認められなかった。[4]

　この問題については，普通ドイツ手形条例の沿革から，また，同36条1文と裏書の真正の調査義務を免除する同条末文と考え合わせて——これは連続した自己への裏書を有する手形の呈示人に対して，たとえ偽造の裏書が介在していても，債務者は危険なく支払うことができることを意味している——，36条の意味における裏書の連続は外面的（äußerlich）な裏書の連続を意味するということで解釈上の決着がつけられることになった。[5] 手形所持人の資格が「形式的資格（formelle Legitimation）」と述べられるとき，それは実質的な連続ではなく形式上の連続を意味するものとして用いられている。こうして，手形法におけるLegitimation概念は，形式的に裏書が連続した手形を所持するのみで所持人

---

[4] Füssel, Ist der Beklagte zur eidliche Dissession der Indossamente, auf welchen Klägers Legitimation beruht, zuzulassen, ArchDWR Bd.2, 1852, S.257ff.
[5] Füssel, Fn.4, S.264ff.

は権利者として十分に証明（Nachweis）され，それゆえ原告としての当事者適格に十分であるものとして理解されることになったのである。

　以上から明らかなように，形式的資格のもとにはもっぱら権利の証明（Nachweis）[6]が理解されており，その意味は，形式的な裏書の連続を欠く手形の所持人は，支払請求の訴えを提起しても，原告適格欠缺により訴訟は却下されるということにあるとされた[7]。このことからさらに，実質的権利者のなすべき権利証明は，形式的な裏書の連続以外の方法で行うことは許されないものとも解されており，つまり形式的資格は，所持人の権利行使要件とも解されていた。わが国の旧法では，裏書の連続を権利行使要件とすることが明治32年新商法464条1文として規定され，それゆえこれをもって「資格」と解されたわけであるが，ドイツ法においては，権利の証明を意味する「形式的資格」のもとに，これが権利行使要件でもあるとの解釈が導かれていたわけである。

---

6) HoffmannはLegitimationを「暫定的にprovisorisch（反対の証明があるまで）所有者と見なされること，すなわち，手形債務者に対して所有者としての権利が推定されるものとみており（Emil Hoffmann, Ueber die Bedingungen der Gültigkeit des Erwerbs eines Wechsels und der an den Wechselinhaber geleisteten Zahlung, ArchDWR Bd.5, 1857, S.381），また，Wächterは「権限者として（あるいはその代理人として）証明されること」と説く（Oscar Wächter, Wechsellehre nach den deutschen und ausländischen Gesetzen für den praktischen Gebrauch des Handelsstandes, 1861, S.281）。同様に，「支払受領の資格」として「支払受領者があたかも債権者の代理人として振る舞い，それゆえその代理権を証明しなければならない」と説く者もある（Volkmar=Loewy, Die Deutsche Wechselordnung, 1862, S.147）。一般の用法ではLegitimationは権利ではなく，権利の推定であるという（小橋一郎「トェールと無記名証券」『商法論集Ⅱ　商行為・手形(1)』（成文堂，1983年）63頁，河本一郎「免責証券について」3巻1号151頁注(2)（1953年）〔『有価証券法研究（商事法研究第一巻）』（成文堂，2000年）所収，130頁注(2)〕）。なお，後掲注18) 参照。

7) ROHG Bd.14(1875), S.152; RGZ Bd.1(1880), S.32. Wächter, Fn.6, S.281ff.; W. Hartmann, Das deutsche Wechselrecht, 1869, S.358; Heinrich Otto Lehmann, Lehrbuch des deutschen Wechselrechts, 1886, S.534 Anm.25; H. Rehbein, Allgemeine Deutsche Wechselordnung, 5.Aufl., 1895, S.65 Note 4 und 6 zu §36; C.S. Grünhut, Wechselrecht, Bd.2, 1897, S.119f.; Wilhelm Bernstein, Allgemeine deutsche und allgemeine oesterreichische Wechselordnung, 1898, S.183; Heinrich Dernburg, Die Schuldverhältnisse, Das bürgerliche Recht des Deutschen Reichs und Preußens, Bd.2, Abt.2, 3.Aufl., 1906, S.330 Anm12; Staub=Stranz, Staub's Kommentar zur Wechselordnung, 8.Aufl., 1912, Anm.13 zu §36. なお，このことからさらに，形式的資格を欠く所持人は支払拒絶証書を作成することも，裏書を続行することもできないものと解されていた。現行法のもとでは裏書不連続の所持人も訴訟を提起でき，権利行使できるものと解されているが，裏書連続の意義の変容については第3章第1節1参照。

権利証明手段としての裏書連続を「形式的資格」というにせよ，権利行使要件としての裏書連続を「形式的資格」というにせよ，裏書の連続が所持人の唯一の権利証明手段であり，権利行使要件と解されている点では両者に変わりはない。これは，一方において所持人の権利証明の方法を裏書の連続に限ることによって，円滑な権利行使と決済を可能にし，他方においては，訴訟技術が現在ほど発展していなかった当時，証拠方法を限定することにより迅速・確実な訴訟を実現させるものであったといえる。そして，当時の債務者の支払免責は，形式的資格が所持人の権利行使要件であることから，これを備えた所持人の権利行使に対して債務者は支払を拒絶することは許されないと共に，係る所持人に対して支払って免責されるということにおいて理解されていたわけである。

(2) 悪意の取得者への支払と支払免責の効果

前節でみてきたように，初期の免責理論は，形式的に裏書が連続した所持人すなわち形式的資格者に対して支払って免責されるということを，資格者に支払請求及び支払受領の権限（Berechtigung）を理解することによって説明していた。しかし，手形法に善意取得の制度が導入され，善意取得していない所持人に対しても債務者は支払わなければならないのかという点が問題にされるようになると，所持人が手形を善意取得していない場合には，係る所持人の権利行使に対しては，債務者は普通ドイツ手形条例82条の抗弁権を対抗して支払を拒絶できると解されるようになっていた[8]。そして，被告が上の抗弁権を行使するには，原告（所持人）が悪意又は重過失で手形を取得したこと，すなわち原告が善意取得していないことを証明しなければならないとされた。

> 「74条によれば，36条の規定において資格づけられた手形の占有者は，その手形を悪意又は重過失で取得した場合にのみ，返還請求に応じなければならないと定められている。たしかにそれ自体としては手形の返還請求権の問題に過ぎないが，正当にも，そこには一般原則が公認されていることが分かる。つまり手形の取得に際して悪意又は過失の責を負う被裏書人は，手形上の権利を導き出すことはできないという原則である。手形が裏書されたという状況にもかかわらず，被裏書人が法的には手形を返還しなければならない場合には，彼には手形から導き出される全ての権利が否定される。

---

8) 本章第3節3参照。

しかし，この規定はただ悪意又は重過失の場合にのみ効力を与えるので，単なる裏書の不真正は，所持人が取得に際して悪意も重過失もなかった場合には，所持人の権利を害さないのである。この点，被告が原告の悪意又は重過失，あるいはその両方を主張するという場合には，単なる原告の当事者適格の争いではなく，有効な抗弁が存在している。そのとき，82条という訴訟に関する法則があり，抗弁を主張する者は相手方の悪意又は重過失を証明しなければならない。」

他方，実体的な関係においては，善意取得をしていない所持人に対する支払の効力をどのように解すべきかが問題になってくる。すなわち，抗弁権の行使は訴訟においてのみ行いうるから，その限りでは，訴訟しない限り，支払拒絶できないことになる。しかし，所持人が善意取得していないことを知る債務者は支払を拒絶するべきであり，この場合に支払の効力すなわち免責の効果は認められるべきではないともいえる。そこで，この問題についてHoffmannは次のように説く。

「手形所持人が，裏書の連続した手形を違法行為によって取得したり，あるいは偽

---

9) Füssel, Fn.4, S.271f. Borchardtの『判例普通ドイツ手形条例』では，「外面的（äuβerlich）に正当な裏書によって手形の所持人として証明されている手形所持人の資格は，当事者適格（legitimatio ad causam）に関する民法の原則に服さない。それゆえ，被裏書人の権利を排除するには，所持人の悪意又は重過失が同時に証明されないならば，裏書の無効が民法上の原則に従って証明されても，十分ではない。」と説かれている（S. Borchardt, Die Allgemeine Deutsche Wechselordnung mit den von den Deutschen und Oesterreichischen Gerichtshöfen ausgesprochen Grundsätzen des Wechselrechts nebst Bemerkungn, 6.Aufl., 1874, S.168 Zus.392, Anm.279)。

10) この点についてHoffmannは，「外面的（äuβerlich）に資格づけられた手形所持人に所有権が欠けているということは【筆者注：所持人が善意取得していないこと】，手形条例においては，手形の喪失者（真の所有権者）に対して，明文をもってある法的な意味が認められるということである。それゆえ，所持人に所有権が欠けているということを債務者の側からも主張してはならないとか，外面的に資格づけられた所持人には絶対に債務者の側から支払わなければならないとかいうことは表明されていないというべきである。むしろ，外面的に資格づけられた所持人に対する支払を債務者の側から拒絶するということは，絶対に認められないというものではない。逆に，所有権のない所持人への債務者ないし任意で支払う者による支払は，外面的な資格が欠けている場合でさえ，絶対に無効というものでもない。なぜなら，手形の有効な取得は必ずしも手形交付者の外面的な資格に左右されるというものではなく，手形所持人の外面的な資格の欠缺は，債務者による支払であれ，手形を受け戻す義務のない者による支払であれ，支払の有効性を必ずしも妨げるものではないからである。」と述べている（Hoffmann, Fn.6, S.394f.)。

造された手形を偽造者から取得する際に悪意（Unredlichkeit）又は重過失（grobe Nachlässigkeit）の責めを負う場合には，そのような手形所持人に給付した債務者の支払は，少なくとも，支払をした者が無権利の所持人だったことに疑いを抱き，あるいは状況からそのように判断しなければならなかったのではないならば，法的に有効と思われる。支払をした者が債務者であったかどうかは重要ではない。支払をなす者は，手形債務者であれ，単なる支払人であれ，参加支払人であれ，裏書の真正を調査するよう義務づけられることは，手形取得者と同じくらいか，それ以上に少ない。というのも，手形制度の利益は，主目的である手形の受戻が阻害されることなく迅速に行われ，手形取引が煩わされることはない，ということにあるからである。——債務者が，手形所持人の無権利を争うための適切な立証手段はないが，裏書の真正に関してその推定を争う場合には，裏書の真正を調査する権利すらなく，少なくとも義務づけられない。それゆえ，手形所持人が違法行為や偽造行為，あるいはそれに関与していたことを知り，あるいは疑いを抱いたとしても，そのために何ら適切な立証手段を有していない債務者は，支払を拒絶することができず，少なくとも，手形所持人の無権利に関して手形訴訟において彼と関わりを持つことを要求されない。……結局，手形債務者は，所持人の無権利に関して適切な立証手段を有している場合には，ただ支払を拒絶する権限があるというのみならず，むしろ義務があり，そのような場合に無権限の手形所持人になされた支払は法的に無効と思われる。[11]」

　要するに，債務者は，たとえ手形所持人が違法行為や偽造行為，あるいはそれに関与していたことを知り，あるいは疑いを抱いたとしても，それを立証できない限り，訴訟になれば敗訴して，手形金を支払わなければならない。そこで，債務者がこれを立証する確実な手段を有している場合には，反対に，債務者は支払を拒絶できるというのみならず，支払を拒絶しなければならず，そのような場合には支払は無効であるというのである。

　支払免責に関する36条においては，文言上，善意取得に関する74条と異なり，支払う際の債務者の主観的要素は問題とされていない。しかし，善意取得との関係で，善意取得していない所持人に債務者は抗弁権を行使できると解されるようになると，実体的な関係においても，所持人の無権利についての証明手段を確保している場合には支払拒絶するべきであると考えられるようになったといえる。ここで，その要件が証明手段の確保という客観的事実に求められてい

---

11) Hoffmann, Fn.6, S.397f.

るのは，迅速な決済，円滑な手形取引の実現のためであり，この点で，善意者保護としての善意取得とは論理的に異なる側面を有していることが注目される。

なお，このように所持人の無権利を証明できる証拠方法を確保している場合には支払を拒絶しなければならないという考え方は，Legitimationのもとに支払請求及び支払受領の権限を理解する理論構成では説明できない。そこでHoffmannは，係る証拠方法を確保しながら支払う債務者の支払は無効と解すべきという。ここに，支払免責の問題を直截に，債務者による支払の効力の問題として捉えようとする考えを見て取ることができる。[12]

2　学説にみる支払免責の理論構造

(1)　Brunnerの見解

Brunnerの著作（『有価証券法』(1882年)）[13]は，有価証券概念に関して，現在に至るまで大きな影響を与えていることは周知の通りである。[14]それでは彼は支払免責についてどのような理論構成を与えたのであろうか。

Brunnerはまず，所持人の資格を根拠づけるに当たり，第三者に対する給付約束（Das Versprechen der Leistung an einen Dritten）という法律関係を認める。第三者とは給付の受領者（Destinatär）であり，指図証券にあっては受取人又はその指図人であるが，証券は第三者に対する給付約束を含んでいるから，資格づけられた給付の受領者（der legitimirte Destinatär）は，債権を実際に取得したかどうかを問題とすることなく，訴訟においては原告として訴えを提起でき，債

---

12) RGZ Bd.53(1903), S.204; RGZ Bd.55(1904), S.47; RGZ Bd.57(1904), S.388. Hoffmann, Fn.6, S.407ff.; Rehbein, Fn.7, S.65 Note 5 zu §36; Grünhut, Fn.7, S.257f.; Bernstein, Fn.7, S.183; Staub=Stranz, Fn.7, Anm.19 zu §36; Jolly, An wen muß und an wen kann die Zahlung eines Wechsel geschehen?, ArchDWR Bd.2, 1852, S.175; Levin Goldschmidt, Ueber den Erwerb dinglicher Rechte von dem Nichteigenthümer und die Verschränkung der dinglichen Rechtsverfolgung, insbesondere nach handels- rechtlichen Grundsätzen, ZHR Bd.8, 1865, S.335.

13) Heinrich Brunner(bear.), Die Werthpapiere, in: W.Endemann(hrsg.), Handbuch des deutschen Handels-, See-, und Wechselrechts, Bd.2, 1882, S.140ff. 訳文については庄子良男「ハインリッヒ・ブルンナー『有価証券論』『ドイツ手形法理論史（上）』（信山社出版，2001年）311頁以下を参考にした。

務者に対しては権利行使できるという。このことは，これまで述べてきた手形所持人の資格に関していわれていることと変わらない。その意味で，Brunnerにいう給付の受領者とは，決して債権者ではない。あくまで，債務者との関係で債権者の役割（Gläubigerrolle）を果たす者に過ぎないとされている。そうしてみると，Brunnerは，所持人の資格ということを有価証券の大きな特徴と捉え，これを説明するために第三者に対する給付約束ということで理論づけたといえる。そこでBrunnerは，給付の受領者と債務者の関係を次のように説いている。

「無記名証券上の権利を行使するには，事実上の占有で十分である。権利行使にふさわしいのは，呈示している所有権者のみならず，呈示人としてのあらゆる所持人である。債権証券では，あらゆる所持人が債務者に対して債権者の役割を果たす。なぜなら，彼は証券の文言によって給付の受領者として現れるからである。それゆえ，彼を債権者と呼んではならない。彼には債権者の意思（Gläubigerwille）と――証券所有権を伴う――債権者の権利（Gläubigerrecht）が欠けているかもしれないからである。ほかにも，所持人は給付の受領者としてただ推定されるだけではない。すなわち，所持人は権利行使の権限を有するという反証によって覆される推定が存在するのではな

---

14) 有価証券概念については当時，化体説を筆頭に定説が定まっていない状況にあった。そこで，有価証券の本質を証券と権利の固有の関係に求めたのがBrunnerである。すなわち，彼は，証券に記載された権利において有価証券がその名を負うところの価値（Werth）が求められねばならないのであり，有価証券においては問題になる権利は私権であるから，有価証券の価値は証券の私法的機能にあるとする（Fn.13, S.143, 144）。そして，経済的価値ある私権の利用はその権利の譲渡又は行使によってなされることから，「有価証券とは，私権に関する証券であって，その私権の利用（Verwerthung）がその証券の所持によって私法上条件づけられているもの」と定義する（Fn.13, S.147）。Brunnerの有価証券理論については，小橋一郎「ブルンナーにおける有価証券」『商法論集Ⅱ　商行為・手形（1）』（成文堂，1983年）23頁以下，同『有価証券法の基礎理論』（日本評論社，1982年）13頁以下。

15) Brunnerは「給付の受領者は債権を持たず，ただ債権者の役割（Gläubigerrolle）を持つに過ぎないので，第三者に対する給付約束を含む有価証券においては，形式的債権者性と実質的債権者性という独特の二元主義（Ein eigenthümlicher Dualismus formeller und materieller Gläubigershaft）が作り出されうる。受領者は，他人の債権を自己の名をもって行使することができる。従って，例えば無記名証券の盗人は，彼が証券を呈示する債務者に対する関係において債務者の地位に立つにもかかわらず，債権者とはなっていない。」という（Fn.13, S.162）。彼のいう二元主義は，資格ないし形式的資格と権利ないし実質的権利の関係に対応するものとみることができよう。

い。債務者は，呈示人に給付する義務と権限があるが，これに対して，証券所持人に真の債権者性ないし真の債権者の代理権が欠けているということを（真の債権者の利益のために）抗弁し，立証する権限も義務もない。」[17]

つまり，呈示人が債務者との関係で債権者の役割を果たすということは，所持人が給付の受領者として推定されることを意味するものとされている。そして，とりわけ無記名証券においては，所持人が給付の受領者として資格づけられるというBrunnerの考えによれば，資格とは，権利証明（Nachweis）を意味するものと解していたといえる。[18]

---

16) Brunnerは第三者に対する給付約束について次のように説く。「比較的古いドイツ法は，第三者がそれによって給付を自己の名において訴求する権限のある『第三者に対する給付に関する契約』を知っている。第三者は給付の受領者（Destinatär）として，債権を取得しているか否かということを問われることなく，債権の行使を求める権利を有する。給付の受領者は，ただ債権者の受任者である場合にもまた，債務者に対して自己の名において訴えることができる。債務者に対しては，受領者の地位は，債権が移転しているかどうかによらない。この点ローマ法によれば，第三者は自己の名において訴えることが出来るためには，債権の取得を，あるいは債権者の代理権を証明しなければならない。しかしドイツ法によれば，まさに第三者が自己をただ受領者として資格づける（legitimiren）ことのみを必要とし，それゆえ彼の実質的権利を基礎づけ又はただ主張しなければならないことすらなしに，債権を自己の名において行使することができ，それこそが第三者に対する給付約束の特徴である。このような第三者に対する給付約束の実際的意味は，債務者が受領者を通して訴訟的な代理に到達できたこと，及び，債権者が，当時は債務者の同意なしには譲渡しえなかった債権を受領者に譲渡することができたということに基づくものである。そしてこの給付の受領者の法的地位は，比較的古いドイツ訴訟法の諸原則と内的に親しいものである。従って，第三者に対する給付約束に基づいて，受領者は独立の訴権を有するのである。」(Fn.13, S.160f.)。つまり，Brunnerによれば，歴史的にみて，資格づけられた給付の受領者は，実質的権利を証明することなく証券の占有のみをもって自己の名において権利行使できるものとされたのであり，そのことはとりわけ訴訟における訴権が認められるという点に意義があるとする。このとき，第三者に対する給付約束とは，まさしく所持人が資格（Legitimation）を与えられる根拠として語られている。なお，河本教授の述べるところによれば，クンツェが古い学説として挙げている16世紀後半から18世紀にかけての学説の大半は，所持人が訴えを提起するには引渡の証明を必要とするというものであったが，19世紀に入ると，そのような証明を要せずに証券の所持ということだけで原告の当事者適格（Sach-legitimation）に十分であるか否かが論じられるようになった。そして，これを肯定する学説は，その根拠を，発行人の持参人に対する支払約束によって所持人が債権者とみなされるということに置いていたという（河本・前掲注3) 281頁）。Brunnerの述べるところによる第三者のためにする給付約束とは，この叙述に対応するものであるといえよう。

17) Brunner, Fn.13, S.211.

第 1 章　支払免責制度の法的構造　57

　それでは，Brunnerは支払免責については，どのような理解をするのだろうか。彼は，債務者の資格調査（Legitimationsprüfung）のもとにこれを論ずる。

　「フランス民法典1240条は『債権の占有者に善意でなされた支払は有効である。ただし，その占有者は後で取り戻される（Le paiement fait de bonne foi à celui qui est en possession de la crèance est valable, encore que le possesseur en soit par la suite evince.）。』と規定している。債務証書（Schuldurkunde）の占有者に対する善意の支払は債権を消滅させるという命題は，ドイツ法には無縁である。債務者は，むしろ彼の危険において，証書の占有者が給付の受領のために資格を与えられているかどうかを調査することを義務づけられる。なぜなら，ただこの場合にのみ支払は免責的効果（befreiende Wirkung）を持つからである。もっとも，ある種の証書においては契約に関する規定が一般に行われており，その他の証書にも法律上の規定が存在している。これらの規定は，資格調査の義務によって引き起こされる，債務者は二度支払わなければならないという危険を，資格調査をある程度軽減することを規定することによって，取り除くものである。ただ単純記名証券と指図証券のみがここに当てはまる。なぜなら，無記名証券においては，所持人は既に証券の所持によって給付の受領者として資格づけられているので，資格調査を軽減する要求は存在しないからである。」[19]

　つまり，Brunnerによれば，ドイツ法における支払免責制度は，フランス法における善意支払制度とは異なり，資格調査の問題である。すなわち，証券占有者の資格について債務者に調査義務を課し，それを前提として，その支払に免責的効果が与えられるというものである。前節でもみてきた通り，ドイツにおいて支払免責は伝統的に資格調査の問題として理解されてきたといえるが，[20] Brunnerの記述はこのような考え方に対応するものであり，債務者の支払に直

---

18) Brunnerは，自らの資格（Legitimation）概念を次のようにいう。「Thölによれば，占有は債権の行使と譲渡のための資格の推定だけを基礎づける。資格はThölによれば，行使と譲渡の権利である。しかしながら，Ungerが指摘したように，資格のもとに，一般的には，権限，権利ではなく，かかるものの証明（Nachweis）を理解している。所持人に譲渡の権利とこの推定とを与えることは，私の考えでは許されない。」と（Brunner, Fn.13, S.211 Anm.3a）。Thölの資格概念については，小橋・前掲注6）62頁以下参照。
19) Brunner, Fn.13, S.172．続けて，この資格調査は広く契約上ないし法律上の規定により軽減されており，その軽減が問題とされる場合として，呈示人と給付の受領者が同一かどうかの調査，一定の書面の表示（手形においては裏書）の真正性の調査，呈示人が給付の受領者であるかどうかの調査が挙げられている（Fn.13, S.173f.）。同一性の調査は当時大きな論争となっていた問題である。所持人の同一性の調査義務に関する議論については本章第5節1参照，なお民法470条に関して第2章参照。

接に免責的効果を認めている点が，支払請求及び支払受領の権利・権限 (Berechtigung) を理解する往時の見解と異なっているといえる。

さらに，Brunnerによれば，悪意（mala fides）の支払は免責的効果を排除するものと説かれている。

> 「資格調査の軽減が存在する限りで，それは給付者が善意（im guten Glauben）で給付する場合にのみ有効である。悪意（mala fides）で給付された支払は免責しない。呈示人が資格づけられているということについての善意は，支払が権限者の手に届かないという意識を債務者に抱かせるに違いないような事実が存在する場合——例えば，呈示人が偽称していることを知っている場合，資格を与える裏書や受取の偽造が明らかなものである場合，呈示人が証券を盗み，あるいは不誠実な方法で取得したと想定しなければならないような場合——，当然排除される。債務者は，そのような場合には，給付を拒絶することを義務づけられる。すなわち，彼がそれにも関わらず支払うならば，彼はその支払によって免責されない。」[21]

悪意（mala fides）とは，違法性の意識に相当し故意（dolus）にも重複するローマ法上の概念であり，本来は，不誠実や不信義に関する道徳的概念であるといわれる[22]。ローマ法は普通法としてこの時代に広くドイツで行われていたが，ドイツ法固有の資格調査の問題として発展してきた支払免責においても悪意（mala fides）の概念は考慮され，そのような債務者は法的利益を受けるべきではないと考えられたのであろう。資格調査のもとに理解される免責の効果に，債務者の主観的要素が結びつけられたとみることができる[23]。

なお，善意取得については，Brunnerは，これに支払免責とは異なる理論構成を求めている点に付言しておく必要があろう。Brunnerは，ここに公信力ある有価証券（Werthpapier öffentlichen Glaubens）という概念を持ち出す。彼によれば，公信力ある有価証券とは，その文言が善意の取得者にとって絶対的に標準となる有価証券である[24]。有価証券の公信力（publica fides）は，それが直接の

---

20) 本章第3節1，4参照。Vgl. Treitschke, Fn.1, S.804ff.; Heinrich Thöl, Das Handelsrecht, Bd.1, 6.Aufl., 1879, S.689ff.
21) Brunner, Fn.13, S.175f.
22) 多田利隆「善意要件の二面性——ローマ法のbona fidesに即して——（上）」北九州21巻1号35頁以下（1993年）。

契約当事者の範囲を超えて第三者に及ぶ場合にはじめてその効果を表す[25]。その効果は第一に，前者に対する関係で生じた抗弁権は，それが権利と書面の間の不一致をもたらしうる限りで，善意の取得者には対抗できないという効果である[26]。そして第二に，裏書可能な証券及び無記名証券の善意の取得者は，彼の前者が所有権者でなかった場合においても，その所有者となる，という法命題である[27]。要するに，抗弁切断と善意取得とは第三者による証券の文言への信頼（Vertrauen）という点で結集し，その信頼に保護を与えるものとして公信力ある有価証券という概念が持ち出されているわけである。

さらにBrunnerは，この公信力ある有価証券という命名は，同時に，有価証券の公信力と土地登記簿の公信力との間に存在する当然の類似性を表現するものであり，既にDernburgは手形法における善意（das gute Glauben）と不動産登記法における善意の親近性に着目していた，と述べている[28]。歴史家だったBrunnerは，支払免責と善意取得・抗弁切断の制度とを，その発生史的沿革を踏まえて理論構成すると共に，これらの制度が以後，共に信頼保護という問題として把握されていく方向性を示していたといえよう。

23) 既にUngerは，支払に際して債務者は故意（dolus）又は重過失（culpa lata）なくして給付したのでなければ免責されないと説いていた（Joseph Unger, Die rechtliche Natur der Inhaberpapier, 1857, S.132.）。しかし，Brunnerのような理解が広まったのは比較的後年——19世紀後半——といえる。Grünhutは，債務者が免責されるのは，債務者が善意——誠実かつ重過失なくして——（im gutem Glauben—ohne Unredlichkeit, ohne grobes Verschlden）支払った場合であるとし（Grünhut, Fn.7, S.257），von Cansteinは「支払が悪意（mala fide）又は重過失で受領権限のない者に行われた場合には，その支払は免責的効果を持たず，支払人は真の債権者に債務を二度支払わなければならない。」と述べている（Raban Freiherr von Canstein, Das Wechselrecht Österreichs und die Abweichungen der Wechselrechte Deutschlands, Ungarns, Bosniens und der Herzegowina, der Schweiz, Russlands, Italiens, Rumäniens, Serbiens, Frankreichs und Englands, 2.Aufl., 1903, S.194）。
24) Brunner, Fn.13, S.168.
25) Brunner, Fn.13, S.171.
26) Brunner, Fn.13, S.169f. Brunnerによれば，手形の文言は人的抗弁が切断されるという原則を基礎づけるものである。人的抗弁切断は証券の記載への信頼保護であるから，手形の直接の当事者間では作用せず，善意の第三取得者との関係においてのみ働くに過ぎないということになる。
27) Brunner, Fn.13, S.172.
28) Brunner, Fn.13, S.172 Anm.11.

(2) von Gierkeの見解

　1896年にドイツ民法典，1897年にドイツ商法典が制定されるに及び，ドイツ私法一般にゲルマン法独自の法観念——ゲヴェーレ（Gewere）の制度に由来するとされる公示主義の思想——を統一的に基礎づけたvon Gierkeの理論は，有価証券法においても大きな存在感を放った。

　von Gierkeは，彼の有価証券理論を基礎づけるに当たり，物権法において展

---

29) ゲヴェーレは事実上の占有状態を法律上の所有状態と観念するドイツ固有の法制度であって，占有理論（Besitzstheorie）を発展させてきた法理といえる。ゲヴェーレ概念については様々に論じられているが，例えば「物権の現象形態」といわれ（ハインリッヒ・ミッタイス著，世良晃志郎＝広中俊雄訳『ドイツ私法概説』（創文社，1961年）166頁），また川島武宜博士は「『事実的な支配』がゲヴェーレと呼ばれるものである」という（川島武宜『近代社会と法』（岩波書店，1959年）188頁）。ゲルマン法では，ゲヴェーレの形式をとって現れるものは物権として取り扱われ，物権としての保護を受けた。ゲヴェーレは，いわゆる本権に対立する意味での占有（ローマ法のポセッシオや近代法の占有）ではなく，むしろその裏に本権の存在を予定した，本権の表現形式であるといわれる。ゲヴェーレについての詳細な研究として，喜多了祐「ゲヴェーレ学説の歴史」『外観優越の法理』（千倉書房，1976年）101頁以下，石田文次郎「Die Gewereの理論及其発展」『財産法に於ける動的理論』（厳松堂書店，1928年）107頁以下，塙浩『ゲヴェーレの理念と現実［西洋法史研究］（塙浩著作集３）』（信山社出版，1992年）がある。

30) ゲルマン法における公示主義の原則はHuber（Eugen Huber, Die Bedeutung der Gewere im deutschen Sachenrecht, Festschrift im Namen und Auftrag der Universität Bern, 1894）によるゲヴェーレに関する詳細な歴史的研究により明らかにされ，その後，Meyer（Herbert Meyer, Das Publizitätprinzip im deutschen bürgerlichen Recht, 1909）やvon Gierkeによってさらに発展を遂げ，ドイツ私法に一般的に理解される権利外観理論の基礎を提供したものといわれる。Huberは，ゲヴェーレの最重要機能として，占有状態のあるところに形式的に資格（Legitimation）があると認めることにより，その支配に即応した物権を有するとの主張が根拠のないことが明らかにされるまでは，それは物権を外部的に認識させるという機能を挙げる。そして，ゲヴェーレないし形式的な資格の持つ意味内容は，物の現実的支配の方式という意味以上に，近代的な公示方法としての形式の具備という積極的な意味を持つようになったとする（塙浩訳「オイゲン・フーバー『ドイツ物権法におけるゲヴェーレの意味』」前掲注29）『ゲヴェーレの理念と現実』185頁以下参照）。ゲヴェーレは公示性ないし形式的資格として動産占有や不動産の登記簿において表現されているものとされ，つまり公示思想は，特定の場合に物権が形式を欠き，それゆえ認識可能性を有しない場合には，その絶対的効力はもはや認められないという意味において，ドイツ私法学が形式主義による取引安全の保護を基礎づけるものであったといわれる。ドイツにおける公示思想，権利外観理論の展開については，納富義光『手形法に於ける基本理論』（有斐閣，1940年）261頁，275頁以下，喜多・前掲注29）189頁以下，安永正昭「動産の善意取得制度についての一考察——いわゆる占有の権利外観効を中心として——」論叢88巻第４・５・６号274頁，308頁以下に詳しい。

開した処分権理論（Legitimationstheorie）に依拠する。処分権理論とは，ローマ法上の返還請求権の制度を継受したいわゆる動産即時取得制度について，その返還請求制限の根拠をゲルマン法上のゲヴェーレの処分権に求めようとする理論である。すなわち，譲受人が無権利の譲渡人から権利が取得できるという結論を，譲渡人に占有者たる資格において物の処分権（Verfügungsmacht）が付与され，占有に資格力（Legitimationskraft）が認められるためであると説くのである。
31)

「法的取引における資格手段（Legitimationsmittel）としての占有の機能は，純粋にドイツ法的な基礎に依拠している。とりわけ民法典は，『ハント・バーレ・ハント（Hand wahre Hand）』の命題に由来する規定を通じて，動産取引の領域における占有と，かつてゲヴェーレに付着していたのと類似した形式的な処分権（Verfügungsmacht）を結びつける。占有による外的な資格（Legitimation）が真の権利に打ち勝つためには，古代法と本質的に調和した公然の占有交替（Besitzwechsel）が要求されている。しかしそれは，ただ対立する権利の追及可能性を断つことによって誠実な取得者を保護するのみならず，彼がそうありたいと願っていたところの物権的な地位へと占有により直接に到達させるのである。他の関係においても動産占有の資格力（Legitimationskraft）は認められる。これに対して，不動産取引においては占有は形式的な処分権を与えない。しかし，ゲヴェーレの資格力は登記へと転じ，不動産登記簿の公信力（das öffentliche Glaube）の作用によって強められる結果，記載上の外観

31) 処分権理論はそのドイツ語からわかるように，ゲヴェーレを有する者が形式的に資格を与えられるということに基づいている。物の移転に関しては，資格者が無権利であれば本来譲渡人には処分権が欠けていることになるが，それにもかかわらず資格を有する者はその資格においてその物を処分する権限を有する。これに基づきわが国ではLegitimationstheorieに処分権理論の訳語が当てられているわけである。処分権理論はHuber, von Gierkeによって唱えられ，有価証券に関する資格の問題とは別に，民法ではもっぱら善意取得の法律構成のために用いられたが，譲渡人の側に処分権を与えるという考え方は取得者側の主観的要件を問題としない点で不当であるとして批判を受ける。そこで，権利取得の根拠を取得者が譲渡人の公示内容を信頼したことに求める権利外観理論（Rechtsscheintheorie）への思想が高まっていくこととなる。ドイツ法におけるLegitimationstheorie及びその批判については，田島順『民法一九二條の研究』（立命館出版部，1933年）484頁以下，安永・前掲注30）308頁以下，納富・前掲注30）289頁以下参照。
32) 「汝が汝の信頼を与えたのだから，汝は彼に対して要求すべし（Wo du deinen Glauben gelassen hast, da sollst du ihn suchen.）。」ともいわれる。自らの手で他人の手に権利があるかのようなゲヴェーレを作り出した者は，それを信頼した者の権利を保護しなければならないとするゲルマンの法思想である。これをゲヴェーレの公示力に基づいて説明しようとするのが処分権理論であるという（安永・前掲注30）278頁以下参照）。

を信頼する者は，直接には関係を欠くにもかかわらず，登記に約束された法的効果に到達するのである。」[33]

そこで，von Gierkeは，有価証券を有体的動産とみて，上の考えと同様の理論を有価証券法においても展開する。

「完全有価証券は記載された権利の行使手段として役立つ。そのとき証券からの権利（Recht aus dem Papier）[34]の行使の可能性は証券の占有にかかっている。その結果，証券の所有権と証券占有とが分離するときには権利と権利行使も分離する。それゆえ，原則として，証券上の権利を行使するためには必ず証券の占有が必要である。占有のない所有権は権利行使の可能性のない権利である。……さらに，証券の占有は記載された権利の行使のために資格（Legitimation）をもたらす。無記名証券や免責証券の場合のように，たとえ証券発行者にそもそも占有者の権利を調査する権利や義務がないとしても，証券占有者はそれ以上の証明（Nachweis）なくして直ちに資格づけられる。証券占有者は，証券からの権利に向けられた証明と関連してのみ，一部は占有による推定を通じて，特に証券上に一定のメルクマール（たとえば裏書）が存在する場合にはその形式的な資格力（formelle Legitimationskraft）を通じて軽減された証明と関連してのみ，資格づけられる。それゆえ，証券占有は所有権を有しない者にも権利行使を可能にする。」[35]

要するに，証券もまた物であるとして，証券占有に資格力が認められ，その結果，権利者でない者にも権利行使が可能になるという。von Gierkeにおいて

---

33) Otto Friedlich von Gierke, Die Bedeutung des Fahrnisbesitzes für streitiges Recht nach dem Bürgerlichen Gesetzbuch für das Deutsche Reich, 1897, S.17f.

34) 証券の交付によって表章された債権が移転することを理論的に説明するため，証券からの権利（Recht aus dem Papier）と証券に関する権利（Recht am Papier）とを区別し，後者が物権法則に従うことによって前者の帰属を説明するという二元的構成が広く行われていた。特にvon Gierkeは，有価証券を有体的動産とみることから，有価証券には動産法の一般原則が妥当するとする。証券上の権利が証券に関する権利に追随し，それゆえ，証券上の権利の帰属は証券に関する所有権に結びつけられているとする。つまり，証券の所有権者が証券からの権利を行使することができることになる。彼の説は化体説（Verkörperungstheorie）として知られるところであるが，化体された権利と証券の結びつきを強く捉え，有価証券の廃棄と共に化体された権利も消滅するとした点で，今日では批判されており，特にわが国では証券所有権の観念自体が批判されている。もっとも，このような批判はvon Gierkeの学説が正当に踏まえられていないためであるとする見解もある（武久征治「ギールケの有価証券理論について」彦根論叢160号115頁以下（1973年））。有価証券の二元的構成と証券所有権については，小橋一郎『手形行為論』（有信堂，1964年）192頁以下。

35) Otto Friedlich von Gierke, Sachenrecht, Deutsches Privatrecht, Bd.2, 1905, S.118f.

特徴的なのは，そのような権利行使をなしうる占有者の地位がまさに資格力の結果として導かれるのであって，Brunnerのような第三者のためにする給付約束の理論構成を求めていない点である[36]。そして指図証券に関しては，この資格のもとに理解される効力につき，von Gierkeは次のように述べている。

> 「指図証券からの権利の行使は証券占有によって条件づけられる。ただし，占有者は証券によって権利者として資格づけられるか，資格づけられた者の権利承継人や代理人として証明されなければならない。指図証券の資格は，証券が裏書される限りで，裏書の連続によって，証券上に記載された権利者の指図に由来する全ての形式にかなった裏書を通じて作り出される。……証券の資格は，証券に従って給付しなければならない者が権利者として資格づけられた証券占有者に有効に給付することができるという効力を生じさせる。すなわち，彼は裏書の真正を調査する必要はない。それに対し，資格づけられた証券占有者に給付する給付者の義務は，証券占有者が本当は証券からの権利を行使する権限がないということを給付者の側で証明するなら，消滅する。そのほかにも裏書による資格は，取引において重過失なくそれを信用する全ての第三者のために作用する[37]。」

von Gierkeも，裏書の連続した指図証券の占有者が権利行使できるものとし，資格を権利・権限の証明とみている。そして，証券占有者が資格づけられるということから，資格づけられた証券占有者に有効に給付しうるという意味において免責の効果を認め，さらには第三者の善意取得の効力が認められるとしている。

ただし，支払免責に関しては，「証券占有者が本当は証券からの権利を行使する権限がないということを給付者の側で証明する」場合には支払の義務は消滅する，すなわち債務者は資格者の無権利・無権限を証明して支払を拒絶することができるとする。資格者に対する絶対的な支払義務があるわけではない，というわけである。さらに，資格者が無権限で証券からの権利を行使しているということを債務者が知っている場合には，信義則（Treu und Glauben）上，そ

---

36) von Gierkeは資格力について，「資格（Legitimation）と権利（Recht）は無記名証券においても区別されるのであり，Brunnerとは違って，実質的債権者性と形式的債権者性の違いによって補われる必要はない。」と説き（von Gierke, Fn.35, S.119 Anm.58），まさに資格力として債権者としての地位が導かれるものとし，債権者性を二元的に考えるBrunnerの考え方との違いを強調している。

37) von Gierke, Fn.35, S.153f.

の給付によって債務者は免責されないとも述べている[38]。そこで彼は，資格と支払免責に関するこの関係について，より詳しく次のように述べている。

　「問題とされているのは常に，純然たる資格である。すなわち，所持人は，権利の外観（Schein）を自己のために有するが，権限者として擬制されるのではない。それゆえ，所持人の無権限が確実である場合には，その外観は真実の前に屈しなければならない。取引の安全のために，所持人の資格は誠実な取引にのみ資するべきである。誠実な取引は，信義則（Treu und Glauben）への要求と矛盾することを否定する。それゆえ，もし所持人が無権限で権利を行使することを証券発行者が証明できる場合には，発行者は所持人への給付を拒絶する権限がある。むろん発行者は，外観上基礎づけられた疑いのもとでも，自己の危険において給付を拒絶する。彼が不誠実の証明に失敗する場合は，遅滞の結果を負わなければならない。これに対して，これを証明するならば，遅滞の責任は負わない。しかし，発行者は，給付を拒絶するという彼の権利を行使しないことが信義則（Treu und Glauben）に反する場合には，給付を拒絶するように義務づけられる。このことは，所持人が証券からの権利を無権限で行使していることを知り，それを著しい困難なくして証明できる限りで，当てはまる。彼がそのような状況の下で無権限者に給付した場合には，免責されない[39]。」

　すなわち，いくら資格づけられた者に支払って免責されるとはいえ，信義則

---

38) von Gierke, Fn.35, S.154 Anm.3.
39) von Gierke, Fn.35, S.172f.
40) ゲルマン法の信義則思想とローマ法上の善意概念の関係については，十分な検討ができないことを認めざるをえないが，この問題を詳細に研究されている多田教授によれば，19世紀後半のドイツ後期普通法学における善意論においては，ローマ古典法期におけるウスカピオ制度のbona fide要件が最も重要な素材として取り上げられ，これを主たる淵源としてヨーロッパ諸国における信頼保護制度の善意要件が形成された。そして，ドイツ後期普通法学においては，当時のbona fidesの定義として，不誠実な意識（unredoiche Bewuβtsein）のないこと（サヴィニー），実質的な不法を行わないという性質な確信（redliche Überzeugung）（ヴィントシャイド），法的取引における信義（Treu），誠実さ（Redlichkeit），正直さ（Ehrlichkeit）及び良心性（Gewissenhaftigkeit）などを拾い上げることができるという。そして，善意（bona fides）は本来道徳的概念であり，信義則と同根であるとされる（多田・前掲注22）25頁以下，34頁以下）。また，渡辺博之教授によれば，1902年にSchneiderが著した「債権法におけるTreu und Glauben」では，ドイツ民法典におけるTreu und Glaubenの淵源はローマ法におけるbona fidesにあると明確に述べているという（渡辺博之「信義誠実の原則の構造論的考察（一）——信義則の行為規範的側面の再評価——」民商91巻4号16頁以下（1985年））。von Gierkeは自身と異なる説の文献としてBrunnerを挙げているが，これはむしろ，Brunnerの見解が立証可能性の有無にまで及んでいないという点に力点が置かれていると考えるべきではないだろうか（Vgl. von Gierke, Fn.35, S.172 Anm.91）。

に反する場合にまでその効力が認められるべきではない。このことは，悪意（mala fides）の支払は債務者を免責しないとするBrunnerの考えと変わることはないといえる。もっとも，von Gierkeによれば，信義則に反する場合とは，所持人の無権利を知り，かつそれを証明できるにもかかわらず支払うような場合とされている点は留意しておく必要がある。

(3) Jacobiの見解

Brunnerによって始められた有価証券法の総括的考察をさらに深く推し進めたのがJacobiである。Jacobiは有価証券法全般にわたって権利外観理論（Rechtsscheintheorie）を展開したことで知られている。権利外観理論とは，表見理論ないし表見法理とも呼ばれ，あるいは信頼保護法理と呼ばれることもあるが，その意味するところは，一般には，「一定の権利・法律関係その他の法律上有意義な形象を構成すると認められる外部的事実に信頼して法律行為をした者は，その事実がかかる信頼保護の結果不利益を被る者の助成によって発生したものであるときは，その信頼を保護されるものである。」といわれる。権

---

41) このように信義則に反して給付する債務者は免責されないとする見解はその後有力になっていく。von Gierke, Fn.35, S.172 Anm.91 に挙げられた文献をみよ。小橋・前掲注6) 70頁参照。これは，ドイツ民法において無記名債務証書に関する法規制が確立したことによる影響もいわれる（Vgl. von Gierke, Fn.35, S.172 Anm.91）。ドイツ民法典793条以下は無記名債務証書（Schuldverschreibung auf den Inhaber）（いわゆる無記名証券）に関して規定するが（後掲注57) 参照），ドイツ民法典草案第二委員会議事録によれば，そこで無記名証券の性質や所持人の資格について活発な議論がなされた（Protokolle der Kommission für die zweite Lesung des Entwurf des Bürgerlichen Gesetzbuchs, Bd.2, 1898, S.527ff.）。第二委員会では，証券の意義は資格づけられることにあるとされ（S.529f.），資格は処分権理論に基づいて説明されていたのであるが（S.531f.），問題となったのは，債務者はどの程度所持人の資格に異議を唱え，所持人に対して支払を拒絶できるのか，ということであった。そこで，これについては，無記名証券制度の取引の利益を重視すべきであるが，信義則に反する場合にまではこれを認める必要はないということがいわれた（S.533）。これを踏まえてさらに，発行者が所持人の処分権欠缺について知っている場合にも免責的効力をもって給付できるか，それともこのような場合には所持人への給付を拒絶する義務が課せられるのかが問題とされたが，結局，資格を備えた者に債務者は支払って免責されると共に，信義則上，所持人の無権限については抗弁でき，所持人の無権限を知っている場合でも債務者に支払拒絶する義務はなく，免責的効果をもって支払うことができるということになった（S.535f.）。これを受けて，学説でも，支払の効力はそれが信義則に反しないかどうかによって定まると主張する見解が出現していた（Paul Oertmann, Recht der Schuldverhältnisse, Kommentar zum BGB, 2.Buch, 3.und 4.Aufl., 1910, §793）。

利外観理論が生み出されたのは，von Gierkeも主張したところの処分権理論（Legitimationstheorie）が，Regensbergerによって「他人の悪意の前には太陽に照らされたバターのように融け去らねばならない。」と批判されたことにあるとされる。Jacobiは有価証券に関しても権利外観（Rechtsschein）に基づくとされる効力を様々な問題との関係で論じているが，ここでは彼の1917年の著作をもとに，特に資格及び支払免責との関係においてどのようにこの概念が現れているのかをみていくことにする。

彼はまず，有価証券に関する諸規定を検討し，「共通のメルクマールに基づく暫定的概念規定」として，「有価証券とは，権利を表章した証券であって，その占有が権利行使に必要なものである。」という命題を定立する。そして，無記名証券より始まって，証券的指図証券，単純指図証券及び記名証券，社員権的有価証券のそれぞれについて証券が権利行使において果たす意味について検

42) 福瀧博之「手形法と権利外観理論」菱田政宏編『商法における表見法理（岩本慧先生傘寿記念論文集）』（中央経済社，1996年）249頁以下。

43) Regensberger, Der sogennante Rechtserwerb vom Nichtberechtigten, JherJb Bd.47, 1904, S.363. これを引用するものとして，喜多・前掲注29）192頁，田島・前掲注31）494頁，安永・前掲注30）310頁，納富・前掲注30）303頁。物を占有する者に処分権があるとする考えでは，この理論に厳密にいえば，悪意の取得者も保護されることになってしまう。それゆえ，占有は信頼の基礎を形成し，これを信頼した取得者に法的効力を認めるという理論構成へと転換されたと説明されるのが一般的である。

44) 福瀧教授は，有価証券の文言性及び善意取得などに権利外観理論が現れているとするのが一般的であるが，この場合に限られず，手形理論との関係，あるいは既に有価証券との定義との関係で証券が権利の外観であることを指摘するものがあり，さらには個々の具体的な問題の処理に当たって権利外観理論が援用されることも少なくない，と指摘されている（福瀧・前掲注42）250頁）。

45) Jacobiは有価証券法に関していくつかの著作を有するが，有価証券における権利と証券の根拠を解明した膨大なモノグラフィーであって，わが国にも大きな影響を与えている，1917年の『有価証券法』（Ernst Jacobi(bear.), Die Wertpapiere in: Victor Ehrenberg (hrsg.), Handbuch des gesamten handelsrechts mit Einschluβ des Wechsels-, Scheck-, See- und Binnenschiffahrtsrechts, des Versicherungsrechts sowie des Post-und Telegraphenrechts, 1917, S.125ff.）によることとする。訳文及びJacobiの理論については，小橋一郎「ヤコビの有価証券概念」『商法の諸問題（竹田省先生古稀記念論集）』（有斐閣，1952年）393頁以下，福瀧博之「有価証券法における所有権説について（Jacobi, Die Wertpapiere, 1917における）」関法26巻4・5・6合併号877頁以下（1977年），河本一郎「有価証券におけるレヒツシャイン」神戸2巻4号725頁以下（1953年）〔『有価証券法研究（商事法研究第1巻）』（成文堂，2000年）所収〕を参照した。

46) Jacobi, Fn.45, S.130.

討するが，手形，小切手，株券及びドイツ商法典363条に列挙した証券は技術的指図証券に属するものとし，これらの指図証券には手形法の規定が適用されるので，手形法のみを考慮すればよいとする。そして，ドイツ手形条例のみならず，ハーグ規則に準拠した統一手形条例[47]も含めて，誰が手形の権利者であり，誰が権利外観を有する者であるかを検討する。そこに彼は，権利と分離した資格（Legitimation）――Jacobiいわく権利外観（Rechtsschein）――を認めるのである。

　Jacobiはまず，「誰が手形権利者であるか」については，手形の権利者であるのは手形所有権者であり，手形に関する処分権者であるとする[48]。これは彼が無記名証券について，証券の所有権者及び処分権限者が証券上の権利者であると考えるのと照応している[49]。そして，Jacobiは権利と権利外観の関係について次のように説く。

---

[47] 18世紀にその萌芽をみた世界手形法統一運動の流れは，オランダ政府の招集によって開かれた1910年及び1912年のハーグ手形法統一国際会議において加速されることとなり，1912年の第2回会議の最終日に議定されたのがいわゆるハーグ規則（Règlement uniforme sur la letter de change et le billet à ordre）である。最終的にこれは批准されることはなかったが（本章第5節1参照），ドイツにおいてはその批准のための審議が行われ，ハーグ規則をドイツ語に翻訳した統一手形条例（Entwurf der Einheitlichen Wechselordnung）が作成されていた。Jacobiはこれを参照しているわけである。

[48] Jacobi, Fn.45, S.157ff.「ドイツ手形条例によれば，裏書された手形の所持人が債務者及び第三者に対して手形債権者であるという外観を有する一方で，手形債権者であるのは，証券の所有権者である。ドイツ手形条例は，手形の所有権者について様々に語っており，それゆえ同時に手形債権者を意味している（17，36，74条）。」「統一手形条例もまた，それに対する保護はドイツ手形条例ほど明白ではないが，所有権説から出発している。統一手形条例15条2項の手本はドイツ手形条例74条であり，それは所有権に基づく返還請求訴訟と疑いもなく関係がある。……たしかに統一手形条例は手形に対する所有権については語っていない。そうすると，手形法の秩序において全く重要でない，所有権に関する多様な各国法の規制を活動させてしまうからである。それゆえ，統一手形条例は証券に関する処分権のみを規制している。しかし，所有権のこの側面はここでは考慮される。証券に対するこの関係において所有権者と同じ権利をもつ者が，手形の権利者でもあるのである。」Jacobiはまた証券と権利の関係を二元的に理解し，所有権説の論者である（S.341ff.）。したがって，証券に関する所有権（Recht am Paiper）を有する者が証券からの権利（Recht aus dem Papier），すなわちここでは手形上の権利（手形債権）を有する者であることになる。所有権説については前掲注34）参照。Jacobiの所有権説については，田邊光政「手形所有権説の新展開――新手形所有権説への指南――」関法19巻1・2・3合併号76頁以下（1970年），福瀧・前掲注45）877頁以下。

[49] Jacobi, Fn.45, S.138ff. 小橋・前掲注45）402頁以下。

「(手形所有権，従って手形上の)権利は，受取人，その全ての権利承継者，その債権譲受人，その被裏書人に帰属する。裏書は，譲渡人と取得者の契約，証券の交付，そして譲渡人の側での証券に対する所有権及び基本的権限を必要とする。ただし，手形の文面(Text)又は裏書の連続によって，所有権者としてかつ債権者であるとして証明されている所持人は，たとえそうでないとしても，権利の外観(Schein des Rechts)を自己のために有している(ドイツ手形条例36条，統一手形条例15条1項)。無記名証券とは違って，単なる所持人ではなく，書面(Schrift)によって証明されている所持人が，所有権者及び権利者として現れる。それゆえ，権限があると思われる者は未だ権限者ではなく，従って権限ありと思われる者に対して無権利の証明(Nachweis)を行うことができる(ただし，それは債務者又は第三者がその資格を信頼して行動し，それによって権利がその間に変更されなかった限りである。)。資格(Legitimation)は，裁判所に対して作用する結果，無権限が立証(Beweis)されることになる。資格は債務者に対して作用し，従って債務者は資格者を権限者として取り扱わなければならず，かつそうしてよい。そして最終的に資格は第三者に対して作用し，第三者は資格者の権利外観を信頼して権利を取得できる。[50]」

つまり，Jacobiによれば，裏書の連続は手形所持人に権利の外観を与える。権利の外観はあくまでも外観上の権利者の問題であり，その無権利の立証によって覆されるものである。その意味で，資格は裁判所に対して作用する。さらに，資格は，債務者に対して資格者を権限者と取り扱ってよいという意味において作用し，第三者に対しては，資格者の権利外観を信頼して権利を取得できるという意味において作用するという。

そこで，これらの作用についてJacobiが詳しく述べるところをみると，まず彼は，第三取得者に対する効力については，「外観上の権限者に権限がない場合は，ここでまず語られるべきことは，第三取得者は，本質的に物権法の基本原則に従って，彼の所有権と権限を信用することができるということである(ドイツ民法932条，ドイツ手形条例74条，統一手形条例15条2項)。統一手形条例15条2項からわかるように，注意深い善意の取得者は，資格者から裏書によって手形に関する所有権を取得する。[51]」と説く。要するに，資格者の権利外観は取

---

50) Jacobi, Fn.45, S.158f.
51) Jacobi, Fn.45, S.163f. なお統一手形条例15条2項は現行ドイツ手形法16条2項に相当する規定である(わが国の現行手形法16条2項参照)。
52) 無記名証券についても同様に「誠実な第三者のための権利外観」が作用するものとされている。Jacobi, Fn.45, S.148ff. 小橋・前掲注45) 404頁。

得者に善意取得の効力を与えるというわけである。[52]

次いで，債務者に対する作用に関して，まずは債権者のための作用を述べる。「権利外観はさらに債務者に対して作用するが，まずは債権者のために作用する。その結果，債権者はその外観に依拠することができ，債務者は債権者の無権利を主張し，証明しなければならない。[53]」と。つまり，債権者にとっては，

53) Jacobi, Fn.45, S.169.
54) 彼はこの点について無記名証券に関して詳論し，それによると，「債権者のための権利外観（Rechtsschein zugunsten des Gläubigers）」として次のように述べている。「債務者が所持人に対して所持人が債権者であるということに依拠できるだけでなく，債権者も債務者に対してそれに依拠することができる。つまり，所持人の処分権の欠缺についての立証責任は債務者に負わせられている。債権者のための資格（Legitimaiton zugunsten des Gläubigers）はただ訴訟においてのみ考慮され，債権者のための訴訟上の請求権行使を条件としている。それゆえ，この意味において債権者とは，たとえ所持人自身が証券を呈示しようと，第三者が呈示しようと，その名において請求権を行使する所持人である。……所持人のための権利外観によって，所持人は，全く疑わしい法的地位のもとでも，高度の蓋然性をもって，証券の呈示の下に支払を獲得することができるということを当てにすることができる。そのことは無記名証券の法制度の目的に存在する。それゆえ，債務者は，債権者たる人物に不確かさを抱いたとしてドイツ民法372条に従って供託することはできない。……法律は，債権者から立証責任を取り除き，債務者にそれを負わせるだけでなく，債権者を主張責任からも解放している。すなわち，所持人は訴訟において，証券所持の主張だけは必要であるが，原告は処分権限者でないと債務者が抗弁するかどうかを待つことができる，という権利すら不要である。債務者はこの抗弁に関して，原告は所有権者でなく，取立てを許可された証券に関する物権的権利も有さないこと，権限者が自己又は他人の名において取り立てるために証券を彼に委ねたのではないということまで立証しなければならない。立証責任もまたこのように累積的である。確かに，このことは立証責任に関する一般原則にふさわしくない。しかし，様々に所有権者を替えていく無記名証券においては，所持人が取得の際の具体的な状況を主張しなければならないとすれば，あまりに多大な要求であると言わざるを得ない。所持人が単なる所持によって十分に資格づけられるということを，所持人は証書の文言及び無記名証券の歴史的発展から信頼することができるのである。」(Jacobi, Fn.45, S.146f.)。もっとも，Jacobiは「原告が所持人であり，被告が十分に主張及び立証できない場合には，彼は敗訴判決のほかに主として訴訟費用も負担しなければならない。彼はこの意味において所持人の権利を自己の危険において争うのである。しかし，彼が権利の証明まで給付を拒絶するとしても，立証不能な否認によって履行遅滞の危険にさらされるということはない。」として，債務者が立証に失敗する場合は遅滞の結果を負うとするvon Gierkeとは，この点で異なっているとする（S.147f.）。要するに，債権者のための作用とは，訴訟において資格者が権利行使できるという点において資格者に原告適格が認められることを意味しており，それゆえ，訴訟法上，主張・立証責任が債務者に転換されることにあるとする。既にBrunnerやvon Gierkeのもとでも，資格は原告適格の意義を有することから，無記名証券の所持人はそれだけで資格づけられ，債務者は原告適格の欠缺を抗弁することはできず，所持人の無権利は被告が立証すべき事柄と理解されていたところであるが（Vgl. Bruner, Fn.13, S.221; von Gierke, Fn.35, S.172），Jacobiにおいては，これを債権者（所持人）のための権利外観というわけである。

主張・立証責任から解放される，すなわち権利推定の効力が与えられるということである。

そして，債務者のための作用については，統一手形条例15条1項，39条3項のもとに，条件は厳しくなるがそれは無記名証券と同じ範囲において認められるとする。すなわち，「債務者は債権者と同じく資格者と関係を結ぶことができる。資格づけられた所持人が悪意又は重過失だったと債務者が知っている，あるいは知っていなければならないとしても，債務者は資格者に支払うことができる。なぜなら，債務者は，自己の費用で真の債権者の利益のために不確実な訴訟に関わり合いになる必要はないからである。」と。つまり，資格の作用として支払免責の効果が認められるというわけである。もっとも，単に知っている又は知っていなければならないという場合にも支払って免責されるものと解されており，ただ知っているというだけで免責の効果が排除されるわけではないということの根拠を，Jacobiもまた信義則に求めている。

　Jacobiはこれを無記名証券について詳述している。「債務者は，法律及び表示された文言にもかかわらず，必ずしも免責されない。というのは，まず無記名債務証書は信義則（Treu und Glauben）に従って取引（Verkehr）を考慮して解釈されるべきであり（ドイツ民法157条），債務法における全ての法律上の個別規定と同様に，ドイツ民法793条【筆者注：無記名債務証書の免責規定】のもとでも，債務は信義則に従って取引を考慮して履行されなければならないという一般原則（ドイツ民法242条）が存在するからである。それゆえ，信義則と取引の要請に反して所持人に支払う債務者は，所持人に対してのみ債務者は支払を義務づけられるという表示にも，ドイツ民法793条にも依拠することはできない。たしかに，債務者が所持人に処分権がないことを知っているからといって，直ちに信義則に反して行動しているというわけではない。真

---

55) 現行ドイツ手形法16条1項，40条3項に相当する（わが国の現行手形法16条1項，40条3項参照）。

56) Jacobi, Fn.48, S.169.

57) ドイツ民法793条は以下のような規定である。「証書ノ所持人ニ給付ヲ約スル証書（無記名債権証書）ヲ発行シタル者アルトキハ，所持人ハ発行人ヨリ約束ノ文言ニ従ヒテ給付ヲ請求スルコトヲ得，但所持人ガ証書ニ付処分権ナキトキハ此ノ限ニ在ラズ。発行人ハ処分権ナキ所持人ニ対スル給付ニ因リテモ其ノ債務ヲ免ガル。署名ノ有効性ハ証書ニ記載シタル定ニ依リテ之ヲ特別ナル方式ノ遵守ニ係ラシムルコトヲ得ル。署名ニハ機械的複製ノ方法ニテ為シタル記名ヲ以テ足ル。」（神戸大学外国法研究会編『現代外国法叢書(2)独逸民法〔Ⅱ〕債務法』（有斐閣，1955年）774頁）。

の債権者は，費用を負担して敗訴する危険や特筆すべき労力と結びつけられた訴訟を債務者が引き受けることを期待できないだろう。なぜなら，原則として債務者は自己の利益のためでなく，ただ真の債権者の利益のために訴訟を遂行しなければならないことになってしまうからである。給付目体物に価値がない場合や，名目上の所有権者が債務者の訴訟費用を立て替えることを拒否している場合にも，債務者が訴訟に訴えないことは正当化されるだろう。しかし，債務者が，資格者が権利者でないことを知っているだけではなく，その無権利についての相当かつ明白な証拠を有している場合には，彼が故意に，わずかな労力を惜しんで，彼の形式的な権限を引き合いに出して単なる資格者に支払うならば，原則として信義則に反しているといえるであろう。」[58]

信義則に反する支払に免責の効果は認められないということは，既にvon Gierkeによっても指摘されていたところである。そして，所持人の無権利を証明できる確実な証明手段を有しながら支払えば——原則として——信義則違反になると解されている点も変わりないといえる。しかし，von Gierkeにおいては，立証できなければ履行遅滞の危険を負う債務者の立場から，信義則違反の内容が証明手段の確保という基準で把握されるのに対し，Jacobiにおいては，真の債権者の利益のために費用と労力のかかる訴訟を債務者が引き受けることを期待することはできないということに求められており，したがって真の権利者に対して不誠実とはいえない場合，例えば彼が訴訟費用を立て替えようとしないような場合には支払ってよいものとしている。信義則違反の内容が，真の権利者に対する関係で不誠実であるか否かを基準としている点で，von Gierkeとは異なるといえる。

最終的に，Jacobiは有価証券の「最終的概念規定」を定立するに当たり，資格概念について次のように述べている。

「証券占有が権利行使に必要である理由は，占有が権限者の資格に役立つということにある。ここに『資格』において明白な現象によって現れる状態が表わされている。その状態は事実上，強制的ではないが，多かれ少なかれ高い程度の蓋然性をもって一定の法的状況を裏付けている。それゆえ法はそのような事実状態に次のような効力を結びつけている。すなわち，これらの法的状況が反対の証明があるまで存在しているものと見なすだけでなく，他人もまた資格者を多かれ少なかれ広い範囲において権限者と取り扱うことができるという効力である。資格にふさわしいドイツ語としては，

---

58) Jacobi, Fn.45, S.144.

権利外観，権利占有が当てはまる。」[59]

　すなわち，Jacobiにおいて，「資格」という概念のもとには，権利者としての高い蓋然性（Wahrscheinlichkeit）があるという意味での一定の法的状態が理解され，法がそれに一定の効力を結びつけていると考えるわけである。確かにvon Gierkeも外観に基づいて資格力（Legitimationskraft）というものを認めていたが――Jacobiもまた資格力という言葉をしばしば用いているが[60]，Jacobiのそれは，資格のもとに権利の証明（Nachweis）を理解する考え方とは異なる。[61]その意味で，資格という概念はこのとき新たな発展を遂げたとみることができよう。[62]

　資格のもとに権利外観，すなわち権利者の蓋然性を表す一定の法的状態を理解するJacobiの理論の特徴が明白に現れるのが，統一手形条例39条3項についての解釈論においてである。彼は，手形金を支払わなければならない債務者と，疑わしい場合には取得をとりやめることができる手形取得者との地位の違いから，両者の調査義務の軽重も異なるとしたうえで，次のように説く。[63]

　　「とりわけ統一手形条例39条は次のように規定している。満期において手形を支払う者は，『彼に悪意又は重過失の責が課せられない限り』，その義務から解放される，と。それゆえ，債務者は少なくとも表面的には調査しなければならないことが確認さ

---

59) Jacobi, Fn.45, S.233.
60) Vgl. Jacobi, Fn.45, SS.172, 174, 175.
61) Jacobiは明らかに権利の証明としての資格と違う意味で権利外観という言葉を用いている。例えば彼は，「既にRenaudは，その著書たる株式会社法第2版420頁において，証明（Beweis）と資格（Legitimation）の区別について探っている。彼は，株主は『株券の呈示と，適法な株主権の移転を証明（bescheinigen）するが立証（beweisen）はしない一定の外的な要素によって』，株主名簿の登録のために証明（ausweisen）されなければならない，と述べている。」と説く（Jacobi, Fn.45, S.234 Anm.1）。つまり，株主の資格とそれを証明するものは必ずしも一致しないというわけである。
62) 河本一郎教授による免責証券（Leigitimationspapier）についての有益な研究によれば，免責証券の免責的効力は，資格（Legitimation）のもとに権利ないし権利の証明をみる考え方から，誠実な第三者の信じてさしつかえない権利の外観として構成されるに至ったとされる（河本・前掲注6）160頁）。もっとも，既に河本教授は，免責証券における債務者の悪意（mala fides）と，有価証券における債務者の悪意とは，所持人の無権利の立証可能性を介して異なることを指摘されている（河本・前掲注6）162頁注（3）参照）。
63) Jacobi, Fn.45, S.170.

れる。しかし，債権者が資格づけられている場合には，資格及び資格が欠けているという事実の存在のほかに権限もまた調査すべきであるとはいえない。なぜなら同条は，債務者に，彼に課された義務を超えて責任を負わせることではなく，ただこれが軽減されることを欲しているからである。同条はむしろ，証券の外観によって未だ覆われていない調査義務の領域に，たとえば行為能力・同一性・代理権限に関して，それらが調査されうる限りで，適用される」[64]。

つまり，統一手形条例39条3項2文で裏書の連続についての債務者の調査義務が規定されているが，これは裏書の連続を表面的に調査すれば所持人の権利については調査義務が軽減されることを定めた規定と解する。さらに，その調査義務の軽減は手形外の事情についても認められ，所持人の行為能力[65]・同一性・代理権限，さらには支払受領者の能力の欠缺の場合も[66]，裏書が連続していれば，39条3項による免責が認められるとする。裏書の連続した証券を所持しているという事実から，権利者らしくみえるといいうる状態に広く保護を認める点で，支払免責制度の法律構成としては，従来の免責理論とは異なる一歩を踏み出したといえよう。

3　小　　括

初期の資格（Legitimation）概念のもとでは，形式的な裏書の連続を欠く手形の所持人は，支払請求の訴えを提起しても，原告適格欠缺により訴訟は却下されるということが理解されていた。これに基づき，実質的権利者のなすべき権利証明は，形式的な裏書の連続以外の方法で行うことは許されないものとも解されており，つまり形式的資格は，所持人の権利行使要件とも解されていた。このことから，形式的資格を備えた所持人の権利行使に対して債務者は支払を拒絶することは許されないと共に，係る所持人に対して支払って免責されると理解されていた。それゆえ，初期の免責理論は，裏書の連続により資格づけら

---

64) Jacobi, Fn.45, S.171.
65) 弁済受領のために行為能力が必要か否かについては議論があるが，ドイツ法においては，一定の行為の作為又は不作為の場合以外にはこれを認めるのが通説である。
66) Jacobi, Fn.45, S.173.

れた所持人に支払請求及び支払受領の権利・権限を理解することに問題はなかった。しかし，善意取得していない所持人に対して債務者は手形条例82条の意味での抗弁権を行使して支払拒絶できると解されるようになると，実体的な関係においても，所持人の無権利についての証明手段を確保している場合には支払拒絶するべきであると考えられるようになった。その要件が証明手段の確保という客観的事実に求められているのは，迅速な決済，円滑な手形取引の実現のためであり，その意味で，支払免責制度は善意取得とは論理的に異なる側面を有していたといえる。

19世紀後半のドイツにおいては，有価証券法を体系的な法理論にまとめようとする動きの中で，支払免責の問題は債務者による支払の効力の問題として論じられるようになった。有価証券の概念を有価証券法体系の観点から定義したBrunnerは，債務者の資格調査義務を前提に支払免責の効果が認められるとしたうえで，悪意（mala fides）の支払に免責の効果が排除されると説く。このような理解は，支払免責が，善意取得や抗弁切断と共に，信頼保護の問題として構成されていく方向性を示すものであったといえる。

これに対して，ゲルマン法を貫く外観優位の思想に基づいて，支払免責の理論を構成したvon Gierkeは，資格のもとに法は処分権を付与したとする処分権理論を有価証券法においても展開し，資格者は処分権を有するがゆえ権利行使することができ，支払免責と善意取得は資格力（Legitimationskraft）により当然認められる効果であるとする。そして，信義則（Treu und Glauben）に反する支払——所持人の無権利を知り，かつそれを証明できるにもかかわらず支払うような場合——には免責の効果が排除されるとする。既に，取引安全の観点から，所持人の無権利を証明できる確実な証拠手段を有する場合には支払は無効である，すなわち免責の効果は排除されるという考えは成立していたが，信義則の問題としてこれを把握した点に特徴がある。

しかし，その理論として悪意者も保護されてしまう処分権理論は漸次支持を失い，有価証券の本質を権利外観（Rechtsschein）に求めたJacobiは，資格とは権利外観すなわち権利者たる蓋然性（Wahrscheinlichkeit）に過ぎないと説き，権利外観の作用として，支払免責，立証責任の転換（権利推定），善意取得の効力が認められるとする。Jacobiの見解は，信頼保護という目的に向けられてい

る点で一貫している。すなわち，免責の効果を排除する信義則違反の内容も，債務者が真の権利者に対して不誠実であったか否かが基準とされている。その意味で，信義則違反の内容を確実な証拠手段の確保に求めるvon Gierkeとはまた異なっている。また，Jacobiは，統一手形条例39条3項の解釈としても，所持人の行為能力，同一性，代理権限等の欠缺の場合にも本条が適用されるものとする。Jacobiにおいて，資格が権利証明という意味を離れ，権利外観――権利者たる蓋然性――と理解されるようになったという点で，支払免責の理論は新たな一歩を踏み出したといえる。

第5節　統一手形法の受容と現行ドイツ手形法における支払免責制度

　手形・小切手法の国際化の歴史は19世紀後半に遡る。[1] 手形・小切手は，企業取引の決済手段として国境を越えて流通する必然性を有していたものの，慣習法として育った手形・小切手に関する法理はフランス法系・ドイツ法系・英米法系の三大法系において大きな差異があり，そのことは国際手形取引にとって大きな障害となっていた。[2] 手形・小切手法の国際的統一は，20世紀には喫緊の

---

1) 国際法協会統一会議（1876-1878年），国際法学会統一会議（1882-1885年）など。手形法の国際統一運動については，田中耕太郎『世界法の理論（田中耕太郎著作集Ⅲ）』（春秋社，1954年）5頁以下，田邊光政「手形法統一運動史と国際手形法条約草案」高窪利一他編『企業社会と法（升本喜兵衛先生追悼論文集）』（学陽書房，1987年）269頁以下参照。なお，ハーグ会議の研究書として，毛戸勝元『統一手形法論』（有斐閣，1914年），ジュネーブ条約の研究書として，毛戸勝元『改訂統一手形法論』（有斐閣，1931年），大橋光雄『新統一手形法論（上）（下）』（有斐閣，1932/1933年）がある。

2) 三大法系の手形法理の違いは，「フランス法系（フランス，オランダ，ギリシャ，スペイン，ベルギーなど）では，伝統的に手形関係を原因関係および資金関係と密着したものとし，喪失の場合も善意取得を排除し，証拠証書に近い。ドイツ法系（ドイツ，オーストリア，スイス，スカンジナビア三国のほか，イタリア，ポルトガル，日本，台湾など）では，手形関係を原因関係と遮断して，無因的，文言的な債務を成立させ，手形抗弁で調整する。所持人資格を優先させ，証券喪失の場合は除権判決で調整する。英米法系（イギリス，アメリカ，カナダ，インド，オーストラリア，南アフリカなど）では，手形を金券に近いものとして処遇し，善意の所持人地位を最優先し，抗弁や返還請求では，実質関係を最大限度に考量する。証券喪失の場合も除権判決は認めない。」と述べられている（高窪利一『手形・小切手法通論＜全訂版＞』（三嶺書房，1986年）11頁注(1)参照）。

課題となっていたといえる。

そこでオランダ政府は，1908年，イタリア政府とドイツ政府の提案を受けて，オランダのデン・ハーグにおいて手形法統一会議を招集することを提案した。これを受けて，1910年及び1912年の2回にわたってデン・ハーグで手形法統一会議が開催され（以下，1910年の会議を第1回ハーグ会議，1912年の会議を第2回ハーグ会議という。)[3][4]，第1回ハーグ会議では統一手形法予備草案（Avant-projet d'une loi uniforme sur la letter de change et le billet à ordre）と手形法統一のための国際条約予備草案[5]が，第2回ハーグ会議では統一手形法予備草案をたたき台にしたいわゆるハーグ規則（Règlement uniforme sur la letter de change et le billet à ordre）とこの条例を採用するための手形法統一条約[6]が承認・議定された。ところが，第一次世界大戦の勃発などの事情により，ハーグ規則は実現されずに終わることになった。

しかし，大戦後の1920年には，ブリュッセル財政会議の提案に基づき，国際連盟が再び手形法統一の作業を始める。国際連盟の経済委員会は主として法律家からなる専門家委員会（The Committee of Legal Experts on Bill of Exchange and Cheques）を招集し[7]，1928年，いわゆる専門家委員会草案を起草させた[8]。この専門家委員会草案はハーグ規則に準拠して起草されたものであった[9]。続いて，

---

3) 議事録・付属文書として，Conférence de la Haye pour l'unification du droit relative à la letter de change, le billet à ordre et le chèque, Acte et Documents, Ministère des Affaires estranges(France), 1910.

4) 議事録・付属文書として，Deuxième Conférence de la Haye pour l'unification du droit relative à la letter de change, le billet à ordre et le chèque, Documents et Actes（I, II），Ministère des Affaires estranges(France), 1912.

5) Avant-projet d'une convention sur l'unification du droit relatif à la lettre du change et au billet à ordre.

6) Convention sur l'unification du droit relatif à la lettre du change et au billet à ordre.

7) 国連の経済委員会はChalmers（イギリス），Jitta（オランダ），Lyon-Caen（フランス），Franz Klein（オーストリア）の4名を中心とする小委員会を招集し報告書を作成させた。その後，1926年には国際商工会議所副総裁のWestermannを議長とする10人の権威ある法律家からなる専門家が集められた。彼らをもってハーグ規則をもとにジュネーブ会議でのたたき台となるべき草案を作成する専門家委員会が結成された。

8) The International Conference for the Unification of Laws on Bills of Exchange, Promissory Notes and Cheques, Geneva, February 17th, 1930: Preparatory documents, Drafts prepared bt the Leag of Nations Expers observations by Governments, League of Nations Publications C234 M83 1929 II, pp.9ff.

手形法統一会議が，国際連盟の招集のもと，1930年5月13日から6月7日までジュネーブで開催されることになった（以下，ジュネーブ会議という。）。ジュネーブ会議では専門家委員会草案をもとに統一手形法案が審議され，統一手形法を制定するための条約（Convention providing a Uniform Law for Bills of Exchange and Promissory notes）（以下「統一手形法」という。）を含む3条約が成立した。続いて翌年，同様に小切手についての3条約も成立し，これらは常任理事国（日本，イタリア，ドイツ）を含む16ヶ国で批准され（後に19ヶ国），発効した（1934年1月1日）。ただし，イギリスとアメリカは批准しなかったので，国際的な手形法立法は，英米法系と大陸諸国を中心とする統一法系との2つの領域に分かれることになった。

支払免責に関しては統一手形法40条3項が，手形所持人の資格に関しては同16条1項（これを受けて善意取得の規定は同16条2項）が規定している。同16条1項は，少なくともドイツにおいては，ドイツ手形条例36条1文ないし4文を引き継いだ規定であると理解され，立法過程の審議においても特別な問題は論じられなかった。これに対し，統一手形法40条3項については，ドイツ手形条例

---

9) Fn.8, Preparatory documents, p.6.
10) Convention for the settlement of certain Conflicts of Law in connection with Bills of Exchange and Promissory Notes. Convention on the Stamp Laws in connection with Bills of Exchange and Promissory Notes.
11) イギリスとアメリカはハーグ会議に参加し，留保つきで署名したが，当初から統一法制定のための条約を受容することは困難であるとの立場であった。イギリスについては，1882年イギリス小切手法が，イギリスのみならずその領地・植民地にも適用されていたのであるが，イギリスはこの地域が統一法を継受することを保証できず，したがってイギリスが批准すればこの地域での法の分断は避けられなくなる，といった理由が挙げられている（Records of the International Conference for the Unification of Laws on Bills of Exchange, Promissory Notes and Cheques, Geneva, May 13th—June 7th, 1930: First session Bills of Exchange and Promissory Notes, Series of League of Nations Publications C360 M151 1930 II, p.169）。アメリカは，ジュネーブ会議にはオブザーバーとして参加したに過ぎず，合衆国憲法によれば手形に関する法の立法権限は個々の州に帰属するため，それゆえ全体としてのアメリカの参加は憲法上不可能であるとされた（*ibid*. Records, p.170; Fn.8, Preparatory documents, p.100）。
12) ハーグ規則に関するドイツ帝国議会議事録として，Denkschrift der Deutschen Reichsregierung zum Haager Abkommnen über die Vereinheitlichung des Wechselrechts und zur Einheitlichen Wechselordnung, Reichsdrucksache Nr. 1002, 13. Legislaturperiode, Bd. 302 der "Verhandlungen des Reichstags" I. Session 1912/1913, S.66.

36条の影響が明らかである一方，それはフランス商法典145条の影響もあったことから，その融合と調和は大きな問題とされることになった。その意味で，統一手形法の成立によって，ドイツにおける支払免責制度は大きな転換期を迎えたといえる。そして，ドイツにおいては，後述するように，ハーグ会議，ジュネーブ会議での議論がその後の現行ドイツ手形法40条3項の解釈に大きな影響を及ぼしている。そこで以下では，統一手形法40条3項の成立の沿革を明らかにし，そこでの議論がドイツ手形法40条3項の解釈にどのような影響を及ぼしたのかをみていくことにする。

1　統一手形法40条3項の成立史

　前提として，三大法系において行われていた各支払免責制度を概観しておく。統一手形法40条3項は，これらの法系において大きく異なる支払免責制度をどのように統一法として構成するかという問題とされたからである。

　まずドイツ法系であるが，ドイツの支払免責制度は，1848年ドイツ手形条例（普通ドイツ手形条例は1908年にドイツ手形条例と改称）36条のもとに，形式的に裏書の連続した所持人を形式的資格者とし，所持人の形式的資格についての債務者の調査義務を前提として，資格者への支払に支払免責の効果を理解するものであった。そして同36条自体は支払をなす債務者の主観的要件を規定していないが，所持人が悪意又は重過失で手形を取得したこと——すなわち同74条により権利取得していないこと——を債務者が知っていた場合には，悪意（mala fides）の債務者であるとして，そのような支払は免責的効力を排除されるものと解されていた。とりわけ，このような悪意は，所持人が同74条により権利取得していないことを立証できる証拠手段を債務者が確保していたにもかかわらず支払った場合を意味するものとされており，すなわちドイツ法においては，免責的効力を排除する要件を証明手段の確保という客観的な事実まで高めるこ

---

13) 統一手形法に関するドイツ帝国議会議事録として，Deutsche Denkschrift zur Reichstagsvorlage betr. die Genfer Abkommen zur Vereinheitlichung des Wechselrechts, Reichstagsvorlage vom 20.4.1932, Nr.1442, 5. Wahlperiode, Bd. 453 der "Verhandlungen des Reichstags", S.121.

第1章　支払免責制度の法的構造　79

とによって，迅速な決済による円滑な手形取引の実現を図っていたわけである[14]。このような支払免責の理解において，最も激しく議論されていたのは，最後の被裏書人と所持人との同一性について債務者の調査義務は認められるか否か，同一性を欠く者に対して支払って債務者は免責されるか否か，という問題であった。この点，旧時の学説は，理論上は所持人と最後の被裏書人が同一である場合に所持人に資格が与えられるということから，債務者はその同一性について調査義務があり，所持人が同一性を欠く場合には支払っても免責されることはないものと解していた[15]。しかし，悪意（mala fides）の支払によって債務者は免責されないという考えが確立していくにつれて，同一性を欠く所持人への善意の支払によって債務者は免責されるとする見解も生じてきていた[16]。例えば，Grünhutは，債務者には所持人の同一性について重過失に当たらない程度の調査義務があり，善意で重過失なく支払う債務者は免責されるとする[17]。また，同一性の問題以外にも，資格者に行為能力や代理権が欠欠する場合も，悪意又は重過失のない支払によって債務者は免責されるとする見解もあり，当時既に債務者の免責範囲は広く解されるべきという傾向が現れていたのである[18]。

　他方，フランス法系においては，支払免責制度は，1807年フランス商法典（Code de commerce）145条が「満期に異議を受けずして手形を支払う者は，有効に免責されるものと推定する。」と規定していた[19]。債務者による支払の効力に法律上の推定を与えることによって，つまり，反証のない限り支払は有効と

---

14) 本章第4節2，3参照。
15) Heinrich Thöl, Das Wechselrecht, Das Handelsrecht, Bd.2, 4.Aufl., 1878, S.514; Oscar Wächter, Encyclopädie des Wechselrechts der Europäischen und Ausser- Europäischen Länder auf Grundlage des gemeinen deutschen Rechts, 1880, S.644; Heinrich Otto Lehmann, Lehrbuch des deutschen Wechselrechts, 1886, S.536; Wilhelm Bernstein, Allgeneine Deutsche und Allgemeine Oesterreichische Wechselordnung, 1898, S.183; Staub=Stranz, Staub's Kommnentar zur Wechsel- ordnung, 8.Aufl., 1912 Anm.17 zu §36; Claudius Frh. von Schwerin, Recht der Wertpapiere einschließlich Wechsel- und Schekrecht, 1924, S.41; Rudolf Müller- Erzbach, Deutsches Handelsrecht, 1969, Neudruck der 2./3. Auflage 1928, S.486.
16) Raban Freiherr von Canstein, Das Wechselrecht Österreichs und die Abweichungen der Wechselrechte Deutschlands, Ungarns, Bosniens und der Herzegowina, der Schweiz, Russlands, Italiens, Rumäniens, Serbiens, Frankreichs und Englands, 2.Aufl., 1903, S.194; Karl Adler, Das österreichische Wechselrecht, 1904, S.63.
17) C.S. Grünhut, Wechselrecht, Bd.2, 1897, S.257, 261.

みなすことによって免責の効果を実現し，これにより手形の迅速な決済が実現されるものとして規制されていたわけである。ここでもまた悪意の債務者が支払う場合については規定されていなかったわけであるが，やはりその限界はあると解されていた。

当時の有力な商法学者であり，ハーグ会議においてフランス代表者ともなったLyon-Caen=Renault[20]による1907年の著書によれば，145条については次のように説かれている。「これは支払をなす者のための法律上の推定規定である。債務者は，事情に応じて注意措置を講じなければならない。例えば，彼は，証券を呈示させ，彼の知る署名，特に発行者の署名を調査し，裏書の連続が中断していないか否かを確認すべきである。彼はただ，証券と引換えにのみ支払う。……債務者はまた，所持人の受取を要求したほうがよい。……彼がこれらを行ったのなら，裏書が真正でない場合，手形が盗まれた後に偽造された場合，ある人物が真の所持人であると偽称した場合，所持人が支払受領能力を欠いていた場合（例えば未成年者，破産者など）にも，責任を負うことはない。」[21]と。すなわち，有効な支払が推定されるとはいえ，債務者には注意措置を講じる義務があり，それを条件として免責の効果は広い範囲で認められると解されていたわけである。さらに，1925年の著作ではこれに続けて「しかし，これが当てはまるのは，債務者の側に故意（fraude）も過失（négligence）もない場合である。もっとも，債務者に過失があったか否か，彼の過失が無権限者ないし無能力者への支払によって免責されないというのに十分であるかを判断するのは，裁判

---

18) 行為能力についてvon Canstein, Grünhut，代理権についてAdler，前掲注16) 17) 参照。弁済受領のために行為能力が必要か否かについては議論があるが，ドイツ法においては，一定の行為の作為又は不作為の場合以外にはこれを要すると考えるのが通説である。所持人の代理権限は受取の記載のある手形の持参人との関連で論じられ，ドイツ商法296条の成立前は所持人の資格との関連で論じられていた。第2章第3節4参照。ドイツ法はフランス法や日本法のように善意の弁済者を保護する規定を有していないため，当時この点は特に問題とされつつあった。

19) Art.145：Celui qui paie une lettre de change à son échéance et sans opposition est présumé valablement libéré.

20) LyonCaenとRenaultはハーグ会議でのフランス代表者を務めた。Lyon-Caenはジュネーブ会議でも当初代表者の一人を務めていたが，後にその派遣は中止された（Fn.11, Records, p.15.）。

21) Ch. Lyon-Caen=L.Renault, Traité de droit commercial, T.4., 4e éd., 1907, n°297.

官の仕事である。」と説かれ，上の注意措置の有無が債務者の故意又は過失との関係において理解されるべきことが述べられている。要するに，フランスにおいては145条の解釈上，裏書の連続の調査を行えば，不真正の裏書がある場合，所持人が同一性や支払受領能力・権限を欠く場合についても，この点について注意措置を講じたという意味において故意又は過失なき限り，債務者は免責されるものと解されていたわけである。ただし，その故意又は過失の立証は裁判上の問題であるとされている。免責的効力の排除が裁判上の立証に求められる結果，実体的な支払関係においては迅速な決済が実現されることになるが，これをもって手形取引の安全を図るというのがフランス法系の支払免責制度であったといえよう。

なお，英米法系においては，支払免責に関していえば，債務者による適切な支払によって手形は消滅するものとされている。「適切な支払（Payment in due course）」とは，満期又は満期後，手形に対する権原の欠陥を認識せずに善意（in good Faith）で所持人に支払うことを意味する（1882年イギリス小切手法（Bills of Exchange Act, 1882）59条１項，1897年流通証券法（The Negotiable Instruments Law, 1897）148条）。ただし，偽造された裏書あるいは代理権の与えられていない裏書――そのような裏書が介在する場合も含めて――に基づく所持人への支払は，債務者が善意であっても免責されない（イギリス小切手法24条，流通証券法42条）。つまり，英米法系の支払免責制度は，善意の支払により債務者は免責されることになる一方で，偽造や無権限者による裏書がある場合には，たとえ善意であっても免責されないという点で，ドイツ法系やフランス法系よりその保護範囲を狭くするものであったといえる。

---

22) Ch. Lyon-Caen=L.Renault, Traité de droit commercial, T.4., 5e éd., 1925, n°297.
23)「善意」の意義については，イギリス小切手法90条において「あることが，たとえそれが過失でなされたにせよ，その行為の意味において，事実上誠実になされた場合には，善意でなされたものとみなされる。」と規定されている。
24) Sec.59(1)：A bill is discharged by payment in due course by or on behalf of the drawee or acceptor. "Payment in due course" means payment made at or after the maturity of the bill to the holder thereof in good faith and without notice that his title to the bill is defective.
25) Sec.148：Payment is made in due course when it is made at or after the maturity of the Instrument to the holder thereof in good faith and without notice that his title is defective.

(1) 第1回ハーグ会議——統一手形法予備草案49条3項

　第1回ハーグ会議では，まず5つの部局に分かれて議論を行い，その結果を中央委員会に報告し，中央委員会は総会の審議のための統一手形法仮案を作成することとされた。そして支払免責制度に関しては，三大法系における制度の違いを踏まえて，支払の効力についてどのような規制が適用されるべきかという問題が議論されることとなったが，偽造裏書により手形を取得した所持人，あるいは偽造裏書が介在する手形を所持する所持人に支払う場合には債務者は善意でも免責されないとする英米法系の見解は支持を得られず[28]，各部局での見解は，支払の効力に法律上の推定を与えるフランス法系の見解を支持する部局（第1部局[29]，第5部局[30]）と，支払免責の効果を債務者の調査義務のもとに理解するドイツ法系の見解を支持する部局（第3部局[31]，第4部局[32]）とに分かれることとなった[33]。

---

26) Sec.24：Subject to the provisions of this Act, where a signature on a bill is forged or placed thereon without the authority of the person whose signature it purports to be, the forged or unauthorized signature is wholly inoperative, and no right to retain the bill or to give a discharge therefor or to enforce payment thereof against any party thereto can be acquired through or under that signature, unless the party against whom it is sought to retain or enforce payment of the bill is precluded from setting up the forgery or want of authority. Provided that nothing in this section shall affect the ratification of an unauthorized signature not amounting to a forgery.

27) Sec.42：Where a signature is forged or made without authority of the person whose signature it purports to be, it is wholly inoperative, and no right to retain the instrument, or to give a discharge therefor, or to enforce payment thereof against any party thereto, can be acquired through or under such signature, unless the party against whom it is sought to enforce such right is precluded from setting up the forgery or want of authority.

28) Fn.3, Acte p.244.

29) Fn.3, Acte p.199. 第1部局はアルゼンチン，ブルガリア，フランス，ハイチ，エルサルバドル，スイス，ノルウェーからなり，議長はLyon-Caenである。

30) Fn.3, Acte p.268. 第5部局はアメリカ，ベルギー，スペイン，パラグアイ，スウェーデン，トルコからなる。

31) Fn.3, Acte p.244. 第3部局は，イギリス，ハンガリー，オランダ，デンマーク，日本，コスタリカ，ウルグアイからなる。

32) Fn.3, Acte p.257. 第4部局はオーストリア，ルクセンブルク，メキシコ，ニカラグア，ポルトガル，セルビアからなる。

33) なお，第2部局（ドイツ，ブラジル，チリ，中国，イタリア，モンテネグロ，ロシア，タイ）はいずれの法系を支持するかは明確にしなかった。ただし，議論はドイツ法を前提になされていた（Fn.3, Acte p.233.）。

債務者の調査義務については，フランス法系を支持する第1部局——フランスを含む——が，支払が免責的効力を有するためには債務者には調査義務が課されるべきかという問題を提起していた。そこで第1部局は，この問題について「裏書連続の整否と所持人の同一性を『できる限り』調査しなければ，債務者は免責されない。裏書の署名を調査する義務はない【カギ括弧筆者】。」という結論を多数決で決定した。[34] この問題が中央委員会に持ち上げられ，「裏書連続の整否と所持人の同一性を調査しなければ，債務者は免責されない。裏書人の署名を調査する義務はない。」という形で提案されると，第2部局の報告者であるドイツの代表者は，この提案に対して異議を唱えた。すなわち，同一性の調査義務を課すことは債務者を危険にさらすことになり，これに「できる限り」という言葉を付さなければ債務者に厳格な義務を課すことになってしまう，というものである。[35] これを受けて中央委員会は，「同一性と裏書連続の整否を『できる限り』調査しなければ免責されない。裏書人の署名の調査を義務づけられない【カギ括弧筆者】。」という規定を決議した。[36] ところが，統一手形法仮案の作成に際して，再びこの同一性の問題が取り上げられることになった。すなわち，オーストリアの代表者いわく，既になされた委員会での結論を議論するものではないが，このような規定では債務者に無数の危険な困難さを作り出してしまい，善意の債務者は支払う決心ができないことになる。そしてこの規定は容易にシカーネによる支払遅滞に濫用されるだろう，と。これをドイツの代表者が支持した。そこで，同一性の調査義務に関する部分は再び規定から削除されることになった。[37]

　なお，これに先立つ中央委員会の審議において，Lyon-Caenは「債務者が支払うにもかかわらず免責されない場合，例えば悪意（mauvaise foi）で無能力者や盗人，偽造者に支払う場合がある。」と述べていたが，当時はこの意見は取り上げられなかった。[38]

---

34) Fn.3, Acte pp.203-204. ただし，これについてフランス代表のLyon-Caenは，法律上の推定を排除する事実状況を決定することができるのは裁判官であると付言していた。
35) Fn.3, Acte p.328.
36) Fn.3, Acte p.337.
37) Fn.3, Acte p.355.
38) Fn.3, Acte p.311.

最終的に，中央委員会は統一手形法仮案54条として「満期に支払をなす者は，裏書の連続の整否を調査しなければ，免責されない。彼は裏書人の署名を調査する義務はない。」[39]という規定を起案し，この規定はそのまま統一手形法予備草案49条3項として起草された。中央委員会の議事録では次のように述べられている。

　「満期前の支払は通常ではなく，それに関わる債務者は，彼が正当かつ能力ある所持人に支払っているかどうかを調査しなければならない。それゆえ，満期前に支払う債務者は支払の有効性に責任を負う。つまり，彼はもし不当なあるいは無能力の者に支払ったとすれば，2回支払わなければならない。それに対して，満期における支払は通常であるだけでなく，支払わない債務者は拒絶証書の危険にさらされる。それゆえ，満期に手形を呈示される債務者は，支払を急がなければならない。また，満期に手形を素早く所持人の手に支払うことは重要である。それゆえ，債務者に，裏書人の署名を調査することを強制することはできない。債務者には適法な方法で裏書が順序通り並んでいるかを調査するよう要求できるだけであって，裏書人の署名の真正を調査するよう義務づけられないのである。債務者は，裏書の連続を正しく調査することによって，正当でない所持人に支払っても免責される。（統一手形法仮案）54条を参照せよ。所持人の同一性と能力の調査に関して，債務者の義務と責任を確定することは，判例（jurisprudens）に委ねられている。」[40]

　要するに，支払免責制度については，フランス法系のように，直接に免責の効果の問題として規定されることになったものの，ドイツ法系の考えを取り入れ，債務者の調査義務を前提としてこれを認めることが規定されたわけである。しかし，この時点では債務者の悪意又は重過失といった要件は免責効排除の要件として規定されるには至らず，また，所持人の同一性についての調査義務に関しては紆余曲折を経て規定されず，どの程度債務者は所持人の同一性や能力を調査しなければならないか，これらを欠く者に対する支払によって免責されるかという問題は，各国の解釈上の問題とされるべきとされていたといえる。

---

39) Le tiré qui paye à l'échéance, n'est valablement libéré que s'il a vérifiéla régularité de la suite des endossements non biffés. Il n'est pas oblige de verifier la signature des endosseurs.

40) Fn.3, Acte p.89.

(2) 第2回ハーグ会議——ハーグ規則39条3項

　統一手形法予備草案は会議参加各国に持ち帰られ，各国政府での検討を経ることになった。第2回ハーグ会議ではまず，総会での討議の前に，修正委員会において各国政府から出されていた意見を斟酌して予備草案が修正されることとされた。予備草案49条3項については既に，フランス政府から，この規定を「満期に支払う者は有効に免責されるものと推定される。」というフランス商法典145条に類似した一般的規定にすること，「満期に手形を支払う者は債務者側の故意（fraude）又は過失が証明されない限り免責される。」と補充してより明確にすることが主張されていた[41]。これを受けて，修正委員会では，フランス代表のLyon-Caenが予備草案49条3項1文を「満期に手形を支払う者は，債務者側の故意（fraude）又は過失が証明されない限り，免責されるものと推定する。」という規定へと修正することを提案した。Lyon-Caenによれば，この規定は，無能力者，未成年者などを対象としており，満期前の支払とは反対に，同一性に関しても及ぶものとされていた[42]。これを受けて，修正委員会は実質的にフランス政府案を採用し，同49条3項1文を修正委員会仮案39条3項1文として「満期に支払をなす者は，債務者側に故意（fraude）又は重過失なき限り，免責される。」と修正した[43]。修正委員会の議事録によれば次のような報告がなされている。

　「第3項については批判がなされた。すなわち，この規定はあまりに限られた表現で理解され，そこには裏書の連続と裏書人の署名だけが目的とされているに過ぎないという非難である。満期における支払は，それほど容易に免責的効力を剥奪されてはならないということが重要である。債務者が二重払いの危険にさらされるとすれば，その支払は，債務者が事前に行いたい調査に直面して，必要な迅速性をもって作用することができなくなってしまうだろう。それゆえ，債務者は，仮に無能力者や偽造者に支払ったとしても，故意又は重過失の場合を除き，免責されなければならない。しかし，事情によっては，若干の注意を払えば偽造者や無能力者に対面しているということを債務者が認識しなければならなかったのならば，債務者はその支払によって免責されない。この規定は，さらに2つの特別規定によって補われている。第一の規定

---

41) Fn.4, Documents I p.177.
42) Fn.4, Actes II pp.49-50.
43) Fn.4, Actes I p.112.

は，裏書の連続を調査せずに支払った場合には，債務者の側に重過失があるということを想定している。第二の規定によって，債務者は裏書の真正を調査する義務から解放される。[44]」

この修正委員会による仮案は，総会での討議においてそれ以上何も持ち出されることはなく承認され，そのままハーグ規則39条3項として規定された[45][46]。

要するに，第2回ハーグ会議において，支払免責に関する規定については，フランス法系の影響が大きく及ぼされたといえる。そこには，「故意（fraude）又は重過失なき限り」という文言を挿入することにより，無能力者や同一性を欠く所持人への支払によっても債務者は免責されるべきとする意図があったわけである。他方，債務者の調査義務に関する2文の規定は維持されたため，1文との関係では，裏書連続の整否についての調査義務の懈怠は重過失に該当するという解釈が示されることになったといえる。

しかし，第2回ハーグ会議を経て，支払免責制度に関する規定については，次のような点に疑義が生ずることになったといえる。第一に，故意（fraude）の意味についてである。修正委員会の議事録によれば，故意とは，所持人の能力や同一性についての欠缺の認識を意味するものとして用いられている。後にジュネーブ会議で問題となるように，「故意（fraude）」と「悪意（mauvaise foi）」——いわゆる不知を意味する「悪意」——との違いはこのときは意識されていなかったといえる。第二に，1文の重過失が2文に及ぶという解釈が示されたことにより，1文と2文の関係の理解に混乱が生じたということである。ドイツ法的な考えによれば，債務者の調査義務とは免責の前提として課せられるものであり，それは調査義務ありとされる事項の具備が免責要件であることを意味している。しかし，調査義務の懈怠が重過失に当たると解するとすれば，そこでの調査義務は注意義務と同じ趣旨で理解されることになる。その限りで，裏書連続の整否と裏書人の署名は注意義務の対象が例示されているに過ぎないと解されることになるが，これが例示的されるべき積極的理由は見当たらない。

---

44) Fn.4, Actes I p.89.
45) Fn.4, Actes I p.128.
46) Art.39(3)：Celui qui paie à l'échéance est valablement libéré, à moins qu'il n'y ait de sa part une fraude ou une faute lourde. Il est oblige de verifier la régularité de la suite des endossements, mais non la signature des endosseurs.

第1章　支払免責制度の法的構造　87

　また，上のように解すると，裏書の連続した所持人に対して支払っても，裏書連続の整否についての調査をしなければ重過失ありとされ，結果，免責の効果が排除されると解されることにもなってしまう。第2回ハーグ会議を経て，支払免責制度の法構造には一種の混迷がもたらされたといえよう。

(3)　ジュネーブ専門家委員会——専門家委員会草案39条3項

　ハーグ規則は第一次世界大戦の勃発により日の目を見ることはなかったが，戦後再び手形法統一の作業が始まることになり，1927年11月から翌年4月までの間，ジュネーブでフランス，ドイツ，チェコスロバキア，ベルギー，ポーランド，スイス，アルゼンチン，イタリアから各1名ずつ任命された代表者からなる専門家委員会 (The Committee of Legal Experts on Bill of Exchange and Cheques) の会合が3回開催されることになった。このとき，ハーグ規則39条3項1文は次のように変更された。「満期に支払をなす者は，悪意（bad faith（英）；mauvaise foi（仏））又は重過失なき限り，免責される。」と。その理由については次のように述べられている。

　　「我々（専門家ら）は，手形を支払のために呈示している人物の同一性を証明することに完全に失敗することは，事情によっては重過失に当たる，と指摘することを強く望む。我々には，規定されている39条の規定は相当の困難さを引き起こすので，この文言を採用する前にためらいがあった。例えば，イタリアの法実務では，合理的な注意を当然伴う証明を要求している。」

　　「『悪意（bad faith）』という文言は，本条を15条【筆者注：統一手形法16条に相当】に沿って並べるために『故意（fraud）』に換えて本条に挿入されたものである。しかし，この変更は全会一致のものではなかった。数人の専門家は，『悪意（bad faith）』という表現はあまりに広範囲で，『故意（fraud）』より定義が難しいと考えた。[48]」

　すなわち，専門家委員会で主たる論点とされたのは，所持人の同一性についての調査義務に関してであった。第2回ハーグ会議でのLyon-Caenの発言によ

---

47) He who pays at maturity is validly discharged, unless he has been guilty of bad faith or gross negligence. He is bound to verify the regularity of the series of endorsements, but not the signature of the endorsers.
48) Fn.8, Preparatory documents, p.14.

れば，ハーグ規則39条3項は所持人の同一性欠缺の場合にも適用されると解されていたが，その同一性を調査しなくとも故意又は重過失なく支払えば免責されるのか，それともその調査義務があるのか，あるとすればどの程度の調査義務が必要なのか，といったことは明らかでない。各国の実務で相当の開きがあると考えられる——イタリアは通常の注意を要求している——この問題は，39条3項の起草過程でも相当困難な問題とされ，結論は出されなかったわけである。

また，「故意（fraud（英）；fraude（仏）；Arglist（独））」という表現が「悪意（bad faith（英）；mauvaise foi（仏）；Böser Glaube（独））」に代えられたことも大きな変更点である。しかし，この変更が全会一致には至らず，『故意（fraud）』より定義が難しいという反対意見が出されたことからしても，当時はまだ「悪意（bad faith）」と「故意（fraud）」の法的意味としての違いは一般的な認識を得ておらず，それゆえただ善意取得に関する規定と「表現を合わせる」ために文言が変更されたものと考えられる。

この専門家委員会の会合に先立つ1927年夏，国際商工会議所（International Chamber of Commerce）はストックホルム会議（Stockholm Congress, June 27th to July 2nd, 1927）を開催し，長く独自に続けてきた研究に基づくいわゆるストックホルム規則を承認していた[49]。この規則の大部分はハーグ規則に基づくものであり，ハーグ規則39条に相当するストックホルム規則39条では，『故意（fraude）』の文言が保持されていた[50]。ローマ私法統一国際会議（Rome International Institute

---

49) 第一次世界大戦後，手形法統一運動を最も強力に推進したのは国際商工会議所であったという。同会議所の第1回会議が1921年にロンドンで開催され，商業証券に関する法の統一問題を検討するために委員会が設置された。この委員会は質問状を作成し，各国の商工会議所に送った。その回答状の分析は小委員会で分析され，その分析結果が1923年第2回国際商工会議所会議（ローマ会議）に提出された。同会議は，ハーグ会議の作業の中止により残された点につき解決する新たな会議を開催するよう諸政府に要請する決議をした。同会議所評議会はその努力を続け，1925年のブラッセルにおける第3回同会議所会議で，再び，諸政府は手形法小切手法の統一を図るための会議を開催すべきことを決議した。為替手形及び約束手形に関する統一規則，小切手に関する統一規則が委員会より1927年ストックホルムでの第4回国際商工会議所会議に提出され，承認された（いわゆるストックホルム規則）。この規則の大部分はハーグ規則に基づいていた。そして，ストックホルム規則は，国際商工会議所より国際連盟経済委員会に提出された（田邊・前掲注1）285頁以下より）。

for the Unification of Private Law）は双方案を比較検討し，39条に関しては，ストックホルム規則でなく，専門家委員会草案を支持した。

「専門家委員会草案39条：この規定は，15条と合わせるために『故意（fraud）』に代えて『悪意（bad faith）』の文言が代用されていることを除き，ハーグ規則39条＝ストックホルム規則39条に実質的に一致する。3項に関連して，『重過失』は『通常の過失』に置換えられるべきであると提案された。しかしながら，長い議論の後，支払に対して責任を負う人物の側により大きな注意を要求すること，そして時には困難な調査と証明手段を引き受けるよう彼に要求することは手形の商業的な価値を弱めることになる，と判断された。現在の起草案，すなわち15条に具体化された原理に一致する原理を受け入れることが承認された。[51]」

要するに，ローマ私法統一国際会議は専門家委員会草案を支持したとはいえ，専門家委員会草案は「国際商工会議所草案39条に実質的に一致」するものと解されており，やはりそこでは「15条に合わせる」という意図が理解されているといえる。こうして，「故意（fraud）」と「悪意（bad faith）」の区別の問題はジュネーブ会議における課題として持ち越されることになった。

(4)　ジュネーブ会議――統一手形法40条3項

ジュネーブ会議では，まず専門家委員会草案を基礎として議論を行い（第一読会），そのあと第一読会の議論を条文に反映させるため，イタリア，フランス，スウェーデン，ドイツ――ドイツ代表はQuassowskiである――，ポーランドの代表者から各1名ずつ選出された5名のメンバーから構成される編集委員会が条文の手直しを行い，その編集委員会が作成した条文について第二読会を行うという方式がとられた。もっとも，編集委員会とは文字通りの意味での編集委員会ではなく，種々の条文の調和を確実にするために条文の改良を提案する権限を有していた。[52]

まず，第一読会においては，専門家委員会草案39条3項は実質的に議論され

---

50)　Fn.8, Preparatory documents, p.107.　国際商工会議所草案はpp.103ff. これにはTroullierによる逐条解説がなされているが，39条に関しては何も述べられていない。*ibid*. p.121.

51)　Fn.8, Preparatory documents, p.130.

52)　Fn.11, Records, p.163.

ることはなく,「悪意（bad faith）」の問題については，いわゆる悪意の抗弁に関する同16条（統一手形法17条）が議論されるときに扱われることになった[53]。この留保のもとで同39条3項は承認されたのであるが，ところが，専門家委員会草案16条の議論に際しては，同39条3項の「悪意」の問題は取り上げられなかった[54]。そこで，この問題の解決は編集委員会に委ねられることになり，そこでは「悪意（bad faith）」は再び「故意（fraud）」に戻されることになった。その理由は以下のように述べられている。

「第3項において，専門家委員会草案は『満期に支払をなす者は，故意（fraud）又は重過失でない限り，免責される。』という言い回しに代えて『悪意（bad faith）又は重過失でない限り』という言葉を用いた。この変更は40条【筆者注：専門家委員会草案39条】の文体を16条【筆者注：専門家委員会草案15条】のそれに合わせるために行われた。しかし，正当にも，支払を求められる債務者の地位は，手形を取得し，16条が適用される者の立場とは異なる。取得者は，回避することのできない重要な義務を履行するために手形を取得するのではない一方，債務者は，引受により課せられたこのような性質の義務を支払によって果たさなければならない。もし彼がこれを遂行することを拒否するならば，彼は厳格な訴訟行為にさらされる。そのような訴訟行為は，もし敗訴すれば，債務者に多大な費用を負担する必要を生じさせるだけでなく，反対に，手形が訴求された後に初めてその義務を果たしたということが知られるようになることにより，商業上の及び個人的な評判に影響を与えるだろう。それゆえ，この場合には，債務者が被るであろう実質的な損害のみならず，彼に加えられる道徳上の損傷も考慮されなければならない。債務者は，手形の特別な性質のためにいわば強制された立場にある。それゆえ，彼は，訴訟に巻き込まれるようになる危険を冒して，手形を占有する人物の権利に対して有するであろうあらゆる疑いを調査するよう要求されえない。彼はただ，所持人が正権原を有するということを証明することができる明白な証拠を占有しているならば，支払を拒絶することが要求される[55]。」

「しかし，この見解は，債務者及び債務者を優先させる主観的な考えの観点から表されており，このような解決に賛成する唯一の論拠ではない。手形という形式に組み込まれた債務の性質とその主要な目的は，手形が信頼できる――商業上そして銀行取引の慣習上における手形の卓越した性質のひとつである信頼性――信用の手段となるように，その債務をできる限り融通性あるものにすることである。手形がその目的に適切に答えるためには，支払拒絶は，所持人の正権原についての幾つかの疑いのため

---

53) Fn.11, Records, p.270.
54) Fn.11, Records, pp.291ff.
55) Fn.11, Records, p.139. §91.

に可能であってはならない。手形は、その対象に対するあらゆる重大な疑いをもはや心に抱くことはできないというほどの、所持人の権原がないことについてのもっともらしい証拠を有している場合にのみ、拒絶可能であるべきである。所持人の善意 (bona fides) に関して債務者が疑いを有するということは十分ではない。彼の疑いは、証拠によって裏付けられねばならない。さもなければ、手形はその重要な目的を果たすことができないだろう。[56]」

要するに、「悪意（bad faith）」が再び「故意（fraud）」に戻された理由としては、債務者の支払強制の地位ということが挙げられている。すなわち、支払を求められる債務者の地位は取得の自由な取得者の立場と異なる。このとき、債務者が支払拒絶すると、訴訟にさらされる危険、場合によっては敗訴して費用を負担する危険、商業上の信用・個人的信用を毀損する危険を覚悟しなければならない。それゆえ、債務者にはこの危険を冒して支払を拒絶することを要求されないが、反対に、所持人の無権利を立証できる証拠手段を債務者が確保していた場合には、支払拒絶すべきである、と。つまりこのような場合には支払っても免責の効果が排除されるというわけであるが、これは伝統的にドイツ法系において理解されてきた免責効排除の要件と一致する。すなわち、明白な証明手段の確保という客観的な事実を債務者の免責効を排除する要件とすることにより、迅速な決済を実現し、もって手形の流通性の強化を図る考え方に沿うものである。それゆえ、「悪意（bad faith）」ではなく「故意（fraud）」であるというわけである。[57]

こうしてみると、このたび編集委員会において「故意（fraud）」という表現が採用された趣旨は、ハーグ規則に「故意（fraud）」という文言が挿入された趣旨とは異なるといえる。ハーグ規則において「故意（fraud）又は重過失なき限り」という文言が採用されたのは、フランス政府の提案に基づくものであり、

---

56) Fn.11, Records, p.139. §92.
57) なお、議事録からは明らかではないが、このようにドイツ法系の悪意の概念が支持された理由として、編集委員としてドイツ代表のQuassowskiが参加していたこととの関係が推察される。彼は統一手形法批准後の著作において、ジュネーブ会議の議論をもとに、ドイツ手形法40条3項の故意（Arglist）は単なる認識ではなく証明手段の確保にあるという見解を強く説いている。Quassowski=Albrecht, Wechselgesetz vom 21. Juni 1933: unter besonderer Berücksichtigung der amtlichen Materialien (Regierungs-vorlagen, Haager und Genfer Konferenzberichte), 1934, Anm.8a zu §40.

そこには免責範囲をより広くする意図があったからである。その限りで,「故意」の意味を何に求めるかによって,統一手形法40条3項の理解に大きな違いが生ずることになったといえる。これを裏づけるように,第二読会ではフランス代表の編集委員Percerouは,編集委員会が起草した40条3項について次のように述べ,編集委員会において既に「故意(fraud)」についての見解が一致していなかったことを窺わせている。

> 「Percerouは次のように述べた。40条は,『満期において支払をなす者は,悪意(bad faith)又は重過失のない限り,免責される』(専門家委員会草案)が維持されるべきか,あるいは反対に『故意(fraud)又は重過失が彼の側に存しない限り』というハーグの文句に戻るべきか,長い議論を引き起こした。ついに編集委員会は第3の文句として『その権利が与えられていないことが明らかである人物に支払われる限り』という文句を提案した。しかし,これはかなり特異であり,少なくともフランスの法律用語の観点からは特異である。編集委員会はハーグの文句に戻ることに決定した。
> 編集委員会報告で述べられたように,ここで取り扱われる状況は,手形を取得した人物に関するのと同じ状況ではない。債務者は,手形を取得した第三者より寛大に扱われてよい。第三者は,手形を取得する前にあらゆる情報を手に入れることができるし,その場合には確実に遅延するだろう。しかし,満期に手形を呈示される債務者は,訴求されることを覚悟のうえで,即座の支払を強いられる。そのような理由により,債務者にはただ,彼の側に明白な故意(fraud)——すなわち重過失により左右される悪意——が存在する場合に,誤って行われる支払の責任を負わせられるという試みがなされたのである。[58]」

要するに,Percerouの述べるところからは,「故意」のもとには,所持人の無権利についての単なる認識にとどまらないということが理解されていたといえそうであるが,それ以上に,明白な証拠手段の確保という客観的事実の具備の問題として理解されていたかは明らかではない。「明白な故意—重過失により左右される悪意」ということからは,むしろ「故意」と「悪意」の違いは,債務者の認識についての程度の違いと解されていたことが推察される。とすれば,Percerouもまた「支払強制の地位」ということを持ち出しているが,それも,保護が与えられないというには債務者の方が取得者より明白な故意が要求

---

[58] Fn.11, Records, p.392.

される——その意味で債務者は取得者より保護の要請が高い——という趣旨であったと読み取れる。

　免責範囲の拡大を意図して第2回ハーグ会議において導入された「故意(fraud)」という言葉は，「悪意(bad faith)」に変えられた後，ジュネーブ会議では，所持人の無権利を立証できる証拠手段の確保という意味において再び導入されることとなった。しかし，その見解は起草者においても一致していなかったといえる。この混迷が，ドイツ手形法40条3項における「故意(Arglist)」の理解と債務者の免責範囲に関する解釈論に大きな影響を及ぼしていくことになる。

2　ドイツ手形法40条3項における議論——適用範囲と「悪意」概念に関して

　統一手形法40条3項の沿革史からは，その成立に当たってフランス法系とドイツ法系のせめぎ合いがあり，そのことが本条の適用範囲と「悪意(Arglist)」——統一手形法では「故意(fraud(英); fraude(仏); Arglist(独))」の文言が採用されたが，わが国の手形法においてはこれが「悪意」と翻訳されたため，以下はこれを「悪意」と表記する——の意味について大きな影響を及ぼしていることがわかる。換言すれば，沿革史からは，本条の適用範囲と「悪意」の意義を基礎づける決定的理由は見出せないといえる。もっとも，ドイツ手形法が制定されるに当たり，ドイツの立法者は，ここでの「悪意」の意味を——第2回ハーグ会議の趣旨に基づき——免責範囲をより拡大するものと理解したようである。

　　ドイツ帝国議会議事録によれば，ドイツ手形法草案40条3項については次のような報告が行われた。「3項においては，満期において支払をなす者は，彼に手形を呈示する者が支払受領権限者であるかどうかをどの程度調査しなければならないかという重要な問題が規制されている。この点，ドイツ手形条例は，債務者は裏書の真正を調査する義務はないという規定を有するのみであった（ドイツ手形条例36条5文参照）。債務者は，呈示人と手形に権限者として記載されている者との同一性について，そして呈示人の支払受領権限について，どの程度調査する義務あるいは権利があるのかに関しては，ドイツ手形条例は何らの規定も置いていない。それに対して，3項1文は，取引の利益を考慮した簡単な方針を与えている。債務者が実際に手形によって権利者として証明されている以外の者に支払った場合，あるいは，被裏書人が何らかの事情により支払受領権限を欠いていた場合には，悪意の行動又は重過失が債務者に証明さ

れうるか否かが重要である。詳しくは債務者の調査義務は以下のように規定されている。債務者は，所持人が16条1項により裏書の連続によって適切に証明されているかどうかを調査しなければならない，他方で裏書人の署名を調査する義務はない，と。」[59]

この報告によれば，同一性や支払受領権限を欠く所持人への支払によっても40条3項1文で債務者は免責されるものと解していることが明らかになるが，この報告には，これに先立って行われたハーグ規則についての報告と微妙な違いがあることに留意する必要がある。すなわち，両者の報告内容は総じて似通っているが，ハーグ規則についての報告では，本条のもとで未成年者や破産者など支払受領能力を欠く者への支払により債務者が免責されると解されることが明確に述べられているのに対し，ドイツ手形法草案の報告ではこの点は削除されている。また，ドイツ手形法草案についての報告で述べられている最後の部分，すなわち「詳しくは債務者の調査義務は以下のように規定されている。債務者は，所持人が16条1項により裏書の連続によって適切に証明されているかどうかを調査しなければならない，他方で裏書人の署名を調査する義務はない，と。」という部分が，ハーグ規則についての報告では次のように記述されていた点である。

「何が重過失とみなされるかという問題については，3項2文が特別に重要な規定を設けている。現行法と同様に，債務者は，所持人が15条1項【筆者注：統一手形法16条1項】により裏書の連続によって適切に証明されているかどうか否かを調査しなければならない。彼がそれをしない場合には少なくとも重過失に当たる。他方，彼は裏書人の署名の真正を調査する義務はない。それゆえ，彼がこれをしなくとも，重過失を基礎づけない。」[60]

裏書連続の整否についての調査義務の懈怠が重過失に当たるという解釈は，既に述べたように第2回ハーグ会議の見解である。ドイツ手形法草案の報告においては，この点が削除され，ただ債務者の調査義務に関するものとして書き換えられたということは，1文と2文の関係について既に解釈上の疑義が生じていたことを窺わせる。

そこで以下では，1934年にドイツ手形法が成立・施行された後，学説がドイ

---

59) Fn.13, Denkschrift 1932, S.126.
60) Fn.12, Denkschrift 1912/13, S.73f.

ツ手形法40条3項のもとに支払免責制度をどのような趣旨に理解し，そこにどのような法的構造を見出そうとしたのかを考察していくことにする。

(1) 旧時の学説

新法が成立してからまず問題とされたのは，ドイツ手形法40条3項は裏書の連続についてのみ適用されるのか，それとも所持人の同一性や能力の欠歓の場合にも適用されるのかという点であった。既に述べたように，ドイツ法においては資格概念に基づく支払免責の理論が展開されていたが，旧法下においても，所持人が同一性を欠く場合に——さらには行為能力や処分能力を欠く場合にも——債務者は支払って免責されるか，その場合に債務者にどの程度の調査義務が課されるのかということが大きな問題となっていた[61]。そこで新法下の多数説は，ドイツ手形法40条3項をもっぱらこれらの問題を解決するものと理解した。1文と2文の関係については，第2回ハーグ会議の見解を受けて，裏書連続の整否についての調査懈怠が重過失に当たるとする見解もあったが[62]，多数説は，形式的な裏書連続は免責要件であり，裏書の連続により資格づけられている者に対して債務者が悪意又は重過失なく支払う場合には，その所持人に同一性や能力が欠けている場合や最後の被裏書人への裏書が偽造である場合でも，債務者は免責されるものと解していた[63]。すなわち，当初の多数説は，40条3項の意義を広く債務者を保護するという点に求めたわけである[64]。そこで，この見解に立つ論者の多くは，所持人の同一性については——重過失に当たらない程度の調査は必要であるが——債務者に調査義務はないものと解していた[65]。

ところが，多数説の中でも，所持人の同一性についての調査義務を認める見解もあった[66]。中でも例えばHubkaは，ドイツ法において伝統的に理解されてきた資格調査という観点から免責の問題を捉え，所持人の同一性が形式的に証明されているか否かについての債務者の調査義務を前提として，所持人が同一性を欠く場合の支払免責の効果を認める。

Hupkaは同一性の問題を次のように説く。「法律の文言を頼りにすれば，最後の

---

61) 前掲注15) 16) 17) 18) 参照。
62) Quassowski=Albrecht, Fn.57, Amn.8b zu §40.

（抹消されていない）裏書が記名式裏書である場合には，白地式裏書の場合のようにあらゆる所持人ではなく，裏書においてその名を指名されているということを証明することができる者が資格づけられることは確かである。しかし，そのような所持人は，本当はその名を裏書された人物でなかった場合も，権限者と見なされるべきである。そのことは，権利証明に関して16条による保護が与えられ，人物証明に関してもその保護が拡大される場合には，それゆえ単なる名前の確認も資格の補充のために十分とみなされる場合には，法の理（ratio legis）にふさわしい。この同一性に関する形式的な証明は，裏書の連続による権利に関する形式的な証明と同様に，資格の絶対的な条件として要求されなければならない。そのことから，その方法についての明文の規定がないにもかかわらず，取得者にも——40条3項と相違する表現にもかかわらず——債務者にも，裏書連続の調査が強制されるのと同じ意味において，見知らぬ所持人について取引通念上の方法によりその名前を証明させる法的必要性が存在するということが結論づけられる。この——自明の——注意を怠った場合には，権利取得ないし支

---

63) Quassowski= Albrecht, Fn.57, Anm.7 zu §40; Martin Wolf, Ueber den Verkehrschutz im neuen Wechselrecht, in: Beiträge zum Handelsrecht, Festgabe zum siebzigsten Geburtstage von Carl Wieland, 1934, S.444; Josef Hupka, Das Einheitliche Wechselrecht der Genfer Verträge, 1934, S.49f.; Claudius Frh. von Schwerin, Wechsel- und Scheckrecht einschließlich der Grundbegriffe des Wertpapierrechts, 2.Aufl., 1934, S.41; Arnold Langen , Die Wechselverbindlichkeit nach dem Gesetz vom 21. Juni 1933, 1934, S.50; Staub=Stranz, Komnnentar zum Wechselgesetz, 13 Aufl., 1934, Anm.14 zu §40; Friedrich Kessler, Wechselgesetz von 21. Juni 1933, 1933, Anm.2 zu §40; Eugen Ulmer, Das Recht der Wertpapiere, 1938, S.229; Johannes Priese=Fritz Rebentrost, Kommentar zum Wechselgesetz mit Text des Scheckgesetzes und der Nebengesetze, 1949, Anm.12 zu §40; Gustav Stanzl, Böser Glaube im Wechselrecht, 1950, S.115f.; Martin Stranz, Kommnentar zum Wechselgesetz, 14.Aufl., 1952, Anm.17 zu §40; Hans Schumann, Handelsgeschafte-Wertpapiere, Handelsrecht Bd.2, 1954, S.403; Ernst Jacobi, Wechsel- und Scheckrecht unter Berücksichtigung des Ausländischen Rechts, 1955, S.121ff.; Alfred Hueck, Recht der Wertpapiere, 8.Aufl., 1960, S.66. なお，行為能力者制度の法政策的考慮は手形の流通性より優先すべきであるので，行為無能力者への支払によって債務者は免責されないとするものに，Eugen Locher, Das Recht der Wertpapiere, 1947, SS.43, 111.
64) 前掲注63) に挙げた文献を参照されたい。理由づけとしてはジュネーブ会議やドイツ帝国議会の報告書を挙げるものが多いが，さらに善意保護の問題とみる見解として，Staub=Stranz, Fn.63, Anm.14 zu §40; Stranz, Fn.63, Anm.1 zu §40; Schumann, Fn.63, S.403; Jacobi, Fn.63, S.130ff.; Hueck, Fn.63, S.66.
65) 特にQuassowski=Albrechtは，最後の被裏書人と所持人との同一性があってはじめて所持人に資格が認められるとしてきた伝統的な見解に反し，所持人の同一性は資格の創出に必要ではないものとする。それゆえ，これに対する調査義務はないものとし，これを欠く場合でも悪意又は重過失のない支払によって免責されるとする（Quassowski= Albrecht, Fn.57, Anm.9 zu §16)。
66) Ulmer, Fn.63, S.231; Langen, Fn.63, S.50; Hupka, Fn.63.S.49.

払が後から無効のものとして取り消されるとしても，そのことで苦情をいうことはできない。形式的な同一性の証明が存在する場合には取得者又は債務者のために資格効力が発生し，取得ないし支払について（16条2項と40条3項とでは違った意味での）悪意（mala fides）が証明される場合には，その効力は取り消されうる。」[67]

要するに，所持人に形式的資格による権利証明を求めるのと同趣旨において，形式的事実――例えば身分証明書の呈示――をもって所持人にその同一性を証明させることを求め，これを条件に免責を認めるわけである。そこでは，本来ならば債務者に原則として要求される同一性についての実質的な調査義務が形式的な同一性の証明の調査によって軽減されるという構造が理解されるが，これは従来の支払免責の法的構造と平仄を合わせるものである。このように，新法下のドイツにおいては，多数説はドイツ手形法40条3項を広く債務者を保護する規定と解しながらも，資格調査というドイツ法に伝統的な免責理論に基礎をおいて手形法40条3項を解釈する見解も存在していたのである。

なお，「悪意（Arglist）」については，ドイツ法の伝統とジュネーブ会議の議論を踏まえて，所持人の無権利についての立証手段を確保しているにもかかわらず支払うことを意味すると解することに異論はなかった（わが国の詐欺説に相当）[68]。もっとも，無権利以外の事項についての「悪意」をどのように解するか

---

67) Hupka, Fn.63, S.49. なお，行為能力については，Hupkaは，処分権のみを推定の対象としている16条1項の一般的な資格命題からは行為能力への信頼は導き出されないとしつつ，次のように説く。「（16条2項における取得者の悪意（böser Glaube）は処分能力についての認識に及ぶとする）見解が間違っているということは，双方【筆者注：16条2項と40条3項】の文言を一見して明らかである。一般的な法命題として，行為能力に関する規定の社会法的な性質は手形取引の安全の要請への考慮にも勝るものであり，それゆえ無能力者による交付行為においては，権利移転の効力のみならず債務負担の効力も絶対的に排除することが要求される。それに対して，支払においては，まさにここでは法的能力に関して長ったらしい確認を負わせないという手形取引の要請に優勢な意味が承認され，それゆえ受取を作成する能力のない者への支払は，無権限者への支払と同じ条件のもとに認められなければならない。この違いは法律の文言にも一致する。16条2項が明らかに無権限者からの取得を取り扱っている一方で，40条3項の一般的な規定は無能力者への支払に関しても許される。」と（Hupka, Fn.63, S.50）。要するに，支払の場面では，行為能力制度の弱者保護という社会法的意義より手形取引の安全が優先されるべきであるため，行為能力を欠く者への支払も40条3項において免責されるとする。

68) Langen, Fn.63, S.51; Quassowski=Albrecht, Fn.57, Anm.8 zu §40; Priese=Rebentrost, Fn.63, Anm.13 zu §40; Stranz, Fn.63, Anm.13 zu §40; Schumann, Fn.63, S.402; Hueck, Fn.63, S.67; Locher, Fn.63, S.110f.; Ulmer, Fn.63, S.231; Kessler, Fn.63, Anm.2 zu §40.

については明確に述べる論者は少なく，わずかながら主張されたのは，40条3項は同一性や行為能力等についても全く同様に免責を認めたものであるから，これらについても同様に証明手段を確保していたか否かによるべきであるとする見解[69]，「悪意」の解釈は信義則という一般法理に委ねられるべきであり，その結果，所持人の同一性欠缺又は行為無能力についての「悪意」もまた立証可能性に及ぶとする見解[70]，手形上の権利については立証可能性に及ぶが，手形外の問題については個別に考える見解[71]——したがって，所持人の同一性欠缺又は行為無能力についての「悪意」は立証可能性に及ばない——などが主張された[72]。また，Jacobiは，多数説と同様に40条3項において債務者は広く免責されるという立場に立ちながら，その趣旨を債務者の信頼保護に求め，この場合の「悪意」を，債務者が真の権利者に対してその利益を害することになるか否かによって判定されるべきとした（わが国の害意説に相当）。もっとも，その一応の基準としては，所持人の権利の欠缺の場合は，無権利についての確実な立証手段の確保が，その他所持人の同一性，行為能力，処分権の欠缺の場合は，これらについての認識の有無が問題とされている。

　Jacobiは既に1917年の著作でハーグ規則39条3項についての解釈を展開しており[73]，1955年の著作に示された見解もそれとほとんど変わらない。もっとも，1955年の著作では，資格づけられた所持人については確実な立証手段があるにもかかわらず支払う場合には免責されないとしたうえで[74]，裏書の連続による権利外観以外の事項についてこの害意（Arglist）の内容を検討することに力点が置かれている。「債務者が，所持人が無権利であるということ以外の欠陥を知っている場合，つまり例えば所持人が証券に記名された人物と同一ではないとか，行為能力や処分能力がないということを知っていた場合には，害意（Arglist）というだけでなく，既に欠缺の認識があれば債務

69）弁済受領のために行為能力が必要か否かについては議論があるが，ドイツ法においては，一定の行為の作為又は不作為の場合以外にはこれを認めるのが通説である。
70）Stanzl, Fn.63, S.116.
71）Wolf, Fn.63, S.445.
72）Staub=Stranz, Fn.63, Anm15 und 17 zu §40.
73）Ernst Jacobi(bear.), Die Wertpapiere in: Victor Ehrenberg(hrsg.), Handbuch des gesamten handelsrechts mit Einschluß des Wechsels-, Scheck-, See- und Binnenschiffahrtsrechts, des Versicherungsrechts sowie des Post- und Telegraphenrechts, 1917, S.144. 本章第4節2（3）参照。
74）Jacobi, Fn.63, S.128f.

者は免責されないというのがむしろ望ましかったのである。というのも，債権者が訴えを提起する場合には，その欠缺に関して立証責任を負うのはしばしば債権者であり，なぜなら，このとき債権者には，ただ債権者性のゆえに——例えば行為能力に関してではなく——手形上の権利外観が帰属するに過ぎないからである。例えば債務者が，手形所持人が証券に記名された人物と同一であることを否認する場合には，ただ彼がその欠缺を知っているというに過ぎないという場合には，——原告の権利取得を否認する場合とは違って——，同一性欠缺にも関わらず敗訴するという危険は存在しない。債権者が証券に記名された者との同一性を証明しなければならないからである。債務者は，ただ同一性の欠缺を責問することにより，独自の危険なくして真の権利者の権利を保護することができたのである。それゆえ，一般的にいわれるように，手形法40条3項は害意（Arglist）を要求している一方で，認識があれば悪意である（Böseglaübigkeit）というに十分に違いなかったのである。このような場合には，その欠缺を知っている債務者が支払をする場合には，すでに害意（Arglist）で行動しているといえるだろう。もっとも，例えば無能力や処分権の欠缺の場合のように，債務者がその主張・証明義務を負う債権者権以外の欠缺もある。この場合には単なる欠缺の認識のもとで支払って免責されるが，それは債務者が本当は害意（Arglist）ではないという場合に限られる[75]。」すなわち，同一性欠缺の場合には，債務者が同一性を否認すれば債権者の側でそれを証明しなければならず，それだけで真の権利者を保護できたのであるから，同一性の欠缺を知りながら支払う債務者はそれだけで害意があるとする。その他能力や処分権については，債務者の側に立証責任があるから単に知りながら支払っても免責されるはずであるが，この場合の立証の方法は通常容易であるから，それを知りながら支払う債務者はやはり害意があるとみてよいということになる。

要するに，「悪意」については様々な説が主張されており，拡大された免責範囲との関係でそれをどのように解すべきかについてはなお問題とされていたといえる。

(2) 現在の学説

現在でも，多数説は，免責範囲に関しては，所持人の無権利のみならず，同一性，行為能力，処分権限等の欠缺の場合にも40条3項が適用されるものと解している[76]。裏書連続を看過すると重過失に当たるとする見解はもはや見当た

---

75) Jacobi, Fn.63, S.131.

らない。そして，所持人の無権利についての立証手段を確保しているにもかかわらず支払う場合には，債務者は免責されないと解されている[77]。「悪意」の解釈については，債務者が行為能力を欠く所持人の無能力を証明できない場合には免責されるとする見解もあるが[78]，手形外の事実については，権利推定の効果が及ぶ手形上の権利についてと異なり，通常の悪意——欠缺の認識——で足りると解されているようである[79]。

40条3項の制度趣旨については，現在の多数説は，これを裏書の連続による所持人の権利外観を信頼して支払った債務者を保護する規定であると理解している[80]。もっとも，40条3項において手形外の事実まで広く保護が及ぶ理由としては，もっぱら債務者の支払強制の地位ということが挙げられるのが通常である[81]。すなわち，取得者は手形を取得するのは自由であり，疑いを抱いた場合には取得を取りやめることができるのに対し，債務者は履行遅滞の危険を冒して，また訴訟になれば敗訴する危険を冒して，支払拒絶しなければならない。そこで，同一性や行為能力を欠く所持人に対して支払う場合にも債務者は免責され

---

76) Wolfgang Zöllner, Wertpapierrecht, 14.Aufl., 1987, S.128; Reinhard Richardi, Wertpapierrecht, 1987, S.175; Ulrich Meyer-Coding=Tim Drygala, Wertpapierrecht, 1995, S.66; Hans Brox, Handelsrecht und Wertpapierrecht, 12.Aufl., 1996, Rdnr.586; Karl-Heinz Gursky, Wertpapierrecht, 2.Aufl., 1997, S.86.; Adorf Baumbach=Wolfgang Hefermehl, Wechselgesetz und Schekgesetz: Beck'sche Kurz-Kommentare, Bd.26, 22.Aufl, 2000, Anm.4 und 7 zu §40; Peter Büllow, Heidelberger Kommentar zum Wechselgesetz/Scheckgesetz und zu den Allgemeinen Geschäftsbedingngen, 4.Aufl., 2004, Anm.7 zu §40.

77) Zöllner, Fn.76, S.128; Richardi, Fn.76, S.174; Meyer-Coding=Drygala, Fn.76, S.65f.; Büllow, Fn.76, Anm.5 zu §40; Baumbach=Hefermehl, Fn.76, Anm.6 zu §40; Brox, Fn.76, Rdnr.585; Gunsky, Fn.76, S.85; Alfred Hueck=Claus-Wilhelm Canaris, Recht der Wertpapiere, 11. Aufl., 1986, S.132.

78) Büllow, Fn.76, Anm.7 zu §40.

79) Baumbach=Hefermehl, Fn.76, Anm.7 zu §40. 例えばZöllnerは，保護範囲が善意取得より広いという債務者の特権化（Privilegierung）は彼が支払呈示の際に特別な支払強制の地位に置かれることに基づくものであると説く（Zöllner, Fn.76, S.128）。

80) Richardi, Fn.76, SS.159ff., 174f.; Brox, Fn.76, Rdnr.584; Gunsky, Fn.76, SS.74, 85; Hueck=Canaris, Fn.77, S.87f., 132f. なおZöllnerは，資格者に対する支払については立証可能性に及ぶ悪意（Arglist）を要求されるが，行為能力や処分権限を欠く者への支払には，故意（Vorsatz）又は重過失なく行動した場合に債務者は免責されるとする（Zöllner, Fn.76, S.128）。

81) Baumbach=Hefermehl, Fn.76, An.10 zu §16, Anm.7 zu §40; Richardi, Fn.76, S.175; Zöllner, Fn.76, S.128; Hans-Peter Scheerer, Bankgeschäfte des Minderjärigen, BB 1971, S.986.

る，というわけである。しかし，このような「債務者の支払強制の地位」の理解については，主として免責範囲を狭く解する少数説から鋭い批判がなされている。[82]

　例えばHueck=Canarisは，所持人の行為能力の欠缺及び破産法上の処分権限の欠缺は手形法40条3項において保護されないとして，次のようにいう。「決定的であるのは，ここでも，証券の所持と裏書の連続は問題となっている欠缺に関して何ら権利外観を築かないし，それゆえ，信頼の保護の基礎を提供しないということである。多数説が追加的に根拠としている，債務者の支払強制の地位に関する指摘もまた納得できない。このことはつまり，債務者が手形法16条1項により推定的効力のゆえに手形訴訟において敗訴を迫られることに由来するのであり，そしてここではそれについての話ではない。なぜなら，問題となっている欠缺に関する立証責任はどうみても裏書の連続によって触れられておらず，そのほかのものと同じように判断されるべきだからである。」[83]と。また，債務者は支払拒絶に際して拒絶証書の危険に直面しているということを保護拡大の論拠とする見解に対しては，拒絶証書制度がそもそも存在しない商法上の指図証券や無記名債務証書でも拡大された善意保護がなされていることから，論拠となりえないとする。Nitschkeも，行為能力を欠く者への支払は40条3項により免責されないとするが，多数説の意味での「支払強制の地位」の理解を次のように批判する。「双方の規定【筆者注：手形法40条3項と無記名債務証書の支払免責を定めるドイツ民法793条】は，立証可能性の要件を通じて，取得者に比べて高められた債務者保護の要請を考慮している。それゆえ，法律がそのほかに善意の債務者のために信頼保護の対象を拡大しようとしているというならば，さらなる理由付けを必要とする。このとき債務者が取得者に比べて保護の要請が高いということは，理由付けとして十分であり得ない。少なくとも，手形又は無記名債務証書から義務づけられる債務者がまさに，その他の債務者と比べて特に保護の要請が高いということを証明しなければならないであろう。というのも，さもなければ，あらゆる他の債務者もまた，債権者の行為能力について疑いがあるにも関わらず支払い，あるいは訴訟の危険にさらされなければならない支払強制の地位に立つことになるからである。」[84]と。

82）後掲注85）86）参照。なお，無記名債務証書においても同様に免責範囲を広く解するのが多数説であるが（Hüffer, Münchner Kommentar zum BGB, Bd.5 Schuldrecht, besonderer Teil Ⅲ, 4.Aufl., 2004, Anm.23 zu §793），近年は所持人の行為能力の有無については免責されないとする見解が現れている（Peter Marbuger, J. von Staudingers Kommnentar zum BGB: mit Einführungsgesetz und Nebengesetzen, Buch2 Recht der Schuldvervältnisse（§§779-811）, Neuarbeitung 2002, Anm.29 zu §793）。

83）Hueck=Canaris, Fn.77, S.133.

84）Manfred Nitschke, Die Wirkung von Rechtsscheintatbäständen zu Lasten Geschäftsunfähiger und beschränkt Geschäftsfähiger, JuS 1968, S.545.

要するに，支払を強制され，疑いがあるにもかかわらず支払えば訴訟の危険にさらされるということは，一般の債務者についてもいえることであって，手形債務が他の債務と比べて特に保護の要請が高いということを証明しなければ，債務者の保護範囲を拡大する理由づけにはならない。また，裏書の連続により作出される権利外観は手形上の権利の外観であって，それゆえ，権利外観による保護は，所持人の行為能力や代理権限，同一性の欠欠にまで与えられるとはいえない。しかも，多数説が追加的に理由に挙げるところの，支払強制の地位ということは，ドイツ手形法16条1項（無記名債務証書においてはドイツ民法793条）に基づいて所持人が権利推定されることに由来するのであり，その意味で所持人の無権利を立証できなければ敗訴する危険を負うという地位を表している。それゆえ，「悪意」の特別な解釈を理由づけるものである，というわけである[85]。

ところで，所持人の同一性については，現在の多数説も手形法40条3項においてこれが保護されると解している点では旧時の学説状況と変わりはないといえるが，現在の学説の中でも，手形法について権威的な学者は，その調査義務を要求している点に留意される。すなわち，その程度に差こそあれ，債務者には所持人の同一性についての調査義務があり，例えば——現金払いのときには身分証明書を要求することが一般的であるから——手形所持人に身分証明書を呈示させる程度の調査が必要であるとしている[86]。

例えばZöllnerは，同一性の調査義務を否定するHueckを批判して次のようにいう。「Hueckによれば，手形法はこの問題に対して何ら明文の答えを与えていないが，文言も40条3項の意味も，同一性の調査義務の否定に有利な証拠を提供しているという。

---

85) 多数説の中でも，悪意の特別な解釈の根拠を支払強制の地位ということに求める見解がある。Büllow, Fn.76, Anm.5 zu §40; Helmut Henrichs, DerSchutz des gutgläubigen Wechselerwerbers nach dem einheitlichen Wechselgesetz der Genfer Verträge unter besonderer Berücksichtigung der Rechtsentwicklung in den Vertragsstaaten, 1962, S.189. もっともHenrichsは，債務者が立証責任を負担する限り支払強制の地位に立つということをいうが，これに加えて，拒絶証書を作成されると債務者の信用が害されること，呈示人とはたいてい面識がないこと，取得者は疑わしいと思ったら取得を取りやめられること，迅速な決済がなされないと手形制度の信用が毀損されることなどの理由を挙げ，これらの理由を総合して，債務者は取得者より保護の要請が高いと結論づける。

86) Baumbach=Hefermehl, Fn.76, Anm.4 zu §40; Büllow, Fn.76, Anm.9 zu §40.

すなわち，手形がその手に到達するところの手形債務者は，最後の被裏書人が債務者と全く面識がないということに影響力を持っていない。最後の被裏書人に関して調査義務を課せば，事情によっては手形取引を相当に弱めてしまうだろう，と。しかし，この見解に対してはすでに16条１項が不利な証拠を提供している。１項は明文をもって，所持人の資格は最後の裏書が白地式裏書である場合にも与えられるということをいっている。この特別なケースにおいては手形の所持人は同一性の調査なくして資格づけられる。この規定は，最後の被裏書人がその同一性を証明することなくして常に支払を要求できるとすれば，余計であろう。手形取引が同一性の調査によってあまりにも負担を負わせられるということもまた事実に合致しない。その調査だけが過大に要求されてはならない。債務者は現金払いの際に基本的に身分証明書を呈示させなければならないものとされている。それによって同一性への疑いが生じないならば，彼は重過失なく行動しており，支払によって40条３項により免責される。この調査義務を否定するならば，債務者は身分証明書を要求する必要すらないことになるだろう。」と。[87] Hueck=Canarisは，「証券所持人とそこに明記された者との同一性に対する善意は，確かに基本的に保護されるが，厳格な調査義務が存在する。さもなければ，記名式裏書の保護機能は骨抜きにされてしまうであろう。」と説く。[88]

つまり，手形法は，最後の裏書が白地式の場合にも所持人に資格を認めているから，反対に最後の裏書が記名式の場合には，所持人が最後の被裏書人と一致してはじめて資格が与えられることになり，それゆえこの点についての調査義務が導き出されるとする。このように，債務者の資格調査という観点から免責の問題を理解し，理論的観点から同一性の調査義務を要求する見解が有力であることは注目される。

3 小　括

20世紀初頭から本格化した手形・小切手法の国際的統一は，1910年及び1912年のハーグ会議，1930年のジュネーブ会議を経て，統一手形法として結実した。支払免責制度については，英米法系は支持されず，ドイツ法系とフランス法系との融合と調和が問題とされることになった。

第１回ハーグ会議では，議論の中心は同一性の調査義務の有無にあり，条文

---

87) Zöllner, Fn.76, S.129.
88) Hueck=Canaris, Fn.77, S.133.

構造としては，フランス法系と同じく，直接に免責の効果が規定されたものの，ドイツ法系の債務者の調査義務を前提とする形で規定された。しかしながら，同一性の調査義務については，見解は一致することはなかった。第２回ハーグ会議では，当時フランス商法典145条において有力になっていた見解——無能力者等に対して故意（fraude）又は過失なく支払う者は免責されると推定される——がフランスにより提案されて受け入れられたことにより，支払免責の法構造には一種の混迷がもたらされた。まず，２文の規定する裏書連続の調査義務は，裏書の連続が免責要件であることを意味するのか，それとも，その懈怠が１文の規定する重過失と評価されうるような具体的な調査義務を意味するのかが問題とされた。また，「悪意（bad faith）」と「故意（fraude）」の違いが明確でなかった当時，その意義を巡って議論を引き起こした。フランスの提案は，これによって免責範囲を広くすることを推察させるものであったが，ジュネーブ会議では，専門家委員会草案として「悪意（bad faith）」の表現に変えられていたそれは，再び「故意（fraude）」に戻された。そして，そこでの「故意（fraude）」とは，所持人の無権利についての確実な証拠方法を有するにもかかわらず支払うことを意味するものとされ，ドイツ法の伝統的な見解に拠ったことが推察されるものであった。「故意（fraude）」の意味を巡るこの議論が，ドイツ手形法40条３項における債務者の免責範囲と「悪意（Arglist）」の解釈に大きな影響を及ぼしていくことになったといえる。

　新法下のドイツでは，同40条３項を肯定的に評価し，これにより広く債務者は保護されるものと解するのが多数説であり，理論面ではもっぱら権利外観理論に依拠し，40条３項を裏書の連続が作り出す権利の外観を信頼した債務者保護の規定と解したうえ，所持人の能力・権限などの手形外の事実についても——もっぱら債務者の支払強制の地位という理由づけのもとに——保護されるものと解している。しかしながら，裏書の連続による権利外観は手形上の権利の外観に限られるとするという考え方からすれば，権利外観による保護は所持人の行為能力や代理権限，同一性の欠缺にまで与えられるとはいえず，「債務者の支払強制の地位」ということは，ドイツ手形法16条１項（無記名債務証書においてはドイツ民法793条）に基づいて所持人が権利推定されることから，所持人の無権利を立証できなければ敗訴する危険を負うという地位を意味するもので

あり，したがって，免責範囲の拡大ではなく，「悪意」の特別な解釈を理由づけるものであるとの反論もなされている。伝統的な資格理論に基礎を置いて理解する見解も有力であり，この見解は，所持人の同一性の有無についても40条3項が適用されるとしながらも，最後の被裏書人と所持人が一致してはじめて資格が与えられるということから，その同一性の調査義務があると説く。このように，債務者の資格調査という観点から免責の問題を把握し，理論的観点から同一性の調査義務を要求する見解が有力であることは注目される。

第6節　手形法40条3項の意義と適用範囲

　以上，前節までにおいて，わが国の支払免責制度の解釈論についての現状と沿革史，ドイツにおける支払免責の理論と立法制度についての生成と展開，統一手形法制定時の議論，現行ドイツ手形法40条3項に関して行われている解釈論について考察してきた。現在，わが国においてもドイツと同様に統一手形法に基づく手形法が施行されているため，両者の基本体系は一致するといえる。歴史的にわが国の手形法は，立法・解釈の両面においてドイツ有価証券法の成果の大きな影響を受けてきており，わが国においてもドイツにおいても支払免責制度は古くから所持人の資格（Legitimation）ないし形式的資格概念において論じられてきたということが，ドイツにおける支払免責制度，手形所持人の資格に関する議論を研究する理由であった。そこで本節では，これまでの研究結果を振り返りつつ，わが国の手形法40条3項の意義と適用範囲がどのように解されるべきかを検討することとしたい。

1　支払免責制度における所持人の形式的資格の意義

　わが国においては，支払免責の制度は伝統的に資格ないし形式的資格概念に基づいて理解されてきたが，それは，「所持人ハ其裏書カ連続スルニ非サレハ其権利ヲ行フコトヲ得ス」と規定する明治32年新商法464条1文が所持人の「資格」を定めたものと解されたことに由来する。そして当時は，裏書の連続

が所持人の権利行使要件であるということから，形式的資格の理論上の効果として，所持人の権利推定と共に，債務者の支払免責の効果が理解されていたわけである。これに対して，現行手形法40条3項は，1文は悪意（Arglist）又は重過失なく手形金の支払をなした債務者に免責の効果を定めながら，2文は前段において債務者に裏書連続の整否についての調査義務を課す旨と，後段において裏書人の署名についての調査を免除する旨を規定している。これは，1文においてはフランス法系の支払免責制度の，2文においてはドイツ法系の支払免責制度の沿革が認められるためであるが[1]，1文と2文との関係をどのように解するかについてはわが国でも見解は分かれており，その理解に応じて，手形法40条3項の意義をどのように解するかの差異も導き出されている[2]。

　この点，わが国の通説は，手形法40条3項1文をもって広く善意の債務者を保護するための政策的規定と解する一方で，支払免責の効果は理論的には2文に規定される形式的資格の当然の効果であるとしている。支払免責の効果を理論的には形式的資格の効果と理解するという点では，これはドイツ法系の支払免責制度の基づく理論構成であるといえる。すなわち，ドイツ法においては，沿革的には1848年普通ドイツ手形条例36条のもと，形式的に裏書の連続した所持人が資格づけられる旨を規定した1文と，裏書人の署名についての調査義務を免除する末文において，債務者による資格調査とその軽減の問題として，支払免責の制度が理解されていた。係る支払免責制度は，形式的に裏書が連続した手形を所持するのみで所持人は権利者として十分に証明され，それゆえ原告としての当事者適格に十分であるとされたことに由来する。すなわち，転々流通する手形においては，権利者が権利行使するには，自己への権利の帰属を理由づける事実，すなわち自己に至るまでの全ての権利移転行為が有効に存在することを証明しなければならないことになるが，形式的に裏書が連続していれば，所持人の権利証明に十分であるとして，この者に権利行使が認められていたのである。それゆえ，形式的資格の意味は権利の証明（Nachweis）にあり，そのように権利が証明された者——それゆえ所持人には権利推定の効果が認められる——による権利行使に対応する義務履行の面から，支払免責の効果が理

---

1) 本章第5節1参照。
2) 本章第2節1参照。

解されてきたといえる[3]。もっとも，悪意（mala fides）の債務者の支払には免責の効果は制約されるという考えが成立し，さらに，資格の意味は，誠実な債務者が信頼して差し支えない権利外観（Rechtsschein）と理解されるようになっている。そこでは，権利外観に基づき，所持人の権利推定，善意の債務者の支払免責，善意取得の効力が生ずるものと解されている[4]。

　わが国の通説は，形式的資格ないし資格授与的効力として同様に上の3つの効力を理解しているが，このような理解は上のドイツ法における資格理論の発展に平仄を合わせるものであるといえよう。もっとも，通説は，所持人が権利者と推定されるということをもって「形式的資格」と解し，裏書の連続した所持人が権利者と推定されるのは，各個の裏書行為の記載に基づく資格授与的効力が集積した結果とみている点には注意が必要である。すなわち通説は，各個の裏書に資格授与的効力があることを前提に，いわゆる架橋説——裏書の連続を欠く所持人も，欠缺部分の実質関係の証明によって裏書の連続が架橋される——を主張し，裏書の連続を欠く所持人に対しても，所持人による欠缺部分の実質関係に関する証明が客観的にもっともであって，債務者がこの点について善意無重過失であれば，支払って免責されるものとする[5]。このように解するとすれば，欠缺部分の実質関係の証明があればあたかも「形式的資格」が復活するかのようにも考えられる。このような意味での裏書連続についての理解の妥当性については第3章で検討するが，この概念の母法であるドイツ法に目を転じてみれば，手形所持人の形式的資格（formelle Legitimation）が手形の記載上において裏書が連続することに成立するという点に争いはなく，わが国の通説のように，記載上不連続であっても実質関係の証明があれば「形式的資格」を認めるかのような見解は見当たらない[6]。ドイツ法においては，債務者の支払免責に関する理論構成をみても，形式的資格を権利の証明（Nachweis）とみるか権利外観（Rechtsschein）とみるかという違いはあっても，支払免責の効果が裏書の連続全体に認められる効果であると理解する点に争いはない。わが国の通説のように考えると，欠缺部分の実質関係に関する証明の成否についての

---

3) 本章第4節1参照。
4) 本章第4節2参照。
5) 鈴木竹雄『手形法・小切手法（法律学全集32）』（有斐閣，1957年）283頁。

判断は債務者が裁判外で行わなければならないという意味において，債務者が支払遅延や免責されないリスクを一身に負うことになり，結果的に支払免責制度が目的とするところの迅速な決済は阻害されることになってしまう[7]。わが国でも，所持人の形式的資格は裏書の連続全体に成立するものであって，その効果として所持人の権利推定の効果，あるいは債務者の免責の効果や第三者の善意取得の効果を認める見解が主張されているが[8]，形式的資格の理論からすれば正当な理解であるといえよう。

問題になるのは，ここで形式的な裏書の連続を形式的資格といってみても，それが支払免責や善意取得，権利推定の効果が生ずるための共通の要件に過ぎないとすれば，この概念を用いる理由はないということである。ドイツ法においても，現在の学説はこれらの効果の根拠を権利外観（Rechtsschein）に求めるのが一般的であり，その意味では，わが国でこの資格概念が用いられるのは沿革的な名残に過ぎないともいえそうである[9]。手形法40条3項を広く善意の債務者保護のための制度と解する多数説の中でも，同条の理論的基礎を権利外観に求める喜多博士の見解もまた，上の考えに則ったものといえる[10]。

しかしながら，第3章で詳論するが，ドイツ法においてはなお，支払拒絶証書作成の場面で，形式的な裏書の連続には権利外観ではない特有の意味が求められている[11]。この点からすれば，同じく形式的な裏書の連続に関して問題となる支払免責の効果を，権利外観に基づく効果と理解すべきかは，なお検討を要する問題であると考えられる。この点，確かにドイツの多数説は支払免責を理論的に権利外観に基づく効果と理解しているが，それには，わが国とは異なる

---

6) Ulmerは，資格授与的効力は個々の裏書の有する資格授与的効力の結果であるとみている（Eugen Ulmer, Das Recht der Wertpapiere, 1938, S.229）。この見解がわが国の通説に影響を与えたことが推察されるが，ここでは，裏書の連続が民事上の権利承継によって架橋され，よって欠缺後の裏書も権利移転の効力を有することを説明するために述べられているに過ぎない（a.a.O.,S.229）。その意味でわが国の架橋説と異なる（第3章第1節1参照）。Ulmerは，裏書不連続の所持人に対して支払免責の効果が認められるとも，善意取得の効力が認められるとも述べていない。

7) 田邊光政『最新手形法小切手法＜五訂版＞』（中央経済社，2007年）129頁参照。第3章第1節1参照。

8) 本章第2節2参照。

9) 本章第4節2参照。

10) 本章第2節1参照。

法状況があるということを挙げなければならない。すなわち，わが国においては，善意支払の一般的規定として民法478条が存在し，とりわけ所持人の同一性欠欠の場合の支払は民法470条によって免責されると解されるのに対し，ドイツ法においては，手形法40条3項をもって免責の範囲を広く解さなければ，とりわけ同一性を欠く所持人への支払には保護が与えられなくなってしまうという事情がある。このとき，Rechtsscheinの理論は，裏書の連続した手形所持の事実に外観が生ずると解することにより，手形上の権利以外の事実についても債務者に支払免責の保護が与えられるうえで相当な理論的根拠を提供するものといえよう。換言すれば，ドイツ法においては支払免責の理論的根拠を権利外観に求める理由があるといえるが，民法478条や民法470条を擁するわが国においては直ちに当てはまるものとはいえない。

　さらにいえば，仮に支払免責の効果の理論的根拠を権利外観に求めるとしても，権利外観ということから同一性・能力・権限の欠欠の場合にまで保護が与えられるのかには有力な異論があることを指摘しなければならない。すなわち，ドイツ法においても，有力説は，裏書の連続による権利外観は所持人の能力や権限の欠欠に関して何ら外観を築かないし，それゆえ，これらの事実については信頼の保護の基礎を提供しないとする。[12]そこでドイツの多数説は，付加的な理由づけとして，債務者の支払強制の地位ということを挙げ，善意取得と支払免責における善意保護の射程は異なるものとして，保護範囲の差異，調査範囲の差異を導き出す。[13]しかしながら，まず第一に，成立史からみると，善意取得と支払免責とを善意者保護という点で同趣旨の制度と捉えることには疑問がある。

　すなわち，所持人の形式的資格に基づく免責理論は，債務者に資格について

---

11) ドイツ法においては，有効な支払拒絶証書を作成するために，所持人に形式的資格が必要であると解されている。しかし，これは権利外観の問題ではなく，拒絶証書作成時に支払呈示する所持人は形式的資格を備えていなければならないという意味である。それゆえ，この場合にはLegitimationという言葉が用いられている。

12) 本章第5節2（2）参照。Alfred Hueck=Claus-Wilhelm Canaris, Recht der Wertpapiere, 11.Aufl., 1986, S.133.

13) Vgl. Richardi, Wertpapierrecht, 1987, S.175. なお，Hueck=Canaris, Fn.8, SS.89f.133f.; Wolfgang Zöllner, Wertpapaierrecht, 14.Aufl., 1987, S.130も合わせて参照されたい。

の調査義務を課すことによって実質的権利の調査義務を軽減し，もって迅速な決済を可能にするものであり，その意味で本来的には信頼保護の問題ではなかった。その後，債務者の悪意（mala fides）は免責効を排除するものと考えられるようになるわけであるが，それも所持人の無権利を証明できる確実な証拠手段を有する場合には支払を拒絶できるということから出発したのであり，善意取得制度が成立したことを機縁とするものである。[14] この点からすれば，支払免責においては，債務者の心理状態が問題なのではなく，債務者が確実な証拠手段を有していたか否かが問題であるといえる。[15] 裏書の連続を権利外観とみて，善意取得と支払免責の制度とを同趣旨に理解することは，これらが本来的には異なる制度であるという側面を見失う恐れがある。

　支払免責が理論的には資格調査の制度として理解されるべきということは，この考え方に依拠する見解が現在のドイツ法においても根強く主張されていることからも裏づけられるものといえる。すなわち，ドイツ法において，所持人の同一性欠缺の問題は手形法40条3項において解決されるという点には争いはないものの，有力説は，同一性の調査義務を前提としてこれを認めている。そこでは，手形法上，記名式裏書の場合には所持人が被裏書人であるときにはじめて資格が与えられるということから，その限りで債務者にはその同一性を調査する義務があるといわれている。[16] このことは，支払免責の制度を，債務者の資格調査を前提とする制度として理解するものといえよう。

　確かに，手形法40条3項の規定ぶりからみれば，同条1文はフランス法系に由来する規定であり，同条1文を本則と捉えて，これを善意保護の制度と解することもできる。その限りで，善意取得制度と同趣旨において善意者保護の制度と理解できるうえ，支払免責の理論的根拠を権利外観に求めるドイツ多数説の理解にはよりなじむものといえる。しかしながら，40条3項の成立過程の議論によれば，まずはドイツ法系の支払免責制度に由来する2文に当たる規定が作られたのであり，それは，支払免責の効果を享受するために債務者はどの程度の調査を行わなければならないのかというフランス法系自身の問いに答え

---

14) 本章第3節3参照。
15) 本章第4節1，3参照。
16) 本章第5節2(2)参照。

るためであった。それゆえ，第1回ハーグ会議では，同一性の調査義務については結論は出されなかったものの，債務者の調査を裏書連続の整否に限定し，その限りで，債務者は裏書の連続した所持人に対し支払えば，たとえ不真正の裏書が介在していても，免責されるという構造をもって規定されることになったのである[17]。これに対して，確かに，第2回ハーグ会議で「故意（fraud）又は重過失なき限り」という文言が挿入され，1文に当たる規定ができあがったことにより，手形法40条3項の意義と射程は解釈上の問題とされることになったといえる。しかしながら，会議の推移からみると，確かにフランスの提案の意図としては，これによって免責範囲を広くすることを推察させるものであったのに対し，ジュネーブ会議では，専門家委員会草案として「悪意（bad faith）」の表現に変えられていたそれは，再び「故意（fraude）」に戻されることとなり，ここでの「故意（fraude）」とは，所持人の無権利についての確実な証拠方法を有するにもかかわらず支払うことを意味するものとされていたことは看過できない。確かにジュネーブ会議では「支払強制の地位」ということがいわれたが，それは善意取得と支払免責の保護範囲の相違を理由づけるものではなく，むしろ，権利推定された者から手形金請求を受ける債務者の「悪意」の特別な解釈を理由づけるものと理解されていたのである[18]。

　わが国でもドイツでも多数説は，手形法40条3項にいう「悪意」は，単なる所持人の無権利の認識のみならず，無権利を証明する確実な証明手段の確保を意味するものと解されているが[19]，このことは，裏書の連続により権利推定された者――裏書の連続により権利証明された者――による権利行使に対して，債務者の「悪意又は重過失」が理解されるべきことを裏づけるものにほかならない。だとすれば，手形法40条3項は，権利推定された者に支払った場合の債務者の免責の効果を定めた規定と考えるのが素直な解釈といえよう。1文と2文の関係からみても，現在では，統一手形法の成立時に問題とされたような，裏書連続の整否についての調査義務の懈怠が重過失に当たるという見解は支持されておらず，2文前段が「裏書ノ連続ノ整否ヲ調査スル義務」を課す一方で後

---

17) 本章第5節1(1)参照。
18) 本章第5節1(2)以下参照。
19) 本章第2節1，第4節1，2，第5節1(4)，第5節2参照。

段が「裏書人ノ署名ヲ調査スル義務」を免除しているのは，調査義務ありとされる事項の具備が免責要件であって，形式的に裏書の連続した所持人の請求に対して支払えば，たとえ所持人が実質的無権利者であったしても，免責されることを定めていると読むべきものである。喜多博士のように，手形法40条3項2文は免責事項を例示的に示したに過ぎないと捉え，「2文後段の規定はなくてもよかった」ということには疑問がある[20]。

以上を踏まえると，所持人の形式的資格の意味は，権利者としての蓋然性ではなく，所持人の権利の証明にあると解すべきである。「資格（Legitimation）が権限・権利の証明であるとせられるとき，そこにはSavignyの権利の推定と異なるところは何もいわれていない。そして，資格を権利外観とつなぐときは，かえって形式的観念に堕し，本質を見失わせるおそれがある。」との指摘は正当なものと思われる[21]。

確かに，所持人の形式的資格の意義を権利の証明に求め，形式的資格に基づく効果として所持人に権利推定，債務者に支払免責の効果を認めるということは，裏書の連続が所持人の唯一の権利証明手段である——所持人の権利行使要件である——という旧法下の行き過ぎた解釈を彷彿とさせなくもない[22]。しかし，形式的資格の意義を所持人の権利の証明に求めることから，形式的資格が権利行使要件でもあると解さなければならないということにはならない。むしろ，形式的資格の意義を権利の証明に求めることの積極的意義は，裁判外では裏書の連続はなお権利行使要件としての意義を有しているという点にあると考えているが，その論証は第3章に譲ることとしたい。

---

20) 喜多博士の見解については，本章第2節1参照。
21) 小橋一郎『手形行為論』（有信堂，1964年）203頁。現在のドイツ法においても，資格機能（Legitimationsfunktion）を手形上の権利の証明（Nachweis）のための基礎を提供する機能であると理解し，所持人の権利推定及び債務者の支払免責は資格効力（Legitimationswirkung）によるものである——形式的資格は善意取得の前提としての意味を持つが，資格効力によるものとは理解しない——と説く見解がある（Wolfgang Zöllner, Wertpapierrecht, 14. Aufl., 1987, S.21, 91）。
22) 本章第2節3参照。

2　手形法40条3項の意義と適用範囲

　上の検討を踏まえると，手形法40条3項は，権利推定された所持人の請求に対する支払免責を定めた規定であり，債務者は，裏書の連続により形式的資格を備えた所持人の支払請求に対しては，所持人が実質的権利を有するか否かを調査する必要はなく，この点について悪意又は重過失なき限り，支払って免責されることを定めた規定であると解される。形式的資格を備えた請求者は適法な権利者と推定されるから（同法16条1項），ここでの債務者の「悪意」とは，所持人の無権利について証明しうる確実な証拠方法を確保していたにもかかわらず支払うことを意味する。このように免責効排除の要件が緩和されるのは，迅速な決済により円滑な手形取引を実現し，もって手形の流通性を増大させるためである。

　手形法40条3項にいう「悪意」に関しては，わが国でも喜多博士は，もっぱらJacobiの見解を敷衍していわゆる害意説を主張され，真の債権者の利益を害するか否かという基準において，個別的に「悪意」の特別な解釈をなすべきとしている[23]。このような解釈は，信頼保護という目的に向けられている点では一貫されているといえる。しかしながら，この見解が理論的に依拠するところの，裏書の連続を権利外観（Rechtsschein）とみることについては，既に述べたように，民法478条や民法470条を擁するわが国においては理由があるとはいえない。また，喜多博士は，善意の意味内容については，裏書の連続している手形の所持人は権利推定を受けるので，所持人の無権利についての善意は立証可能性にまで一応は拡大され，他方，論理的にこの推定が及ばない事項，すなわち所持人の同一性，代理権，受領能力の欠欠については普通の善意概念が適用されるとする[24]。すなわち，一応とはいえ所持人が権利推定されているか否かにより善意の内容は異なるとするわけであるが，だとすれば，結局この見解も，権利証明という意味での所持人の形式的資格の有無によって「悪意」の内容を判断しているのと異ならないことになる。しかも，手形上の権利についての信頼の

23）喜多博士の見解については，本章第2節1参照。Jacobiの見解については，本章第4節2(3)，第5章2(2)参照。
24）本章第2節1参照。

内容と手形外の事実についての信頼の内容が異なると解するのであれば、この見解が基づくところの信頼保護の法理は論理一貫しないことになる。[25]

結局、この見解が手形外の事実に対しては普通の善意を適用するということは、形式的資格の効果として債務者が保護されない事項についても債務者保護がなされるべきであるという利益衡量が述べられているに過ぎない。その限りでは、支払免責の効果を形式的資格の効果と解しながらも、形式的資格の効果が及ばない事項についても善意の債務者の保護を特別に認めたのが40条3項であると解する通説と同様であるといえる。したがって、問題になるのは、形式的資格が及ばない事項についても債務者は特に手形法40条3項において保護される必要があるのかという点である。これには、一般法が適用された場合に、所持人の形式的資格がカバーしない事柄、例えば所持人の同一性や能力、権限の欠缺について不合理な結論が導かれるのかという検討が必要である。

そこでまず、所持人の同一性については、わが国においては、所持人の同一性欠缺の場合には民法470条の適用により保護が与えられる[26]。すなわち、同一性を欠く所持人に対する支払も、この点について善意無重過失であれば、債務者は免責される。

　　所持人の形式的資格は、裏書の連続した最後の被裏書人が所持人である場合にはじめて与えられると考えるとすれば、債務者には所持人の同一性の調査義務が課せられる。この点、民法470条本文は「指図債権の債務者は、その証書の所持人並びにその署名及び捺印の真偽を調査する権利を有するが、その義務を負わない。」と規定し、通説はこれを所持人の同一性に関する規定と解しているから、その限りで、わが国においては、同一性を欠く所持人について支払って免責されるというだけでなく、同一性の調査義務までも免除されるものと解される。これに対して、ドイツ法においては、この点に関する一般法はなく、手形法40条3項の適用範囲を裏書連続による権利外観に限定する少数説も、同一性についてだけは調査義務を認めたうえで、同条が適用されるものと解している[27]。このようにドイツでは、所持人の同一性欠缺の場合についての一般的な免責規定のないことが手形法40条3項を広く解する多数説を基礎づけているとみることができるのではないか。もっとも、民法470条を巡っては、免責範囲と

---

25) 木内宜彦他『シンポジューム手形・小切手法』(青林書院新社、1979年) 241頁以下 [倉澤康一郎発言] 参照。
26) 本章第1節注3)の文献参照。
27) Hueck=Canaris, Fn.8, S.133.

の関係でその法文をどのように解するかについて争いがあり、また、「調査権」とは何か、それは手形にも適用されるべきか、あるいは、そもそも同一性欠缺の場合には民法478条が適用されるべきではないか、といった点が問題とされている。これらについては第2章で論ずることとしたい。

それでは、所持人が支払受領能力や代理権限・支払受領権限を欠く場合はどうか。所持人に形式的資格があるということからは、所持人が支払受領能力者であるとか代理人であるとかは推定されない。したがって、債務者からいえばこの点に関しての調査義務があることになるが、その証明は所持人の側でなすべきことであり、手形上の権利とは異なり、その立証責任は所持人側にある。その意味で、債務者は支払を強制されるという地位にはないことになるから、これらの問題についての支払免責の可否は、手形法40条3項によるのではなく、民法110条等の表見代理の規定、破産法の一般原則によって決定されると解すべきである。なお、詐称代理人に対する弁済に対して民法478条が適用されるというのが判例・通説であるが、民法478条は適用されないとする見解も根強く主張されている。議論のあるところであるが、下記の盗難小切手に関する判例は民法110条を適用しており、この問題に関しては、表見代理規定が適用されるものと考えたい。

　　所持人の支払受領能力に関しては、破産法50条1項が「破産手続開始後に、その事実を知らないで破産者にした弁済は、破産手続の関係においても、その効力を主張することができる。」と規定しているから、破産者に対する支払には免責の効果が認められる。また、所持人に代理権限が欠けていた場合はどうか。これについては小切手に関する判例がある（大判昭和15年7月20日大民集19巻1379頁）。X会社は、取引先

---

28) 大橋光男『手形法』（厳松堂書店、1942年）227頁以下、髙鳥正夫『手形法小切手法＜改訂版＞』（慶應通信、1983年）150頁以下、弥永真生『リーガルマインド手形法・小切手法＜第2版補訂＞』（有斐閣、2005年）191頁以下。

29) 三宅正男『判例民事法昭和十六年度』（有斐閣、1941年）60事件、同「判批」判評14号12頁（1958年）、山崎寛「判批」法時36巻2号94頁（1963年）、来栖三郎「債権の準占有と免責證券」民商33巻4号1頁以下（1956年）、新関輝夫「フランス民法における債権占有」名法41号132頁（1967年）、同「預金証書の持参人に対する弁済と民法四七八条」遠藤浩他監修『現代契約法体系第五巻金融取引契約』（有斐閣、1984年）64頁以下。詐称代理人への民法478条の適用を否定するものとして、内池慶四郎「債権の準占有と受取證券」法研34巻1号49頁以下（1961年）。

A社との債務の弁済のため，Y銀行を支払人として表面に「A社御中」と記載した線引小切手を振出し，これを雇人Bに交付してA会社に郵送する命じたところ，Bはその小切手を窃取し，「A会社御中」の文字を抹消してY銀行にこれを呈示して支払を求め，Y銀行の窓口係員はBをX会社の代理人と信じ，小切手の裏面に受取の記載を求めることなく，額面額を現金でBに支払った，という事例である。判決は，「凡ソ代理人カ其ノ権限外ノ行為ヲ爲シタル場合ニ於イテ第三者カ其ノ権限アリト信スヘキ正當ノ理由ヲ有セシトキハ民法第百十條ノ規定ニ依リ其ノ行為ノ效力ハ本人ニ及フヘキモノナレトモ第三者カ代理人ノ爲シタル権限外ノ行爲ヲ其權限アリト信スルニ付過失アリタル場合ニハ即チ其ノ權限アリト信スヘキ正當ノ理由アリト云フヲ得サルヲ以テ同條ノ適用ナキモノト云ハサルヘカラス右ハ小切手ノ所持人ノ代理人ナリト稱スル者カ小切手ヲ呈示シテ支拂ヲ求メタル場合ニ支拂ヲ爲シタルトキ亦同様ニ解スヘキモノニシテ此ノ場合手形法四十條第三項ノ趣旨ニ依リ支拂者カ悪意又ハ重大ナル過失ナキ限リ其ノ責ヲ免ルルヤ否ヤノ問題ニ關セサルモノトス」と判示し，これを支払免責の問題（手形法40条3項）ではなく，表見代理の問題（民法110条）であるとした。この判決については賛否両論があり，手形・小切手の支払請求者の権限の調査について，支払者の善意を救うべき関係は常に同一の法則によって支配されるべきであり，民法の表見代理の法則に従うべき理由はないとする説と[31]，手形法40条3項による悪意又は重過失なき場合の免責は支払人に積極的な審査義務が免除されている事項に関するものであって，代理権についても，例えば証券上に所持人名義の受取の署名が存する場合は同様に認められてよいが，本件ではY銀行は証券外の客観的事実からBを取引先であるX会社の代理人と認定したのであるから，同条の問題ではなく，民法110条の問題として取り扱ったのが正当であるとする説とがある[32]。既に述べたように，手形法40条3項は所持人の無権利について支払免責の効果を定めた規定と解する立場からすれば，判例・肯定説が支持される。なお，所持人が被裏書人の受取のある手形を持参した場合はどうか。この場合には，民法470条により免責の効果が与えられると

---

30) 所持人の支払受領能力はほかにも例えば所持人が未成年者であったような場合にも問題になると考えられるが，この点はドイツと異なりわが国では論じられることがない。そもそも弁済は法律行為か，弁済意思が必要かについて議論があるところであり，これを反映したものかとも思われる（本章第5節2参照）。もっとも，私見では，いずれにせよ社会法的観点から弱者保護を定めた制限能力者制度が優先するものと考えている。Vgl. Eugen Locher, Das Recht der Wertpapiere, 1947, SS.43, 111; Manfred Nitschke, Die Wirkung von Rechtsscheintatbäständen zu Lasten Geschäftsunfähiger und beschränkt Geschäftsfähiger, JuS 1968, S.5451ff.
31) 竹田省「（最新判例批評78）小切手金の支払と民法第百十条」民商13巻2号119頁（1941年）。
32) 鈴木竹雄「（民事法判例研究録78）線引小切手を窃取して呈示せる振出人の雇人に対して為した支払の効力」法協59巻2号121頁（1941年）。もっとも，その後の鈴木博士の見解とは異なっている（鈴木・前掲注4）282頁以下，364頁参照）。

考えられる(33)。

　以上より，手形外の事実については，わが国においては一般法によって解決しても特に不合理な結論にはならないといえる。したがって，手形法40条3項の適用範囲を拡大すべき理由は実質的にもないと考える。

第7節　小　　括

　本章は，手形債務者の支払免責を規定する手形法40条3項について，その1文と2文の関係を巡る議論を契機に，通説は支払免責の理論的根拠を形式的資格と関連づけて理解しているものの，何故手形法40条3項は広く債務者を保護する規定であると解されているのか，という疑問を出発点とした。そこで，この「資格（Legitimation）」概念の淵源を尋ねてドイツにおける支払免責の立法例とそこで理解される法的構造を考察したところ，それは沿革的には1848年普通ドイツ手形条例36条に由来し，この規定のもと，形式的に裏書の連続した所持人を資格者ないし形式的資格者とし，債務者がその資格を調査すれば，たとえ資格者が無権利者であってもその支払には免責の効果が与えられるという形で支払免責の制度が理論構成されていたことが明らかになった。そこでは，債務者の調査義務を軽減することによって，迅速な決済が実現され，もって手形の流通性は高められると解されていたわけである。そしてこの制度は，ドイツ手形条例に善意取得制度が採用されたことを受け，債務者は，所持人の無権利を証明する確実な証拠手段の確保する場合には支払を拒絶することができ，のみならず，係る場合には支払を拒絶するべきであり，その場合に支払っても免責されないと解されることになった。その後，悪意（mala fides）の支払には免責の効果が排除されるべきであるという考えが成立し，さらに，ドイツ法にお

---

33) 受取証書の持参人に関する民法480条に関しては，偽造の受取証書の持参人の弁済は保護されないとするのが判例・通説であるが（大判明治41年1月23日新聞479号8頁，我妻栄『新訂債権総論（民法講義Ⅳ）』（岩波書店，1964年）282頁，於保不二雄『新版債権総論』（有斐閣，1972年）360頁等），民法470条は民法480条の特則と解されるべきものである。この点については，第2章第2節，第3節4参照。

いて権利外観保護思想が有価証券法においても展開されるようになると，支払免責の理論は，外観を信頼した債務者の保護の問題として語られるようになった。

他方で，統一手形法制定の過程では，フランス法系とドイツ法系の支払免責制度の融合と調和が問題とされることになったが，「故意（fraud）」という文言の適否についての見解が第2回ハーグ会議，専門家委員会，ジュネーブ会議で一致しなかったため，「故意（fraude）」の意味を巡るこの議論が，手形法40条3項の解釈とそれを基礎づける支払免責の法的構造の理解に大きな影響を及ぼしていくこととなった。

わが国における現在の通説は，理論的には裏書の連続した所持人が免責されるのは形式的資格の効果とみながらも，もっぱら手形法40条3項を広く債務者を保護することを定めた規定と解している。しかし，通説のいう形式的資格の理解——権利者として推定されること——は，わが国独自の架橋説と結びつけられた理解を前提とするものであり，母法であるドイツ法の理論からも，迅速な決済という支払免責制度の趣旨に反する結果を導くということからも，支持できない。形式的資格とは手形の記載上の裏書の連続全体について認められるものである。このとき，民法470条など善意弁済に関する一般規定を有するわが国においては，形式的資格に基づく免責の効果あるいは手形法40条の制度趣旨そのものをRechtsscheinで基礎づけるべき理由はないといえ，このように解するとすれば，支払免責制度の成立史からみても，支払免責が善意取得とは本来的に異なる制度であるという側面を見失うことになる恐れがある。支払免責が理論的には資格調査の観点から理解されるべきということは，手形法40条3項が「裏書ノ連続ノ整否ヲ調査スル義務」を債務者に課す半面において「裏書人ノ署名ヲ調査スル義務」を免除するということを規定していることからみて素直な解釈といえ，ここでは，債務者は，所持人の形式的資格——形式的な裏書の連続の有無——を調査すれば，その実質的権利を調査する必要はなく，この点について「悪意又ハ重過失ナキ限リ」，支払って免責されるという構造が理解される。このとき「悪意」はもっぱら，単なる所持人の無権利のみならず，無権利を証明する確実な証明手段の確保を意味するものと解されているが，このことは，手形法16条1項に基づき権利推定された者——裏書の連続により権

利証明された者——による権利行使に対して，債務者の「悪意又は重過失」が理解されるべきことを裏づけるものにほかならない。その意味で，形式的資格の意義は，所持人の権利証明にあると解すべきものといえる。このように解するとすれば，手形法40条3項の保護の射程は当然に裏書の連続により証明される手形上の権利に限られることになるが，わが国においては，手形外の事実，すなわち同一性，能力，権限を欠く所持人については民法上の一般原則に戻っても何ら妥当性を欠く結論に至るものではない。

第2章
民法上の指図債権における債務者の支払免責

第1節　はじめに

　手形法40条3項は，1文が手形債務者の支払免責の効果を定め，2文が債務者の調査義務を規定するが，これを逆転させた形で民法上の指図債権における債務者の支払免責を定めたとされるのが民法470条である。すなわち，民法の

---

1) 指図債権とは，証書のある債権で，証書に記載された債権者又はその者に指図された権利者に対して弁済すべき債権である。民法では証券的債権（後掲注4）参照）をその譲渡方法の観点から「指名債権」「指図債権」「記名式所持人払債権」「無記名債権」の4種類に分類しており，民法469条，470条及び472条が指図債権に関して規定している。このような規整のあり方からみると，既に「指図債権」という概念が前提的に存在し，ある固有の債権の性格としての指図債権性というものが認められると解される。他方，例えば手形は法律上当然の「指図証券」性を有するものとされているが（手形法11条），そこでの「指図証券」性とは，指図（裏書）の方法によって証書に表章された債権を移転させるという性質として理解されている。このような2つの考え方が共に成り立ちうるものかどうかは難しい問題であり，具体的には，民法上の指図債権においては裏書は対抗要件であるが（民法469条），手形においては裏書は単なる対抗要件ではなく，譲渡の成立要件であるという点に表れている（手形法14条1項）。そこで，この違いを踏まえて，手形が法律上当然に指図証券性を持つとされる意義は，民法上の債権譲渡方法によらずに手形法独自の「裏書」によって手形上の権利が移転されるということにあるとする見解もある（倉澤康一郎「指図証券性」倉澤康一郎他『分析と展開・商法Ⅱ［手形・小切手法］』（弘文堂，1985年）11頁以下参照）。しかしながら，民法上の指図債権性ないし手形の指図証券性は区別されないのが一般的なようである。すなわち，民法上の通説は，手形においては「指図債権」が表章ないし化体されているものと解して，手形・小切手（商法上に規定された倉庫証券，貨物引換証，船荷証券）はいずれも法律上当然に「指図債権」であるとしたうえで（我妻栄『新訂債権総論（民法講義Ⅳ）』（岩波書店，1964年）559頁，於保不二雄『新版債権総論（法律学全集20）』（有斐閣，1972年）323頁），民法上の指図債権が裏書・交付を対抗要件とすることは「証券的債権の本質に反する」ものであり，「民法の右の規定も，修正して解釈するか，少なくとも，当事者の意思は証券の交付によって効力を生じさせる趣旨とみるべき」ものであると説く（我妻・前掲559頁）。商法学からも，手形法・小切手法の規定が準用されている商法上の有価証券（商法519条）に関して，これについては手形法14条1項

一般原則からいえば，証券の所持人といえども，真正の権利者でなければ弁済を請求しえず，また債務者がこれに弁済をしても責めを免れない。しかし，流

が準用されていないから，解釈の一般原則によれば民法469条が適用されるべきであるものの，その有価証券性から当然に商法上の有価証券の裏書には手形法14条1項の意味での権利移転的効力が認められるものと解している（平出慶道『商行為法＜第二版＞』（現代法律学全集17）』（青林書院，1989年）188頁，西原寛一『商行為法＜第三版＞』（法律学全集29）』（有斐閣，1973年）110頁，田中誠二『新版商行為法＜再全訂版＞』（千倉書房，1970年）125頁）。指図証券性とは何かという問題は特に裏書以外の方法による手形上の権利譲渡の可否について問題になるが，その検討は別の機会に譲り，本章においては，指図債権と指図証券との概念上の違いを指摘する見解を踏まえて，「指図債権」という語を尊重して用いることにしたい。

2) 西村信夫編『注釈民法（11）債権（2）』（有斐閣，1965年）414頁［沢井裕］。もっとも，手形法40条3項1文は「悪意又ハ重大ナル過失ナキ限リ其ノ責ヲ免ル」と規定し，つまり債務者は二重払いの危険を負わないということが規定されているのに対し，民法470条は「債務者に悪意又は重大な過失があるときは，その弁済は，無効とする。」と規定し，つまり善意無重過失の債務者による弁済の効果を定めているに過ぎないから，民法470条を直ちに債務者の免責規定と述べることはふさわしくない（倉澤康一郎「有価証券法重点ゼミ」受新41巻9号52頁（1991年）参照）。しかし，民法470条も，手形法40条3項と同様に，債務者のなした弁済が本来有効でないと考えられる場合を対象とした規定であり，指図債権の債務者の弁済によって指図債権は消滅し，結果として二重払いの危険はなくなるという意味では同趣旨の規定であるので，その意味で債務者の免責を定めた規定と解してよいと考える。なお，本章第2節1参照。

3) 民法470条を手形ないし商法上の有価証券に適用しうるかが問題とされている。手形については，調査権に名を借りて支払を遅らせる危険があるとして，債務者の調査権は認められないとする説も有力に主張されているが（鈴木竹雄『手形法・小切手法（法律学全集32）』（有斐閣，1957年）284頁注（一四），同旨，服部榮三『手形・小切手法＜改訂版＞』（商事法務研究会，1971年）141頁），通説は，民法470条が手形に適用ないし類推適用されることを認め，債務者は手形所持人の実質的権利を調査する権利を有し，また，この調査に必要な時間は履行遅滞の責を負わないと解している（大隅健一郎『新版手形法小切手法講義』（有斐閣，1989年）140頁，田中誠二『手形・小切手法詳論下巻』（勁草書房，1968年）600頁）。また，商法上の有価証券（商法519条が適用される有価証券）についても，商法519条は，手形法12条（裏書の要件），同13条（裏書の方式），小切手法19条（裏書の資格授与的効力）などの規定を準用する一方で，債務者の免責に関しては手形法40条3項ないし小切手法35条を準用していないから，民法470条が適用されるべきものといえる（於保・前掲注1）324頁）。これに対しては，「民法の指図債権については，善意取得を認めた規定がない。故に人的抗弁の制限を認められるも，善意取得は認められないという程度の証券を考えているとしか考えられない。このように有価証券の規定として甚だ不完全な規定であるから，商法519条の有価証券や株券に本条【筆者注：民法470条】を適用してはならない」として，手形法40条3項を準用すべきであるとする見解も主張されている（河本一郎「免責証券について」神戸3巻1号179頁注(2)(1953年)〔『有価証券法研究（商事法研究第1巻）』（成文堂，2000年）所収］）。しかし，ここでは「民法の不合理は具体的に示されていない」と

通する有価証券にあっては，振出人から所持人に至るまでの権利移転の過程の有効・無効をたどることは容易ではなく，またきわめて少数の例外的無権利者発見の調査のため大多数の真の権利者が迅速な弁済を受けえなくなる。そこで，民法470条は「指図債権の債務者は，その証書の所持人並びにその署名及び押印の真偽を調査する権利を有するが，その義務を負わない。ただし，債務者に悪意又は重大な過失があるときは，その弁済は，無効とする。」と規定し，権利者たる蓋然性の高い証券所持人に弁済した債務者を保護して，証券の迅速な弁済を促進している。

ところが，この規定に関しては，その一見して難解な法文の解釈を巡って，

いえ（沢井・前掲注2）415頁），民法470条は手形その他商法上の有価証券においても適用されると考える。

4）民法上の指図債権，無記名債権，記名式所持人払債権をもって「証券的債権」と称されているが，その法的性質をどのように解するかについて争いがある。通説は，証券的債権を「証券に化体し，その債権の成立・存続・譲渡・行使などが，原則として，証券によってなされるものである（ただし，証券化の程度の強弱によって，種々の例外を生ずる）。」と定義し，証券的債権を有価証券と同趣旨に解しているようである（我妻・前掲注1）554頁参照）。これに対し，近時の有力説は「民法は，有価証券については規定せず，その一歩手前の，債権の譲渡や行使と証書との存在が密接に関連している債権（ここでは，仮にこれを「証券的債権」と呼んだ。この語は，有価証券をも含めて用いられることもある）について規定し，これを民商法を通ずる一般原則とした。」（星野英一『民法概論Ⅲ（債権総論）＜補訂版＞』（良書普及会，1981年）214頁）と説き，あるいは「民法上の定める証券的債権を，星野説と同様に，指名債権と有価証券の中間的な形態と把握する」と説かれる（池田真朗『債権譲渡の研究＜増補二版＞』（弘文堂，2004年）405頁）。なお，有力説の意図は「証券的債権と指名債権の間の差異についてはそれが厳然と存在する」（池田・前掲405頁）ということを主張することにあるといえそうである。だとすると問題は，指名債権法と民法上の証券的債権法との位置づけをどのように解するかという点であるが，これを法制史的・沿革的に考察される高田晴人教授は，「現行民法における債権譲渡法制は，直接の母法であるフランスとは異なって，商法上の『指図証券』をあえて民法上独立の債権譲渡制度として位置づけ，反対に，債権譲渡の一般法には『指名債権』という呼び名を与えた結果，これらが一般法と特別法というタテの関係ではなく，債権譲渡の種類としてヨコ並びの関係に位置付けら」れたと考察されている（高田晴人「指図債権の裏書譲渡と権利移転的効力について――民法四六九条論・序説――」『現代企業法の諸問題（小室金之助教授還暦記念）』（成文堂，1996年）248頁）。

5）沢井・前掲注2）414頁参照。なお，民法470条を含め，民法上の弁済者保護規定の相互の関係を体系的にどのように位置づけるかは古くから難しい問題とされている。一般的には次のような説明がなされている。「弁済は，それを受領する正当な権限のある者（例えば，債権者またはその代理人，その他債権取立権限を有する者）に対して行わなければ有効とならないが，現実の一般取引においては，弁済の相手方が正当な受領権者らしい外観を有

民法学説と商法学説の間に差異がある。すなわち，民法学説は，「証書の所持人の真偽とは，証書の裏書の記載によって債権者たるべき者と現に証書を所持して弁済を請求する者とが同一であるかどうか」を意味し，「其署名，捺印の真偽とは，その証書にある全ての署名と捺印の真偽と解する」ものとして，この規定が調査対象としているのは，証書上の全ての署名・捺印，最後の裏書譲受人と弁済請求者との同一性であるとしている。この規定の趣旨が，「指図証券の所持人が真正であるためには，裏書が連続し，かつ，証券上の署名・捺印

していたため，この外観を信頼して弁済が行われる場合がしばしばある。このような場合に備えて民法は，弁済者の保護と取引の安全・迅速な決済を図るために，受領権者以外の者に対する弁済も一定の条件の下にこれを有効とする制度を設けている。(イ) 債権の準占有者（民478条），(ロ) 受取証書の持参人（民480条），(ハ) 指図債権証書もしくは記名式所持人払債権証書の所持人に対する弁済（民470条・471条）がそれである。」と（下森定「債権の準占有者に対する弁済」『新版民法演習3（債権総論）』（有斐閣，1979年）214頁）。要するに，弁済者の保護と取引の安全を図るために，これら外観信頼者による弁済は特に有効とされるというわけである。弁済者保護規定の議論についての史的展開を分析するものとして中舎寛樹「表見的債権者と弁済」星野英一編『民法講座4 債権総論』（有斐閣，1985年）305頁以下参照。なお，これら弁済者保護規定の中でも民法478条に関しては，「債権準占有者」概念を広く解することによって，民法478条の適用領域は拡大されてきている（池田真朗「債権の準占有者に対する弁済」池田他『分析と展開・民法Ⅱ』（弘文堂，1986年）106頁以下，中舎・前掲306頁以下参照）。しかし，これに対しては民法478条の適用範囲が広がりすぎることになるとして否定的見解を述べる見解も有力に主張されている（池田真朗「民法四七八条の解釈・適用論の過去・現在・未来」『慶應義塾大学法学部法律学科開設百年記念論文集法律学科編』（慶應通信，1990年）326頁以下。浜上則雄「表見受領権者への弁済」谷口知平＝加藤一郎編『新民法演習3（債権総論）』（有斐閣，1968年）162頁）。このような立場の中でも，民法480条について，例えば内池慶四郎教授は，「民法480条と478条の両者は等しく外観に対する弁済者の信頼を保護することを目的とするが，480条の対象は権利行使面における弁済請求行為の外観であり，478条の対象は権利帰属面における権利存在の外観であると説き，478条と480条との「外観」の内容を制度的関係から明確に区別される（内池慶四郎「債権の準占有と受取證書」法研34巻1号66頁（1961年）。同旨，来栖三郎「債権の準占有と免責證券」民商33巻4号1頁以下（1956年））。それぞれの規定の解釈において各制度の本来的意義を探究する少数説の立場は看過されてはならない。本章も同様の観点に立つものである。

6) 我妻・前掲注1) 561頁。同旨，鳩山秀夫『日本債権法總論＜増訂改版＞』（岩波書店，1925年）370頁，末弘嚴太郎『債權總論』（日本評論社，1938年）242頁等。なお，平成16年民法改正において民法典の現代語化が図られたが，改正前470条は「指図債権ノ債務者ハ其証書ノ所持人及ヒ其署名，捺印ノ真偽ヲ調査スル権利ヲ有スルモ其義務ヲ負フコトナシ但債務者ニ悪意又ハ重大ナル過失アルトキハ其弁済ハ無効トス」と規定しており，文言上は「捺印」が「押印」に変更されている。

がすべて真正のものであって，しかも所持人と債権者が一致していることを要する。しかし，裏書の連続は形式的に調査することが容易であるが，その他の事項は調査が困難である。そこで，法律は，債務者は調査の権利を有するが，調査の義務は負わないということにした。」という点にあるとすれば，債務者[7]が形式的に裏書の連続した所持人に対して支払えば，偽造の裏書署名・捺印がある場合やその他実質的に無効な裏書が存在する場合のみならず，最後の譲受人と弁済請求者が同一性を欠く場合，所持人の署名・捺印が偽造であるような場合にも，この点について善意無重過失である限り，債務者は免責されるものと解していると考えられる。

　これに対して，商法学説は「その証書の所持人並びにその署名及び押印の真偽」の解釈としては，所持人の同一性と所持人の署名・捺印のみが問題にされるに過ぎないと解している。すなわち，松本烝治博士は，指図債権の弁済者が弁済に当たって調査すべき事項には，所持人の形式的資格 (Formale Legitimation des Inhabers) すなわち「證劵ノ形式的外觀ニ於テ所持人カ證劵受取人又ハ最後ノ被裏書人トシテ記載セラルル者テアルカ否カ」，所持人の実質的資格 (Materielle Legitimation) すなわち「所持人カ指圖證劵ノ眞正ナル權利者テアルカ否カ」，所持人の真偽 (Identitaet des Inhabers mit der Person auf die formale Legitimaiton lautet) すなわち「形式的資格ヲ有スル者ト所持人トノ同一人テアルカ否カ」詳言すれば「證劵ノ受取人又ハ最後ノ被裏書人トシテ記載セラレタル者ト證劵ヲ呈示シテ辨濟ヲ求ムル者トカ符号スルヤ否ヤ」，の３つに区分され，民法学説にはこれを混同する誤りがあるという。そのうえで，弁済者の実質的資格の調査義務が免除されるのは民法478条に基づくものであるとする。そして，「所持人の真偽の調査」とは受取人又は最後の被裏書人と所持人との同一性の調査を意味し，「その署名及び押印の調査」とは文理上当然に所持人の署名及び押印の調査を意味するものであるとする。要するに，本条は，所持人が同一性を欠く場合——所持人と受取の名義人との同一性が欠ける場合も含む——における債務者の弁済を保護する規定であると解するのである。[8]

---

7) 於保・前掲注1) 324頁以下。
8) 松本烝治「民法第四百七十條ト第四百七十八條トノ關係」『私法論文集』（嚴松堂書店，1926年）374頁以下。

高鳥正夫博士もまた，基本的に松本博士と同じ観点に立ち，民法470条は，手形に関していえば，手形上に権利者として表されている者とその手形を呈示して支払を請求する現在の所持人とが同一でないという点について，債務者に悪意又は重過失がなければその場合の支払にも免責の効果が与えられることを定めた規定であるとされる。つまり，証券上に記名裏書がなされている限り，最後の被裏書人と現在の所持人とが同一であることを前提として，そこにはじめて債権者としての形式的資格が授与され，その形式を信頼して弁済した債務者のみが保護されるものと解し，そのうえで，特に最後の被裏書人と現在の所持人との同一性を欠く場合を対象とするのが民法470条であると解するのである[9]。

　要するに，民法学説と商法学説とは，偽造裏書がある場合や裏書が実質的に無効な場合，受取の署名・捺印が偽造の場合，所持人が同一性を欠く場合にも債務者には免責の効果が与えられると解する点では相違はないが，民法学説は，偽造裏書，裏書の実質的無効の場合に支払って免責されるのも民法470条の効果であるとするのに対し，商法学説は，民法470条はただ受取が偽造の場合や所持人の同一性が欠ける場合についての支払免責を規定したものであって，偽造裏書や裏書の実質的無効など，実質的無権利者に支払って免責されるのは民法478条の効果と考える点に差異があるといえる。

　さらに，民商学説の差異が表れる点として，債務者の調査権を挙げなければならない。債務者の調査権の意義について，民法学説は，権利を有するとは，疑念を抱いて調査するために必要な期間弁済を拒絶しても遅滞の責めを負わないという意味に解している[10]。しかし，これに対して商法学説からは，民法学の通説は債務者の調査権に対するわが国民法学者独特の解釈であって，係る解釈

---

9) 高鳥正夫「證券所持人の同一性に關する調査義務」法研27巻12号1頁以下（1954年）。さらに高鳥博士は，被裏書人自身が手形を所持している場合，すなわち所持人に形式的資格が備わっている場合を対象としたのが手形法40条3項であるが，これは債権者たる外観を具備した者に対する弁済を対象としている点で民法478条とその趣旨を同じくするものであり，立法論としては，民法478条の要件を手形法40条3項との均衡上，悪意又は重過失なき限り免責されるものと改めるべきと主張される。

10) 我妻・前掲注1) 561頁，於保・前掲注1) 325頁，鳩山・前掲注6) 369頁以下，末弘・前掲注6) 242頁。

は，ドイツ及びわが国の有価証券法学における債務者の調査権という言葉の通常の用法に反するのみならず，何故指図債権においては履行遅滞の要件を一般債権以上に厳格に解さなければならないか合理的な根拠がない，という批判がなされている。[11] この見解は，債務者の調査権のもとでは，債務者は，形式的資格を有する所持人の実質的無権利を立証して履行を拒みうるとの消極的な意味のものがあるに過ぎない，とする。[12] つまり，商法学説からはやはり形式的資格者に関連して調査権というものが問題とされているのである。

以上のような，民法学説と商法学説との違いを踏まえると，まず問題とされるべきは，所持人の形式的資格概念を中心にどのように債務者の支払免責の理論を構築するかという点にあるといえそうである。この「資格（Legitimation）」「形式的資格（formelle Legitimation）」はドイツ法に由来する概念であり，沿革的には，指図証券所持人の資格（Legitimation）に関する商法草案459条を受け継ぐ規定である。[13] この点からすれば，この概念に関する当時のドイツ有価証券法学の理論的成果を踏まえて，民法470条における債務者の「調査権（Prüfungsrecht）」「調査義務（Prüfungspflicht）」がどのような意味において解されるべきかを検討することは意義を有すると考えられる。また，民商学説は，そもそも民法470条を形式的資格者に対する支払免責の規定と解するか否かという点でも対立し

---

11) 河本・前掲注3) 179頁注 (2)。
12) 河本・前掲注3) 178頁。同旨，大橋光雄『新統一手形法論上巻』（有斐閣，1932年）364頁，山尾時三『新手形法論』（岩波書店，1935年）332頁，喜多了佑「支払人の調査義務」『手形法・小切手法口座第4巻』（有斐閣，1965年）125頁，大隅健一郎＝河本一郎『手形法・小切手法（ポケット註釈全書）』（有斐閣，1959年）276頁。ただし大隅＝河本は「署名の調査に名を借りて履行を怠れば，当然遅滞の責を負わねばならず，その反面，疑うべき相当の理由があれば拒絶しても遅滞の責を問われない。」とされる。なお，「調査権とは，形式的資格者が真実には権利を有しないことを債務者が調査しこれを立証しうる」との見解（納富義光「手形法第四〇条三項について（下）――特に支払者の調査権を中心として――」手研267号8頁以下（1978年））や，「所持人の実質的権利や呈示者の同一性について，客観的に判断して，疑いを抱くのが相当だと思われるような合理的根拠にもとづいて，疑問を抱いた場合には，進んで所持人の実質的権利の有無や呈示人と所持人との同一性について調査をし，所持人に証明を求めることができ，その結果，支払が遅延した場合にも，遅滞の責任を負うことはないものと解すべきである」とする見解もある（田中誠二『手形・小切手法詳論下巻』（勁草書房，1968年）599頁以下）。
13) 松本博士は形式的資格を「formale Legitimation」と表しているが，ドイツの論者でこのように表現する者は少なく，多くは「formelle Legitimation」と表している。

ているが，これについて正反対の判断がなされているポイントは，「その証書の所持人並びにその署名及び押印の真偽」の解釈にある。だとすれば，民法470条の法的構造を明らかにするためには，その沿革を明らかにすることは不可欠であるといえよう。

　そこで，以下においてはまず，民法上の指図債権法起草の中心的人物である梅謙次郎博士の発言に沿って，本条の立法趣旨を探究する。次いで本条の系譜をたどり，その前身となる草案459条に関してロエスエルがいかなる趣旨を求め，どのような理論構成を理解していたのかということを，当時のドイツにおける資格概念に基づく証券の免責理論を指針にして検討していく。それを踏まえて，民法470条のもとに債務者の支払免責の構造がどのように理解されるのか，とりわけ所持人の同一性に関する調査義務の問題はどのように解されるべきかを検討してみることとしたい。

第2節　民法470条の立法趣旨

1　弁済の効果と債務者の免責

　民法修正案理由書469条によれば，民法470条は，明治23年（1890年）に公布された商法（以下「旧商法」とする。）400条（『指圖証券ノ發行人ハ呈示人ノ眞偽ヲ調査スル權利アルモ其義務ナシ然レトモ惡意又ハ甚シキ怠慢ニ付テハ此カ爲メ損害ヲ受ケタル者ニ對シテ其責ヲ負フ』）とその主意を同じくする規定である[1]。旧商法400条は，旧商法第一編「商ノ通則」第七章「商事契約」第十一節「指圖証券及ヒ無記名証券」（394条乃至404条）に定められた規定である。明治23年（1890年）に公布された民法（以下「旧民法」とする。）財産編においては指図債権の譲渡方法については商法に委任することが規定されているだけであったが（旧民法財産編347条5項参照），指図債権は必ずしも商業上の債権に限られるものではなく，今日では債権の性質如何にかかわらず，指図債権が多く行われるようになって

---

1)　広中敏雄編著『民法修正案（前三編）の理由書』（有斐閣，1987年）452頁。

きたことを踏まえて，民法中にも指図債権に関する規定が設けられることになったという[2]。つまり，指図債権法の直接の源は，旧民法を経由して旧商法に遡るわけである[3]。そこで，民法470条（原案473条）に関しては，明治28年（1895年）3月26日に開催された第73回法典調査会において，梅謙次郎委員は次のように述べている[4]。

「本條ハ商法第四百條ノ規定ヲ略ボ同ジ積リニアリマス唯ダ其末文ニ此損害賠償ノ責ニ任ズルト云フコトガアリマスルノオバ本案デハ其辨濟ヲ無效トスルト云フコトニ改メマシタ夫レガ稍々著シ點デアリマス跡ハ皆同ジ積リデアリマス損害賠償ト云フコトニ爲ルト先ズ普通ニ解スルト何シテモ不當ニ辨濟ヲ受ケタ者ニ掛ツテ請求ヲ致シマシテ夫レカラ夫レデ取レナイ部分夫レガ即チ損害デアリマスカラ夫レ丈ケデ賠償シロト言ツテ過失アル者又ハ惡意アル者ニ求メルト云フコトニ爲ルノガ普通ノ順序ノヤウニ見ヘル若シ然ウ云フ事ニ爲リマスナラバ過失ノナイ權利者ニ餘程迷惑ヲ蒙ラシメ計リデナク若シ其間ニ無資力者抔ガ出來ルト其無資力ヲ實際負擔スル者ハ誰レカナラバ却テ過失ナイ者デアルト云フヨウナコトモ出來マセウ何ウモ甚ダ不都合デアラウト考ヘマス夫レトモ此處ノ文字ハ斯様ニ書テアツテモ其意味ハ矢張リ直チニ過失アル者又ハ惡意アル者ニ向ツテ其拂ツタ樣丈ケヲ直グ取返ヘスコトガ出來ルト云フ意味カモ知レヌトモ思ヒマス前ノ拂ツタ丈ケノ金高ヲ其人ニ向ツテ請求ヲスル若シ然ウ云フ意味ナラバ夫レヨリモ寧ロ辨濟ヲ無效トシテ仕舞ツタ方ガ事柄モ明瞭ニアリ手數モナクシテ宜シイト思ヒマス」[5]

ここでは，民法470条が旧商法400条に由来するものであることが明らかにされたうえで，旧商法400条の「惡意又ハ甚シキ怠慢ニ付テハ此カ爲メ損害ヲ受

---

2) 法務大臣官房司法法制調査部監修『法典調査会・民法議事速記録三（日本近代立法資料叢書3）』（商事法務研究会，1984年）513頁以下。なお，現行民法469条及び470条の法典調査会の議事について現代語化のもとに研究を行うものとして，玉樹智文「＜資料＞債権総則（三五）」民商91巻2号296頁以下（1984年）を参考にした。
3) 高田晴人「指図債権の裏書譲渡と権利移転的効力について――民法四六九条論・序説――」奥島孝康他『現代企業法の諸問題（小室金之助教授還暦記念）』（成文堂，1996年）203頁。なお，高田教授はここに当時の指図債権の実例についての分析を行っておられ，それによれば，梅博士は，商法の網から漏れ，民法のみが適用される具体例を予想してかような規定を造ったというよりも，むしろ商法上の証券を念頭に置いて，これに理論的な基礎を提供することを主眼としたものとみるべきであると述べている（207頁）。
4) 梅謙次郎博士は，民法債権譲渡法の規制に当たって主要な役割を果たしたものとされる（高田・前掲注3）196頁。同197頁注4）に挙げられた文献も参照されたい。）。
5) 前掲注2）555頁。

ケタル者ニ對シテ其責ヲ負フ」という部分を「債務者ニ惡意又ハ重大ノ過失アルトキハ其辨濟ハ無效トス」とした点が著しい変更点であると述べられている。損害賠償というと，損害を受けた者（真の債権者）は，まずは不当弁済を受けた者（弁済受領者）に対して請求し，それでとれない部分を損害として悪意又は過失ある者（債務者）に対して賠償請求することになるが，これが悪意又は過失ある者（債務者）に対して直接その支払われた分だけ請求できるという意味であるならば，「弁済は無効」とするのがよい，というのである。

もっとも，損害を受けた者（真の権利者）が悪意又は過失ある者（債務者）に損害賠償請求できるということから直ちに，債務者の悪意又は重過失ある弁済は無効であるということは導かれない。そこで梅委員は，旧商法上の手形債務者の支払免責に関する規定（旧商法第一編「商ノ通則」第十二章「手形及ヒ小切手」（699条乃至823条）の760条）と比較して，旧商法400条の趣旨を検討している。

「就中此規定【筆者注：旧商法400条】ハ手形ノ規定ト合ハヌヨウデアリマス商法ノ七百六十條デアリマスガ此條ニハ『債務者ハ滿期ノ時又ハ後ニ附持人ニ支拂ヲ爲スヲ以テ其責ヲ免カル但其際債務者ニ甚シキ怠慢アリタルトキハ此限ニ在ラス』トアリマス其責ヲ免レル但何々ノトキハ此限ニ在ラヌト言ヘバ其責ヲ免レズニ依然トシテ債務者ハ債務者デアル從テ辨濟ハ無效デアルトシカ思ヘマセヌ草案【筆者注：商法草案】ヲ調ベテ見ルト此處ノ四百條ノ場合ニスルト獨逸語デ「、、、、」「責任アリ」ト云フコトニ爲ツテ居リマス草案ノ理由書ニハ是ニ付テ別段説明ガアリマセヌカラ何ウ云フ意味デアツタカ一向ニ分カリマセヌガ或ハ其邊ノ事オバ能ク深クモ考ヘナイノデ矢張リ此手形法ト同様ナ積リデ書イタノデアツタノカトモ思ハレル御承知ノ通リ商法草案用語ニハ時々疎漏ナ言葉ガ用キテアツテ商法ノ草案説明共ニ譯者ヲシテ解スルニ苦マシタルコトガアリマス夫レデアリマスカラ此處デモ漠然タル同ジ事ニ歸着スルカモ知レマセヌガ前ノ意味ガ手形法ニ適フテ居ルノデハナイカト想像シマス或ハ斯ウ書クニシテモ立法者ノ精神ヲ改メタノデナイト云フコトニ爲ルカモ知レマセヌ兎ニ角斯ウ改メタノガ宜シイト思ツテ『其辨濟ハ無效トス』ト書キマシタ」[7]

つまり，「責ヲ免ル」と規定した旧商法760条は，弁済は無効であることを意味するとしか考えられない規定であって，それに対して「責任アリ」と規定す

---

6) 旧商法400条は商法草案459条に該当し，そこで「責任アリ」にはverantwortlichというドイツ語が当てられている。草案459条については本章第3節1参照。

7) 前掲注2) 555頁以下。

る旧商法400条の意味は商法草案に遡っても明らかではなく，しかし「矢張リ此手形法ト同様ナ積リデ書イタノデアツタノカトモ思ハレル」のであり，商法草案の起草者の意図はともかく，前者すなわち旧商法760条の意味において「弁済ハ無効トス」と規定した，とする。これを見る限り，梅委員は，民法470条に悪意又は重過失で支払った債務者は真の債権者に対して二重払いを免れないという意味を与え，この点において，手形債務者の支払免責を規定した旧商法760条とその趣旨を同じくする規定と考えていたといってよさそうである。

このような理解を踏まえて，梅委員は，「弁済ハ無効トス」というときは，絶対的に，所持人に対しても真の債権者に対しても弁済は無効であると述べている[8]。しかし，磯部四郎委員からは，「弁済ハ無効トス」とは債権者に対してさらに弁済をしなければならないという意味であろうが，弁済は無効であるということをいう必要があるのだろうか，という疑問が出される[9]。つまり，「弁済」とは債権の消滅原因であって，真の債権者に再度支払わねばならないとすれば所持人に対する給付は弁済ではなかったと考えねばならないことになるが，そうだとすれば「弁済ハ無効トス」という必要はない，というわけである。これに対し，梅委員は次のように述べている。

　　「外ノ言葉ヲ以テモ言ハレルダラウト思ヒマスガ唯ダ私ノ考ヘマスノデハ『弁済ハ無効トス』ト云フト弁済ト云フモノガ債務者ノ責ヲ免レル最モ適當ナ方法デアルノニ夫レガ無効ト爲レバ債務ヲ免レナイ従テ請求ヲ受ケレバ復タ拂ハナケレバナラヌト云フコトニ爲リマス夫レデ言葉ガ簡單ニシテ言ヒ盡ス積リデアリマス或ハマヅカツタカモ知レマセヌ」[10]

要するに，梅委員の発言によれば，悪意又は重過失の弁済は無効とするということの反面には，悪意又は重過失なくしてなされた債務者による所持人への給付に法は弁済としての効力を認めるという理解が前提とされており，それにより債務が消滅すれば債務者は二重払いの危険もなくなるという意味において，民法470条のもとには債務者の支払免責という効果が理解されていたことがわ

---

8) 前掲注2) 556頁。
9) 前掲注2) 556頁。
10) 前掲注2) 556頁以下。

かる。

2 「所持人ノ真偽及ヒ其署名，捺印ノ真偽」の「調査義務」「調査権」

次に問題になるのは，債務者の支払免責の効果が，「所持人ノ真偽及ヒ其署名，捺印ノ真偽」の「調査義務」なくも「調査権」ありと定めた民法470条本文との関係で，どのように理解されるのかという点である。

まずは「調査義務なし」ということの意味である。同様に債務者の調査義務の観点から手形債務者の支払免責の効果を定める手形法40条3項においては，債務者は「裏書ノ連続ノ整否ヲ調査スル義務アルモ裏書人ノ署名ヲ調査スル義務ナシ」と定められており，裏書連続整否の調査義務といっても何ら具体的な注意義務を指すものではなく，裏書の連続する手形の所持人に支払えば債務者は免責の効果を享受できることを意味するものと解されている。[11] これに対して，民法470条においては調査義務なしとされる事項しか規定されていないから，上のように考える限りで，債務者の免責要件は明らかにされていないといわざるをえない。もっとも，立法過程からすると，債務者には裏書連続の整否についての調査が要求されると解されていたようである。

　「其『義務ヲ負フコトナシ』ト云フ中ニハ丸デ過失ノナイ場合モゴザイマセウガ乍併過失ガアツテモ無論此中ニ含ム積リデアリマス夫レデ唯ダ『重大ノ過失』ト云フ中ニハ何ウ云フ事ガアルカト云フト夫レハ千差萬別デ或ハ此裏書シテアル其裏書ノ順序ト云フモノガ揃ハヌ所ガアルノヲ氣ガ着カヌデ拂ツタ然ウ云フノハ重大ノ過失デ書テナケレバナラヌ裏書ノ順序ナラバ裏書ノ順序ガ揃ツテ居ラナケレバ言ハバ裏書ノ譲渡ノ證據ニ爲ツテ居ル」（梅委員発言）[12]

つまり，裏書連続の整否についての調査を怠り，その結果，裏書不連続の所持人に支払えば重過失に当たるというのであるから，そこでは，裏書不連続の所持人に支払っても免責されないということが理解されているといえる。その意味で，裏書の連続は債務者の免責要件とされていたと考えられる。もっとも，調査を怠れば，裏書の連続した所持人に支払っても重過失に当たるとまで解さ

---

11) 鈴木竹雄『手形法・小切手法（法律学全集32）』（有斐閣，1957年）281頁。
12) 前掲注2) 556頁。

れていたのかははっきりしない。しかし，重過失といえば注意義務の程度を問題としていると考えられるから，その限りでは，債務者には重過失に当たらない程度の一般的な調査義務はあると解されていたと考えられる。この点については，「調査権」の意味と合わせて，委員会でも質疑がなされている。

「商法ニモ矢張リ斯ウ云フ字ガ出テ居リマスガ何ウ云フモノデゴザイマセウカ『調査スル権利ヲ有スル』ト云フコトガ必要デゴザイマセウカ……法律上権利ヲ有スルモ義務ハナイト云フヤウナコトハ餘計ナ事ノヤウニ思ヒマスガ詰リ債務者ハ其ノ所持人ノ眞偽及ビ其署名捺印ノ眞偽ト云フモノヲ調査スル義務ハナイ乍併只今御説明ノ通リ悪意トカ又ハ重大ノ過失トカゞアツテ拂ツタナラバ其辨濟ハ眞ノ債権者ニ對シテ無効デアルトサヘ言ツテ置ケバ権利ガアルトカ何トカ云フコトハ法律上トシテ掲ゲルノハ無駄ト思ヒマスガ何デゴザイマセウカ」（箕作麟祥委員発言）

つまり，悪意又は重過失という主観的要件において債務者の注意義務の有無が判断されるのであれば，調査義務や調査権ということを定める必要はないのではないかというのである。これに対して梅委員は次のように答えている。

「寔ニ御尤モデ吾々ノ間デモ之ヲ削ラウカト云フ説モアリマシタガ唯ダ之ヲ削ルト義務ガナイト云フコトヲ云フノミデアリマス然ウスルト云フト債務者ノ方デ受取人ニ向ツテ大層御前ハ怪シイカラ調査シテカラ渡サウト云フト夫レハ怪シカラン御前ノ方デハ調査スル義務ガナイカラ拂ヘト言フテ請求シテ來タトキ困ル『義務ヲ負フコトナシ』ト云フコト丈ケデ『権利ヲ有スル』ト云フコトガナイ然ウ云フ事ガ出テ來ハシマスマイカ殊ニ又指圖證券抔ハ極ツタ日ニ極ツタ人ニ支拂ハナケレバナラヌト云フ性質ノモノデアル然ウスルト云フト調査ヲスルガ爲ニ或ハ一，二日遲レルト云フコトガアルカモ知レヌ然ウ云フ場合ニ調査シテカラ眞ニ怪シイ人デアツタトキニハ多分問題ハ起リマスマイガ調査シテ全ク怪シイ人デナイト云フヤウナ時ニ一，二日遲レテ不拂ト云フヤウナコトガアツテハ大變ナ結果ヲ來タシマスカラ如何ニモ重複シテ一ツハ要ラナイヤウニハ思ヒマスガ能ク分ツテ此分ガ危ナゲガナカラウト云フノデ載セマシタ」

これによれば，調査義務なしとはいっても，債務者に所持人についての調査が絶対的に禁止されるという趣旨ではなく，疑わしい所持人が弁済請求してきた場合には，その間は弁済を拒絶して調査を行うことができるという意味にお

---

13) 前掲注2) 559頁。
14) 前掲注2) 559頁。

いて「調査権」という言葉が定められたことが明らかにされている。もっとも，弁済は債権者又は弁済受領権限者に行わなければならないから，債務者がこの所持人が債権者又は弁済受領権限者か否かを調査できるのは当然である。つまり，「調査権」の意義は，上の意味での調査を行う間の弁済拒絶権を明確にすることにあったといえよう。なお注目すべきは，調査権が認められるということから，調査のために弁済が１，２日遅れることも正当化されるとする趣旨が述べられている点である。このことが後に，調査権の意味を履行遅滞の責めを負わないことに求める見解の根拠となったことが推察される[15]。

このように，債務者には一般的注意義務としての調査を行う義務があり，その間は弁済を拒絶して調査を行うことができるというならば，次に問題になるのは，そのような調査の対象は何であるかという点である。

梅委員の発言によれば，裏書連続の整否のほか，債務者の重過失に当たる具体例としては，明らかな署名偽造に気づかずに払ったような場合や，非常に金額の大きい指図債権を乞食のような者が持参して，自分の名前を入れて受け取る場合を挙げている。そして，大金とはいっても商家の手代や小僧などが受取に来るようなことが慣習上あるから，それを店へ問い合わせなかった場合や，捺印でもよく調べてみれば違っているのを「調ベヌデ能ク分ラヌデ拂ツタ」というような場合には少しくらいの過失にしか当たらないとしている[16]。上の梅委員の発言によれば，少なくとも裏書連続の整否と発行人の署名，受取の署名・捺印の真偽については重過失に当たらない程度の調査が必要であると解していたと考えられる。

そこで考え合わせなければならないのが，このことと「調査義務」「調査権」の対象とされている「証書ノ所持人及ヒ其署名，捺印ノ真偽」との関係である。

まず，所持人の真偽に関しては，梅委員は「所持人ノ真偽ト云フコトハ真ノ権利者ナリヤ否ヤト云フ積リヤ書イタノアアリマス」と述べているに過ぎない[17]。しかし，「所持人ノ権利ガ真ノ権利デアルカ否ヤト言ヘバ其譲書【筆者注：「譲渡裏書」と思われる】ガナケレバ真ノ所持人デナイト云フコトハ明白デアル」[18]と

---

15) 本章第１節参照。
16) 前掲注２) 557頁。
17) 前掲注２) 558頁。

述べており,さらに,裏書の順序が揃っていることが「裏書ノ譲渡ノ證據ニ爲ツテ居ル」ことからすれば,裏書が権利移転の唯一の証明方法であり,それゆえ裏書が間断なく連続していなければ,真の権利者とはいえないと解していたと考えられる。[19] 裏書の連続をこのように真の権利者たることの証明方法と解するとすれば,「所持人ノ真偽」とは――所持人の同一性についての問題はさておき――裏書の連続の整否を対象とするものと考えてよいだろう。

それでは,「其署名,捺印ノ真偽」とは一体何を意味するのだろうか。この文言は旧商法400条には存在していない。それでもなお民法470条にこの文言を入れた理由について梅委員は次のように述べている。

「原文【筆者注:旧商法400条】ニハ『呈示人ノ眞偽ヲ調査スル權利アルモ』云々トアリマスガ私ノ記憶スル所デハ慥カ調査スル所デハ呈示人ノ署名ノ事ガ言ッテアッタヤウニ思ヒマス夫レカラ外國ノ法律抔ヲ見ルト矢張リ署名ヲ調査スル義務ナシトカ云

---

18) 前掲注2)559頁。
19) 民法上の指図債権の裏書がどのような意義を有するかについて,梅博士は民法(明治29年法律89号)成立後の明治30年(1897年)に著した「初版民法要義・巻之三・債権編」において次のように述べている。「裏書ノ最モ肝要トスル所ハ證書ニ指定シタル債権者第一裏書ノ署名者ト爲リ第一裏書ニ指定シタル債権者第二裏書ノ署名者ト爲リ以下順次債権者ノ氏名ニ間断ナク各裏書能ク連絡シ是ニ因リテ権利移轉ノ順次一目瞭然タル以テ債務者タル者ハ其順序ヲ檢閲シ以テ現権利者ノ誰タルヲ知ルノ便ヲ得ヘキコト是ナリ然リト雖モ指圖債権ノ譲渡ハ裏書ノミニテハ不可ナリ譲渡人ハ必ス其證書ヲ譲受人ニ交付スルコトヲ要ス蓋シ此債権ハ其證書ニ依リテ重キヲ爲シ證書以外ニ其ノ成立ヲ認ムルコト能ハサルモノナルカ故ニ譲渡人ガ其證書ヲ譲受人ニ交付スルニ非サレハ第三者ハ其譲受人ノ果シテ正當ノ譲受人タルヤ否ヤヲ確知スルコト能ハス殊ニ裏書ノ順序ニ間断ナク證書ノ所持人其他中間ノ譲受人皆正當ニ權利ヲ得タル者タルコト証明スルニハ必ス証書ニ拠ラサルコトヲ得サルカ故ニ此種ノ債權ノ譲渡ハ證書ニ裏書ヲ爲シタル後之ヲ譲受人ニ交付スルニ非サレハ其讓渡ヲ以テ債務者其他ノ第三者ニ對抗スルコトヲ得サルモノトセリ」と(梅謙次郎『初版民法要義・巻之三・債権編(復刻叢書法律学篇12-Ⅲ)』(信山社出版,1992年,明治30年刊(和仏法律学校,明法堂)の復刻版)214頁以下)。要するに,意思表示のみで譲渡行為が有効に成立するとしても,指図債権の性質上,譲渡を第三者に対抗するには当然に証券の裏書交付が必要であり,これによって第三者はその譲受人が正当な譲受人かどうかを確知することができるものとする。所持人も,正当に権利を得たことを証明するには,裏書交付によらざるをえないとする。だとすれば,そこでは裏書が権利移転の唯一の証明方法であることを意味していたと解される。裏書の意義がこのように解されるとすれば,裏書が間断なく連続していれば,最後の裏書譲受人は権利者として証明されているものとみることができよう。なお,民法上の指図債権における裏書譲渡の意義については,高田・前掲注3)193頁以下において詳細な研究がなされている。

フ風ニ書イテアルノガ随分アルヤウデアリマス夫レデ要スルニ私共ノ考ヘデハ所持人ガ正當ノ人デアルカ否ヤト云フコトノ眞僞ヲ調査スルコト之ハ大變難イデアリマスガ夫レ所デナイ署名捺印ノ眞僞マデ調査スル義務ハナイ即チ先刻モ申上ゲタ通リ之ハ現ニ印ガ違ツテ居ルデハナイカ然ウシテ見ルト金ヲ受取ツタ人ガ權利ヲ持ツテ居ル人デハナイデハナイカト云フコトノ出來ヌト云フ爲ニハ斯ウ書イタ方ガ明瞭ト云フ考ヘデアリマス日本抔モ澤山アリマスガ所持人ガ身分ノアル人トカ忙シイ人デアルナラバ自分デ往カヌデ代理人ヲヤル代理人ヲヤル場合デモ指圖證券ノ場合デモ態々委任状ヲヤラヌデ唯ダ受取ヲ書テ署名捺印ヲシテ夫レヲ持タシテヤル此場合ニ於テハ受取ニ往ツタ人間ト云フモノハ此處デ言フ所ノ眞ノ所持人デハナイノデスガ其署名捺印ト云フモノガ所持人ノ署名捺印デナク雇人抔ガ自分ノ印ヲ捺シテ然ウシテ受取ツタト云フヤウナ場合ナラバ夫レモ矢張リ此四百七十三条【筆者注：民法470条】ガ当嵌マルト云フヤウナコトノ意味ノ明瞭ナルヤウニスル爲ニハ入レテ置イタ方ガ宜シイト云フ位ノ考ヘデアリマス多分『所持人ノ真僞』ト云フコトニ書テアツテモ解釈上デハ異ナラヌト私ハ信ズルノデアリマス」[20]

　ここでは，「其署名，捺印ノ真僞」とは所持人の署名・捺印すなわち受取の署名・捺印の真偽を意味するものであること，それは弁済受領者の弁済受領権限を問題にするものであることが説かれている。このことは，指図証券を持参した雇われ人が受取に押印して弁済を受領するという事例が挙げられていることからも明瞭である。もっとも，受取の署名・捺印の真偽については，先に述べたように，乞食のような者が指図債権を持参し，受取に署名したような場合に支払うのは重過失に当たるものとされていることを踏まえれば，受取の署名・捺印の真偽の調査義務なしとはいっても，重過失に当たらない程度の調査は必要であると解していたと考えられる。要するに，「其署名，捺印ノ真僞」の「調査義務」はないが「調査権」ありというのは，債務者は，受取に関して偽造の署名・捺印があっても，支払って免責されるが，ただし重過失に当たらない程度の注意義務としての調査を行う必要があり，その間は弁済を拒絶することができることを意味していたと解される。

　以上により，立法者の見解による民法470条の構造は以下のように考察されよう。すなわち，本条は指図債権における債務者の支払免責を定めた規定である。しかし，債務者が免責の効果を享受するうえでは，「調査義務なし」とは

20）前掲注2）559頁以下。

いっても，調査をしないことが重過失に当たらない程度の一般的注意義務としての調査は必要であり，その意味で「調査権あり」といえるが，その調査の間は弁済を拒絶できる。「所持人ノ真偽」とは所持人が真の権利者であるか否かを意味しており，債務者はこの点について悪意でなく，重過失に当たらない程度の調査を行えば，たとえ所持人が真の権利者でなくとも，支払って免責される。裏書不連続の所持人に支払うのは重過失にあたる。「其署名，捺印ノ真偽」とは受取の署名・捺印の真偽を指しており，債務者はこの点について悪意でなく，重過失に当たらない程度の調査を行えば，受取が偽造の場合や所持人が正当な弁済受領権限者でない場合にも支払って免責される。

3 民法470条に関する学説の展開

上にみてきた立法過程の議論によれば，立法者は，所持人が真の権利者でない場合に債務者が支払っても免責されるが，裏書不連続の場合に支払う場合には重過失に当たり，それゆえ免責されないと理解していたといえるから，その限りで，現行手形法40条3項2文の「裏書ノ連続ノ整否ヲ調査スル義務アルモ裏書人ノ署名ヲ調査スル義務ナシ」に理解される手形債務者の支払免責についての法構造と類似する構造をそこに理解していたといえる。ドイツ法系の免責理論によれば，債務者は裏書の連続の整否を調査すれば，所持人の実質的権利についての調査が免除されるという意味において，債務者の調査義務は軽減され，もって迅速な円滑が実現され，流通は促進されることになる。ところが，「其署名，捺印ノ真偽」の調査義務なしということにおいては，立法者は，ほかに何の調査も要せずに署名の真正——所持人の弁済受領権限——についての調査義務が免除・軽減されるものと解しているから，調査義務ありとされる事項，すなわち免責要件が明らかにされていないという意味で，前者の理解とは異なる。要するに，民法470条の文言からは何が免責要件であるかは明らかではなく，実際のところ，裏書連続の整否の調査は債務者の重過失との関係で理解されていたわけであるが，同条の沿革上の母法となるドイツ法における資格調査に基づく免責理論との関係では，民法470条の法的構造をこれと整合的に理解するうえで困難が生じる。このことが，民法470条の法的構造に関して，

複雑な議論をもたらしたものと推察される。

　この問題の検討は最終節に譲るとして，少なくとも，立法時の見解としては，民法470条の意義は，本来債務者に課される調査義務を軽減するという形で支払免責の効果を認め，そこに指図債権の流通促進を求めていたものといえる。梅博士も，民法（明治29年法律89号）成立後の明治30年（1897年）に著した『初版民法要義・巻之三・債権編』において，民法470条の趣旨を次のように説いている。

　　「指圖債權ハ素ト其流通ヲ容易ナラシメンカ爲メニ設ケタルモノナリ故ニ其債務者ニシテ通常ノ債務者ノ如ク必ス債權者ノ眞僞ヲ詳ニシタル後ニ辨濟ヲ爲スニ非サレハ若シ債權者ト信セシ人眞ノ債權者ナラサルコトアラハ債務者ハ其責ニ任セサルヘカラストセハ其債權ノ流通ヲ妨クルコト少カラサルヲ以テ指圖債權ノ債務者ハ其證書ノ所持人及ビ其署名，捺印カ眞ノ債權者及ヒ其者ノ署名，捺印ナルヤ否ヤヲ調査セスシテ辨濟ヲ爲スモ其辨濟ハ有效ナリトス但若シ債務者ニシテ多少ノ疑アラハ其所持人及ヒ其者ノ署名，捺印ノ眞僞ヲ調査スル權利アリ是ヲ蓋シ指圖債權ノ債務者ハ眞ノ債權者ナラサル者ニ辨濟ヲ爲シテ其義務ヲ免ルルコトヲ得ルモ債權者ナラサル者ニ辨濟ヲ爲スノ義務ナケレハナリ」[21]

　当時の学説においても，「其証書ノ所持人及ヒ其署名，捺印ノ真偽」の「調査義務なし」ということにおいて，債務者が所持人の真偽――真の権利者か否か――ないし受取の署名・捺印の真正を調査せずになした弁済は有効であるという効果を認める一方で，裏書不連続に気づかずに支払う場合には重過失に当たるものと解されていた。[22] また，「調査権あり」ということについては，もっぱら「其調査ヲ爲シタルノ結果眞正ノ債權者ニアラサルコト發見シタルトキハ其履行ヲ拒絶スルコトヲ得ルノ意義ナリ」などと説かれていたが，[23] このとき既に，制定時の議論を踏まえてのことであろう，債務者に弁済拒絶が認められる

---

21) 梅・前掲注19) 216頁。
22) 松波仁一郎＝仁保亀松＝梅謙次郎『帝国民法〔明治29年〕正解第五卷債権（自第三九九條至第五一四條）（日本立法資料全集別卷99)』（信山社出版，1997年，日本法律学校・明治30年（1897年）刊の復刻版）452頁以下，岡松参太郎『註釋民法理由下巻債権編（復刻叢書法律学篇7-Ⅲ)』（信山社出版，1991年，有斐閣書房・明治32年（1899年）刊（訂正９版）の復刻）238頁以下，川名兼四郎講述『債權總論』（金刺芳流堂，1904年）294頁以下，横田秀雄『債權總論』（日本大學，1908年）796頁以下。

というのみならず，調査の結果所持人が真の権利者であった場合も調査により生じた弁済の遅延の責任を負わないと指摘する見解も出現していた。[24]

また，「其証書ノ所持人及ヒ其署名，捺印ノ真偽」の解釈については，この時期に既に立法者と異なる見解が有力に主張されていたことに注意する必要がある。すなわち，立法過程によれば「其署名捺印」とは文字通り所持人の署名・捺印を意味するものとされており，これを支持する見解もあったが[25]，「其署名捺印」とは証書上の全ての署名——裏書人の署名・捺印をも含む——とする見解が主張されていたのである。[26] その理由について，例えば横田博士は次のように説く。

「指圖債權ハ證書債權ニシテ權利ノ讓渡ハ裏書即チ讓受人ノ署名捺印ニ依リ之ヲ證書面ニ明確ナラシムルモノナレハ所持人ノ眞正ノ權利者ナリヤ否ヤヲ確認スルニハ其署名捺印ヲ調査シタルノミヲ以テ足レリトセスシテ裏書ノ署名捺印ヲモ調査スルノ必要アルハ言ヲ俟タサル所ナリ左スレハ立法者ハ單ニ所持人ノ署名捺印ノミニ付キ特ニ規定ヲ設ケ裏書人ノ署名捺印ニ付テハ債務者ニ於テ果シテ之ヲ調査スルノ權利アリヤ又之ヲ調査スルノ義務アリヤニ言及セスシテ全然之ヲ不問ニ付スルノ理アルヘカラサルヲ以テ民法第四百七十條ニ所謂其署名捺印ハ包括的ニ證書ノ署名捺印ヲ指シタルモノニシテ民法ハ此等ノ署名捺印ニ付キ債務者ニ調査ノ權利ヲ認メ其義務ヲ免除シタルモノト解セサルヘカラス」[27]

すなわち，所持人が真の権利者か否かを確認するには裏書人の署名・捺印の調査が必要になるが，立法者はこの調査が免除・軽減されるかについて言及しておらず，「其署名捺印」に証券上の全ての署名を含むと解せば，この点が明確になるというわけである。もっとも，「其署名捺印」は所持人の署名・捺印に限るとする梅博士も，「『所持人ノ眞偽』トハ『現ニ證書ヲ所持スル者カ眞ノ權利者ナルヤ否ヤ』ヲ謂フモノニシテ其者カ眞ノ權利者ナル爲メニハ中間ノ裏書人カ同シク眞ノ權利者ナラサルヘカラサルカ故ニ自ラ『所持人ノ眞偽』ノ中

---

23) 川名・前掲注22) 294頁，同旨，松波他・前掲注22) 459頁以下，岡松・前掲注22) 241頁。
24) 横田・前掲注22) 797頁。
25) 梅・前掲注19) 216頁，松波・前掲注22) 453頁以下。
26) 横田・前掲注22) 797頁以下，岡松・前掲注22) 241頁，川名・前掲注22) 294頁。
27) 横田・前掲注22) 797頁以下。

ニハ裏書人及ヒ其署名捺印ノ眞僞ヲモ包含スルモノト解釋セサルヘカラス」と
され，「所持人ノ真偽」の解釈として，そこに裏書人の署名，捺印の調査が含
まれるとしていた。要するに，調査義務という事項に裏書人の署名も含む
と解する点では差異はなかったわけであるが，「其署名捺印」の解釈の問題と
するか，「所持人ノ真偽」の解釈の問題とするかということが議論されていた
わけである。

　そこで，これを現在の民法学説の通説と比べると，次の点において違いがあ
ることに着目される。まず，現在の民法学説は，民法成立直後の有力説と同様，
「其署名，捺印」を証券上にある全ての署名・捺印の真偽を指すものと解する
一方で，「所持人ノ真偽」とは，証券上の裏書の記載によって債権者たるべき
者と現に証券を所持して弁済を請求する者とが同一であるかどうか，つまり最
後の譲受人と所持人との同一性を意味するものと解している点である。この点，
民法成立直後の学説においては，同一性の問題にはほぼ触れられていないだけ
でなく，「所持人ノ真偽」とはもっぱら真の権利者か否かの問題であるとして，
少なくとも立法者の見解としては，裏書人の署名の調査もここに含むものと解
されていたのである。

　このような民法学説の変容の要因の一つとしては，大正15年（1926年）に公
表された商法学者松本烝治博士の論文の影響を看過することはできない。松本
博士は，ドイツ法を手がかりに，指図債権の債務者が弁済に当たって調査すべ
き事項を，所持人の形式的資格（Formale Legitimation des Inhabers），所持人の実
質的資格（Materielle Legitimation），所持人の真偽（Identitaet des Inhabers mit der
Person auf die formale Legitimaiton lautet）に区分し，この点について民法学説には
誤りがあると指摘する。この後の民法学説は，所持人の実質的資格についての
調査義務は民法478条により免除されるとする松本説の結論については，民法
470条と民法478条との過失要件の違いを理由に反対するものの，「所持人ノ真
偽」の解釈においては，松本説と同様，所持人の同一性を意味するものと主張

---

28) 梅謙次郎『民法原理債権總則完（復刻叢書法律学篇17）』（信山社出版，1992年，和仏法律学校・明治35年（1902年）刊の複製）705頁。
29) 本章第1節参照。
30) 松本烝治「民法第四百七十條ト第四百七十八條トノ關係」『私法論文集』（嚴松堂書店，1926年）374頁以下。

していくからである。[31]

　そうしてみると，民商双方の立場からみても，松本博士の見解の検証が不可欠であるといえそうである。それゆえ，松本博士が依拠する当時のドイツ法において，所持人の資格（Legitimation）に関する理論がどのように展開されていたのかを明らかにする必要がある。そして，この資格理論が，解釈面のみならず，立法面においてもわが国に大きな影響を与えていたという点も，この理論を追究する理由として挙げることができよう。すなわち，旧商法は，明治17年（1884年）ドイツ人ヘルマン・ロエスエル（Hermann Roesler）の手によって脱稿された商法草案（以下「草案」とする。）を基礎とするものである。[32] そして，旧商法400条は，商法法律取調委員会では内容的には議論されることもなく草案459条をそのまま引き継いで規定されたのであり，[33] 旧商法400条の「呈示人ノ真偽ヲ調査スル権利アルモ其義務ナシ」という表現は，草案459条が「発行者ハ提示者ノ正否ヲ検査スルノ権利アリト錐モ其義務無キ者トス」（司法省訳）と規定したことに由来する。そして，そこでの「提示者の正否」とは，「呈示人の資格（Legitimation）」に当てられた訳語なのである。民法470条の起草過程でも，外国法参照条文としては，手形所持人の「資格（Legitimation）」について規定する1848年普通ドイツ手形条例36条が挙げられている。[34]

---

31) 西村信夫編『注釈民法(11) 債権(2)』（有斐閣，1965年）415頁以下［沢井裕］。
32) 商法草案では，「第一編商ヒ一般ノ事（Vom Handel im Allgemeinen）第七巻商事上ノ契約（Von Verträge Über Handelssachen）第一一款指名証券及ヒ無記名証券（Ordre- und Inhaberpapiere）」の下に指図証券・無記名証券の一般規定として453条乃至463条が置かれ，「第一二巻為替手形及ヒ支払切手（Vom Wechsel und Scheck）」に置かれた761条乃至887条が手形・小切手に関する規定である。ロエスエルはドイツの法学者，経済学者で，明治11年（1878年）日本政府外務省顧問として来日，15年滞在した。商法草案は明治17年（1884年）に脱稿され，草案の手形・小切手に関する部分の註釈には，普通ドイツ手形条例，フランス商法，イギリス法を始め，欧米各国法が参考に供され，「スミス，メルカントロー」「ケント，コンメンタール」「ブラワール」「ブルシャルド」「トエール」が引用されている。この草案を基礎にした旧商法は，用語の相違はあっても商法草案と内容が概ね同様であるとされる（小橋一郎「学説100年史・商法――有価証券法」ジュリ400号104頁以下（1968年）参照）。
33) 法務大臣官房司法法制調査部監修『法律取調委員會・商法第一讀會會議筆記（日本近代立法資料叢書17）』（商事法務研究会，1985年）67頁，同『法律取調委員會・商法第二讀會會議筆記（日本近代立法資料叢書17）』（商事法務研究会，1985年）45頁，同『法律取調委員會・商法草案議事速記（日本近代立法資料叢書18）』（商事法務研究会，1985年）580頁。

さらに，旧商法400条，草案459条に関していえば，その沿革を追究することは「証書ノ所持人及ヒ其署名，捺印ノ真偽」の解釈に当たっても意義があるものといえる。というのは，民法470条の立法者は，「其署名捺印ノ真偽」を加えた理由の一つとして，旧商法400条の「呈示人ノ真偽」のところで呈示人の署名に付言されていたことを挙げ，所持人の署名・捺印の真偽は「所持人ノ真偽」の解釈としても導き出せるはずであると述べる一方[35]，「所持人ノ真偽」をもっぱら所持人の同一性の問題と理解し，「其署名捺印ノ真偽」を所持人の署名・捺印に限定して解する松本博士は，その根拠を旧商法400条及び草案459条の沿革，とりわけロエスエルによる草案459条の注釈部分に求めているからである[36]。

そこで，次節においては，当時のドイツで理解されていた資格概念に基づく支払免責の理論と当時ドイツで施行されていた1848年普通ドイツ手形条例36条に関する解釈論を明らかにし，それを踏まえて，旧商法及び商法草案において理解された債務者の支払免責の構造がどのようなものであったのかを考察してみることにしたい。

---

34) このほかの外国法参照条文としてはほかにオーストリア商法305条，同手形法36条，ハンガリー商法297条，スイス債務法197条，755条，844条，ドイツ商法305条が挙げられているが，それらは全てドイツ手形条例36条とほぼ同じ形で資格ないし裏書の連続に関して規定されている。オーストリア，スイス，ハンガリーの法典にはドイツ手形条例を基礎とする影響が少なからずみられるという（Achilles Renaud, Lehrbuch des Allgemeinen Deutschen Wechselrechts, 1868, S.25f.）。なお，参照条文の邦訳については玉樹・前掲注2）307頁以下参照。
35) 前掲注20）参照。
36) 松本・前掲注30）382頁以下。

第3節　商法草案における所持人の「資格（Legitimation）」と債務者の支払免責

1　所持人の形式的資格と実質的資格

旧商法400条の母法である商法草案459条は次のように規定している。

＜草案459条＞
Der Aussteller eines Ordrepapiers ist berechtigt, aber nicht verpflichtet, die Legitimation des Vorzeigenden zu prüfen; er bleibt jedoch für grobe Nachlässigkeit und bösliche Absicht dem dadurch Beschädigten verantwortlich.
（指図証券の発行者は，呈示人の資格を調査する権利を有するが，その義務はない。ただし，重大な怠慢と悪意のためにそれにより損害を被った者に対しては責任を負う。）[1]

ロエスエルの注釈によれば，本条は流通可能な証券の取扱いに関する通常の原則を規定したものであり，「所持人が本当に証券上に記載された人物か否か，所持人の署名が真正であるか否か，所持人が代理人又は使者の権限を有するか否か，といった事情を発行人は調査する必要はない」ものとされ，その理由は，債務者は「当該人物と直接面識をもつよう義務づけられていないから」であると述べられている。この規定のもとに，所持人の「資格（Legitimation）」についての債務者の調査義務は免除されるものと考えられていたわけである。さらに，「流通証券に起こる詐欺と錯誤(Betrügereien und Irrthümer) は所持人に帰せられ，それゆえ所持人は，自己の危険において，注意深く証券を保存し又は盗難等を防止するよう義務づけられる。」として，所持人の側に一定の注意義務を要求する一方で，「発行者の側も同じく注意を払うことができ，もし彼が特別

---

[1] 司法省訳では「指名證券【筆者注：指図証券】ノ發行者ハ提示者ノ正否ヲ檢査スルノ權利アリト雖モ其義務無キ者トス然レトモ甚シキ怠慢又ハ悪意ニ出タルトキハ損害ヲ蒙リタル者ニ對シ其責ヲ負フ可シ」と訳されている（司法省編『ロエスエル氏起稿　商法草案［復刻版］』(新青出版，1995年，明治17年（1884年）司法省訳の復刻版）677頁）。

な状況に基づいて何らかの疑いを抱く場合には，単に注意を払う権利があるというのみならず，注意を払う義務がある。この注意と，法取引においてあらゆる人が他人に負い，契約によっても免除することはできない誠実さ(Gewissenhaftigkeit)を，発行人はあらゆる場合において守らなければならない。」として，発行者にも注意義務――「誠実さ」という点ではいわば信義則上の注意義務――は当然要求されるものとする。そしてその具体例として，「その署名が明らかに偽造である場合，証券持参人と全く認識がなく詐欺の疑いがあるような場合，証券盗難の知らせを受けた場合，証券が郵送で送付され不正に気づいたような場合」を挙げ，これら全ての場合に，発行人は真の権利者のために注意と警戒をなさなければならないものとする。[2]

上のロエスエルの注釈によれば，第一に，「呈示人の資格を調査する権利を有するが，その義務はない」ということの解釈には，「所持人が本当に証券上に記載された人物か否か，所持人の署名が真正であるか否か，所持人が代理人又は使者の権限を有するか否か，といった事情を発行人は調査する必要はない」ことも含まれること――この部分を根拠に民法470条の立法者は「其署名，捺印」の文言を挿入したと推察される――，第二に，債務者には「提示人の資格」についての調査義務が免除されるが，しかし注意義務は要求されること，が明らかにされているといえる。しかし，ここでは呈示人の「資格(Legitimation)」が何を意味しているのか，これに対する「調査権」「調査義務」ということが何を意味するのかについては述べられていない。本条についてのロエスエルの意図を解明するには，資格理論の母法であるドイツにおいて，当時それがどのように解されていたのかを考察することが有用であると考えられる。

手形所持人の資格及び債務者の調査義務について規定している当時のドイツの立法例は，1848年普通ドイツ手形条例（以下「手形条例」という。）36条である。本条は商法上の指図証券に関する普通ドイツ商法典305条においても準用された規定であり，また，同法305条と共に民法470条の起草過程でも参照条文として挙げられていた規定でもある。その意味で，手形条例36条は証券所持人の資格及び調査義務に関して母法となる規定であるといえる。[3] 36条は「裏書された

---

[2] Carl Friedrich Hermann Roesler, Entwurf eines Handels-gesetzbuches für Japan mit Commentar, Bd.2, 1996, Neudruck der Ausgabe 1884, S.239.

手形の所持人は，自己に至るまで連続する一連の裏書によって手形の所有権者として資格づけられる (legitimiert)。……支払人は裏書の真正を調査する義務はない。」と規定するが，これに関して例えばWächterは，「手形法百科事典」(1880年) の「資格 (Legitimation)」の項で次のように述べている。「所持人の資格はただ形式的に整った裏書の連続の存在に基づくものである。法律【筆者注：36条末文】は，裏書がその権限ある者によって手形上になされたことを要求していない。このことと，『発行者及び裏書人は，その署名が真正であるならば，たとえ個々の裏書が偽造されていても，手形に基づく責任を負う。』とする手形条例76条の規定【筆者注：手形行為独立の原則に関する規定】とを関連づければ，手形所持人は，形式的に自己に至るまで連続した裏書によって手形の支払を請求するように資格づけられ，裏書の真正を問題にすることなく，完全に有効に受領する権利があるということが明らかにされている。」と。すなわち，36条においては，たとえ偽造の裏書が介在していても，形式的に裏書の連続し

---

3) 手形条例は当時から独法系の国々で模範として扱われた。オーストリア，スイス，ハンガリーの法典には手形条例を基礎とする影響が少なからずみられるという (Achilles Renaud, Lehrbuch des Allgemeinen Deutschen Wechselrechts, 1868, S.25f.)。また，ドイツ民法上の無記名債権証書に関する規定が起草される過程でも，無記名証券の性質や所持人の資格について活発な議論がなされ，手形条例36条が引用されたという経緯がある (Protokolle der Kommission für die zweite Lesung des Entwurf des Bürgerlichen Gesetzbuchs, Bd.2, 1898, S.527ff.)。手形条例36条の成立史については，第1章第3節1参照。

4) 当時，証券の交付によって表章された債権が移転することを理論的に説明するため，証券からの権利 (Recht aus dem Papier) と証券に関する権利 (Recht am Papier) とを区別し，後者が物権法則に従うことによって前者の帰属を説明するという二元的構成が広く行われていた。手形条例は，手形証券に対する所有権に手形債権者たることを結びつけるという明確な所有権理論の立場に立っていたことがほぼ推論されるという (河本一郎「物としての有価証券——所有権理論について——」神戸4巻2号288頁注 (9)（1954年）〔『有価証券法研究 (商事法研究第1巻)』(成文堂，2000年) 所収〕)。有価証券の二元的構成と証券所有権説については，小橋一郎『手形行為論』(有信堂，1964年) 192頁以下を参照されたい。

5) ADWO § 36：Der Inhaber eines indossierten Wechsels wird durch eine zusammenhangende, bis auf ihn hinuntergehende Reihe von Indosamenten als Eigenthümer des Wechsels legitimiert. Das erste Indossament muβ demnach mit dem Namen des Remittenten, jedes folgende Indossament mit dem Namen desjenigen unterzeichnet sein, welchen das unmittelbar vorhergehende Indossament als Indossatar benennt. Wenn auf ein Blanko=Indossament ein weiteres Indossament folgt, so wird angenommen, daβ der Aussteller des letzten den Wechsel durch das Blanko=Indossament erworben hat. Ausgestrichene Indosamente werden bei Prüfung der Legitimation als nicht geschrieben angesehen. Die Echtheit der Indosamente zu prüfun, ist der Zahlende nicht verpflichtet.

た所持人すなわち形式的資格を備えた所持人は支払受領する権利があり，それゆえ債務者は彼に対して支払って免責されるものと解されていたわけである[7]。

そこで考え合わせなければならないのが形式的資格の意味であるが，これに関しては，Wächterは次のように説く。「手形に基づいて請求権を行使しようとする者は，このために権利者として証明されていなければならない，つまり，資格づけられて（legitimieren）いなければならない。この資格は第一に全く形式的な資格であり，つまり，手形を行使する者が手形の文言にしたがって権利者とみなされることの証明（Nachweis）である[8]。」と。つまり，資格ないし形式的資格[9]とは，支払請求者が権利行使するうえで，債務者に対して行う権利証明であると理解されている。そのうえ，当時は，形式的資格は所持人の権利行使要件とも解されていたため，債務者の支払免責は，形式的資格を備えた所持人の権利行使に対して債務者は支払を拒絶することは許されないと共に，係る所持人に対して支払って免責されるということにおいて理解されていた[10]。要するに，ドイツ手形条例36条は，請求者に形式的に裏書が連続した手形によって自己の権利を証明させることにより，本来ならば債務者に課せられている請求者

---

6) Oscar Wächter, Encyclopädie des Wechselrechts der Europäischen und Ausser-Europäischen Länder auf Grundlage des gemeinen deutschen Rechts, 1880, S.644 Anm. 3.

7) 支払免責の効果を説明するために，当時の学説は，形式的資格者に支払請求及び支払受領する権限（Berechtigung）を理解していた。もっとも，このような考え方は善意取得との関係で問題になり，その後，支払免責の理論は，所持人が善意取得していないことを知る悪意（mala fides）の債務者に対しては支払免責の効果は認められないとする方向で展開していく。第1章第3節4及び第4節参照。

8) Wächter, Fn.6, S.631.

9) 資格（Legitimation）が特に形式的資格（formelle Legtimation）と述べられるようになったのは，ドイツ手形条例36条のもとに当事者適格を作り出す裏書の連続が形式的（formell）な連続を意味するのか実質的（materiell）な連続を意味するかが問題にされるようになったことを契機とする（Füssel, Ist der Beklagte zur eidliche dissession der Indossamente, auf welchen Klägers Legitimation beruht, zuzulassen, ArchDWR Bd.2, 1852, S.257ff.）。第1章第4節1参照。したがって，ドイツにおいては，資格というも形式的資格というも権利の証明という意味において代わりはなく，たださらにこれが権利行使要件としての意味も有するかどうかは解釈上の問題になるといえる。もっとも，わが国では，旧法は裏書の連続をもって権利行使要件とすることを規定し，それゆえ「資格」概念のもとにはもっぱら権利行使要件の意味が理解されていた。裏書連続の意義がドイツ法では解釈上認められているところがわが国では立法化されていたという点で注意が必要である。第3章第1節1参照。

10) 第1章第4節1(1)参照。

第 2 章　民法上の指図債権における債務者の支払免責　　147

の権利を調査する義務を免除することを定めたものと理解され，このように，債務者の支払免責の効果はもっぱら債務者の資格調査と調査義務の免除という構造において認められていたのである。

　さらに，講学上，形式的資格に相対立する実質的資格（materielle Legitimation）という概念のもとに，形式的資格を備えた者に支払えば，所持人が実質的資格を欠く場合にも，債務者は免責されると説かれていたことに留意する必要がある。例えばStaubは，裏書の真正についての調査義務に続けて，「手形債務者はさらに手形所持人の実質的資格，すなわち，裏書が交付行為を基礎としているか，これらが有効であるか否か，例えばある株式会社のために裏書をなした人物が本当にその会社の取締役であるか否か（ドイツ帝国上級商事裁判所判決集10巻405頁，同16巻362頁），という問題を調査する必要はない。債務者がこれらの調査をする権利があるか否かは別の問題であるが，ここでは次のことだけがいえよう。債務者は形式上有効な裏書が存在していれば，支払をなすことができ，支払って免責されるのである。」と説く。つまり，手形条例36条の規定上は裏書の不真正すなわち偽造の裏書が介在した場合を問題としている。しかし，裏書の真正について債務者の調査義務が免除されることの意味は，裏書が偽造かどうか，したがって権利移転が有効になされたか否かの調査が免除されるということにある。この点からすると，偽造裏書の場合に限られず，裏書人の無能力・無権限等により交付行為が実質的に無効である場合も，所持人は実質的権

---

11) 前者は1873年9月3日判決で，本来の手形債権者である法人の取締役として手形を原告に裏書した者が実際に取締役であるか，そしてこの取締役に裏書する権限があることが職務上推定されるか否かが争われた事例である。判決は，手形条例36条，76条，98条のもとに形式的に裏書の連続した手形を所持する原告には裏書の真正を調査する義務はないということから，これを肯定した（ROHG Bd.10(1874), S.404）。また，後者は1875年4月15日の判決で，論点は多岐にわたるが，手形条例36条による手形所持人の資格について，形式的には適正である前者の裏書が実質的に無効であることに基づいて資格欠缺の抗弁を被告が主張することができるかについて争われた事例である。判決は，手形条例36条にいう資格はただ形式的な裏書の連続が問題であり，その資格の調査は，裏書による手形上の権利の移転が問題となる限りで，ただ外的に証明された手形の内容に基づいて起こるものであり，そのほかの関係に基づくものではないと判示して，本件においては当該労働組合の裏書が形式では整っているとして，被告の主張を認めなかった（ROHG Bd.16(1875), S.361）。

12) Hermann Staub, Kommentar zur Allgemeine Deutsche Wechselordnung, 3.Aufl., 1899, Anm.19 zu §36.

利を取得していない点で異なるところはない。そこで，このような所持人を「実質的資格を欠く者」とみるわけである。もっとも，善意の取得者には権利取得が認められるから，この場合には所持人に実質的資格が欠けることにはならないというべきである。この点について，偽造裏書以外にも広く所持人が実質的に権利取得していないといえる場合にも債務者に支払免責の効果が与えられるべきかが問題とされるようになり，これを認めるとする解釈が判例の影響も受けて普及してきたという点にも付言する必要がある。[13]これは，裏書が実質的に無効であっても，所持人が善意取得していない場合に，債務者に支払免責の効果が認められるということを意味する。このように，当時のドイツにおいては，講学上，所持人の形式的資格——形式的な裏書の連続によって，所持人の権利が証明されていること——及び実質的資格——有効な裏書・交付が行われ，あるいは無効な裏書があっても所持人は善意取得しているという意味において，所持人が実質的に権利を有していること[14]——概念のもとに，債務者による所持人の形式的資格の調査がその実質的資格の調査義務を免除するという意味において支払免責の構造が理解されていたといえる。[15]

以上のドイツにおける判例・学説を踏まえれば，草案459条の「指図証券の発行人は，呈示人の資格を調査する権利を有するが，その義務はない。」というときの「資格」とは，呈示人の実質的資格を意味していると考えられる。[16]そのように解するとすれば，「実質的資格の調査義務なし」ということには，債務者は，形式的資格を具備する所持人に対して，たとえ彼が実質的資格を欠く場合でも，支払って免責される，という効果が理解されるものといえよう。

そこで次に問題になるのは，調査権の意義である。Staubも指摘していたよ

---

13) RGZ Bd.53(1903), S.204; RGZ Bd.55(1904), S.47. Wächter, Fn.6, S.644ff., 645 Anm. 2 und 3.; Volkmar=Loewy, Die Deutsche Wechselordnung, 1862, S.185 Zus.415a.; W.Hartmann, Das deutsche Wechselrecht, 1869, S.283f.; H.Rehbein, Allgemeine Deutsche Wechselordnung, 5.Aufl., 1895, S.65 Note 5 zu §36; Wilhelm Bernstein, Allgemeine deutsche und allgemeine österreichische Wechselordnung, 1898, S.183; Rudolf Müller-Erzbach, Deutsches Handelsrecht, 1969, Neudruck der 2./3. Auflage 1928, S.486; Richard Michaelis, Wechselrecht: Kommentar auf der Grundlage der Deutschen Wechselordnung unter vergleichsweiser Heranziehung der hauptsächlichsten ausländischen Wechselgesetze und des künftigen einheitlichen Wechselrechts, 1932, Anm.16 zu §36.

14) 実質的資格とは，「手形上の権利を行使する真の権限」を有していることであるとされる（C.S. Grünhut, Wechselrecht, Bd.2, 1897, S.110）。

うに，実質的資格の調査権があるということは調査義務とは別の問題である。もっとも，この調査権についてはドイツ法においても歴史がある。

そもそも債務者の調査権ということは，裏書の真正について債務者は調査する権利を認められるか否かという問題として議論され，初期の学説は，これを認めるとその調査義務を免除したこととの間で矛盾が生ずるとして，これを否定していた。[17]当時は，裏書の連続した所持人に対して債務者は支払を拒絶できないものと解されており，それゆえ，債務者が裏書の真正を調査し，その偽造を主張して支払を拒むことは認められない，と考えられていたのである。この

15) 松本烝治博士の見解もこのような形式的資格・実質的資格概念に基づくものである。松本博士は，実質的資格とは「所持人カ指図證券ノ眞正ナル權利者テアルカ否カ」であるとして，「假令所持人カ形式的資格ヲ具備スル場合ニ於テモ其裏書ノ一カ偽造ナルトキ又ハ無能力其他ノ事由ニ因リ無效ナルカ若クハ取消サレタルトキハ所持人ハ眞正ナル權利者タルコトヲ得ナイノデアル尤モ手形其他金錢其他ノ物又ハ有價證券ノ給付ヲ目的トスル指圖證券ニ付テハ商法ニ特別規定カアッテ其證券ノ取得者カ惡意又ハ重大ナル過失ナクシテ證券ヲ取得シタル者ナルトキハ眞正ナル權利者ト爲ルノデアルカ（商法二八二條，四四一條）若シ惡意又ハ重大ナル過失アリテ證券ヲ取得シタル者ナルトキハ矢張眞正ナル權利者タルコト得ナイノテアル」（同『民法第四百七十條ト第四百七十八條トノ關係』『私法論文集』（厳松堂書店，1926年）376頁）と説き，偽造裏書がある場合のみならず，無能力により裏書が無効な場合，詐欺強迫により裏書が取り消された場合，被裏書人が悪意・重過失により善意取得していない場合など，裏書が実質的に無効である場合，所持人が善意取得していない場合を所持人に実質的資格が欠けている事例として挙げられている。ドイツ法の影響のもと，形式的資格と実質的資格を対置して理解するのがわが国でも一般的であったといえる（岡野敬次郎『日本手形法』（有斐閣，1905年）285頁以下，田中耕太郎『手形法小切手法概論』（有斐閣，1935年）359頁以下，鈴木竹雄「手形裏書の抹消——裏書の資格授与力に関する一研究——」法協50巻1号9頁注（四）(1932年)〔『商法研究I総論・手形法』（有斐閣，1981年）所収〕，小橋一郎『有価証券法の基礎理論』（日本評論社，1982年）136頁以下等）。

16) ロエスエルは，裏書の連続を権利行使要件として規定する草案793条のもとで，同条に示されている原理はドイツ手形条例36条にも明文をもって見出されることを述べたうえで，「法律は裏書の中断のないことを要求しており，権利移転を要求するものではない。それゆえ，ただ裏書が外的な形式においてきちんとしているか否かが問題なのであり，署名の真正，署名者の資格（Legitimation），例えば商業上の能力（handelsfähig）の有無は問題ではない。」（Roesler, Fn.2, S.619）と述べている。ここでは，裏書人が商人として署名をした場合，すなわちその商人が能力を欠き，したがってその裏書が実質的に無効となる場合にも，そのことは所持人の形式的資格において問題とならないことが述べられている。これはまさに所持人の実質的資格に関するものといえる。ロエスエルの注釈は，法人の取締役として行った者の裏書の効力が問題とされた当時の判例に配慮したものと推察される（前掲注11）参照）。

17) Heinrich Thöl, Das Wechselrecht, Das Handelsrecht, Bd.2, 4.Aufl., 1878, S.513.

ことは，手形条例起草のためのライプチヒ会議においても大いに議論され，結果的に，明らかに偽造の痕跡がある場合に債務者に供託権を認めようとする案は否定され，たとえ偽造の痕跡があるとか注意すれば偽造に気づくことができるような状況でも，債務者は支払うべきである——したがって債務者には裏書の真正についての調査権は認められない——と解されることになったという経緯がある[18]。ところが，手形条例に善意取得に関する74条が規定されるに至ったことにより，債務者は，所持人が善意取得していることを知っているとか，あるいはそのことに容易に気づきうる場合にも支払うべきであるか否かが問題とされることになった。そして1861年ニュルンベルク改正法の成立過程では再び，債務者には裏書の真正を調査する権利が認められるか否かが問題提起されるに至った。結果として，改正委員会の見解は，債務者には裏書の真正を調査する権利は認められないとするものであったが，ただし，所持人が裏書の不真正に関して故意（dolus）又は過失（culpa lata）の責めに帰せられる場合——善意取得していない場合——には，債務者は，ドイツ手形条例82条のもとに理解される抗弁権（Einrede）が認められるという見解を示していた[19]。学説でも，たとえ所持人が形式的資格を備えて支払請求してきた場合でも，所持人が善意取得していないことを証明できる確実な証拠を有する場合には，債務者は支払拒絶できるものとする見解が多く現れるようになっていた[20]。要するに，債務者の「調査権」ということは，善意取得していない無権利者に対する支払拒絶の抗弁権という意味に理解されるようになっていたわけである。

このように解されるに至ると，この問題は，債務者は広く実質的資格についても調査権（抗弁権）が認められるか否かという問題として論じられるように

---

18) 第1章第3節1参照。

19) 第1章第3節3参照。ドイツ手形条例82条は「手形債務者は，手形上の権利に由来する抗弁か，原告に対して彼に直接帰属する抗弁のみを対抗されうる。」と規定する。いわゆる手形抗弁の規定である。

20) Füssel, Fn.9, S.272; Jolly, An wen muβ und an wen kann die Zahlung eines Wechsel geschehen?, ArchDWR Bd.2, 1852, S.173, 175ff.; Emil Hoffmann, Ueber die Bedingungen der Gültigkeit des Erwebers eines Wechsels und der an den Wechselinhaber geleisteten Zahlung, ArchDWR Bd.5, 1857, S.397f.; Levin Goldschmidt, Ueber den Erwerb dinglicher Rechte von dem Nichteigenthümer und die Verschränkung der dinglichen Rechtsverfolgung, insbesondere nach handels- rechtlichen Grundsätzen, ZHR Bd.8, 1865, S.334f. 第1章第4節1参照。

なった。これについて，当時の判例・多数説は，手形条例36条は形式についての調査義務しか認めておらず，実質的資格を欠く形式的資格者に対して支払って免責される，すなわち債務者には所持人の実質的資格について調査義務はないということから，その調査権は認められないというものであった。[21]しかし，実質的資格に対する調査権は認められるとする判例も現れていた。[22]学説においても，理論的な観点からこれを認めようとする見解が有力に主張されていた。例えばStaubは，「形式的資格とは，手形債務者が形式的に資格づけられた者に対して危険なく支払うことができるというのみならず，形式的に裏書の連続した手形の呈示によって，まずは手形債権者が証明義務を十分に果たしているということを意味している。したがって，手形債権者は，例えば手形を裏書した株式会社がその署名に際してしかるべく代表権を有していたということを証明する必要はない（ドイツ帝国上級商事裁判所判決集10巻405頁）。むしろ，実質的資格に対する攻撃は抗弁の問題である。それゆえ，反証の責任は債務者にある。[23]」と説く。要するに，債務者の調査権すなわち抗弁権の意味が究極には，形式的資格者として権利が証明されている所持人の無権利を訴訟において主張・立証しなければならないことにあるとすれば，債務者が所持人の無権利を証明しうるような場合に債務者が支払を拒むことに問題はないといえる。そして，所持人の無権利を債務者が証明しなければならないという点では，実質的に無効な裏書が介在する場合も変わりはない。このような意味において，広く実質的資格に対する調査権すなわち抗弁権も認められるべきであると主張されたわけである。

　ロエスエルの当時でいえば，証券所持人の資格についての調査権を認めるが

---

21) ROHG Bd.23(1878), S.357; JW 1900, S.472 Nr.15; S.Borchardt, Die Allgemeine Deutsche Wechselordnung mit dem von den Deutschen und Oesterreichischen Gerichtshöfen ausgesprochen Grundsätzen des Wechselrechts, 6.Aufl., 1874, S.170 Zus.392(6).Thöl, Fn.17, S.505, 512; Wächter, Fn.3, S.645 Anm.2; Bernstein, Fn.13, S.181; Rehbein, Fn.13, S.65 Note 5 zu §36.

22) ROHG Bd.2(1871), S.281; RGZ Bd.22(1889), S.183. 後者の判例は国立銀行持分証書（Reichsbanksanteilscheine）について普通ドイツ商法典305条が準用する手形条例36条，74条の適用はないとされた事例であるが，国立銀行規則の「国立銀行は，国立銀行持分証書の所持人の資格を調査する権利はあるが，その義務はない。」との規定の解釈において，手形条例36条と反対に，ここに調査権は認められると判示された。

23) Staub, Fn.12, Anm.23 zu §36.

調査義務を認めないという立法例があり[24]，手形条例36条に関しても所持人の実質的資格についての調査権を認めるのが有力説であったといえるが，商法草案でもこの考えに倣ったことが推察される。その限りで，草案459条にいう「呈示人の資格の調査権あり」ということは，形式的資格者の支払請求に対して，債務者は，所持人が実質的資格を欠くこと——裏書が実質的に無効というだけでなく，所持人が善意取得していないことを含む——を証明して支払を拒むことができる，ということを意味していたと考えられる[25]。

最後に，草案459条の「ただし，重大な怠慢と悪意のためにそれにより損害を被った者に対しては責任を負う。」とする2文の意味を検討しよう。以上までの考察によれば，草案459条1文のもとでは，債務者は形式的資格を備えた所持人の支払請求に対しては，たとえ所持人が実質的資格を欠く場合でも，支払って免責されると共に，所持人の実質的資格については調査権が認められ，債務者は，所持人が実質的資格を欠くことを証明して支払を拒むことができるということが理解されると考えられる。このとき，債務者は，支払拒絶できるというのみならず，真の権利者に対しては，支払を拒絶すべき立場にあるともいえる。そこで，当時の判例には，所持人が悪意又は重過失で手形を取得したことを知り又は知りうべき債務者による支払には，信義則（Treu und Glauben）上，真の権利者に対して免責の効果は認められないとするものが現れ，学説もそのような解釈を支持していくようになるのである[26]。他方，この時期には同時に，上のような場合にも債務者は支払うことができるが，故意に支払った債務者には，信義則違反に基づき真の権利者に対して損害賠償責任を負うとする伝統的な見解も少なからず主張されていたことに留意する必要がある[27]。例えば，

---

24) 前掲注22) 参照。

25) 所持人が善意取得している場合には，実質的資格に対する抗弁権は認められない。途中に無効な裏書が介在していても，善意取得した所持人は実質的権利を有しているからである。したがって，債務者が実質的資格について抗弁する場合には，同時に所持人が善意取得していないこと——所持人が悪意又は重過失によって手形を取得したこと——を証明しなければならない。その意味で，債務者のきわめて広範な調査権すなわち抗弁権はその範囲において狭められているといえる（Staub, Fn.12, Anm.23 zu §36）。

26) RGZ Bd.53(1903), S.204; RGZ Bd.55(1904), S.47; RGZ Bd.57(1904), S.388. Goldschmidt, Fn.20, S.335; Jolly, Fn.20, S.175; Hoffmann, Fn.20, S.407ff.; Staub, Fn.12, Anm.19 zu §36; Bernstein, Fn.13, S.183; Rehbein, Fn.13, S.65 Note 5 zu §36; Michaelis, Fn.13, Anm.16 zu §36; Grünhut, Fn.14, S.257f.

Dernburgは,「手形債務者は,少なくとも所持人が手形を悪意で取得した場合には,形式的資格者に対して抗弁を対抗することができる。そのうえ,正当な見解によれば,彼が悪意で手形を取得した者に故意に(wissentlich)支払った場合には,実質上の債権者に対して責任を負っている(verantwortlich)。なぜなら,彼は,悪意で手形を取得した者に対して抗弁を対抗でき,それゆえ抗弁を対抗しなければならなかったからである。」と説く。ロエスエルは,支払に際しての債務者の注意義務を強調する一方で,「重大な怠慢と悪意」ある債務者に損害賠償責任を認めているが,これには上の伝統的な見解が考慮されたことが推察されるのである。

債務者は故意(wissentlich)の支払によっても免責されうるが真の権利者に対しては損害賠償責任を負うとする考えは,「悪意(mala fides)」の支払は債務者を免責しないとする考えに代わっていくが,この見解が通説化するのはもう少し後のことである。この点からすると,債務者は立証責任を負担して支払を拒むことができるという意味での調査権という概念は,形式的資格者に対して債

---

27) Thöl, Das Handelsrecht, Bd.1, 6.Aufl., 1979, S.691; R.Mansfeld, Wechsellegitimation und Wechselberechtigung, LZ 1912, S.582. 故意に当たる場合としては,債務者と所持人とが所持人の無権利につき通謀していた場合が挙げられている。ドイツ民法226条は「権利の行使は,他人に損害を与える目的しか有さない場合には,許されない(Die Ausübung eines Rechts ist unzulässig, wenn sie nur den Zweck haben kann, einem andren Schaden zuzufügen.)。」,同826条は「善良の風俗に反する方法によって故意に他人に損害を加えた者は,その他人に対し損害を賠償する義務を負う(Wer in einer gegen die guten Sitten verstoβenden Weise einem anderen vorsätzlich Schaden zufügt, ist dem anderem zum Ersatze des Schadens verpflichtet.)。」と規定する。なお,故意の支払の場合において真の債権者へ損害賠償責任を負うかという問題は,もっぱらドイツ民法793条1項(無記名債務証書の所持人の免責)の立法過程において,所持人が無権利者であることを知って支払う債務者は免責されるか,債務者は支払拒絶義務があるかという問題として議論された(Protokolle des Kommission für die zweite Lesung des Entwurfs des Bürgerlichen Gesetzbuchs, Bd.2, 1898, Neudruck 1983, S.527ff., 559ff.)。立法過程では消極的な結論に終わったが,それにもかかわらず積極説も少なからず主張された(Heinrich Dernburg, Die Schuldverhältnisse, Das bürgerliche Recht des deutschen Reichs und Preuβens, Bd.2, Abt.1, 3.Aufl., 1905, S.389f.; Paul Oertmann, Recht der Schuldverhältnisse, Kommentar zum BGB, 2.Buch, 3.und 4.Aufl., 1910, Anm.4 zu §793; Planck, Recht der Schuldvervältnisse, Kommentar zum BGB, Bd.2, 1.und 2.Aufl., 1900, S.549ff.; J. von Staudinger, Recht der Schuldvervältnisse, Kommentar zum BGB, Bd.2b, 2.Aufl., 1906, S.783)。

28) Heinrich Dernburg, Die Schuldverhältnisse, Das bürgerliche Recht des deutschen Reichs und Preuβens, Bd.2, Abt.2, 3.Aufl., 1906, S.280.

務者はその他の調査は許されず，したがってそのような所持人には支払拒絶できないという初期の硬直的な免責理論が，所持人の無権利についての確実な立証手段を有する債務者は支払を拒絶するべきであり，そのような悪意の支払には免責の効果は認められないとする近時の免責理論へ是正されるまでの，いわば媒介としての役割を果たした概念であると位置づけられよう。

　以上の考察を踏まえると，草案459条の構造は次のように理解される。指図証券の債務者が「呈示人の資格（Legitimation）を調査する義務はない。」とは，債務者が所持人の実質的資格を調査する義務はないということをいうものと解される。その意味は，債務者は，形式的資格を備えた所持人に対して支払えば，たとえ所持人が実質的資格を欠く場合であっても，その支払によって免責されるということにある。もっとも，これは形式的資格者に対する支払を絶対的に義務づけるというものではなく，債務者には「呈示人の資格（Legitimation）を調査する権利」が認められ，債務者は，所持人の実質的資格の欠缺について，立証責任を負担してその支払を拒むことができる。しかし，所持人が実質的資格を欠くことを知り又は知りうべき債務者は，単にこの点について調査権があるというのみならず，真の権利者に対する信義則（Treu und Glauben）上，その調査は義務にもなる。それを怠り支払う債務者は，真の権利者に損害が発生した場合には，損害賠償責任を負う。すなわち，債務者は「重大な怠慢と悪意のためにそれにより損害を被った者に対しては責任を負う。」。

---

29) Staub, Fn.12, Anm.19 zu §36; Grünhut, Fn.14, S.257ff.; Heinrich Brunner, Die Werthpapiere in: W. Endemann(hrsg.), Handbuch des deutschen Handels-, See-, und Wechselrechts, Bd.2, 1882, S.175f.; Raban Freiherr von Canstein, Das Wechselrecht Österreichs und die Abweichungen der Wechselrechte Deutschlands, Ungarns, Bosniens und der Herzegowina, der Schweiz, Russlands, Italiens, Rumäniens, Serbiens, Frankreichs und Englands, 2.Aufl., 1903, S.194; Ernst Jacobi, Die Wertpapiere in: Victor Ehrenberg(hrsg.), Handbuch des gesamten handelsrechts mit Einschluβ des Wechsels-, Scheck-, See- und Binnenschiffahrtsrechts, des Versicherungsrechts sowie des Post- und Telegraphenrechts, 1917, S.143f., 169. なお，民法470条の起草に際して債務者の真の債権者に対する損害賠償責任（旧商法400条）は単に悪意又は重過失ある債務者を免責しないという構成に変えられた。本章第2節1参照。

2 手形債務者の調査権と支払免責

　商法草案上の手形小切手に関する規定（草案761条乃至887条）の中には，指図証券及び無記名証券に関する通則的規定（草案453条乃至463条）とは別に，手形債務者の支払免責に関する規定（草案821条）が存在している。

　＜草案821条＞
　Zahlung an den Wechselinhaber bei oder nach Verfall befreit den Schuldner, wenn ihn des Falles kein grobes Verschulden trifft.
　（満期又は満期後における手形所持人への支払によって債務者は免責される。ただし，その際に債務者に重大な過失がない場合に限る。）

　民法470条の立法者は，旧商法400条（草案459条）を民法470条の母法とみながらも，旧商法760条（草案821条）との関連を示唆し，旧商法760条の意味において「弁済ハ無効トス」と規定したと述べている。[30] 他方で，草案821条は，債務者の調査義務・調査権を規定する草案459条とは違って，手形債務者の支払免責の効果を直接に規定しているから，これらの条文がいかなる関係にあるかが問題になる。そこで草案821条であるが，その注釈では次のように述べられている。

　　「満期又は満期後の支払を問題とする場合には，前条【筆者注：満期前の支払】のような心配はない。満期は，適法な債権者が彼の権利を行使するであろう期日であり，その結果，これ以後，不誠実な又は無権限の人物による詐欺又は濫用を恐れる必要はほとんどなくなる。たしかに，このときも債務者はただ手形の交付及び受取と引換えに支払ってよく，そのような用心をしないならば自己の危険においてこれを行うに過ぎない。しかし，彼は，満期に手形所持人に支払うことができるのであり，その際に重過失がない限り，この支払によってそれ以上のあらゆる支払義務から免責されるのである。そのような過失としては，債務者が何ら有効な裏書を有しない者に支払う場合（793条），その同一性をしかるべく確かめずに面識のない人物に支払う場合，明らかに偽造の，あるいは疑わしい裏書に対して支払う場合，紛失又は盗難されたものとして通告された手形に支払う場合，などが挙げられる。これに対して，債務者に常に

---

30) 法務大臣官房司法法制調査部監修『法典調査会・民法議事速記録三（日本近代立法資料叢書3)』（商事法務研究会，1984年）555頁以下［梅謙次郎発言］。本章第2節1参照。

あらゆる場合に支払の有効性の責任を負わせるというのは正当ではないだろう。むしろ，459条の規定はここでも適用される。適法な手形所有権者であると主張する者が，その都度の所持人への支払に対して異議を申し立てる場合には，債務者は，この異議に従い，所持人との訴訟そしてその他の手形金不払の結果の責任を一身に引き受けるよう，直ちに義務づけられるというものではない。所持人が事情によっては事実上疑わしく思われる場合，あるいはその異議が裁判上の処分によって基礎づけられている場合にのみ，それを義務づけられる。裁判上の処分については825条が規定している。フランス商法145条参照。債務者が，手形上の全ての署名を調査するために手形の交付を受け，受取を記載させることなくして支払う場合にも，重過失ありとされる（「ブラワール」第3巻359頁以下，363頁注(3))。[31)][32)]」

草案821条の規定のあり方と注釈によれば，この規定がフランス法系の支払免責制度の影響を受けていたことが推察される[33)]。他方で，注釈には，手形債務者の支払免責に関しても，無記名証券及び指図証券の通則に関する草案459条が適用されることが明言されている。つまり，手形債務者の支払免責に関しても債務者の実質的資格についての調査権が認められるわけである。もっとも，

---

31) フランス商法典145条に関して，手形債務者は手形上の署名を確認するために一度手形の交付を受け，さらに所持人に受取を記載させなければならないものと解されていた。Ch. Lyon-Caen=L.Renault, Fn.31, n°297.

32) Roesler, Fn.2, S.658f.

33) 1807年フランス商法典145条は「手形を満期に異議を受けずして支払う者は，有効に免責されるものと推定される（Celui qui paie une lettre de change à son échéance et sans opposition est présumé valablement libéré.)。」と規定する。直接に免責の効果を規定する同条項の是非は，古くはプロイセン手形条例草案の成立過程から，またハーグ会議及びジュネーブ統一手形法会議に至るまで，ドイツ法系とフランス法系の支払免責制度の融合と調整という観点から大いに論じられてきたものである。統一手形法40条3項はフランス商法典145条の影響を受けた規定であるが，ドイツ手形条例36条の影響も看過できず，そのことが現行手形法40条3項の解釈論に大きな影響を及ぼしている。第1章第3節及び第5節参照。なお，フランス商法典145条においては，債務者が有効に免責されることが推定され，反証の責任は所持人に負わせられることになるから，その意味で債務者の免責範囲は広範囲に及ぶといえる。しかし，債務者には支払に際して注意義務が課されるものと介されており，その結果，過失の有無が厳格に認定されるため，事実上，免責の範囲は狭められることになる。過失の有無，免責の可否の認定は裁判上の問題とされている（Ch.Lyon-Caen=L.Renault, Traité de droit commercial, T.4., 5e éd., 1925, n°297)。つまり，裁判上では債務者の過失の有無が認定され，その意味で免責の効果が争われることになるが，実体的な支払に関しては逆に，裁判で争われるまでは支払って免責されることになるから，その意味で円滑な決済が実現されることになる。ここでフランス商法典145条が引用されているのは，草案825条に関して上の解釈を考慮したものであろう。

ロエスエルは，真の権利者と称する者が債務者に手形金を支払わないよう異議を申し立ててきた場合でも，債務者には直ちにこれに応ずる義務はなく，「ただ事情によっては所持人が真の権利者ではないと疑わしく思われる場合，あるいはその異議が裁判上の処分によって基礎づけられている場合」にのみ訴訟を提起して，手形金の不払を主張すればよいという。ここで草案459条の適用が認められるのは，支払の有効性の責任を債務者にのみ負わせるのは正しくないからであると述べられているが，そのコンテクストから判断すると，たとえ真の債権者から支払を差し控えるよう異議が申し立てられた場合であっても，調査権が認められる場合に当たらない限り支払ってよいものと考えていたと思われる。だとすると，手形債務者の支払免責を規定する草案821条のもとで草案459条の適用が認められるということの意味は，債務者が正当に支払拒絶できる場合を明らかにし，同時にそれ以外の場合には，債務者が支払って免責されることを明らかにすることにあると解される。

そのように解するとすれば，いかなる場合に債務者には調査権が認められるかが問題になるが，これは，「所持人が事情によっては事実上疑わしく思われる場合，あるいはその異議が裁判上の処分によって基礎づけられている場合」とされている。

まず，裁判上の処分については，草案825条が「手形により資格づけられた所持人に対する満期又は満期後の支払は，所持人が倒産を宣告された場合，772条及び773条に該当する場合には，ただ裁判上の処分によって禁止される。」と規定している。[34] その趣旨については，注釈によれば，形式的に資格づけられた所持人に対して債務者は支払う義務があり，ただ疑わしい事情がある場合，例えば偽造，盗難の場合に限り異議を申し立てることができるが，それは履行遅滞の責を負わされる債務者の危険において行われ，立証も困難なものであるから，資格づけられた所持人に対する異議の申立ては，ただ裁判上の処分がある場合にのみ有効であるとされている。そして，それは第一に，倒産により所持人が処分権を失ったとき，第二に草案772条及び773条に該当する場合，すな

---

34) Art.825：Die Zahlung bei oder nach Verfall an den durch den Wechsel legitimirten Inhaber kann nur durch richterliche Verfügung inhibirt, wenn derselbe in Concurs erklärt ist, und in den in Art. 772 und 773 bezeichneten Fällen.

わち真の権利者が無権利の所持人に手形の返還請求訴訟を提起した場合と手形紛失のため裁判所に公示催告手続を申請した場合であるという[35]。要するに、債務者は、履行遅滞の危険と立証の困難さを引き受けて形式的資格者に対して支払拒絶するのであるから、裁判所の処分という公的手続に基づく場合にのみ債務者に支払拒絶を認め、これにより迅速な決済を実現しようとしたものと考えられる。

　もっとも、裁判上の処分のない場合には一切の調査権を認めないというものではなく、「所持人が事情によっては事実上疑わしく思われる場合」には草案459条の適用が認められるのであり、この点につきロエスエルは、あらためて草案826条において、「支払に対するその他の異議、債務者の面識のない人物への支払については、459条の規定が適用される。」と規定している[36]。この規定については、真の権利者（異議申立人）による支払に対する裁判外の異議を通じて、債務者に草案459条における調査権ないし一般的な注意義務を喚起させるものであると説かれている。すなわち、債務者は裁判上の処分がない限り支払を拒絶する義務はなく、真の権利者の私的な異議申立てには何の効力もないのであるが、真の権利者が例えば盗難・紛失といった事実を私的な異議として債務者に通知した場合には、債務者はそれにもかかわらず調査せずに支払えば怠慢（Nachlässigkeit）又は悪意の責を負うことになる。また、草案825条に該当するが債務者には真の権利者（異議申立人）のために裁判上の処分を得る時間がないような場合にも、異議申立人は、この事実上の抗弁権によって債務者に注意を喚起し、場合によっては履行遅滞に付すことができるという[37]。さらに、債務者の面識のない人物への支払に関しても、例えば、巨大銀行では日々支払日に大量の手形が呈示されるので、あらゆる所持人にその同一性の証明を要求し、やたらに彼を調査するということは要求できないが、疑いを起こさせるような状況にある場合には、面識のない者への支払は怠慢（Nachlässigkeit）に当たり、彼に対して特別な注意が義務づけられる。それゆえ、無記名証券及び指図証券

---

35) Roesler, Fn.2, S.663f.
36) Art.826：Der anderweitige Einspruch gegen die Zahlung, oder die Zahlung an eine dem Schuldner ungekannte Person, kann die Anwendung der in Art.459 ausgedrückten Regel zur Folge haben.
37) Roesler, Fn.2, S.664ff.

に関する459条の一般原則が手形取引においても適用されるとする。[38]

　要するに，裁判上の処分がない場合にも，真の権利者は，債務者への裁判外での異議の通知を通じて，債務者に調査権ないし注意義務の喚起を働きかけることができ，それにもかかわらずこれを怠る債務者は怠慢（Nachlässigkeit）又は悪意の責め——459条但書にいう真の権利者に対する損害賠償責任——や履行遅滞の責めを負う。とりわけ，所持人の同一性については，債務者には調査権があるというだけでなく，疑いを生じさせる状況にあるにもかかわらず支払った場合には怠慢（Nachlässigkeit）に当たるという意味において，特別な注意が義務づけられるというわけである。

　以上要するに，草案459条が手形の支払にも適用されるということは，債務者が正当に支払拒絶できる場合を原則として裁判上の処分と草案459条の抗弁権が認められる場合に限定し，これにより決済の迅速を図る一方で，真の権利者から私的な異議が通知された場合や，所持人の同一性に疑いを起こさせるような状況にあるような場合には，債務者には調査権があるというだけでなく，むしろ注意が義務づけられ，それにもかかわらずこれを怠ると，草案459条但書の意味における悪意又は怠慢の責め——真の債権者への損害賠償責任——を負うというものであるといえる。支払拒絶できる場合を限定することによって円滑な決済を実現させる一方で，場合によっては債務者には注意を義務づけるという形で真の権利者への信義則を実現しようとするものといえよう。

3　手形債務者の支払免責と所持人の形式的資格

　ところで，草案459条における債務者の調査権は形式的資格を具備した所持人に対して認められるものと解されることは既に述べた通りであるが，これに対し，草案821条の適用がある支払は形式的資格に対する支払でなければならないか否かは明確にされてはいない。手形所持人の形式的資格に関しては，既に草案825条が形式的資格者への支払の効力という形で問題にしているが，草案821条の支払免責の要件としても所持人の形式的資格が必要であるのか，それとも草案821条は広く手形債務者の保護を定めたものであり，形式的資格を

---

38) Roesler, Fn.2, S.666.

欠く所持人に対して支払っても，悪意又は重過失なき限り，これによって免責される趣旨のものであるのかは明らかではない。この点につき，参考になるのは，ロエスエルが，「債務者が何ら有効な裏書を有しない者に支払う場合（793条）」を草案821条の意味での重過失に当たるものと解している点である。草案793条は裏書の連続に関する規定であり，次のように規定している。

<793条>
Das Indossament ist für den Indossatar nur wirksam, wenn die Reihe der Indossamente bis auf ihn nicht unterbrochen ist ; ein zur Stellvertretung oder Sicherheit indosssirter Wechsel kann sowohl von dem Indossanten als von dem Indossatar weiter indossirt werden.
（裏書は，被裏書人にとって，彼まで裏書の連続が中断されていない場合にのみ，有効である。代理ないし担保のために裏書された手形は，裏書人も被裏書人もさらに裏書することができる。）

上の草案793条の規定からは，「有効な裏書」ということの意味が，被裏書人にとって裏書の連続が中断していないという点にあることがわかる。そして，本条の趣旨については，注釈において次のように説かれている。

「本条で述べられている原則はドイツ手形条例36条においても明文をもって規定されている。それは手形の形式的性質（Formalnatur）から必然的に導かれ，その性質によってただ手形の内容は債権的な効力を有することができる。手形は，786条【筆者注：無記名手形及び白地式裏書の場合】の例外を除いて，ただ手形上の裏書によって移転されうる。それゆえ，全ての被裏書人は，手形が受取人又は別の手形所有権者によって移転される場合にのみ，手形所有権者になることができる。したがって，裏書の連続は，最初の裏書が受取人の氏名で，次の裏書が第一被裏書人の氏名で，そして続く全ての裏書が直接に先行する裏書において被裏書人と指定されている者の名前で署名されている場合にのみ，中断していないといえる。しかしながら，法律はただ中断のない裏書の連続を要求しているのであり，移転の連続を要求していないということに注意しなければならない。したがって，裏書が外面的な形式に従って整っていることが重要なのであり，署名の真正や署名者の資格（Legitimation），例えば商業上の能力（handelsfähig）の有無は問題ではない。確かに，そのような特別な欠缺に基づいて事情によっては抗弁権（Einrede）が導かれるが，形式における裏書の有効性には，とりわけ他の人々に対する有効性には関係がない。[39]」

要するに，裏書が連続している場合に被裏書人にとって裏書が有効であるということは，実質的な権利移転の連続ではなく，形式的に裏書が連続していれば，最後の被裏書人は権利行使ができるということを意味するものとされている。だとすれば，ここで述べられていることは，注釈でも述べられている通り，ドイツ手形条例36条において理解されていることと変わりはない。とりわけ，形式的に裏書が連続していれば，署名の真正（ドイツ手形条例36条末文）の調査義務，署名者の商業上の能力すなわち所持人の実質的資格の有無の調査義務が[40]免除されるという解釈，そして事情によってはこの点についての抗弁権すなわち調査権が認められるという解釈は，当時のドイツの判例・学説を踏まえた見解であるといえる。

　以上より，「債務者が何ら有効な裏書を有しない者に支払う場合（793条）」とは，形式的な裏書の連続を欠く手形を所持する者に債務者が支払う場合を指しており，これを欠く所持人に支払うことは重過失に該当するということからは，草案821条の適用においては所持人の形式的資格が債務者の免責要件とされていたとみることができよう。その限りで，草案459条，821条，793条においては，形式的に裏書の連続した指図証券ないし手形の所持人への支払免責の効果と債務者の調査権・調査義務が問題とされている点で，理論的な整合性が認められるものといえよう。

4　所持人の形式的資格と弁済受領資格

　さらに草案459条を巡って問題となるのは，その注釈において，ロエスエルが「所持人が本当に証券上に記載された人物か否か，所持人の署名が真正であるか否か，所持人が代理人又は使者の権限を有するか否か，といった事情を発

---

39) Roesler, Fn.2, S.619.
40) 法人については機関によって法律行為が行われるから，法人の能力（いわゆる営業能力）に関しては，代表者の権限の有無が問題になる。ロエスエルがここで署名者の商業上の能力の有無を問題にしているのは，株式会社のために裏書した人物が代表権を有していたか否か問題とされた判例（ROHG Bd.10（1873），S.405，前掲注11）16）参照）が念頭にあったことが推察される。能力を欠く裏書人による署名は実質的に無効であるという意味において，これは所持人の実質的資格の問題である。実質的資格の意義については，本節1参照。

行人は調査する必要はない」と述べている点であろう。つまり，所持人と証券上に記載された人物との同一性，所持人の署名の真偽，所持人の代理権限の有無を債務者は調査する必要はないということになる。既に述べたように，民法470条の起草者は，旧商法400条すなわち草案459条に由来する同条に「其署名，捺印」という文言を加え，これは「所持人ノ真偽（Legitimation）」の解釈としても導き出せるはずのものと考えていたが，松本烝治博士は，注釈のこの部分をもって，民法470条の「所持人ノ真偽」をいわゆる所持人の同一性を意味するものと解する所以とされている。そうしてみると，まずはロエスエル自身がこの注釈のもとに何を意図していたのかを明らかにする必要があるといえよう。そのためには，当時のドイツ法において所持人の資格（Legitimation）のもとに所持人の同一性，所持人の署名・代理権限の問題がどのように理解されていたのかを考察する必要がある。

　まず，所持人の同一性（Identität des Inhabers mit dem formelle Legitimirten）についてであるが，松本博士が正しく指摘されるように，これは通常，証券を呈示して弁済を求める者が形式的資格者であるか否かの問題を意味している。すなわち，形式的資格は受取人ないし裏書の連続した最後の被裏書人に権利の証明を与えるものであるから，理論上は所持人と最後の被裏書人が同一である場合にはじめて所持人に形式的資格が与えられる。それゆえ，形式的資格者に支払って免責されるという意味において，債務者には，裏書連続の整否と共に，所持人の同一性の調査が義務づけられることになる。ところが，取引安全の保護の思想が高まる中，債務者には所持人の同一性の調査が義務づけられるか，同一性を欠く者に対して支払って債務者は免責されるか，ということが大きな関心事とされていくようになる。[41]

---

41) 当時の通説は，一般原則より当然に債務者は所持人の同一性について調査義務があり，所持人が同一性を欠く場合には支払っても免責されないと解していた（Wächter, Fn.6, S, 644; Thöl, Fn.17, S.514; Bernstein, Fn.13, S.183; Staub, Fn.12, Anm.17 zu §36; Heinrich Otto Lehmann, Lehrbuch des deutschen Wechselrechts, 1886, S.536）。これに対して，悪意（mala fides）の支払によって債務者は免責されないという考えが確立していくにつれて，この頃から同一性の調査義務を負わないとする見解も生じてきていた（Grünhut, Fn.14, S.260ff.; von Canstein, Fn.29, S.194; Karl Adler, Das österreichische Wechselrecht, 1904, S.63）。この所持人の同一性はジュネーブ会議でも大いに議論されることとなった。第1章第5節参照。

他方，草案459条の注釈では，「所持人が本当に証券上に記載された人物か否か」に続いて，所持人の署名の真偽，所持人の代理権限ということが扱われており，これらが所持人の弁済受領権限の有無を問題としていることからすれば，ここにいう「所持人が本当に証券上に記載された人物か否か」のもとには，所持人が受取に署名した証券上の権利者自身であるのか，それとも，権利者が受取の署名をして証券を使者に交付した場合のように，所持人は証券上の権利者自身ではないのかが問題にされているものと解される。[42]

要するに，所持人の同一性というとき，通常，裏書の連続した最後の被裏書人自身が手形を呈示しなければ形式的資格は認められないという意味において，その呈示人が形式的資格者であるか否かという問題が理解されているが，他方で，「所持人が本当に証券上に記載された人物か否か」という意味での同一性のもとには，受取のある証券の所持人が正当な権利者又は弁済受領権限者か否かという問題が理解されるのであり，このようにいわゆる「所持人の同一性」のもとに，所持人が形式的資格者か否かという問題と弁済受領資格者か否かという問題が混在しうるということが，草案459条ないし旧商法400条，さらにはこれを母法とする民法470条の立法と解釈にある種の混乱をもたらしたことが推察されるのである。

問題になるのは，所持人の実質的資格の調査権・調査義務について規定していると考えられる草案459条において，何故ロエスエルが受取の記載すなわち所持人の弁済受領資格の問題に言及しているのかという点である。この点，ロエスエルは，受取の記載のない証券・手形の所持人による支払請求に債務者は応じる必要はないと考えており，[43]そのうえ，受取の記載された手形についての

---

[42] 磯部四郎博士は旧商法400条において，「前條【筆者注：受取証を記した指図証券の呈示及び交付を受けた場合には，債務者は，引受をしていない場合でも支払う義務があるとする規定】ノ場合ニ於テ其所持人カ果シテ券面ニ記入シタ本人ナル乎又其本人カ自ラ署名シタルモノナル乎将タ代理権ヲ委任セラレタル者乎代理権上ニ於テ之ヲ爲シタルモノナル乎ノ真偽」を調査する必要はないと述べられている（磯部四郎『商法「明治23年」釈義　第一編第七章～第八章（第三五三條～第四五八條）（日本立法資料全集別巻13）』（信山社出版，1996年，長島書房・明治23-24年刊の復刻）1551頁）。

[43] 商法草案のもとではもっぱら，指図証券の債務者は，受取を記載した指図証券の呈示及び交付を受けたときは，支払う義務があるものとされていた（草案458条，なお旧商法399条参照）。また，ロエスエルは，受取証の記載を受けずに手形金を支払った場合には，重過失に当たり，免責されないものと解していた（前掲注32) 33) 参照）。

債務者の調査義務に関する当時のドイツの学説状況を考慮したものと推察される。すなわち，手形条例39条１項は「手形債務者はただ受取の記載された手形と引換えに支払うことを義務づけられる。」と規定していたが，手形条例の議事録によれば，債務者はどの程度受取の真正――直接の受領者がこの受取を記載したか否か，彼はその際受取を記載する権限を証明したか否かなど――について調査しなければならないかが問題とされた。しかし，所持人の資格に関する手形条例36条との関連で，受取の真正についての調査義務はないと解されることになった。[44] 学説も，この立法過程での議論を根拠に，受取の真正についての債務者の調査義務――受取の記載された手形の所持人が被裏書人自身であるか否か，手形を取立てに来た者が代理権を有するか否かの調査義務――はないものと解していた。[45] 所持人の弁済受領資格は形式的資格とは別の問題であるが，当時はこの問題は形式的資格に関連して論じられるのが一般的であったといえる。[46]

これを踏まえて，ロエスエルは，債務者の資格調査について規定した草案459条において，この問題に言及したものと考えられる。すなわち，彼が「所持人が本当に証券上に記載された人物か否か，所持人の署名が真正であるか否

44) 受取の真正の調査義務に関しては，「手形法会議においてこのことが問題とされたが，法は支払受領の資格を明文をもって要求してはいないとして，否決された。」(Voklmer=Loewy, Fn.13, S.157)。議事録においても，「ここで議題とされたのは，債務者は，受取の真正について，直接の受領者がこの受取を記載したか否か，彼はその際受取をなす権限を証明したか否かなどをどの程度調査するのかということであった。しかし，この点は支払受領資格と関連があり，それゆえ36条に関する議決により片がつけられている，ということで一致した。」(Protocolle der zur Berathung einer Allgemeinen Deutschen Wechsel=Ordnung in: Protocolle der zur Berathung einer Allgemeinen Deutschen Wechsel=Ordnung in der Zeit von 20. October bis zum 9. Dezember in Leipzig gehaltenen Conferenz nebst dem Entwurfe einer Wechsel=Ordnung für die Preußischen Staaten, den Motiven zu demselben und dem aus den Beschlüssen der Conferenz hervorgegangenen Entwurfe, 1848, S.72) と説かれている。

45) Oscar Wächter, Wechsellehre nach den deutschen und ausländischen Gesetzen für den praktischen Gebrauch des Handelsstandes, 1861, S.283f.; Hartmann, Fn.13, S.362; Brunner, Fn.29, S.174. なお，Brunnerは，特定の証券については法定的に受取証書の真正の調査を免除されているとして，特別法の存在を指摘している。受取の真正についての調査権を認めるものとして，Volkmer=Loewy, Fn.13, S.156f.「債務者は呈示人と被裏書人との同一性を調査しなければならない。それゆえ，彼は受取の真正を確かめる権利を有する。手形が営業主ではなく従者によって取り立てられ，それゆえ営業主が受取を作成する限りで代理権を有するという状況においては，真正の調査は二重に必要になる」と。

第2章　民法上の指図債権における債務者の支払免責　165

か，所持人が代理人又は使者の権限を有するか否か，といった事情を発行人は調査する必要はない」と述べているのは，弁済受領資格を欠く所持人に支払って免責されるという意味において，受取の真正を調査する義務はないとする趣旨であったと考えられるのである。

ところで，受取の真正の調査義務に関しては，ロエスエルの当時と現在とでは，判例・学説の立場が大きく変わっていることに付言しておきたい。それには，取引の安全の高まりを受けて，受取証書の持参人に関する規制が実定的に実現されるに至ったという事情がある。

　　1861年普通ドイツ商法296条は「受取証書の持参人は，支払を受領する権限あるものと看做す。ただし，支払をなす者に知られた事情がそのような権限の推定に矛盾する場合はこの限りではない。」と定め，代理権や弁済受領権限を与えられていない受取証書の持参人に対しても支払受領の権限を認める——持参人に支払って免責される——ことを規定した。この規定は1794年プロイセン一般ラント法130条が，債務証書の受託者に支払請求権を擬制する129条に続いて，「それに対し，支払われるべき額の受取証書を委託された者は，支払受領のため代理権あるものと看做される。」と定めた規定に由来する。普通ドイツ商法296条は，文言的な修正を加えられただけでそのまま1896年ドイツ民法370条——わが国の民法480条の母法にあたる——に引き継がれることとなる。そこでこの規定の趣旨については，例えばKeyssnerは，沿革を踏まえて次のように説く。「受取証書作成者としての債権者と債務者とが相対立する場合には，法律は，双方の間に第三者が存在し，彼に免責的な給付が与えられてよいという

---
46) 例えばBrunnerは，「呈示人が証書により資格づけられた給付受領者（Destintär）と同一であるか，その同一性を調査すべきか」という問題と，「呈示人が給付受領者であるか，その同一性を調査すべきか」という問題を区別する。そのうえで，後者に関して，受取の記載のある「受け戻されるべき証券の呈示は十分な資格とみなされてよい。」と述べ，どちらも資格調査の軽減の問題として取り扱っている（Fn.29, S.172ff.）。あるいはWächterは手形法百科事典の「資格」の項において，受取のある手形の持参人に給付受領権限が推定される限りで，「受取によって一種の資格（eine Legitimation）が作り出される」（Fn.6, S.651f.）ものとし，形式的資格のもとに弁済受領資格を論じている。

47) ADHGB §296：Der Überbringer einer Quittung gilt für ermächtigt, die Zahlung zu empfangen, sofern nicht die dem Zahlenden bekannten Umstände der Annahme einer solchen Ermächtigung entgegenstehen.

48) Protokolle der Commission zur Beratung eines allgemeinen deutschen Handelsgesetz-Buchs, Bd.1, 1857, S.1322f.

49) ALR §130：Hingegen ist der, welchem die Quittung über eine zu bezahlende Summe anvertraut worden, zum Empfange der Zahlung selbst für bevollmächtigt zu achten.

ことを事実上の基礎としている。たしかに，ほんらい債務者は，安全に給付するためにはこの第三者の権限を調査しなければならない。プロイセン一般ラント法は，第三者に受取証書が『委託（anvertrauen）』されることを要求していたが，それによれば，その第三者には債務者から支払われるべき額を受領する権限があるものとして，債務者は債権者が彼に受取証を交付したことを証明しなければならないはずである。しかし，そのとき，そのような委託のもとには，認識できる意思表示，委任，そして支払請求の代理権が存在しているのが通常である。そこで法律は，委託された受取証書に基づいて第三者には支払受領のために『代理権あるものと看做す』と規定することができたのである。……いまや，取引の世界をますます支配しつつある商行為の分野において時間的な制約が強いられるにつれて，慎重なプロイセン一般ラント法から，意思の存在を考慮せずに，一定の事実から外面的に読み取られる証明（Ausweis）が発展した。商事取引に関する法は一般的な民事に関する法となったのであり，もはや窮屈な慣習に我慢する必要はない。権限の証明に代わって，授権の形式的な外見が出現している。Labandが普通ドイツ商法の代理制度に関して述べたところを繰り返そう。『権限に代わって，資格（Legitimation）が現れる』と。すなわち，形式が内容と見なされるのである！」と。つまり，本来第三者を債務者のもとへ支払請求に赴かせる場合には，受取証書をこの者に交付するだけでなく，委託を証明する代理証書などを持たせる必要がある。債務者側からいえば，支払請求に来た第三者に代理権限を証明させる必要がある。ところが，受取証書が持参された場合には，債権者が持参人に支払請求の代理権を与えていると考えるのが通常である一方，この点の調査義務を厳格に課すと円滑な弁済は阻害されることになる。そこで，法がこの点の調査義務の軽減を認め，受取証書の持参人に弁済受領資格——権限の証明——を認めたというのである。近代における取引安全の保護の要求を受けて，受取証書の持参人に弁済受領資格を認め，これを欠く者への支払に免責の効果が理解されるに至ったわけである。

　受取の真正についての調査義務に関しては，受取証書の持参人に弁済受領権限を認める普通ドイツ商法269条がドイツ民法370条に引き継がれ，この規定のもとで，受取証書は真正でなければならないと解されたことから，その意味に[52]

---

50) BGB §370: Der Überbringer einer Quittung gilt als ermächtigt, die Leistung zu empfangen, sofern nicht die dem Leistenden bekannten Umstände der Annahme einer solchen Ermächtigung entgegenstehen.「受取証書の持参人は，給付を受領する権限あるものとみなす，ただし，給付者に知れた事情がこの権限の承認を妨げるときは，この限りではない。」訳文は椿寿夫＝右近健男編『ドイツ債権法総論』（日本評論社，1988年）294頁より引用。

51) Hugo Keyssner, Der Quittungsträger in: Festgabe der juristischen Gesellschaft zu Berlin zum 50jährigen Dienstjubiläum von Richard Koch. 1903, S.141f.

おいて，債務者には，受取証書の真正についての調査義務があると解されるようになった。[53]このことから，手形上の受取に関しても，判例・学説は，手形債務者には受取の真正について調査義務があると解するに至っている。

例えばStaubは，ドイツ手形条例36条の注釈で次のように述べている。「支払受領のためには，さらに別の資格が存在する。つまり，商行為に関する普通ドイツ商法典296条において生ずる資格であり，受取の記載された手形の呈示において存在する資格である。その資格は，仮に手形が呈示人に裏書されていないとしても認められる。手形慣習法によって，ドイツ商法296条の法命題は全手形取引に拡大され，その結果，当該手形債務が商法上の方法によらない場合でも適用される。」[54]と。このように，普通ドイツ商法典296条を根拠に，債務者は真正な受取のある手形の呈示人に有効に弁済をなしうると解する見解が出現してくる。[55]ドイツ民法370条が成立すると，とりわけ小切手取引に関して，偽造の受取証書に対して支払っても債務者は免責される——したがって受取の真正の調査義務はない——という学説も現れるが，[56]判例・多数説は，受取証書は真正でなければならず，それゆえ債務者には受取の真正を調査する義務があると解しており，現在の判例・通説も同様に解している。[57]これを踏まえて，現在でも，手形に記載された受取にもドイツ民法370条が適用され，[58]受取は真正でなければならないものと解されている。[59]要するに，債務者には受取の真正を調査する義務はないとする手形条例成立時の見解に代わって，ドイツ普通商法296条及びドイツ民法370

---

52) そもそも普通ドイツ商法296条は，受取証書が委託されていない場合，すなわち受取証書が盗難されて持参されたような場合を想定したものと考えられており（Prot. zum ADHGB, Fn.49, S.1323），ドイツ民法の議事録においても，これと同趣旨のことが述べられていた（Protokolle der Kommission für die zweite Lesung des Entwurfs des Bügerlichen Gesetzbuchs, Bd.1, 1897, S.341）。このように，ドイツ民法370条はもっぱら，受取証書が盗難・紛失した場合を対象とするものと考えられたことから，それゆえ受取証書は債権者ないし権限者により作成されたもの，すなわち真正でなければならないものと解されていた（Keyssner, Fn.51, S.141; Carl Crome, System der deutschen bügerlichen Rechts, 1902, S.235 Anm.28; Friedrich Endemann, Lehrbuch des bügerlichen Rechts, Bd.1, 1903, S.801 Anm.33; H. Rehbein, Das Bürgerliche Gesetzbuch, Bd.2, 1903, S.272; Heinrich Dernburg, Die Schuldverhältnisse, Das bürgerliche Recht des deutschen Reichs und Preußens, Bd.2, Abt.1, 3.Aufl., 1905, S.308; Josef E. Goldberger, Der Schutz gutgläubiger Dritter im Verkehre mit Nichtbevollmächtigten nach BGB, 1908, S.83)。
53) Endemann, Fn.53, S.801 Anm.33.
54) Staub, Fn.12, Anm.28 zu §36.
55) Wächter, Fn.6, S.651; Bernstein, Fn.13, S.178, 183. 受取の記載は真正でなければならないとする。
56) J. von Staudinger, Recht der Schuldvervältnisse, Kommentar zum BGB, Bd.2b, 2.Aufl., 1906, Amn.1 zu §370.

条のもとでは，その真正を調査する義務ありとする見解が通説化している。

これに対して，わが国では，指図債権に記載された受取の真正を調査する義務はないとする趣旨が認められる民法470条——草案459条の沿革のもとに民法470条には「その署名及び押印の真偽」の調査義務なしと規定されているうえ，学説でも，これに所持人の署名・捺印すなわち受取の署名・捺印を含むと解されている点には異論はない[60]——が存在する一方，ドイツ民法370条を母法とする民法480条——判例・通説は，ドイツ法と同様，受取の真正を要求している[61]——が存在している。民法480条に関しては，受取証書の真正の調査義務について立法時に議論があったが，民法470条との関係については，民法の立法者

---

57) 前掲注54) に挙げた文献のほか，RGZ Bd.73(1910), S.347; RGZ Bd.102(1921), S.344; NJW 1961, S.622. Keyssner, Fn.51, S.142, 148f.; Oertmann, Fn.27, Anm.1b zu §370; Planck, Fn.27, Bd.2, 1.Hälfte, 4.Aufl., 1914, S492; Fn.27, Bd.2a, 2.Aufl., 1906, S.233f.; Ludwig Enneccerus=Heinrich Lehmann, Recht der Schuldverhältnisse, 15. Bear., 1958, S.256; Joachim Gernhuber, Die Erfüllung und ihre Surrogate, 2.Aufl., 1994, S.496; Karl Larenz, Lehrbuch des Schuldrechts, 14. Aufl., 1987, S.245; Werner Ballhaus, BGB mit besonderer Berücksichtigung der Rechtsprechung des Reichsgerichts und des Bundesgerichtshofes, Kommentar, 12. Aufl., 1976, Anm.1 zu §370; Walter Zeiss, Th. Soergel(ber.), Kohlhammer-Kommentar zum BGB 12. Aufl. 1990, Anm.5 zu §370; Dirk Olzen, J. von *Staudingers* Kommnentar zum BGB: mit Einführungsgesetz und Nebengesetzen, Buch2 Recht der Schuldvervältnisse (§§362-396), Neubearbeitung 2006, Anm.3 zu §370; H.P. Westermann, Erman BGB, Handkommnetar, 11. Aufl., 2004, Anm.2 zu §370; Wenzel, Münchner Kommentar zum BGB, 4. Aufl., 2001, Anm.3 zu §370; Palandt BGB: Beck'sche Kurz- Kommentare, Bd.7, 65.Aufl., 2006, Anm.2 zu §370. なお，偽造の受取証書による支払においては，受取証書用紙や社印の保管方法についての注意義務を基準に債権者に対する損害賠償請求権の成立の有無を問い，これと債務者の弁済義務とを相殺することによって，債務者を免責するという考え方が確立している。

58) ドイツ民法典が成立し，上に代わって受取証に関する通則として民法370条が規定されると，「今や慣習法の助けを借りる必要はない。そのような法命題は，370条によって法取引全体に，したがって手形取引にも適用されるからである。」(Staub, Kommentar zur Allgemeinen Deutschen Wechselordnung, 4.Aufl., 1901, Anm.28 zu §36) ということになる。

59) Adorf Baumbach=Wolfgang Hefermehl, Wechselgesetz und Schekgesetz: Beck'sche Kurz-Kommentare Bd.26, 22.Aufl, 2000, Anm.7 zu §40; Peter Büllow, Heidelberger Kommentar zum Wechselgesetz/Scheckgesetz und zu den Allgemeinen Geschäfts- bedingngen, 4.Aufl., 2004, Anm.7 zu §40.

60) ただし杉之原舜一氏は「其署名捺印ノ真偽」とは証券上の各裏書人の署名捺印行為の実質的効力の有無を意味するものと解されている (「表見的受領権者に対する辨濟者の保護(二)」法協46巻9号71頁以下 (1928年))。その他の学説については，本章第1節参照。

には明確な認識がなかったようである。[62]

5　小　　括

　民法470条の母法である商法草案459条は「指図証券の発行人は，呈示人の資格（Legitimation）を調査する権利を有するが，その義務はない。ただし，重大な怠慢と悪意のためにそれにより損害を被った者に対しては責任を負う。」と規定している。そこでの「呈示人の資格を調査する義務はない」とは，指図証券の債務者が所持人の実質的資格を調査する義務はないということを意味すると解される。それは，債務者は，形式的に裏書の連続した所持人に対して支払

---

61) 大判明治41年1月3日新聞479号8頁，内池慶四郎「債権の準占有と受取證書」法研34巻1号49頁以下（1961年），我妻栄『新訂債権総論（民法講義Ⅳ）』（岩波書店，1964年）281頁以下，於保不二雄『新版債権総論（法律学全集20)』（有斐閣，1972年）360頁等)。これに対して，偽造の受取証書も含むとする見解がある（杉之原舜一「表見的受領権者に對する辨濟者の保護（一）（二）」法協46巻8号1頁以下（1928年），9号49頁以下（1928年)，末弘嚴太郎『債権總論』（日本評論社，1938年）165頁以下，小池隆一『債権法總論』（泉文堂，1954年）274頁)。例えば杉之原氏は，通説に対し，①債務者が債権者に不法行為責任を追及できるとしても，資力のない債務者が相殺しないときは，債権者は事実上二重の損害負担を強いられる，②偽造者が債権者本人を自称するときは民法478条により保護され，代理人を詐称すれば民法478条によっても本条によっても弁済者は救済されないことになる，③受取証書の真正を要求すると，弁済者には受取証書の真否の調査義務が課せられることになるが，これは受取証書持参人の弁済受領権限に関する実質的権限の調査義務を免除しようとする本条の趣旨に矛盾する，など主張する。しかし，これに対しては，①については，自己の財産管理上の不注意が財産管理上の不注意が常に不法行為になるというのは独断であり，またこの論拠を債権者無過失の場合の債権者保護にまで広げるのは論理の飛躍があるとの反論がなされており（内池・前掲62頁)，②については，詐称代理人も，民法478条が適用されるとする現在の判例・通説のもとでは当たらない。③についても，受取証書の真否を調査するうえでたまたま請求者の弁済受領権限の有無が判明するとしても，本来ならば弁済者に原則として要求せられる請求者の実質的受領権限の有無を調査する義務が，現に持参された受取証書の真否調査のみで足りるとする民法480条により著しく軽減されていることは明白で，この2つの義務を混同することは外観保護についての民法480条の予定する基本的構造を無視するものである（内池・前掲63頁)，との反論がなされている。
62) 議事録をみても民法起草当時の学説でも，民法480条と民法470条との関係について言及するものはない。ただし，民法480条の起草過程では，ドイツ民法第二読会草案319条（ドイツ民法370条に相当）を根拠に，その真正を要求する見解に対して，富井議員から，偽造も含むと解すべきという趣旨の発言もなされていた。ただし，多くは否定的で，穂積委員は真正の受取証書のつもりで書いたと発言している（法務大臣官房司法法制調査部監修『法典調査会・民法議事速記録三』（商事法務研究会，1984年）280頁以下)。

えば，裏書が偽造の場合のみならず，裏書人の無能力・無権限等の理由で裏書が実質的に無効である場合，所持人が善意取得していない場合のように，所持人が実質的資格を欠く場合でも，その支払によって免責されるということを意味している。もっとも，これは債務者に形式的資格者に対する支払を絶対的に義務づけるというものではなく，債務者には「呈示人の資格を調査する権利」が認められ，債務者は，所持人の実質的資格の欠缺について，立証責任を負担してその支払を拒むことができる。しかし，所持人が実質的資格を欠くことを知り又は知りうべき債務者は，単にこの点について調査権があるというのみならず，真の権利者に対する信義則（Treu und Glauben）上，その調査は義務にもなる。それを怠り支払う債務者は，真の権利者に損害が発生した場合には，損害賠償責任を負う。すなわち，債務者は「重大な怠慢と悪意のためにそれにより損害を被った者に対しては責任を負う。」。ドイツ法に由来する資格（Legitimation）に基づく免責理論と当時の判例・学説状況を踏まえると，459条のもとには以上のような構造が理解される。

　債務者は故意（wissentlich）の支払によっても免責されうるが真の権利者に対しては損害賠償責任を負うとする考えは，「悪意（mala fides）」の支払は債務者を免責しないとする考えに代わっていくが，この見解が通説化するのはもう少し後のことである。この点からすると，債務者は立証責任を負担して支払を拒むことができるという意味での調査権という概念は，形式的資格者に対して債務者はその他の調査は許されず，したがってそのような所持人には支払拒絶できないという初期の硬直的な免責理論が，所持人の無権利についての確実な立証手段を有する債務者は支払を拒絶するべきであり，そのような悪意の支払には免責の効果は認められないとする近時の免責理論へ是正されるまでの，いわば媒介としての役割を果たした概念であると位置づけられる。

　なお，民法470条の起草者が疑問を呈していた，草案821条（旧商法760条）と草案459条（旧商法400条）との関係は，所持人の実質的資格に対する債務者の調査権が手形の支払免責においても認められるという点にあるといえる。これは，債務者が正当に支払拒絶できる場合を原則として裁判上の処分と草案459条の抗弁権が認められる場合に限定し，これにより迅速な決済を実現させる一方で，場合によっては債務者には注意を義務づけられるという形で真の権利者

への信義則を実現しようとするものであるといえる。商法草案においては，ドイツ手形条例36条と同様の意味において証券所持人には裏書の連続が要求されているということができ，形式的に裏書の連続した所持人への債務者の支払免責の効果及び債務者の調査権・調査義務を問題としている点で，手形に関する規制と指図証券に関する通則との間には理論的な整合性が認められる。

　問題になるのは，草案459条の注釈において，ロエスエルが「所持人が本当に証券上に記載された人物か否か，所持人の署名が真正であるか否か，所持人が代理人又は使者の権限を有するか否か，といった事情を発行人は調査する必要はない。」と述べている点である。所持人の同一性（Identität des Inhabers mit dem formelle Legitimirten）のもとには，通常，裏書の連続した最後の被裏書人自身が手形を呈示しなければ形式的資格は認められないという意味において，その呈示人が形式的資格者であるか否かという問題が理解されているが，他方で，「所持人が本当に証券上に記載された人物か否か」という意味での同一性のもとには，受取のある証券所持人が正当な権利者又は弁済受領権限者か否かという問題が理解されるのであり，このようにいわゆる「所持人の同一性」のもとに，所持人が形式的資格者か否かという問題と弁済受領資格者か否かという問題が混在しうるということが，草案459条ないし旧商法400条，さらにはこれを母法とする民法470条の立法と解釈にある種の混乱をもたらしたことが推察される。何故ロエスエルが，所持人の実質的資格に関する規定と考えられる草案459条において受取の記載すなわち所持人の弁済受領資格の問題に言及しているのかであるが，彼は，受取の記載のない証券・手形の所持人による支払請求に債務者は応じる必要はないと考えており，そのうえ，当時のドイツにおいては，所持人の形式的資格に関連して弁済受領資格が論じられ，弁済受領資格を欠く所持人に支払って免責されるという意味において，受取の真正を調査する義務はないと解されていたことを踏まえたものであると考えられる。

　もっとも，受取は真正でなければならず，したがって受取証書の真正について債務者には調査義務があるとする民法480条に関する現在の判例・通説の立場からは，所持人の署名・捺印すなわち受取の真正の調査義務はないと解される民法470条との関係をどのように解すべきかという問題が生じている。

第4節　民法470条の法的構造と所持人の同一性についての調査義務

　以上までの考察によれば，民法470条に関しては，その母法である草案459条に理解される法的構造を踏まえると，所持人の形式的資格——形式的な裏書の連続によって，所持人の権利が証明されていること——についての債務者の調査義務のもとに，所持人の実質的資格——有効な裏書・交付が行われ，あるいは無効な裏書があっても所持人は善意取得しているという意味において，所持人が実質的に権利を有していること——についての調査義務を免除するという形で支払免責の効果を認めるものと理解される。そこにはさらに，所持人の実質的資格についての調査権も理解される。調査権の概念はドイツのPrüfungsrechtに由来すると考えられ，それは債務者が立証責任を負担して支払拒絶できるということを意味している。しかし，この概念は，形式的資格者に対しては支払を絶対的に義務づけられるとしていた初期の免責理論を修正するものとして現れたものである。つまり，形式的資格者に対しては債務者の調査は許されず，したがってそのような所持人には支払拒絶できない——ただし債務者は真の権利者に対して故意の支払について損害賠償責任を負う——という初期の免責理論が，所持人の無権利についての立証手段を有する悪意の債務者の支払には免責の効果は認められないとする近時の免責理論へ是正されるまでの，いわば媒介としての役割を果たした概念である[1]。民法470条の起草に際して，旧商法400条の「悪意又ハ甚シキ怠慢ニ付テハ此カ爲メ損害ヲ受ケタル者ニ對シテ其責ヲ負フ」という部分が「債務者ニ悪意又ハ重大ノ過失アルトキハ其辨濟ハ無効トス」に換えられたのは上の免責理論の発展に沿うものであるといえるが，立法過程でも疑義が出されたように，これによって不要になったにもかかわらず調査権という文言があえて残されたことから，調査権の意義を巡る問題もまた生ずることになったといえよう[2]。民法学説は調査権の意味を，

---

1) 本章第3節1参照。
2) 法務大臣官房司法法制調査部監修『法典調査会・民法議事速記録三（日本近代立法資料叢書3）』（商事法務研究会，1984年）559頁以下。本章第2節2参照。

おそらく立法過程の議論を根拠にして，調査の間は履行遅滞の責めを負わないという意味に解しているが，調査権の概念には本来遅滞の責めを負わないという意味はなく，何故指図債権にあっては，履行遅滞の要件を一般債権以上に厳格にしなければならないのか，合理的な根拠はないといわざるをえない。悪意の支払に免責の効果を排除するという現在の免責理論が理解される民法470条において，調査権ということは，支払を拒むことができるという以上に特別な意義はないというべきである。

民法470条において困難な問題を生じさせるのは「その証書の所持人並びにその署名及び押印の真偽」の解釈であり，商法学説は，民法470条はもっぱら，「所持人ノ真偽」とは，所持人が権利者――最後の被裏書人――と同一か否かを，「其署名・捺印ノ真偽」とは受取の署名に限定して理解するのに対して，現在の民法学説は，同様に「所持人ノ真偽」には所持人が権利者と同一か否かという問題を理解するも，「其署名・捺印ノ真偽」ということには広く裏書人の署名も含まれるものと解している。

しかし，そもそも民法470条の立法者は，「所持人ノ真偽」ということに所持人が権利者か否か――所持人が実質的資格を有するか――という問題を理解し，「其署名・捺印ノ真偽」ということに所持人の署名・捺印，すなわち受取の署

---

3) 我妻栄『新訂債権総論（民法講義Ⅳ）』（岩波書店，1964年）561頁，於保不二雄『新版債権総論（法律学全集20）』（有斐閣，1972年）325頁等。本章第1節参照。
4) 河本一郎「免責証券について」神戸3巻1号179頁注（2）（1953年）〔『有価証券法研究（商事法研究第1巻）』（成文堂，2000年）所収〕。本章第1節参照。
5) 大橋光雄『新統一手形法論上巻』（有斐閣，1932年）364頁，山尾時三『新手形法論』（岩波書店，1935年）332頁，喜多了佑「支払人の調査義務」『手形法・小切手法口座第4巻』（有斐閣，1965年）125頁，大隅健一郎＝河本一郎『手形法・小切手法（ポケット註釈全書）』（有斐閣，1959年）276頁（ただし「疑うべき相当の理由があれば拒絶しても遅滞の責を問われない。」とされる。），納富義光「手形法第四〇条三項について（下）――特に支払者の調査権を中心として――」手研267号8頁以下（1978年）。
6) 本章第1節参照。ただし，杉之原舜一「表見的弁済受領権者に対する辨済者の保護（二）」法協46巻9号65頁以下（1928年）。本章第3節4参照。なお，高鳥正夫博士は，其署名捺印に所持人の署名押印も含むか否かを検討されていないが，民法470条において，最後の裏書が記名式である指図証券を，その被裏書人以外の者が所持している場合の弁済を対象としているとされているから（同「證券所持人の同一性に關する調査義務」法研27巻12号1頁以下（1954年）），ここに受取の記載された手形を持参した者も含まれるものと解していたと考えられる。

名の真正——所持人が弁済受領資格を有するか否か——を理解していたに過ぎず，所持人が権利者——最後の被裏書人——と同一か否かという意味での所持人の同一性ということには，立法過程の議論においては触れられていなかった[7]。それにもかかわらず，現在の民商学説が「所持人ノ真偽」ということに「所持人の同一性」を理解しているのは，一つには，ロエスエルが注釈において「所持人が本当に証券上に記載された人物か否か」の調査義務はないと述べたことに由来し——ただし，注釈ではもっぱら受取の記載された証券所持人の弁済受領資格が問題とされている——，もう一つには，裏書の連続した最後の被裏書人自身が手形を呈示しなければ形式的資格は認められないという意味での「所持人の同一性」が理論上の問題として理解される，という理由がある。要するに，いわゆる「所持人の同一性」のもとには，所持人が形式的資格者か否かという問題と弁済受領資格者か否かという問題が混在しうるということが，草案459条ないし旧商法400条，さらにはこれを母法とする民法470条の立法と解釈にある種の混乱をもたらしたといえる[8]。そして，商法草案の起草者はもっぱら，受取の記載のある証券所持人が権利者又は弁済受領権限者であるかという意味での同一性を想定していたという点からすれば，呈示人が形式的資格者であるかという意味での所持人の同一性の問題は，解釈の問題に任されることになったといえる。

　この問題について，梅博士は，後の著作で「裏書ニ因ル譲受人ナリト稱シ現ニ證書ヲ所持スル者ハ第四百七十八條ニ所謂債權ノ準占有者ナリト謂ハザルヘカラス」と説き，この意味での所持人の同一性の問題には民法478条が適用されるという見解を示しており[9]，これを支持する見解もある[10]。しかしながら，従来この「債権の準占有者」という概念は広く解されて過ぎているきらいがあり，この問題を手形債権について考察してみても，手形上の最後の被裏書人と現在の所持人とが同一である場合において，その外観を信頼して行われた弁済と，債権者らしい外観を備えていない手形所持人，例えば最後の被裏書人が他人名

---

7) 本章第2節1参照。
8) 本章第3節4参照。
9) 梅謙次郎『民法原理債権總則完（復刻叢書法律学篇17）』（信山社出版，1992年，和仏法律学校・明治35年（1902年）刊の複製）704頁以下。
10) 大濱信泉『手形及小切手法』（厳松堂書店，1934年）482頁。

義である手形を所持している者に対して，その同一性が欠けていることを知らないで行われた弁済とは，かなりの差があるから，この場合の債務者免責の問題は，少なくとも，民法478条においては解決されてはいないとみるのが正当であろう。[11]

そこで，呈示人に形式的資格が認められるかという意味での所持人の同一性に関する問題が民法478条においては解決されないと考える場合に，これが民法470条において解決されていると考えられるだろうか。民法470条の立法者及び草案459条でのロエスエルの理解としても，民法470条の「その署名及び押印の真偽」の文言解釈としても，ここには所持人の署名・押印の真偽すなわち受取の署名の真否――所持人の弁済受領資格の有無――が理解されており，学説上もこのような解釈には異論はないといえる。そして，受取の記載がある場合にその署名の真否を調査しなくてよいことには，受取に署名してある所持人の名称が被裏書人の名称と同一である場合にも，その署名の真否すなわち所持人が被裏書人本人か否かを調査する必要がないということも含まれている。ここで受取の真正の調査義務を免除したことの意味が，弁済受領者が弁済受領権限者か否かのみならず，被裏書人本人か否かの調査義務も免除し，もって迅速な弁済を実現するということにあるとすれば，受取の記載がない場合の解釈としても，呈示人が被裏書人本人かを調査する必要がない，すなわち形式的資格を備えているかという意味での同一性を調査する義務はないと解すべきであろう。

問題は，民法学説は，「其署名，捺印ノ真偽」において裏書人の署名・捺印も含むものと解し，したがって所持人が実質的資格を欠く場合の支払免責の効果は民法470条によって認められると解するのに対して，商法学説はもっぱら，所持人の実質的資格の欠欠については民法478条で免責されるものと考えている点である。[12] 確かに，商法学説のように，民法470条は，所持人の実質的資格に関する以外の事項，すなわち呈示人が形式的資格者であるかという意味での同一性と，所持人の弁済受領資格に関しての特則を定めたものと解することは，「その証書の所持人並びにその署名及び押印の真偽」の文理解釈からも首肯しうるものである。しかしながら，商法草案や民法470条の沿革によれば，「所持

---

11) 高鳥・前掲注7) 7頁以下。
12) 本章第1節参照。

人ノ真偽」ということには所持人の実質的資格が理解されていたといえ，これを踏まえれば，所持人が実質的資格を欠く場合は民法470条により免責されるものと解すべきであろう。特に，商法学説のように所持人の実質的資格の欠缺の場合には民法478条により免責されると考えると，手形法40条3項や民法470条より軽い過失要件で保護されることになってしまう[13]。もっとも，商法草案459条における「呈示人ノ資格（Legitimation）」が旧商法400条において「提示人ノ正否」へ，そして民法470条において「所持人ノ真偽」と表現されることになったことが，これについての解釈上の疑義をもたらしたといえ，文言解釈として，「所持人ノ真偽」ということに「所持人ノ実質的資格」を理解することは難しい。そこで，現在の民法学説のように，「所持人ノ真偽」ということにはいわゆる所持人の同一性を理解し，「その署名及び押印の真偽」に裏書人の署名も含まれると解するのが，実質的に上のような解釈を導くうえで妥当と考える。

　以上より，民法470条の法的構造は次のように解される。すなわち，同条によれば，形式的資格を備えた所持人に対して支払えば，たとえ所持人が実質的資格や同一性を欠く場合に支払っても免責され，受取の記載された所持人に対して支払えば，たとえ所持人が弁済受領資格を欠くような場合に支払っても，免責される。調査権とは本来抗弁権を意味し，立証責任を負担して支払を拒みうることを意味するが，悪意の支払に免責の効果が排除される以上，もはや調査権には，支払を拒むことができるという以上に特別な意義はない。民法470条の「其証書ノ所持人及ヒ其署名，捺印ノ真偽」の解釈としては，所持人の同一性，所持人及び裏書人の署名・捺印が理解され，したがって，本条は，形式的に裏書の連続した所持人に対して支払えば，所持人が実質的資格を欠いていた場合――実質的に無効な裏書が存在し，所持人が善意取得していなかった場合――，所持人が権利者又は弁済受領権限者でなかった場合，受取が記載されているが所持人に弁済受領資格が欠けている場合――受取記載後の盗難・紛失

---

13) そこで，商法学説からは，民法478条の主観的要件を手形法40条3項のそれと合わせるべきとする立法論も主張されるわけであるが（高鳥・前掲注7）11頁以下），そうすると，民法478条の一般論として重過失要件を求めるのは適切かが問題とならざるをえず，今度は純民事事件で妥当性を欠くと考えられる（西村信夫編『注釈民法(11) 債権(2)』（有斐閣，1965年）417頁［沢井裕］）。

の場合や受取が偽造された場合——に支払って免責されることを定めた規定といえる。

以上のように考えるとすれば，民法470条は，民法480条との関係においても特則と解されるべきである。すなわち，民法480条は，一般債権について受取証書持参人の弁済受領資格を問題とするものであるが，民法470条は，指図債権について受取の記載のある証券所持人の弁済受領資格に関してこれを特に定めたものといえる。民法480条に関する判例・通説は，受取証書の真正を要求し，偽造の受取証書の持参人に弁済しても債務者は免責されないと解されているが，民法470条においては，受取の真否の調査義務が免除され，たとえ受取の署名が偽造であっても，債務者は免責される。その限りで，民法480条より債務者の保護範囲を広くすることになるが，流通証券である指図債権に関しては，債務者保護がより厚く図られていると解すべきであろう。

第5節　小　　括

本章は，「指図債権の債務者は，その証書の所持人並びにその署名及び押印の真偽を調査する権利を有するが，その義務を負わない。ただし，債務者に悪意又は重大な過失があるときは，その弁済は，無効とする。」と規定する民法470条について，この一見して困難な条文のもとにどのような法的構造が理解されるべきかという疑問を出発点とした。そこで，民法470条の立法趣旨をたどりながら，その母法といえる商法草案459条で理解される支払免責の法的構造を考察したところ，459条のもとでは，債務者が所持人の形式的資格——形式的な裏書の連続によって，所持人の権利が証明されていること——を調査すればその実質的資格——有効な裏書・交付が行われ，あるいは無効な裏書があっても所持人は善意取得しているという意味において，所持人が実質的に権利を有していること——の調査義務が免除されるという形で，実質的資格を欠く形式的資格者に対する支払免責の効果が理解されること，また，調査権のもとには，債務者は所持人の実質的資格について調査して支払を拒絶することができること（抗弁権）が理解されることが明らかになった。ただし，当時，調査

権の概念が必要されたのは，形式的資格者に対して債務者はその他の調査は許されず，したがってそのような所持人には支払拒絶できないという初期の硬直的な免責理論のもとで，所持人の無権利についての確実な立証手段を有する債務者は支払を拒絶できると解するうえで必要とされたものである。悪意の支払に免責の効果を排除するという現在の免責理論が理解される民法470条において，調査権ということには，支払を拒むことができるという以上に特別な意義はないというべきである。

　もっとも，民法470条において「其署名・捺印ノ真偽」という文言が挿入されたことにより，草案や旧商法では形式的資格に関連する解釈上の問題とされていた所持人の弁済受領資格に関する問題が，「その証書の所持人並びにその署名及び押印の真偽」の解釈問題として，正面に現れてくることになった。さらにこの解釈を難しくしたのは，「所持人の同一性」(Identität des Inhabers mit dem formelle Legitimirten) といわれるとき，これは通常，裏書の連続した最後の被裏書人自身が手形を呈示しなければ形式的資格は認められないという意味において，その呈示人が形式的資格者であるか否かという問題が理解される一方で，受取のある指図証券ないし手形の所持人が正当な権利者ないし弁済受領権限者か否かという問題もまた理解されるという点であった。私見としては，民法470条の「その署名及び押印の真偽」のもとには所持人の署名・押印の真偽すなわち受取の署名の真否——所持人の弁済受領資格の有無——が理解されることに争いはなく，ここで受取の真正の調査義務を免除したことの意味が，弁済受領者が弁済受領権限者か否かのみならず，被裏書人本人か否かの調査義務も免除し，もって迅速な弁済を実現するということにあるとすれば，受取の記載の記載がない場合の解釈としても，呈示人が被裏書人本人かを調査する必要がない，すなわち形式的資格を備えているかという意味での同一性を調査する義務はないと解すべきと考える。さらに，所持人が実質的資格を欠く場合の支払についても，商法草案や民法470条の立法者の意思を踏まえれば，この場合には債務者は民法470条により免責されるものと解すべきである。もっとも，「所持人ノ真偽」という表現のもとに「所持人の実質的資格」を理解することは難しく，ここにはいわゆる所持人の同一性を理解し，「その署名及び押印の真偽」に裏書人の署名も含まれると解するのが，実質的に上のような解釈を導

くうえで妥当と考える。

　民法470条の法的構造としては，形式的資格を備えた所持人に対して支払えば，たとえ所持人が実質的資格や被裏書人との同一性を欠く場合に支払っても免責され，受取の記載された所持人に対して支払えば，たとえ所持人が弁済受領資格を欠くような場合に支払っても，免責されるという構造が理解される。所持人の弁済受領資格に関しても民法470条が規定しているという点においては，民法480条に対して指図債権に関する特則という関係に立つものということができ，受取が偽造の場合にも免責されるという点で，民法480条に関する判例・通説よりも，債務者保護が厚く図られていると考えられる。

第3章
手形法における裏書の連続の意義

第1節　はじめに

1　問題の所在——わが国における「裏書の連続」の意義についての変容

　手形法16条1項は「為替手形ノ占有者ガ裏書ノ連続ニ依リ其ノ権利ヲ証明スルトキハ之ヲ適法ノ所持人ト看做ス」と規定している。本条の表現はわかりにくいが，「裏書の連続によりその権利を証明するとき」といっても，権利が証明されていれば適法の所持人と「看做す」必要はないのであるから，これは，権利行使に際して所持人がその権利の証明手段として裏書の連続を主張するとき，という意味で理解されるべきである。「適法の所持人と看做す」という法律効果については，判例・通説は，裏書の連続した所持人であっても，所持人が無権利であれば反証を挙げてその権利行使を拒むことができるとして，この「看做す」という文言を「推定す」と置き換え，あるいは，「適法の所持人と看做す」という文言を手形上の権利者として推定するという意味に読み替えるべ

---

1) 判例は，裏書の連続した手形を所持し，その手形に基づいて手形金の請求をしている場合には，当然に手形法16条1項の適用の主張があるものと解している（最判昭和45年6月24日民集6号712頁）。これにより当事者の主張方法が定型化され訴訟手続の単純化が図られ，所持人の訴訟技術の巧拙により勝敗が左右されることが避けられるとして，積極的に評価する見解もあるが（江頭憲治郎「裏書の連続のある手形による請求と権利推定の主張」『手形小切手判例百選＜第六版＞』別ジュリ173号108頁参照（2004年）），いかに当事者の主張を定型化しようとも，裏書行為の主張によって権利帰属を理由づける主張ができることは否定できないし（坂井芳雄「連続した裏書記載の主張の有無」『裁判手形法（再増補）』（一粒社，1988年）414頁），当事者主義のもとでは当事者の主張・立証の巧拙が結論を左右するというのが本来のあり方というべきではないか（倉澤康一郎『手形判例の基礎』（日本評論社，1990年）120頁）。

きであるとしている。要するに、手形法16条1項においては——それを全体としての裏書の連続に認められる効果と解するか、個々の裏書の有する資格授与的効力の集積と解するは別として——裏書の連続した所持人が手形上の権利者として推定されるという効果が認められるものと解されており、講学上、この効力は裏書の資格授与的効力といわれ、このとき裏書の連続した所持人は形式的資格を認められるものといわれている。さらに、この制度に加えて、手形法

---

2) 最判昭和36年11月24日民集15巻10号2519頁。伊澤孝平『手形法・小切手法』(有斐閣、1949年)385頁、竹田省『手形法・小切手法』(有斐閣、1955年)107頁、鈴木竹雄『手形法・小切手法(法律学全集32)』(有斐閣、1957年)235、236頁注(五)(鈴木博士は「推定す」と読み替えるべきとする通説に賛成されるが、本文中ではただ「適法の所持人とみなされる」と述べられている。)、境一郎「裏書の連続」『総合判例研究叢書・商法(3)』(有斐閣、1958年)54頁、大隅健一郎＝河本一郎『手形法・小切手法(ポケット註釈全書)』(有斐閣、1959年)137頁、田中誠二『手形・小切手法詳論下巻』(勁草書房、1968年)509頁、石井照久『手形法・小切手法(商法Ⅳ)＜第二版＞』(勁草書房、1972年)228頁、服部榮三『手形・小切手法＜改訂版＞』(商事法務研究会、1978年)100頁、加美和照『手形・小切手法入門』(北樹出版、1979年)111頁、前田庸『手形法・小切手法入門(法学教室全書)』(有斐閣、1983年)169頁、大隅健一郎『新版手形法小切手法講義(有斐閣ブックス)』(有斐閣、1989年)106頁、平出慶道『手形法小切手法』(有斐閣、1990年)377頁、鈴木竹雄＝前田庸補訂『手形法・小切手法＜新版＞(法律学全集32)』(有斐閣、1992年)249、250頁注(五)、小橋一郎『手形法・小切手法』(成文堂、1995年)211頁、前田庸『手形法・小切手法(法律学体系)』(有斐閣、1999年)315頁以下、平出慶道＝神崎克郎＝村重慶一編『手形・小切手法(注解法律学全集25)』(青林書院、1997年)237頁以下［林竧］、後藤紀一『要論手形小切手法＜第三版＞』(信山社出版、1998年)211頁以下、福瀧博之『手形法概要』(法律文化社、1998年)270頁以下、丸山秀平『手形法小切手法概論＜第二版＞』(中央経済社、2001年)112頁以下、田邊光政『最新手形法小切手法＜五訂版＞』(中央経済社、2007年)120頁、関俊彦『金融手形小切手法＜新版＞』(商事法務、2003年)70頁以下、弥永真生『リーガルマインド手形法・小切手法＜第2版補訂＞』(有斐閣、2005年)135頁、川村正幸『手形小切手法＜第3版＞(新法学ライブラリー＝15)』(新世社、2005年)154頁。これに対し、手形法16条1項を手形上の権利についての形式的資格を定めた規定と解し、実質的権利を立証しても所持人の形式的資格すなわち裏書の連続は覆し得ないから「看做ス」のままでよいとする見解がある。升本喜兵衛『有価証券法』(評論社、1952年)68頁、高窪利一『手形法・小切手法』(文久書林、1964年)75頁以下、同『手形・小切手法通論＜全訂版＞』(三嶺書房、1986年)183頁、同『現代手形・小切手法＜三訂版＞』(経済法令研究会、1997年)232頁注(2)、木内宜彦『手形法小切手法(企業法学Ⅲ)』(勁草書房、1982年)157頁、古瀬村邦夫「裏書の連続」鈴木竹雄＝大隅健一郎編『手形法・小切手法講座第三巻』(有斐閣、1965年)59頁注(一)。しかし、この見解も裏書の連続した所持人を形式的資格者とみなすに過ぎず、形式的資格を備えた所持人に権利推定の効果を認める点では変わらない。

3) 形式的資格の概念は一様ではなく、現在の通説はこれを所持人が権利者として推定されることに求めているが、手形の記載上裏書の連続していることをもって形式的資格と解する説もある。第1章第2節2参照。

においては，裏書の連続を要件として，債務者の支払免責（同法40条3項），第三者の善意取得（同法16条2項）の効果が認められている。

　問題になるのは，手形所持人が実質的に権利を有する場合に，さらに進んで，裏書の連続を備える必要があるのかという点である。これについては，旧時の判例・通説は「所持人ハ其裏書カ連続スルニ非サレハ其権利ヲ行フコトヲ得ス」と規定する明治32年新商法（以下「旧商法」という。）464条1項のもとに，所持人は，たとえ実質的に権利者であっても，裏書の連続を欠く以上，権利行使はできないものと解していた。つまり，裏書の連続の意義は，権利者が債務者に対してその権利を行使するための形式的要件であるということに求められていたのである。そして，このような権利行使要件を備えた被裏書人としての地位を「資格」といい，形式的に裏書の連続した所持人がそのような権利行使資格が与えられることをもって「資格授与的効力」と解していたわけである。

　ところが，上のような手形の形式性を厳格に解する考え方は，昭和7年（1932年）に鈴木竹雄博士が発表された画期的な論文により転換期を迎えることになる。鈴木博士は，形式的資格の効果として，所持人は実質的権利者たることの証明を要せずして当然権利行使の資格を認められ，また債務者も係る所持人が実質的権利者でない場合にも支払って免責されるものとし，さらに，係る所持人はまた拒絶証書を作成せしめ，旧商法441条（現行手形法16条2項）により，彼より裏書によって手形を取得した第三者は，彼が真の権利者でない場合でも権利を取得できるとしたうえで，形式的資格を欠く実質的権利の効果として，まず支払請求について次のように説く。

4）　大判大正5年4月13日民録22輯496頁，大判昭和7年7月5日民集11巻1481頁。岡野敬次郎『日本手形法』（有斐閣，1905年）282頁以下，松浪仁一郎『改正日本手形法』（有斐閣書房，1915年）706頁以下，水口吉蔵『手形法論』（清水書店，1916年）469頁以下，松本烝治『手形法』（有斐閣，1918年）263頁以下，青木徹二『手形法論＜訂正二十一版＞』（有斐閣，1925年）419頁以下。なお倉澤康一郎「手形所持人の形式的資格」『手形法の判例と論理』（弘文堂，1981年）176頁以下参照。
5）　松本・前掲注4）263頁，田中耕太郎『手形法（現代法学全集第7巻）』（日本評論社，1928年）92頁。第1章第2節3参照。
6）　鈴木竹雄「手形裏書の抹消――裏書の資格授与力に関する一研究――」法協50巻1号1頁以下（1932年）〔『商法研究Ⅰ総論・手形法』（有斐閣，1981年）所収〕。
7）　鈴木・前掲注6）5頁以下。

「手形債務者は形式的有資格者に支拂を爲す限り所謂免責的效力によって債務より免れ得るが故に，其れに加へてさらに通説の唱ふる如く形式的資格の欠缺者に對して權利の行使を絶對に認めないとするならば，之によって債務者の地位は一切の危險より解放せられて，正に盤石の如くなることを云ふまでもない。併し乍ら此の結果を所持人の側より顧るならば，彼は實質的權利者であり乍ら然も權利を行使する途を失ひ，唯此の場合に於て有資格者とせらるる斷絶直前の被裏書人の好意を請ふて手形の返還を受けて貰ふ以外には如何とも爲し難く，從つて手形債務者は其の限りに於て實質的には債務を負ひ乍ら其の履行を免れて了ふことになるのである。然らば此の結果こそ債權者の利益をば餘りに無視してひたすらに債務者の爲めに資格授與的效力を強調したものと云ふべきではなかろうか。手形債務者と債權者の保護がよき均衡を保つ點に手形法各般の原理は其の地位を見いだすべく，然も債權者保護に向かって近代法の學理は次第に切り開かれて行くのである。

云ふまでもなく實質的權利者と雖も形式的資格を具備せざる限り，當然に權利者として推定せらるることはなく，從つて債務者がかかる所持人の請求に對して支拂はずとも直ちに遲延利息を發生しないとするは正しいに相違ない。併し所持人が手形外の證據によつてであれ，其の實質的權利者たることを證明し得た場合に於ても，尚依然として其の權利行使を絶對的に拒否すべき理由は到底之を發見することを得ない。此の場合手形自體は所持人の占有する處に該るから，手形が滅失した場合等と異つて權利者たる可能性を有する者の範圍は限局せられて居り，從つて公示催告の手續を竢つまでもなく，然も事は手形所持人と債務者の間に於て決すれば足る問題に過ぎぬのである。

此の故に裏書の連續が缺けたるときは債權者の爲めの資格授與的效力が剝落して一般原則に立ち戻ることとなり，實質的權利に關する證明が所持人の側に要求せられるが，其の成功せる曉には債務者はこれに對して支拂を拒否するを得ざるに至ると共に，之に對應して債務者の爲めの資格授與的效力にも變更を生じ，彼は唯外形のみを信賴することを許されず，進んで實質的資格の審査をも要求せられることとなるが，其れは唯取引上通常の注意を以てすれば足るとするならば，此れ實質的權利及形式的資格より生ずる兩效力の中間にまさに妥當なる限界を劃したものと云い得るのではなからうか。此の見地よりすれば，前述の商法第四六四條第一項の規定は單に形式的資格に關する規定に止まつて，實質的權利に觸るるものではなく，結局『實質的權利に關する證明を爲さざる限り』と云ふ附款を附して理解すべきこととなるに過ぎないのである。[8]」

要するに，裏書の連続を欠く手形所持人は実質的権利者であっても権利行使

---

8) 鈴木・前掲注 6) 12頁以下。

できないとする理論は債権者の利益をあまりに無視したものであり，所持人が権利者であることを手形外に証明しえた場合においてもその権利行使を拒否すべき理由はないとして，裏書の連続を欠く場合には，債務者はただ「取引上通常の注意を以て」所持人の実質的資格の審査をすればよく，旧商法464条1項の解釈としては，裏書の連続を欠く所持人は，「實質的權利ニ關スル證明ヲ爲サザル限リ」権利行使することはできないと解すべきものとする。さらに，これを踏まえて，形式的資格を欠く所持人であっても，実質的権利の証明を伴う支払請求を認める以上，この者により作成された支払拒絶証書も有効であり，また同様に形式的資格を欠く権利者による裏書に移転的効力を否定する理由は全くないと説いている。つまり，裏書の連続を欠く所持人（権利者）による支払請求，支払拒絶証書の作成，裏書の続行について，旧時の通説では否定されていたその効力が認められるというわけである。鈴木博士の見解は圧倒的な支持を受けて旧説を打破し，もはや裏書の連続を権利行使要件と解する学説もなく，判例においても確定した見解である。現行法のもとでも，裏書不連続の場合でも「その中断している箇所につき所持人の側で実質関係（実質的に有効な権利移転があったこと，又は，被裏書人と裏書人とが同一であること等）を証明すれば，それによって中断されている裏書の連続が架橋され，所持人は権利行使をすることができる。」と説かれており，現在もこのいわゆる架橋説――裏書不連続手形の所持人も欠缺部分の実質関係を証明して権利行使できる――が通説である。

---

9) 鈴木博士は，この論文においては「かかる効果を生ぜしむる基礎たる外形的事實を資格（Legitimation）又は形式的資格（formelle Legitimation）と云つて權利（Recht, Berechtigung）又は實質的資格（materielle Legitimation）に對立せしめるのが通常の用語法である。」と述べている（前掲注6）9頁注（四））。所持人の実質的資格概念に関しては，第2章第3節1参照。

10) 鈴木・前掲注6）14頁以下。

11) 竹田省「裏書の不連續と手形所持人」民商5巻2号1頁以下（1937年）〔『商法の理論と解釈』（有斐閣，1959年）所収〕，鴻常夫「手形裏書の連続に関する一考察――とくに裏書不連続の効果を中心として――」法協84巻7号84頁以下（1967年）〔『手形法・小切手法の諸問題（商法研究第五巻）』（有斐閣，2001年）所収〕。

12) 最判昭和31年2月7日民集10巻2号27頁，最判昭和33年10月24日民集12巻14号3237頁，最判昭和37年4月20日民集16巻4号884頁等。

13) 鈴木・前掲注2）238頁以下。

ところが，鈴木博士が上に述べた見解を主張し，いわゆる架橋説が提唱されるに至り，裏書の連続自体の定義ひいては「形式的資格」の意味内容について，わが国独自の変容がもたらされた点に注意する必要がある。すなわち，鈴木博士は，「所持人ハ其裏書カ連続スルニ非サレハ其權利ヲ行フコトヲ得ス」と規定する旧商法464条1項に関して，これを「單に形式的資格に關する規定に止ま」るとしながらも，「實質的權利に關する證明を爲さざる限り」という附款を附して理解すべきとするから，不連続手形であっても実質的権利に関する証明をすれば裏書の連続が整い，所持人は権利行使できるということをもって，「形式的資格」を意味することになりそうである。しかし，そうはいっても，外形的には裏書の連続が欠けているわけであるから，それでもなお裏書の連続があるというためには，特段の理論構成が必要になる。そこで鈴木博士は，「裏書の連続というのもそれを形成する個々の裏書の資格授与的効力が集積したものに過ぎない」と説き，各個の裏書によって，それぞれ被裏書人について権利推定の効力が働くものであるとする。このように解するとすれば，確かに，裏書の欠歓する部分には推定が働かないというだけであるから，欠歓部分につき実質的権利を証明すれば，これによって中断されている裏書の連続が架橋され，すなわち権利行使の「形式的資格」が整うというわけである。しかし，このように解するとすれば，裏書の連続ということはもはや，記載上の裏書の連続ということから離れ，不連続部分の実質的権利の証明を伴うものと理解せざるをえず，「形式的資格」とは，所持人が権利者として推定されている――権利行使の地位を推定されている――という以上の意味はないことになる。これを踏まえて鈴木博士は，さらに，裏書不連続手形の所持人も，その欠歓部分について実質的な権利移転を証明すれば善意取得の保護が認められ，また債務者についても，「所持人がなした実質関係に関する証明が客観的にもっともであって，振出人がこれを信じ，かつ，信ずるにつき重大な過失がなかった場合には，やはり免責を受ける」と説いている。

しかしながら，「裏書の連続」ということを，不連続部分の実質的権利の証

---

14) 鈴木・前掲注2) 235頁参照。
15) 現在の通説によれば，形式的資格とは権利者として推定されることを意味することになる。第1章第2節2参照。

明を伴うものと理解し，形式的資格についても，権利者として推定される——権利行使の地位が推定される——という意味内容を理解する考え方には，疑問なしとしない。すなわち，「裏書の連続に依り其の権利を証明するときは」と規定する手形法16条1項の解釈として，これを手形面上の各裏書の記載から一応その記載通りの裏書譲渡行為がなされたものと推定されるということに読むとしても，この見解と法文との不調和は免れない[17)]。裏書不連続の場合にも手形の譲受人が裏書権を持っているということと，裏書が連続性を有するかどうかは別問題であって，連続の問題はもっぱら形式的に判断すべきものである[18)]。また，不連続部分の実質的権利を証明した所持人に対して支払って債務者は免責されるとはいえ，「裏書不連続手形の所持人が支払呈示をし，債務者が支払うべきか拒絶すべきかを決断しなければならないのは，裁判外においてである。支払呈示された債務者には，所持人の実質的権利を調査するための十分な時間的余裕はない。所持人の証明が不十分であるとして支払を拒絶するときには，付遅滞の責めを負わなければならず，逆に，軽率に支払った場合には免責を得られないというリスクを負う。債務者は極めて微妙な立場に立たされることになる。」といわざるをえない[19)]。そうすると，「架橋説が説かれるに至ったのは，裏書の連続が欠缺する手形所持人は，手形上の権利を行使することができないとした古い硬直な理論を是正するためであった。それはその限りにおいて正しく，そしてその目的を果たした。ところがその理論の勢いの赴くところ，裏書の連続の定義自体を見失い，これと矛盾することになってはいないだろうか。」という批判は正鵠を射るものといえよう[20)]。

---

16) 鈴木・前掲注2) 254頁注（三一），283頁。同旨，石井照久『手形法・小切手法（商法Ⅳ）＜第二版＞』（勁草書房，1972年）234，267頁，前田庸『手形法・小切手法入門（法学教室全書）』（有斐閣，1983年）200，269頁，平出慶道『手形法小切手法』（有斐閣，1990年）43，444頁等。

17) 坂井芳雄「手形法一六条一項の性質」『裁判手形法（再増補）』（一粒社，1988年）127頁。坂井博士は，手形法16条1項は，手形の表面裏面における連続した裏書の記載の存在と当該の記載により最終的な権利者が手形を所持するという要件事実が具備するときは，当該所持人の許に手形上の権利が所在することを推定する旨を定めた規定であるとする（113頁）。

18) 大隅＝河本・前掲注2) 134頁以下。

19) 田邊・前掲注2) 129頁。

20) 坂井芳雄「架橋説批判」『裁判手形法（再増補）』（一粒社，1988年）99頁。

この批判を裏づけるものといえるのが、わが国と対照されるドイツ法における展開である。すなわち、ドイツの旧説でもわが国と同様、「裏書された手形の所持人は、自己まで連続する裏書によって手形の所有権者として資格づけられる。」と規定するドイツ手形条例36条のもとに[21]、「資格（Legitimation）ないし形式的資格（formelle Legitimation）」とは、手形の記載上裏書の連続した所持人が権利証明（Nachweis）されることを意味するものと解されていた[22]。さらに当時は、形式的資格を欠く所持人、すなわち裏書不連続により権利証明されていない所持人は権利行使できないものと解されており、その意味で、「資格」は、所持人の権利行使の形式的要件でもあると解されていた[23]。この問題はもっぱら、後続の裏書を抹消していない手形所持人による権利行使の可否として論じられ、例えば、裏書譲渡するつもりで裏書を記載したがその交付を取りやめた場合や、償還によらずに手形を受け戻したが後者の裏書が抹消されていない場合には、そのような手形の所持人は、支払拒絶証書を作成することも、訴訟を提起することもできず、さらには裏書をすることもできない——抹消されずに続けられた裏書は無効である——と解されていたのである[24]。ところが、このような解釈についてはまず学説において有力な批判が唱えられるようになり[25]、判例においても、後続の裏書を抹消していない手形所持人は訴訟の提起はできな

---

21) ドイツ手形条例36条は「裏書された手形の所持人は、自己まで連続する裏書によって手形の所有権者として資格づけられる。最初の裏書は受取人により、続く全ての裏書は、直接に先行する裏書が被裏書人と示す者により作成されていなければならない。白地式裏書に続く裏書は、その白地式裏書により手形を取得した者によって作成されたものと看做される。抹消された裏書は資格調査のもとでは書かれなかったものと看做される。債務者は裏書の真正を調査する義務はない。」と規定する。同36条については第1章第3節1参照。

22) 当時の資格概念については、第1章第4節1及び同注6参照。

23) W.Hartmann, Das deutsche Wechselrecht, 1869, S.358; Oscar Wächter, Wechsellehre nach den deutschen und ausländischen Gesetzen für den praktischen Gebrauch des Handelsstandes, 1861, S.281ff; Heinrich Otto Lehmann, Lehrbuch des deutschen Wechselrechts, 1886, S.534 Anm.25; H.Rehbein, Allgemeine Deutsche Wechsel- ordnung, 5.Aufl., 1895, S.65 Note 4 und 6 zu §36; C.S.Grünhut, Wechselrecht Bd.2., 1897, S.119f.; Wilhelm Bernstein, Allgemeine deutsche und allgemeine oesterreichische Wechselordnung, 1898, S.183; Staub=Stranz, Staub's Kommemtar zur Wechselordnung, 8.Aufl., 1912, Anm.13 zu §36.

24) Staub=Stranz, Fn.22, Anm.13 zu §36.

25) R.Mansfeld, Wechsellegitimation und Wechselberechtigung, LZ 1912, S.577ff. なお後掲注34）参照。

い——裁判上の権利行使はできない——とする点について，ドイツ帝国大審院1926年10月8日判決がこれを覆すに至った。[26]

　原告は，被告を引受人として振り出した自己指図手形2通について，手形金請求の手形訴訟を提起した。各手形の裏面には原告の裏書とさらにもう一つの裏書がなされていたが，原告は訴訟の開始時にはこれらを抹消していなかった。第一審は訴訟を受理したが，控訴審前に，原告の訴訟代理人がこれらの裏書を抹消した。そこで，控訴審手続において，原告は，いまや手形を受け戻した振出人としての資格で支払請求していることになるから訴訟提起の資格を欠くと指摘され，控訴審では，原告の現在の申立ては訴えの変更を意味するものであるとして訴訟は却下された。しかし，上告審は控訴審判決を破棄差戻した。

　「そもそもの問題は，原告の行為が，民事訴訟法上の事実上の申立ての概念に含まれるのかということであるが，他方でこの問題は，裏書の抹消は，原告の訴訟提起権の証明に過ぎないのか，それとも訴訟を提起する形式的基礎を発生させるものであり，それゆえ手形請求権を行使するために必要な要件として本質的な部分を形成すると解するかに左右される。控訴審は後者の見解に依拠している。しかし，いまやMansfeldの説くところにならい，次に述べる理由に基づき，前者の見解に同意する。

　手形所持人の資格を作り出すために後続の裏書を抹消する意味は，手形をさらに交付するためか，支払拒絶証書を作成するためか，あるいは，訴訟を提起するためかにより様々である。裏書交付の場合は，被裏書人まで中断しない裏書の連続（ドイツ手形条例36条）が絶対的な資格の要件である。被裏書人の手形交付の権利がやたらと調査されなければならないとすれば，迅速さ・簡易さが要求される手形取引は深刻な打撃を被ってしまうだろう。それゆえ，36条により資格づけられていない者による裏書は，たとえ彼が裏書欠缺にもかかわらず裏書権を証明したとしても，形式上無効であり，逆に，取得に際して善意の被裏書人は，たとえ形式的に資格づけられた裏書人に本当は手形上の権利が帰属していなかったとしても，手形上の権利に到達するのである（ドイツ手形条例74条【筆者注：善意取得に関する規定】）。支払拒絶証書の場合は，類似の観点から同様の原則が適用されなければならない。手形上の催告，すなわち裁判外の支払請求は，その権利が手形自体から明らかになる者にのみ認められうる。それは，民法上，債務者が，その代理権が証明されない限り，債権者の代理人によってなされる催告を拒絶することができるのと全く同じ理由に基づいている。それゆえ，判例においては常に，償還請求権は，拒絶証書作成者として資格づけられていない者が示されている拒絶証書に依拠することはできないものとされてきたのである。この理由から，所持人は，拒絶証書を作成する前に，資格を害する裏書を抹消しなければ

---

26) RGZ Bd.114(1926), S.365ff.

ならない。拒絶証書の有効性のためには，拒絶証書作成者の権利ではなく，もっぱら資格が問題なのである。

　しかし，これと異なるのが，債務者に対する手形の権利行使の場合である。手形を受け戻したことにより再び権利が生じた者の請求が，引受人に対して基礎づけられるか否かは，実体法の規定に従う。そのような権利が存在していないならば，期限後裏書の抹消によってもそれは基礎づけられない。実体法に基づいて引受人に対する請求の権利が明らかになる場合には，あらゆる権利にさらに形式的資格を付け加えなければならないということに合理的な目的は理解されない。資格の欠缺は債権者の訴訟権を排除するのではなく，ただ彼がその権利を立証しなければならないという不利な結果になるというに過ぎない。立証が行われるならば，資格の欠缺は問題にならない。」[27]

　要するに，後続の裏書が抹消されていない所持人すなわち裏書の連続を欠く所持人も，ただ立証上の不利益を負担するだけで，裁判上の権利行使が認められると解されるに至ったものといえる。ただし，この判決では，支払拒絶証書の作成——裁判外の権利行使——及び裏書の続行の場合にはなお，不要な裏書を抹消して裏書の連続を回復することが必要であると解されていた。

　このうち裏書権（裏書不連続手形の裏書続行権）については，判例を支持する見解は少なく[28]，多数説は，後続の裏書が抹消されていない所持人によってなされた裏書も権利移転的効力を有するものと解して，これを認めている[29]。裏書の連続を欠く所持人も立証上の不利益を負担するだけでその権利行使が認められる以上，そのような所持人にはただ権利推定の効果が与えられず，第三者には善意取得の効果が与えられないというだけであって，権利者であるのにその裏書に効力を認めないというのは行き過ぎである，というわけである[30]。また，上のような判例・学説が現れる以前から，裏書権に関しては，たとえ外観上裏書

---

27) Fn.25, S.367ff.
28) Mansfeld, Fn.24, S.517; Quassowski=Albrecht, Wechselgesetz vom 21. Juni 1933, 1934, Anm.13 zu §16; Eugen Ulmer, Das Recht der Wertpapiere, 1938, S.234; Alfred Hueck, Recht der Wertpapiere, 8.Aufl., 1960, S.48. なお，裏書続行権については，倉澤康一郎「相続人の署名と裏書の連続」『手形小切手判例百選＜第三版＞』別ジュリ72号132頁（1981年）参照。
29) Staub=Stranz, Kommentar zum Wechselgesetz, 13.Aufl., 1934, Anm.20 zu §16; Alfred Hueck=Claus-Wilhelm Canaris, Recht der Wertpapiere, 11. Aufl., 1986, S.94; Wolfgang Zöllner, Wertpapierrecht, 14.Aufl., 1987, S.90; Adolf Baumbach=Wolfgang Hefermehl, Wechselgesetz und Scheckgesetz: Beck'sche Kurz-Kommentare, Bd.26, 22.Aufl, 2000, Anm.5 zu §16. ただし担保的効力については争いがある。

の連続が欠けていても，相続，債権譲渡，混同などの民法上の権利承継が行われている場合には，裏書の連続は中断されたものとはみなされず，その権利承継人による裏書は有効であるという見解が主張されていた[31]。そして，このとき所持人は，手形訴訟上の書証，手形上の公証，相続の場合はそれを手形上に表示するなどによりその権利承継を証明しなければならないものとされ[32]，つまり，裏書連続に中断があっても，欠缺部分について相当の証明力を有する形式的な事実が存在する場合には，その権利承継の効力は認められるべきであると主張されていた。このことは，裏書連続に欠缺がある所持人も，欠缺部分につき実質的な権利移転行為があることを証明して権利行使ができるということを意味している。裏書が中断していても手形そのものが無効となるわけではないという意味では，ここで既に，裏書の連続を欠く実質上の権利者にも裏書権が認められる――中断後の裏書も効力を有する――という見解への足がかりは基礎づけられていたわけである。

　しかしながら，裏書不連続手形によっても裁判上の権利行使が認められ，もっぱら裏書権も認められると解されるようになったからといって，そのことによって裏書連続自体の定義が変容したわけではないということには注意する必要がある。ドイツ法のもとでも，「裏書の連続が中断していても，民法上の方法によって権利承継が問題なく行われた場合には，その欠缺は架橋(überbrücken)される。」と説かれているが[33]，それは，欠缺部分に実質的に権利移転行為が存在すれば，欠缺以後になされた裏書の効力も認められるという趣旨にほかならない。したがって，裏書不連続手形に関して，「たとえ手形が後続する被裏書人の手に到達したとしても，民法上の権利承継の存在に関して，権利推定の効果も，手形法40条3項による債務者のための支払免責の効果も存在しない。支払をなす債務者は，欠缺部分が民事上の権利承継によって事実上架橋されているということについての危険を負い，それゆえ，この権利承継を証明させなければならない。」のであり，不連続部分について実質的権利を証明した所

---

30) Staub=Stranz, Fn.28, Anm.20 zu §16.
31) Staub=Stranz, Fn.22, Anm.14 zu §36; Lehmann, Fn.22, 533; Rehbein, Fn.22, S.64 Note 3 zu §36; Bernstein, Fn.22, S.186.
32) Staub=Stranz, Fn.22, Anm.14 §36.
33) Staub=Stranz, Fn.28, Anm.13 zu §16.

持人に支払えば手形法40条3項により免責されるというものではなく，民事上の権利承継を証明した所持人が権利者と証明されたならば，債務者の支払は有効となるというに過ぎない[34]。要するに，ドイツ法にいう架橋説は，実質的に権利承継行為が存在すればあたかも裏書が連続したかのように権利移転の効力が架橋されるという意味で用いられているのであり，決して「裏書の連続」が復活するという趣旨のものではないのである。

　こうしてみると，わが国とドイツとでは，裏書の連続を欠く所持人はもはや権利行使できないという旧時の硬直的な理論を是正し，さらにはこの場合にもいまや裏書権が認められると解している点では一致するが，裏書連続自体の定義と形式的資格ないし資格の意味内容に関しては，異なる展開を示しているといえる[35]。すなわち，ドイツにおいては，確かに「資格」はもはや権利行使要件であるとは解されていないが，資格ないし形式的資格が記載上の裏書の連続という形式的事実を指すものと理解されている点では変わりはなく，それゆえ現在は，資格ないし形式的資格概念の意味内容としては，権利行使要件としての

---

[34] Staub=Stranz, Fn.28, Anm.13 zu §16.

[35] 鈴木博士の前掲論文（前掲注6））においては，もっぱらドイツ法が比較の対照とされているだけでなく，ドイツの通説に転換の契機を与えた学説（前掲注24））を，「私が茲に述べたと同じ方向の見解を展開し，之を基礎として裏書の抹消，民法上の移轉等の問題に及んでゐる。大いに意を強うするに足ると思ふ。」と述べている（鈴木・前掲注6）15頁注（二））。このように，わが国における旧説の打破もドイツ法の影響なくして行われなかったと考えられるが，それにもかかわらず，裏書連続自体の定義についてわが国とドイツとで異なる展開に至ったのには，立法上の理由が大きい。すなわち，鈴木博士は「我商法には獨逸手形法三六條乃至統一手形法一六條一項の如き規定がなく，反之後述の如く此等の立法例に見ざる處の『所持人ハ其裏書カ連続スルニ非サレハ其權利ヲ行フコトヲ得ス』とする第四六四條一項の規定が置かれてゐる。而して此の四六四條の原則が以上の立法に於ては解釋として抽出せらるゝ處なるに對して，我が商法の下に於ては茲に述ぶる形式的資格者が權利者と推定される原則が，四六四條の前提又は反面（松本博士二六三頁）として，一般の原則との關聯によつて，解釋上認められるに至つてゐることに注意を要する。」と指摘している（鈴木・前掲注6）9頁注（二））。つまり，裏書の連続を権利行使要件とするか否かはドイツでは手形条例36条の解釈の問題であって，裏書の連続をもはや権利行使要件と解さないからといって，裏書連続自体の意義が変容することにはならないのに対し，わが国においては，裏書が連続していなければ権利行使ができないことが規定されている以上，裏書連続に欠缺があっても権利行使できるというためには，その欠缺部分の証明により裏書連続が回復するといわなければ，法文上大きな矛盾が生ずることになってしまう，というわけである。その影響が現行法においてもいまだ引き継がれているとみることができる。

意味はなくなりただ権利の証明（Nachweis）のみが理解されると考えるか，あるいは権利推定や善意取得，支払免責の効果を基礎づける事実としての権利外観（Rechtsschein）を理解すべきかが論じられるに過ぎない。記載上の裏書の連続を欠く手形についても善意取得や支払免責の効果が認められるものと考えられてはいない。これに対して，わが国においては，旧商法464条の「所持人ハ其裏書カ連続スルニ非サレハ其権利ヲ行フコトヲ得ス」のもとで，不連続手形の所持人も権利行使できるという解釈を導き出すために独自の架橋説が唱えられ，その結果，「裏書の連続」とは，不連続部分の実質的権利の証明により架橋されるものであり，形式的資格の意味内容も権利者として推定されること――権利行使の地位が推定されること――にあるものと解され，さらには，不連続手形についても実質的権利を証明すれば善意取得や支払免責の効果まで認められると説かれている。

　しかし，既に述べように，わが国の通説のような考え方は，少なくとも裁判外では所持人がどの程度実質的権利を証明したかの判断は困難であるという点において結論の妥当性に疑いがあり，わが国の架橋説とそれに基づいて理解される裏書連続自体の意義，ひいては形式的資格の理解には問題がありそうである。さらに，裏書連続に関する問題でわが国とドイツとで立場を異にしているもう一つの例として，支払拒絶証書作成の場合を挙げなければならない。すなわち，わが国においては，裏書連続を欠く所持人も支払拒絶証書を作成できると解されているのに対し，ドイツにおいては，旧時も現在も，判例・多数説は有効な支払拒絶証書の作成には所持人に形式的資格が必要であると解されている点である。本章は，この問題を素材に，わが国で理解されている裏書の連続の意義について再検討を図ろうとするものである。

2　分析の素材と観点

　わが国では，支払拒絶証書の作成のために所持人には形式的資格が必要とさ

36）学説において，資格が権利証明という意味を離れ，権利外観――権利者たる蓋然性――と理解されるようになった発展の経緯については，第1章第4節2参照。

れるか否かという問題について論じられることはほとんどない。それはおそらく，現在流通している全国銀行協会連合会の様式による統一手形用紙には拒絶証書作成免除文句が印刷されており，したがって拒絶証書作成免除の場合が通常であるわが国においては，支払拒絶証書が作成されることがほとんどないという実情を反映したものであろう。そこで，わが国においては，拒絶証書の作成が免除された手形について，手形所持人は裏書の連続を欠く手形を支払のために呈示（支払呈示）することによって遡求権を保全することができるか否かという問題が論じられている。[37]

　支払呈示が適法というためには，正当な権利者ないし権限者によってなされなければならないことはいうまでもない。問題は，所持人が権利者であれば支払呈示の効力が認められるのか，それとも所持人はさらに裏書の連続を具備する必要があるのかという点である。これについて論者は，「支払呈示をなしうる者は裏書の連続した手形の所持人が原則であるが，裏書が連続していないときも，所持人は，連続が欠けている部分につき実質関係を証明すれば，呈示できる。」と説き，多数説はこれを支持している。[38]判例にも，下級審判決ではあるが，実質的権利者であれば裏書の欠缺した手形の呈示による場合でも適法な

---

37) 手形の流通性より，手形債務は取立債務とされており（商法516条2項），債務者は債権者を知りうる状況にないので，債務者が真の権利者にその義務を履行することを可能にするため，権利者には手形の呈示が要求されている（呈示証券性）。この中でも，手形法所定の支払をなすべき期間（手形法34条，38条1項）に支払をなすべき者に対してなされる呈示は特に支払呈示ないし支払のための呈示といわれており，適法な支払呈示の効果としては，付遅滞効（同法28条2項，48条，49条），遡求権保全効（同法43条，53条1項），時効中断効（民法147条1号）が認められるといわれている（弥永・前掲注2）186頁以下）。しかし，呈示証券性の観点から正しく理解すれば，支払呈示は適法な手形金請求のための形式的要件とみるべきものである。だとすれば，付遅滞効が生ずるために手形の呈示を要することについては，手形法に特別な規定はないから，商法517条が適用されることになると考えられる（高鳥正夫『手形法小切手法（改訂版）』慶應通信，1983年）159頁）。そして，遡求権保全のための支払呈示の要件としては，手形法が支払呈示期間を限定していると解される（拒絶証書作成免除の場合，手形法43条1文，53条1項3号，38条，34条）。時効中断効については手形の呈示は必要ないと解されており（最判昭和38年1月30日民集17巻1号99頁），ただし支払呈示をすれば適法な請求がなされたことになるから時効中断効が生ずるに過ぎない，ということになる（倉澤・前掲注4）173頁以下）。

38) 鈴木・前掲注2) 278頁。同旨，伊澤・前掲注2) 446頁，田中（誠）・前掲注2) 580頁，大隅＝河本・前掲注2) 238頁以下，田邊・前掲注2) 183頁等。

呈示とみるのが相当であるとしながらも，裏書の欠缺した手形の呈示の場合には，その実質的権利を証明しないで裏書不連続手形を呈示し，かつ，支払人が裏書の連続の欠缺を理由に支払を拒んだ場合には適法な支払呈示とは認められず，したがって遡求権は保全されないと判示するものがある（大阪高判昭和55年2月29日判時973号122頁・判タ417号143頁・金判601号7頁）。裏書不連続手形の所持人も欠缺部分について実質的権利移転を証明して権利行使をすることができるとする架橋説と相関的に，裏書不連続手形についても実質的権利を証明して支払呈示できる，と解されているようである。

ところで，視点を変えてみれば，わが国ではもっぱら拒絶証書作成免除の場合が通常であるからこそ，遡求権保全の問題としては，支払呈示の要件として，裏書の連続した手形による必要があるか否かが問題とされているわけである。しかし，法の建前からいえば，遡求権保全のためには拒絶証書の作成が義務づけられるのが本則であり（手形法43条以下参照），この点からすると，ドイツにおける支払拒絶証書作成のための所持人の形式的資格の意味を明らかにし，わが国にアナロジーとして当てはめられるか否かを検討するうえでは，本来遡求のために拒絶証書作成が要求される意味は何か，そして拒絶証書作成の免除が認められるということは何を意味するのか——拒絶証書作成免除によって何が免除されるのか——ということを明らかにしておく必要がある。

この点，法は，支払の可能性が著しく低くなった場合に，所持人が対価を得て手形を流通せしめた振出人（為替手形の場合），裏書人に対して手形金その他の費用の支払を求める遡求という制度を認めている。遡求は満期前にも認められているが（満期前遡求），広く不渡という場合に該当し，本章の対象であるの

---

39) 本章第3節2 (2) 参照。
40) 受取人又は被裏書人として後者の地位にある手形所持人，遡求義務を果たして手形を受け戻した所持人，保証義務を果たした保証人（手形法32条2項），参加支払人（同法63条1項），手形債務を弁済した無権代理人（同法8条）などの遡求権者は，前者として担保責任を負う遡求義務者，すなわち振出人（為替手形の場合），裏書人及び手形保証人等の中の誰に対しても遡求できるが，裏書人であっても，無担保裏書（同法15条1項）や裏書禁止裏書後の裏書人（同法15条2項），取立委任裏書（同法18条）や期限後裏書（同法20条1項）の裏書人は遡求義務者ではなく，裏書人ではないが，無権代理人（同法8条）や参加引受人（同法58条）は遡求義務者である。なお，約束手形の振出人や為替手形の引受人は絶対的義務者であって遡求義務者ではない。

は，満期に支払が拒絶される場合である（満期における遡求）。このとき所持人が遡求権を行使するには，法定期間内に支払呈示をしたにもかかわらず（通説），これに対して支払がなかったということを（遡求の実質的要件：同法43条1文），法定期間内に公正証書である支払拒絶証書に作成しなければならない（形式的要件：同法44条1・3項）。遡求の実質的要件（遡求原因）が発生したという事実は，遡求義務者以外の者のところで発生し，その事実の有無は遡求義務者にとって重大な利害関係がある。そこで，このような事実を立証する方法を一定し，手形の所持人がこれを簡易迅速に立証できるようにすると共に，他面，遡求義務者がこの方法による立証のある限り安心して償還に応ずることができるようにするため，ジュネーブ手形法統一条約（以下「統一手形法」という。）は拒絶証書主義を採用している[42]。したがって，拒絶証書は，手形上の権利の保全のための唯一の証明証書であり，他の証明方法をもって代用することはできないものである[43]。しかも，その意味は単なる証拠方法としての意味にとどまらない。すなわち，とりわけ遡求においては他の遡求義務者との間で遡求権の有無が問題

---

41) 引受の全部又は一部の拒絶（手形法43条2文1号），支払人もしくは引受人又は引受呈示禁止手形の振出人の破産開始手続の決定（同法同条2文2号・3号），支払人もしくは引受人の支払停止又はその財産に対する強制執行不奏功（同法同条2文2号）が満期前の遡求原因として法定されている。

42) 拒絶証書に関しては，統一手形法と英米法との間に大きな考え方の相違があるとされる。すなわち，統一手形法では原則として拒絶証書の作成が要求されており（44条），当事者はその作成を免除できるものとされているが（46条），英米手形法では拒絶証書の作成は外国為替手形の場合にのみ要求され，それ以外の場合は一般に拒絶証書の作成は要求されていない（1882年イギリス小切手法（Bills of Exchange Act）51条1項，アメリカ統一商事法典（Uniform Commercial Code）§3-501以下）。1988年に国連国際商取引法委員会（UNCITRAL）によって採択された国際為替手形及び国際約束手形に関する条約においては，拒絶があったとの事実を証明するためには所持人とは独立した者から証拠が得られるべきであり，また拒絶証書の概念は世界的に知られていることから，拒絶証書の作成を要求することが現実の実務に合致すると考え，統一手形法と同じく，拒絶証書制度が採用されている（木村秀一「遡求・拒絶証書・出訴期限（国際手形法の論点④）」金法1030号241頁以下（1988年））。なお，拒絶証書ないし拒絶証書令に関する文献はきわめて少なく，松岡・後掲注41）のほか，大橋光雄「拒絶証書に就て（一）（二完）」民商1巻4号57頁以下（1935年），1巻6号60頁以下（1935年），旧法下のものとして毛戸勝元「拒絶證書改正論」京都法學會雜誌4巻2号1頁以下（1909年）が挙げられる程度である。

43) 松岡誠之助「拒絶証書」鈴木竹雄＝大隅健一郎編『手形法・小切手法講座第五巻』（有斐閣，1965年）80頁以下。

第3章　手形法における裏書の連続の意義　197

になる可能性をはらんでいるのであり，そこでこのような多くの関係人の間の法律関係を画一的に決定する必要上，その作成自体が独立した遡求の実体法上の要件とされている。要するに，支払拒絶証書は，支払呈示がなされたにもかかわらず支払のないことを証明する唯一の証明文書であると同時に，その作成自体が満期における遡求の要件——遡求権保全及び行使の要件——である。

　ところで，拒絶証書作成については，遡求義務者が手形に「無費用償還」「拒絶証書不要」その他それと同一の意義を有する文字を記載しかつ署名することにより，これを免除することが認められている（同法46条1項）。拒絶証書作成が遡求の要件とされているのは，遡求義務者の利益の保護を目的とするものであるから，遡求義務者が任意にその利益を放棄して，他の簡単な証拠方法をもって満足することは何ら差し支えないからである。しかし，拒絶証書作成の免除は，拒絶証書の作成を免除するだけであって，その前提であるところの適法期間内における手形の呈示の義務を免除するものではない（同法46条2項前段）。つまり，拒絶証書作成免除により拒絶証書作成という遡求の要件が免除されることになるが，これによってはただ訴訟以前の段階での公正証書による証明義務が免除されるというに過ぎないわけである。

　以上のことからいえるのは，支払拒絶証書作成の場合も，その免除の場合も，遡求の実質的要件として適法な支払呈示とそれに対する支払拒絶が求められるという点では変わるところはないという点である。すなわち，支払拒絶証書の

---

44) 坂井芳雄『手形法小切手法の理解』（法曹会，1996年）280頁以下。
45) 遡求原因が発生すること（手形法43条1文）及び支払拒絶証書を作成すること（同法44条1項）が遡求権行使の要件であるが，支払拒絶証書の作成期間の経過により遡求権は喪失されるものとされている（同法53条1項2号）。つまり，法定期間内に遡求権行使の要件が具備されなければ遡求権は保全されない。その意味で，満期における遡求については，遡求権行使の要件が遡求権保全の要件でもあることになる。
46) 菅原菊志「遡求」鈴木竹雄＝大隅健一郎編『手形法・小切手法講座第五巻』（有斐閣，1965年）62頁以下。所持人にとっても，手形上の権利行使が容易になり，遡求義務者にとっても，作成費用（手形法48条1項3号）の負担を免れうると共に，不渡の事実が公になることを防ぐことができるため，広く利用されている。
47) 坂井・前掲注42）285頁。もっとも，もし拒絶証書を作成すれば遡求の実質的要件の存在を容易に立証しえたという手形所持人の利益を奪うことはできないので，法は，拒絶証書の作成免除があれば，適法期間内における手形の呈示の事実については，これを争う遡求義務者の方にその事実がなかったことの立証責任を負担させている（同法46条2項後段）。

作成が免除されるということは，遡求義務者が立証上の不利益を負うという意味において，証明方法としての遡求の形式的要件が免除されるというに過ぎない。そして，同じく統一手形法に批准しているわが国とドイツとでは，遡求の実質的要件は拒絶証書作成の場合も免除の場合も変わるところはないとすれば，ドイツ法における支払拒絶証書作成のための所持人の形式的資格に関する議論をアナロジーとしてわが国に当てはめてみる前提条件は備わっているといえよう。

　結論を先に述べることが許されるならば，筆者は，このことは所持人が拒絶証書作成時に裏書の連続した手形により支払呈示しなければならないことを意味するものと考えている。その限りで，裏書不連続手形の所持人も実質関係を証明して支払呈示できるとするわが国の通説に示唆を与えるものといえそうである。そこで以下では，ドイツで展開された支払拒絶証書に関する議論を歴史的観点から考察することによって，支払拒絶証書作成のための所持人の形式的資格の意義を明らかにし，それをアナロジーとしてわが国に当てはめ，その結果について検討してみることにしたい。

第2節　ドイツにおける支払拒絶証書の作成に関する学説の展開

　支払拒絶証書作成のための所持人の形式的資格の意義を探るに当たって，本節においては歴史的観点から考察を行う。というのは，現行ドイツ手形法の旧法に当たる1848年普通ドイツ手形条例（以下「手形条例」という。）下では，1908年拒絶証書の簡易化に関する法律[1]（以下「拒絶証書改正法」という。）施行の前後に支払拒絶証書制度の改革が激しく議論されたという経緯があり，そのとき支払拒絶証書作成のための所持人の形式的資格の意義に関わる議論が展開されたからである。そこで以下では，その前後の理論構成の変容に焦点を合わせて考察を加えることとしたい。

1 支払欠缺による遡求の要件

　まずは手形条例における遡求制度とその要件を概説しておく。手形条例は，引受拒絶の場合には担保請求としての遡求を採用する一方，支払拒絶の場合には，現行法と同じく償還請求としての遡求を採用し，第2章第18節「支払欠缺による遡求（Regress mangels Zahlung）」（手形条例41条乃至55条）がそれを規定している。[2]これは統一手形法における「満期における遡求」に相当するものであり，手形条例41条1文は，「支払欠缺に基づいて振出人及び裏書人に対して遡求を行うためには，以下の要件を必要とする。」として，「手形が支払のために呈示されたこと」（1号），「その呈示が，支払がなかったものとして，それに関して適時に作成された拒絶証書（einen rechtzeitig darüber aufgenonnmen Protest）によって証明されること」（2号）をその要件としている。さらに，同条2文は，「拒絶証書の作成（die Erhebung des Protestes）は支払をなすべき日に認められるが，遅くともその後の二取引日内に行われなければならない。」として作成期間を定めている。[3]要するに，法定期間内における支払呈示と支払拒絶証書の作成が，支払欠歉による遡求の必要条件（condictio sine qua non）であるとされている。[4]

---

1) Ein Gesetz, betreffend die Erleichterug des Wechselprotestes vom 5. August 1908. 拒絶証書の厳格な作成手続には批判が多く，拒絶証書制度自体の廃止を提案する説もあったが（Josef Stranz, Ein Protest gegen den Wechselprotest in: Festgabe der juristischen Gesellschaft zu Berlin zum 50 jährigen Dienstjubiläum ihres Vorsitzenden des wirklichen geheimen Rats Dr. Richard Koch, 1903, S.342ff.），多くは拒絶証書制度は必要であるが，その手続を緩和しようと主張するものであった（Wilhelm Bernstein, Die Reform des Wechselprotestes, 1907, S.4ff; Georg Cohn, Der Kampf um die Wechsel-protest, 1905, S.24ff.）。これらの議論を受けて1908年に手続の簡易化を主眼とする拒絶証書改正法が施行され，郵便局における拒絶証書作成を認めること，付箋ではなく手形上に拒絶証書を作成すること，拒絶証書作成を記載する別冊の帳簿を廃止して謄本の保存に変更することなどの改正が行われた。

2) 手形条例は，統一手形法と異なり，支払拒絶の場合に償還請求を認めるも，満期前の引受拒絶の場合には単に担保請求のみを認める二権主義（担保主義）を採用していた。手形条例に倣ったわが国の昭和7年改正前商法も同様に二権主義を採っていた。しかし，この主義は純理に適うも実用に適さず，実際には協議によって満期前に償還されることが多かった。そこで，統一手形法は，英米法系と同じく，実際的見地からして，引受拒絶の場合にも直ちに償還請求を認める一権主義（満期前償還主義）を採用した（菅原菊志「遡求」鈴木竹雄＝大隅健一郎編『手形法・小切手法講座第五巻』（有斐閣，1965年）342頁以下）。

もっとも，条文の文言上「拒絶証書の作成（Protestaufnahme, Protesterhebung）」に当たる語は使い分けられていることが留意される。そこで，支払欠缺による遡求の二要件——支払呈示と支払拒絶証書作成——との関係において，「拒絶証書作成」ということがどのような意味を持つものとして用いられているのかを検討する必要がある。

2 支払呈示と支払拒絶証書作成の関係

(1) 拒絶証書の意義と支払呈示の資格

拒絶証書の方式については，手形条例第2章第16節「拒絶証書（Protest）」（87条乃至90条）がこれを規定している。手形条例87条1文は「拒絶証書は全て公証人又は裁判所職員によって作成（aufnehmen）されなければならない。」と規定し，拒絶証書の作成機関を定めている。手形条例41条1文2号の文言と合

---

3) AWO §41：Zur Ausübung des bei nicht erlangter Zahlung statthaften Regresses gegen den Aussteller und die Indossanten ist erforderlich: 1. daβ der Wechsel zur Zahlung präsentiert worden ist, und 2. daβ sowohl diese Präsentation, als Nichterlangung der Zahlung durch einen rechtzeitig darüber aufgenommen Protest dargethan wird. Die Erhebung des Protestes ist am Zahlungstage zulässig, sie muβ aber spätestens am zweiten Werktage nach dem Zahlungstage geschehen.

4) Emil Hoffmann, Ausführliche Erläuterung der Allgemeinen Deutsche Wechsel-ordnung, 1859, S.381; Volkmar=Loewy, Die Deutsche Wechselordnung, 1862, S.163ff.; Achilles Renaud, Lehrbuch des allgemeinen deutschen Wechselrechts, 1868, S.99ff.; W.Hartmann, Das deutsche Wechselrecht, 1869, S.380ff.; Heinrich Thöl, Das Wechselrecht, Das Handelsrecht, Bd.2, 3.Aufl., 1873, S.351ff.; Kunze=Brachmann, Das Wechselrecht, in: Endemann(herg.), Handbuch des deutschen Handels-, See- und Wechselrechts, Bd.4, Abt.2, 1884, S.272ff.; Heinrich Otto Lehmann, Lehrbuch des deutschen Wechselrechts, 1886, S.543ff.; H.Rehbein, Allgemeine deutsche Wechselordnung, 5.Aufl., 1895, S.71ff. Note 2, 8 zu §41-55; C.S.Grünhut, Wechselrecht, Bd.2, 1897, S.391; Wilhelm Bernstein, Allgemeine deutsche und allgemeine oesterreichische Wechselordnung, 1898, S.194ff.; Raban Freiherr von Canstein, Das Wechselrecht Österreichs, Aufl., 1903, S.150; Heinrich Dernburg, Die Schuld-verhältnisse, Das bürgerliche Recht des Deutschen Reichs und Preuβens, Bd.2, Abt.2, 3.Aufl., 1906, S.348ff.; Stranz=Stranz, Staub's Kommentar zur Allgemeinen Deutschen Wechselordnung, 5.Aufl., 1907, Anm.3 zu §41; Rudolf Müller-Erzbach, Deutsches Handelsrecht, 1969, Neudruck der 2./3. Auflage 1928, S.495; Richard Michaelis, Wechselrecht: Kommentar auf der Grundlage der Deutschen Wechselordnung unter vergleichsweiser Heranziehung der hauptsächlichsten ausländischen Wechselgesetze und des künftigen einheitlichen Wechselrechts, 1932, Anm.1 zu §41.

わせて考えると,「拒絶証書の作成（Protestaufnahme）」のもとには,公証人や裁判所職員による拒絶証書という書面の作成行為が理解されるといえる。これに対し,続く88条は,「拒絶証書には以下の内容が含まれていなければならない。」として,「拒絶証書を作成する者（die Person, für welche der Protest erhoben wird）及び拒絶証書が作成される者（die Person, gegen welche der Protest erhoben wird）の名称」（2号),「拒絶証書が作成される者へなされた請求（Begehren),その回答又は回答が得られなかったこと若しくは面会できなかったことの付記」（3号）等をその内容として定めている。一般に「拒絶証書を作成する者」とは「被拒絶者（Protestant）」,「拒絶証書が作成される者」とは「拒絶者（Protestat）」と称されているが,これを踏まえると,手形条例41条2文の意味における「拒絶証書の作成（Protesterhebung）」のもとには,被拒絶者（手形所持人）が拒絶者（債務者）に対する請求（Begehren）について拒絶証書を作成するという行為が問題とされていると考えられる。問題になるのは拒絶証書（Protest）の意義であるが,これについてKuntzeは次のように説いている。

「拒絶証書（Protest）は,決して単なる証明手段（Beweismittel）にとどまるものではなく,手形上の厳格行為（Wechselsolennität）であり,遡求を条件づける要式行為（Formalakt）である。一般に,拒絶証書（Protest）という語のもとには,証書作成行為（Protestakt）と,これに関して作成される証明書としての拒絶証書（Protesturkunde）とが理解されている。証書作成行為については,拒絶証書の方式に関する規定は問題にならない。それに対し,作成されるべき道具としての拒絶証書については,これらの規定は,その形式違反が証書の証明力及び証書作成行為の法的効力を失わせるとい

---

5) AWO § 87 : Jeder Protest muβ durch einen Notar oder einen Gerichtsbeamten aufgenommen werden. Der Zuziehung von Zeugen oder eines Protokollführers bedarf es dabei nicht.
6) AWO §88 : Der Protest muβ enthalten: 1. eine wörtliche Abshrift des Wechsels oder der Kopie und aller darauf befindlichen Indossamente und Bemerkungen; 2. den Namen oder die Firma der Personen, für welche und gegen welche der Protest erhoben wird; 3. das an die Person, gegen welche protestiert wird, gestellte Begehren, ihre Antwort oder die Bemerkung, daβ sie keine gegeben habe oder nicht anzutreffen gewesen sei; 4. die Angabe des Ortes, sowie des Kalendertages, Monats und Jahres, an welchem die Aufforderung(Nr.3) geschehen, oder ohne Erfolg versucht worden ist; 5. im Falle einer Ehrenannahme oder einer Ehrenzahlung die Erwähnung, von wem, für wen und wie sie angeboten und geleistet wird; 6. die Unterschrift des Notars oder des Gerichtsbeamten, welcher den Protest aufgenommen hat, mit Beifügung des Amtssiegels.

う限度をもって，適用されることになる。拒絶証書の目的は，手形上の請求権の成立又は行使のために手形条例において要求される手形法上の行為が，適切な人物の下で，権限者によって適時かつ適切な場所において行われたということを全ての利害関係人に対して証明することである。」[8]

要するに，「拒絶証書（Protest）」概念のもとには，一つには証書作成行為（Protestakt），すなわち，権限者が手形法上の行為を行ったことについての証明文書を作成するという行為が理解され，他方ではそれに関して作成された拒絶証書（Protesturkunde），すなわち形式的な証書自体が理解されている。ただし，方式を欠き拒絶証書が無効になる場合は，そこで行われた証書作成行為もまた無効であり，その限度で，拒絶証書の作成行為は——手形行為のような厳格な要式行為ではないが——厳格行為（Solennitätsakt）という意味での要式行為——それが法律によって認められた手形上の権利の保全のための唯一の証明手段である——と解されている。[9] このように，講学上，「証書作成行為（Protestakt,

---

[7] わが国とドイツの拒絶証書に関する規制はきわめて類似している。その理由は，現行ドイツ手形法の拒絶証書に関する規定がその母法たる手形条例のそれをほぼそのまま移行したに過ぎない一方で，わが国の拒絶証書令の沿革を遡れば手形条例の影響を看過することはできないこと（Carl Friedrich Hermann Roesler, Entwurf eines Handels-gesetzbuches für Japan mit Commentar, Bd.2, 1996, Neudruck der Ausgabe 1884, S.691ff. 司法省編『ロエスエル氏起稿 商法草案［復刻版］』（新青出版，1995年，明治17年（1884年）司法省訳の復刻版）449頁以下），また，拒絶証書令の基礎となっている明治32年商法の拒絶証書に関する規定の改正は手形条例及びその改正の影響下にあったこと（青木徹二『手形法論＜訂正二十一版＞』（有斐閣，1925年）740頁参照）から裏づけられよう。そこで，本書においても「拒絶者」「被拒絶者」という用語をわが国の用法に倣ってここに用いることとした。拒絶証書令（昭和8年12月13日勅令第316号）によれば，「拒絶証書ハ公証人又ハ執行官之ヲ作ル」（1条）ものとされており，作成者はこれに「拒絶者及ビ被拒絶者ノ名称」「拒絶者ニ対スル請求ノ趣旨及拒絶者ガ其ノ請求ニ応ゼザリシコト，拒絶者ニ面会スルコト能ハザリシコト又ハ請求ヲ為スベキ場所ガ知レザリシコト」等の2条各号所定の事項を記載したうえ，署名捺印しなければならないものとされている（2条1項）。なお，現行ドイツ手形法においては，「補充規定（Ergänzende Vorschriften）」と題される第3章において，79条以下全9箇条が拒絶証書に関する規制を置いているが，そこでは手形条例下の規定がほぼそのまま移行されており，例えば，拒絶証書は公証人，裁判所職員が作成しなければならないものとされ（ドイツ手形法79条1項），作成者は，これに拒絶者及び被拒絶者の名称，拒絶者に手形上の給付の履行を請求したが効を奏しなかったこと又はその者に面会できなかったこと又はその営業所もしくは住所がわからなかったこと等を記載したうえ（同法80条1項各号），署名して職印を押印しなければならないものとされている（同法同条3項）。

[8] Kunze＝Brachmann, Fn.4, S.330f.

Protestation)」と「拒絶証書自体（Protesturkunde）」とは区別されている[10]。

証書自体（Protesturkunde）は公証人が作成するのであるから，そこには「拒絶証書の作成（Protestaufnahme）」[11]が理解されるといえる。これに対して，問題になるのは，「拒絶証書の作成（Protesterhebung）」の意味である。手形条例88条3号は「拒絶者へなされた請求（Begehren），その回答又は回答が得られなかったこともしくは面会できなかったことの付記」を拒絶証書の法定記載事項としているが，これについての当時の見解は次のようなものであったといわれている。すなわち，「公証人は自分自身の行為を証書に作成するものではない。有効な拒絶証書を作成するには，所持人が公証人を同伴して手形の呈示をなすべき地へと赴き，そこで所持人が手形を拒絶者に呈示して請求（Begehren）を行い，そして公証人はその経過を自己の体験に基づいて公正証書へと作成することが必要である。」と[12]。要するに，支払欠欹による遡求に関していえば，拒絶証書の内容である「拒絶者へなされた請求」とはもっぱら手形条例41条の意

---

9) Hoffmann, Fn.4, S.612; Volkmar=Loewy, Fn.4, S.169; Renaud, Fn.4, S.100f.; Hartmann, Fn.4, S.386; Thöl, Fn.4, S.303; Grünhut, Fn.4, S.46; Leonhard Wächter, Der Wechselprotest kein Formalact, sondern ein Beweisdocument, ArchDWR Bd.7, 1858, S.235; Johann Swoboda, Ueber die Natur des Wechselprotestes, ArchDWR Bd.17, 1868, S.363ff. もっとも，要式行為性をどの程度に解するかは変遷があり，初期の学説はこれを厳格に解していたが，後期の学説は緩やかに解し，厳格な意味での要式行為性を否定している（Grünhut, L. Wächter）。

10) 例えばRehbeinは，複数の相手に支払が拒絶された場合について「全ての拒絶証書をもって一つの証書作成行為（Protestact）とみなされる。」と述べている（Fn.4, Note 15 zu §87-90）。なお，1794年プロイセン普通ラント法では「Protestation」という語をもって「Protest」に想定される法制度を示すものとして用いられていたとされる（Heinrich Walter, Der Wechselprotest: Systematische Darstellung des in Deutschland geltenden Wechselprotestrechtes, 1892, S.3 Amn.1)。「Protest」に代えて「Protestation」を用いる論者として，Hartmann, Fn.4, S.390ff.; Lehmann, Fn.4, S.537 Anm.33; Thöl, Fn.4, S.305（「拒絶証書を作成する行為がProtestationである（Der Akt der Anfertigung des Protestes ist die Protestation.)。」)。なお，「Protest」のもとに「Protesthandlung」が問題とされることがあるが，これは証書作成行為ではなく，公証人の行為を意味するものとして用いられている（Vgl.Swoboda, Fn.9, S.369; Staub=Stranz, Fn.4, Anm.5 zu §87; Bernstein, Fn.4, S, 368ff.; E. Leist, Der Wechselprotest und seine Reform, 1899, S.57f.)。これらの用語の関係は次の表現から明らかであろう。すなわち，「複数の拒絶証書作成（Protestaufnahme）は手形法的には一つの証書作成行為（Protestakt）と見なされる。このとき，公証人による行為（Protesthandlungen）が複数日に渡って行われることもある。」（Kunze=Brachmann, Fn.4, S.260)。

11) 裁判所職員も拒絶証書作成機関であるが（手形条例87条），実際にはもっぱら公証人が利用され，その権限が問題とされたため，以下の考察は公証人を対象とする。

味での支払呈示を意味しており，そこでは手形上の権利者が支払呈示したものの支払が拒絶されたという関係が理解されているわけである。これを踏まえると，「拒絶証書作成（Protesterhebung）」とは，遡求権者が遡求義務者に対して遡求権を保全するために拒絶証書を作成することを意味しており，さらにいえば，遡求権保全のために遡求権者が公証人に拒絶証書を作成させることに向けられているといえる。結局，「拒絶証書作成（Protesterhebung）」とは，講学上理解されているところの証書作成行為（Protestakt）と同じ行為を指しており，遡求の要件としての証書作成行為を意味する法文上の用語として理解できる。

以上要するに，手形条例41条においては，支払呈示及び拒絶証書作成の各事実が拒絶証書によって証明されればよいというものではなく，支払呈示をしたにもかかわらず支払拒絶されたという事実を証明する唯一の証明手段として支払拒絶証書の作成（Protestaufnahme）が要求されており，そしてその作成（Protesterhebung）そのものがまた遡求の要件とされているという関係にあるといえよう。

ところで，手形条例88条2号は被拒絶者及び拒絶者の名称を拒絶証書の法定記載事項としているが，当時の判例・通説は，この被拒絶者は手形条例36条に基づき裏書の連続により資格づけられた所持人でなければならないと解してい

---

12) Walter, Fn.10, S.33.
13) 例えば，「手形の呈示は拒絶証書自体の作成（Protestaufnahme）に先行しなければならない。支払呈示と拒絶証書作成（Protesterhebung）は三取引日——支払をなすべき日とそれに続く二取引日——に行うことができる。」と述べられている（Kunze=Brachmann, Fn.4, S.261f.）。拒絶証書作成（Protesterhebung）と拒絶証書自体の作成（Protestaufnahme）の違いに関して，竹田省博士の記述を引用する。「我拒絶證書令は現地作成主義を採つたものとみざるをえない。独逸手形法第八七條は，我拒絶證書令第七條と同様，支拂又は引受の呈示，Protesterhebung複本の返還請求その他一定の者に對して爲すべき行爲は，その者の營業所，營業所が知れざるときはその住所に於て爲すべき旨を規定してゐる。従て，Protesterhebungは營業所等に於て爲すべきことは當然であるが，所謂Protesterhebungとは拒絶證書作成のためにする請求のことであって，拒絶證書の作成をいふのではない。故に學説は，拒絶證書は現場で作成せなければならぬのではなく，作成期間でさえあれば自己の役所に於て作成しても差支がないとしてゐる。」（竹田省『手形法・小切手法』（有斐閣，1955年）214頁注(1)）。
14) 拒絶証書作成はもっぱら被拒絶者の委託（Auftrag）又は申請（Antrag）に基づいて行われるものとされている。
15) Staub=Stranz, Fn.4, Anm.8 zu §41.

た点に留意する必要がある[16]。その理由としては，「この規定【筆者注：手形条例88条2号】の目的は，手形条例36条により資格づけられた人物の名において手形が支払呈示されたか否かを確定することにある。」と説かれている[17]。すなわち，手形条例36条1文は「裏書された手形の所持人は，自己に至るまで連続する一連の裏書によって手形の所有権者として資格づけられる (legitimiert)。」と規定しており，当時の通説は，この規定のもとで裏書の連続を権利行使要件と解していたため[18]，手形を呈示して支払を請求する者もまた裏書の連続により資格づけられた所持人でなければならないと解されていた[19]。それゆえ，拒絶証書に記載される被拒絶者は資格づけられた所持人でなければならないと解されていたわけである。そして，このことからさらに，判例・通説は，裏書の連続を欠く所持人によって作成された支払拒絶証書は無効と解していた[20]。

(2) 所持人による呈示（Privatpräsentation）と公証人による呈示（Protestpräsentation）

上に述べたように，当初行われていた拒絶証書作成手続は，手形の所持人が支払場所に赴いて支払呈示をし，公証人がそれを目撃して証書に作成するというものであった。しかし，実務上，公証人が所持人から手形の交付を受け，単独で支払場所に赴き，手形を呈示して証書を作成するということが慣行化していくと，公証人の権能と法的地位を巡って論争が起こることとなった[21]。

問題になったのは，支払のないことについての証書作成権限しか有さない公証人に対して支払の提供が行われた場合に，公証人はこれを拒否して支払拒絶証書を作成しなければならないのか，それともこれを受領することができるのかという点であった。旧時の判例・学説は，公証人には手形金を請求する権限

---

16) ROHG, Bd.1(1871), S.248; ROHG Bd.18(1876), S.271. Rehbein, Fn.4, S.136 Note 5 §87-90; Bernstein, Fn.4, S.380; Staub=Stranz, Fn.4, Anm.15 zu §88; Walter, Fn.10, S.56.
17) Staub=Stranz, Fn.4, Anm.15 zu §88.
18) 前節1参照。
19) Renaud, Fn.4, S.101; Lehmann, Fn.4, S.532.
20) RGZ, Bd.1(1880), S.32; RGZ, Bd.27(1891), S.41; RGZ Bd.69(1909), S.101. Rehbein, Fn.4, S.64 Note 3 zu §36; Bernstein, Fn.4, S.182f.; Staub=Stranz, Fn.4, Amn.27 zu §36; Grünhut, Fn.4, S.56f.; Lehmann, Fn.4, S.544; Walter, Fn.10, S.35. 前節1参照。
21) Walter, Fn.10, S.33ff.; Leist, Fn.10, S.23ff.

はなく，ただ手形を呈示して権利者に対して支払うよう要求できるに過ぎないとしていたが，[22] これに対し，拒絶証書の作成委託には支払受領の委託も含まれているとして，公証人は支払受領権限を有し，むしろ提供された支払の受領を拒絶することはできないとする見解も出現していた。[23] ところが，手形の呈示が所持人と公証人により事実上2回なされた場合――所持人が自ら支払場所である銀行に赴き手形を呈示したが，資金不足のため支払を拒絶されたため，公証人に支払拒絶証書の作成を委託したところ，公証人が拒絶証書作成のため銀行に赴き手形を呈示したときには支払の準備ができていると告げられた，という場合――が問題にされると，所持人による呈示が既に行われた場合でも公証人は手形を呈示できるのか――そして支払受領できるのか――ということが激しい論争になった。[24] この問題は，支払拒絶証書に記載されるべき「拒絶者に対する請求」（手形条例88条3号）として支払呈示をしているのは，所持人であるのか，それとも公証人なのかという問題として争われることになった。

これについて，拒絶証書作成のためには二重の呈示（Doppelpräsentation）が必要であると主張したのがCosackである。すなわち彼は，所持人による支払呈示が効を奏さず，公証人に支払拒絶証書作成のために手形が交付されたような場合には，公証人は再度手形を呈示しなければならないとして，次のように説く。「拒絶証書は2回目の呈示を基礎としている。しかし，それは支払呈示ではない。公証人は自身で支払を受領することを委託されていないし，支払受領を委託された他の人物を連れて行く必要もないからである。それゆえ，債務

---

22) S. Borchardt, Die Allgemeine Deutsche Wechselordnung mit den von den Deutschen und Oesterreichischen Gerichtshöfen ausgesprochenen Grundsätzen des Wechsel- rechts, 6. Aufl, 1874, S.430 Zus.822.

23) Karl Wilhelm Harder, Welcher Art ist die Eigenschaft des wechselprotestierenden Notars?, ArchTP Bd.39, 1879, S.87f.; Ladenberg, Die rechtliche Stellung des protestierenden Notars oder Gerichtsbeamten, ArchTP Bd.41, 1881, S.89ff.

24) 公証人も支払受領権限があり，それゆえ支払呈示をなしうるとするRenaudと（Achilles Renaud, Zur Lehre von der Erhebung des Protestes mangels Zahlung, ArchTP Bd.43, 1883, S.291ff., Bd.46, 1886, S.41ff.），公証人には証書作成権限しか授権されておらず，また，公証人に支払呈示を認めると拒絶証書に記載された呈示が誰によるものかわからなくなるし，作成しない場合に責任を負うことになる公証人にとって作成せずに支払を受領すべきかどうかの判断は困難であるなどの理由からこれに反対するKochとの間で（Richard Koch, Zur Lehre von der Erhebung des Protestes mangels Zahlung, ArchTP Bd.45, 1884, S.63ff., Bd.46, 1886, S.187ff.），激しい論争となった。

者が公証人に支払を提供する場合には，彼は支払の受領を拒否し，支払拒絶証書を作成することができる。支払は債権者に直接行えばよいのである。したがって，公証人による呈示は，最初の呈示に際して起こった出来事について尋ねるための呈示に過ぎない。」と。要するに，支払呈示は所持人が行うものであり，拒絶証書に証明されるべき「拒絶者に対する請求」とは，公証人による2度目の呈示を通じて明らかにされるが，所持人による支払呈示を内容とするものであることになる。

　これに対しては，Pappenheimから反論がなされる。彼は理論的な根拠として，手形条例41条の文言とこの見解との不整合を挙げる。すなわち，41条によれば，支払拒絶証書は功を奏さなかった支払呈示を証明することを目的としている。Cosackの見解による支払拒絶証書では，それが遡求権保全にたる支払拒絶証書であるのか否かは，証書に証明されている質問に対する回答が支払呈示を意味しているのか否かによって左右されることになる。質問のために過ぎないのならそもそも手形を呈示する必要はないはずである，と。そして彼は，手形法的にはただ一つの支払呈示しかない，と結論づける。「支払呈示とは公証人によってなされる，拒絶証書に証明される呈示である。そして，この呈示の前に債権者によって支払呈示がなされるのが通常であろうが，それはもっぱら2回目の呈示に対する費用負担の問題を生ずるだけであって，手形法的には意味はない。」と。

　要するに，Cosackは，公証人による支払呈示を認めず，拒絶証書の内容として証明されている「拒絶者に対する請求」とは所持人による支払呈示であるとするが，その理由としては「公証人は自身で支払を受領することを委託されていないし，支払受領を委託された他の人物を連れて行く必要もない」ということを挙げている。これに対して，Pappenheimは，手形条例41条の趣旨からすれば公証人による呈示が支払呈示でなければならず，したがってそれが「拒

---

25) Konrad Cosack, Lehrbuch des Handelsrechts mit Einschluβ des See-, Wechsel- und Versicherungsrechts, 2.Aufl., 1893, S.238.
26) Max Pappenheim, Literatur: Lehrbuch des Handelsrechts mit Einschluβ des See- Wechsel- und Versicherungsrechts von Konrad Cosack, ZHR Bd.42, 1894, S.299ff. S.311ff.
27) Pappenheim, Fn.26, S.311.
28) Pappenheim, Fn.26, S.312.

絶者に対する請求」であるとするが，他方で，この場合には公証人に支払受領権限ないし代理権が授権されていることを前提としている[29]。つまり，公証人に支払受領権限が認められるか否かが，公証人も支払呈示をなしうるか，それが手形条例88条3号の意味における「請求」に当たるのかという問題に決定的であるとされているのである。

　公証人の支払受領権限に関して，肯定説[30]は，公証人には権限者の名において支払呈示する権限が認められるものとし，それゆえ彼は支払呈示をしたにもかかわらず支払のないことを内容とする拒絶証書を作成しうるとする。すなわち，手形条例41条は「支払のないこと」を拒絶証書に作成することを要求しているが，受領権限を有さない者が支払呈示をするとすれば，拒絶証書の内容としては受領権限を有さないことを理由として拒絶したことを内容とせざるをえず，このような拒絶証書は作成されてはならない。41条の趣旨からすれば，「支払のないこと」とは，受取の記載により受領権限を授権された者により，あるいはそのような者がいる前で呈示が行われたことを意味する，と[31]。これに対し，否定説[32]は，公証人の地位と権限を問題にする。すなわち，公証人は取立代理人ではない。委託の内容は支払受領ではなく，法律により手形訴訟の条件として規定されている厳格な行為とそれを証明する証書の作成に向けられている。それゆえ，公証人はただ手形を呈示して権利者に対して支払うよう要求できるだけであり，バーデン州のように州によっては公証人の支払受領は禁じられているのである。また，支払受領は州法によれば高い費用がかかるものであり，金

---

29) Pappenheim, Fn.26, S.312.
30) Harder, Fn.23, S.87f.; Ladenberg, Fn.23, S.91ff.; Renaud, Fn.24, Bd.43, S.291ff., Bd.46, S.41ff.; Bernstein, Fn.4, S.199; von Canstein, Fn.4, S.195; Grünhut, Fn.4, S.83; Dernburg, Fn.4, S.348 Amn.1; Walter, Fn.10, S.26ff.; Staub=Stranz, Fn.4, Anm.15 zu §87; Levin Goldschmidt, System des Handelsrechts mit Einschluss des Wechsel-, See-, und Versicherungsrechts im Grundriss, 1891, S.258; Hubert Naendrup, Protesterhebung mangels Zahlung trotz Angebotes an den Protestbeamten, 1899, S.29ff.　ただし，支払受領権限の委託が証書作成委託に含まれると解するか，証書作成委託とは別に授権が必要であると解するか，受取の記載された手形（ドイツ普通商法296条ないしドイツ民法370条，わが国の民法480条参照）によるかの違いがある。
31) Renaud, Fn.24, Bd.43, S.296f.
32) Hartmann, Fn.4, S.392 Anm.14; Lehmann, Fn.4, S.537 Amn.33; Leist, Fn.10, S.136ff.; Koch, Fn.24, Bd.45, S.63ff., Bd.46, 1886, S.187ff.; Staub=Stranz, Fn.4, Anm.14 zu §87.

銭の取立ては一種の技術的な行為である。公証人にとっては，拒絶証書を作成しないという判断が難しいうえ，作成しない場合に責任を負わされることもありうる，と。[33]

結果として，この問題は立法的に解決される。否定説の論者も理論的な帰結としては肯定説を認めていたことからも明らかなように[34]，この問題は，公証人の権能として支払受領も認められるべきか否かという政策・制度上の問題に還元されるからである。1908年に施行された拒絶証書改正法によって新たに設けられた手形条例89a条は次のように規定する。「手形金の支払は拒絶証書公務員に行うことができる。拒絶証書公務員の支払受領権限を排除することはできない」[35]。ここで本条の意義は「古くからの論争に決着をつけた」ことにあり[36]，拒絶証書公務員（公証人，裁判所職員）に対して支払提供がなされたにもかかわらず作成された拒絶証書は無効であると解されている[37]。確かに，同条は拒絶証書公務員の支払受領権限を法定したに過ぎず，誰が支払呈示をなしうるかを定めたものではない。しかし，呈示人が支払受領権限を欠き，それゆえ債務者が支払うことができないとすれば，支払呈示には何の意味もないことになってしまう，ということから設けられたのがこの規定であるといわれている[38]。ここでは，拒絶証書公務員が支払呈示の権限を有し，それゆえ支払拒絶証書の内容としての「請求」をなしうることが明らかにされているといえる。

(3) 支払拒絶証書作成のための形式的資格の意義

もはや所持人自らが支払呈示を行うことはなく，公証人に支払呈示及び支払受領の権限が適法に認められるに至ると，問題になるのは，このことが遡求の要件としての「拒絶証書作成（Protesterhebung）」に影響を与えるか否かという

---

33) Koch, Fn.24, Bd.45, S.65ff.
34) Leist, Fn.10, S.138; Koch, Fn.24, Bd.45, S.67.
35) WO § 89a : Die Wechselzahlung kann an den Protestbeamten erfolgen. Die Befugnis des Protestbeamten zur Annahme der Zahlung kann nicht ausgeschlossen werden.
36) Stranz=Stranz, Staub's Kommentar zur Allgemeinen Deutchen Wechselordnung, 8.Aufl., 1912, Anm.2 zu §89a.
37) Staub=Stranz, Fn.36, Anm.7 zu §89a. なお，この改正により郵便局員も拒絶証書公務員に含まれることになったが，1994年の改正で再び排除された。
38) Staub=Stranz, Fn.36, Anm.2 zu §89a.

点である。従来の見解によれば,「拒絶証書作成（Protesterhebung）」のもとには,所持人が支払呈示をしたが,支払を拒絶されたということを公証人によって支払拒絶証書に作成させる行為が理解されていた。そのとき,支払呈示を行う所持人は裏書の連続により資格づけられていなければならず,これを欠く所持人が作成した支払拒絶証書は無効であると解されていた。これに対し,いまや公証人が所持人の委託のもとに支払呈示をなし,支払のないことを拒絶証書に作成することになる。このとき,公証人には支払呈示の権限が認められるのであるから,委託者に過ぎない所持人はもはや裏書の連続により資格づけられている必要はないのであろうか。そこで,この問題について,Oertzenは次のように述べている。

「拒絶証書作成の権利（Befugnis zur Protesterhebung）又は公証人に拒絶証書作成を指示する権利を有するのは,手形を呈示する権利のある者である。そのことは,功を奏さなかった支払請求を証明することを目的とする拒絶証書の性質から結論づけられる。……このとき,拒絶証書作成の資格（Legitimation zur Protesterhebung）というものは,厳密に言えば,資格概念に関する通説的な見解においては問題にならない。資格というのは,ただ給付請求においてのみ問題になるのであって,拒絶証書のような,効を奏さなかった給付請求を証明する,ということを取り扱うものではないからである。それにもかかわらず,拒絶証書手続の今日的な発展においては,拒絶証書作成の資格についていうことは全く間違っているという訳ではない。今日では,公証人が債権者と共に拒絶者のもとへ赴き,債権者による無駄な支払請求を拒絶証書に作成する,ということはもはや行われない。むしろ今日の手続的観点によれば,公証人への委託は,手形を呈示し,万一の場合にはその無駄な支払請求を拒絶証書に作成する,という趣旨のものである。およそ公証人は手形を呈示すべきであるので,彼に委託する者もまた資格づけられていなければならない。[39]」

要するに,資格（Legitimation）とは本来給付請求すなわち権利行使の場面で問題にされる概念であり,したがって,「拒絶証書作成（Protesterhebung）の資格」というものは所持人が拒絶証書の作成を公証人に委託するという場面では問題にならないはずである。しかし,今や証書作成の委託を受けた公証人が支払呈示を行うものと理解されているから,手形所持人が支払呈示するうえで必要な要件は公証人が支払呈示する場合でも要求されることになる。つまり,支

---

39) Otto Oertzen, Der Wechselregreß, ZHR Bd.75, 1914, S.118f.

払呈示に際して所持人には形式的資格が要求されるという意味において，所持人には「拒絶証書作成（Protesterhebung）の資格」が要求されるといえる。このことが意味するのは，拒絶証書作成時に支払呈示する所持人ないし公証人は裏書の連続により資格づけられていなければならないということにほかならない。それゆえ，裏書の連続を欠く所持人によって作成された支払拒絶証書は無効であると解される点において変わりはない。[40]

　この理由を，Walterは次のように述べている。すなわち，「拒絶証書作成（Protesterhebung）の有効性は，拒絶証書の作成を請求する者（der Protestierende）が，拒絶証書作成の時に，即ち公証人が支払呈示及びその回答を受領する等の行為（Protesthandlung）[41]を実施する時に，手形のみによって（手形の内容に従って）手形所持人として資格づけられていることを前提とする。なぜなら，資格づけられていない人物に対して，拒絶者は支払を拒んでよいからである。」[42]と。つまり，手形条例36条によれば，債務者は裏書の連続を欠く所持人に対して支払って免責されないから，このような所持人に対しては支払を拒めることになる。そこで，所持人が支払拒絶されないためには，裏書の連続を備えることが必要になる[43]。このことは，「拒絶証書作成（Protesterhebung）」を委託され，支払呈示を行う公証人にも同様に当てはまる，というわけである。換言すれば，証書作成を委託された公証人は，実体的な支払請求に関して，所持人と同様の地位にあるといえる[44]。

---

40) 前掲注19）参照。なお，1908年拒絶証書改正法施行後の文献として，Staub=Stranz, Fn.36, Amn.27 zu §36; Michaelis, Fn.4, Anm.2 zu §88（「この形式主義的とみなされるべき結論は，拒絶証書改正法によっても除去されていない。」）；R.Mansfeld, Wechsellegitimation und Wechselberechtigung, LZ 1912, S.587ff.
41) もはや公証人自らが支払呈示をなすという実情を踏まえて，ドイツの論者は概して，証書に証明されるべき公証人の行為としての支払呈示及びその回答の受領等の行為（Protesthandlung）と，それについて証明書に作成する行為（Beurkundung）とに分けて理解している。前掲注10）参照。
42) Walter, Fn.10, S.35.
43) ドイツ手形条例36条は，裏書の連続した所持人が資格づけられることを規定される一方（同条1文），末文は「支払人は裏書の真正を調査する義務はない。」と規定しており，この規定のもとで，債務者は，形式的に裏書の連続した所持人に支払えば，たとえ実質的に無効な裏書が介在していても，免責されるものと解されていた。36条の成立史については，第1章第3節1，学説については，第2章第3節1参照。

3　小　括

　手形条例41条は，支払欠缺による遡求の要件として，法定期間内における支払呈示と拒絶証書作成を要求している。そこでは，支払呈示をしたにもかかわらず支払拒絶されたという事実を証明する唯一の証明手段として拒絶証書を作成することが要求されており，そしてそれ自体がまた遡求の要件とされている。そして，拒絶証書作成（Protesterhebung）のもとに当時理解されていたのは，証書作成を委託された公証人が所持人の支払呈示を目撃してこれを証書に作成するというものであった。ただし，支払呈示は裏書の連続した所持人のみがこれをなしうると解されていたことから，裏書の連続を欠く所持人を被拒絶者として作成された支払拒絶証書は無効と解されていた。

　ところが，実務上，公証人が所持人から手形の交付を受け，単独で支払場所に赴き，手形を呈示して証書を作成するということが慣行化していくと，公証人は支払呈示をなしうるか，すなわち公証人には支払受領権限が認められるかが問題とされるようになった。結局，この問題は立法的に解決されることとなり，公証人は支払受領権限を有することが明文化され，それゆえ，所持人による拒絶証書作成委託のもとには，公証人が支払呈示をなし，支払がない場合には拒絶証書を作成するという内容が理解されるようになった。

　ところで，公証人が支払呈示を行うこととなっても，裏書の連続を欠く所持人によって作成された支払拒絶証書は無効であると解されていることには変わりはない。なぜなら，裏書の連続は，ただ証書自体の作成委託に関して所持人に要求されている要件ではなく，所持人であれ，公証人であれ，支払呈示の要件として求められるものだからである。その意味で，所持人に「拒絶証書作成（Protesterhebung）の資格」が要求されるということは，支払拒絶証書作成時に支払呈示する所持人ないし公証人は裏書の連続により資格づけられていなければならないということにほかならない。換言すれば，証書作成を委託された公証人は，実体的な支払請求に関して，所持人と同様の地位にあるといえる。

---

44) Leist, Fn.10, S.135; Walter, Fn.10, S.23.

第3節　遡求権保全と所持人の形式的資格

1　現行ドイツ手形法における支払拒絶証書作成のための形式的資格

　前節までの検討は手形条例に基づくものであったが，統一手形法を受容した現行のドイツ手形法のもとではどのように解されているのだろうか。ドイツ手形法においては，拒絶証書に関する規定（ドイツ手形条例87条以下）は79条以下にほぼそのまま移行されたが[1]，満期における遡求については，手形条例41条のように，支払呈示に対して支払のないことを支払拒絶証書に作成する，という明文の規定はない。つまり，ドイツ手形法では，遡求権行使の要件として，支払のないことについて，法定期間内における公正証書としての拒絶証書の作成が求められているに過ぎない（ドイツ及びわが国の手形法43・44条参照）[2]。しかしながら，手形の呈示証券性からあるいは法が支払呈示を要求していることから（同法34・38条），遡求の実質的要件（遡求原因）としても適時の支払呈示が要求されるものと解されている[3]。また，統一手形法は，手形条例と異なり，法定の保全行為を欠く場合には遡求権が消滅することを定めたため（ドイツ及びわが国の手形法53条参照），遡求権行使の要件と遡求権保全の要件は区別されている[4]。

---

1)　ドイツ手形法の拒絶証書に関する規定については，神戸大学外国法研究会編『現代外国法典叢書(9)・独逸商法[Ⅳ]』（有斐閣，1956年）59頁以下を参照されたい。ただし，隣接地での手形行為に関する同法88条は1985年有価証券の保全及び取得その他有価証券法上の規定に関する法律（Gesetz zur Änderung des Gesetzes über die Verwahrung und Anschaffung von Wertpapieren sowie anderer wertpapierrechtlicher Vorschriften vom 17.7.1985 (BGBl.I S.1507)）により削除されている。また，1908年拒絶証書改正法の主眼とされた郵便局員による拒絶証書の作成も，1994年郵便と電信の新秩序に関する法律（Postneuordnungsgesetz vom 14.9.1994 (BGBl.I S.2325)）により，ドイツ手形法79条1項の規定する作成者から郵便局員は排除され，同条2項は削除されている。

2)　ドイツ手形法は，各国の留保とされた事項を除き，共に統一手形法に批准しているわが国の手形法とほぼ同様である。ただし，ドイツ手形法43条は，統一条約に倣って，満期における遡求と満期前の遡求を2文に分けて規定している。すなわち，同条1項がわが国の手形法43条1文に相当し，ドイツ手形法43条2項1号乃至3号がわが国の手形法43条2文1号乃至3号に相当する。ドイツ手形法の訳文は神戸大学外国法研究会編・前掲注1）参照。

しかし，満期における遡求に関しては，遡求権を行使するためには，支払のないことと支払拒絶証書の作成が要件とされる一方で（同法43・44条），支払がないにもかかわらず支払拒絶証書の作成期間（同法44条3項）が経過すると，遡求権は保全されず，消滅するから（同法53条1項2号），遡求権行使の要件が遡求権保全の要件でもあることになる。その意味で，満期における遡求の要件についても，手形条例41条において理解されていたところと変わりはないといえる。

そこで，現行法上の満期における遡求に関しても，手形条例下で理解された遡求についての考え方が基本的にそのまま引き継がれている。すなわち，拒絶証書（Protest）は厳格行為（Solennitätsakt）――遡求権保全のための唯一の証明手段――としてのみ効力を有し，証書作成行為（Protestakt）のもとには，所持人の委託を受けた拒絶証書公務員が手形を呈示して請求し，その回答を得る等の行為（Protesthandlung）を行い，それに関する証明書を作成する行為（Beurkundung）を行うものと理解されている。また，ドイツ手形法80条は拒絶

---

3) Arnold Langen, Die Wechselverbindlichkeit nach dem Gesetz vom 21. Juni 1933, 1934, S.117f.; Staub=Stranz, Kommentar zum Wechselgesetz, 13.Aufl., 1934, Anm.6 zu §43, Anm.1 zu § 80; Martin Stranz, Wechselgesetz, 14.Aufl., 1952, Anm.5 zu § 43; Adolf Baumbach=Wolfgang Hefermehl, Wechselgesetz und Schekgesetz: Beck'sche Kurz-Kommentare, Bd.26, 22.Aufl, 2000, Anm.1 und 2 zu §43; Peter Büllow, Heidelberger Kommentar zum Wechselgesetz /Scheckgesetz und zu den Allgemeinen Geschäftsbedingngen, 4.Aufl., 2004, Anm.3 zu §43; Alfred Hueck, Recht der Wertpapiere, 8.Aufl., S.68; Alfred Hueck=Claus-Wilhelm Canaris, Recht der Wertpapiere, 11.Aufl., S.134.

4) Vgl. Staub=Stranz, Fn.3, Anm.4 zu §43. 例えば，一覧後定期払手形又は期間を定めた引受呈示命令の記載のある手形（手形法25条2項参照）でない為替手形についての引受拒絶証書作成や，支払人若しくは引受人が支払停止の場合又はその財産に対して強制執行不奏功の場合に満期前遡求を行うために作成される支払拒絶証書（同法44条5項参照）は遡求権行使の要件であるが（同法43・44条参照），遡求権保全の要件ではない。

5) Quassowski=Albrecht, Wechselgesetz vom 21. Juni 1933: unter besonderer Berücksichtigung der amtlichen Materialien (Regierungsvorlagen, Haager und Genfer Konferenzberichte), 1934, Anm.5 zu §80; Ernst Jacobi, Wechsel- und Scheckrecht unter Berücksichtigung des Ausländischen Rechts, 1955, S.727; Staub=Stranz, Fn.3, Anm.4a zu §44, Anm.1 zu §80; Stranz, Fn.3, Anm.5 zu §44.

6) Eugen Locher, Das Recht der Wertpapiere, 1947, S.123; Jacobi, Fn.5, S.704.

7) H.Schumann, Handelsrecht, Bd.2, Handelsgeshäfte-Wertpapiere, 1954, S.388ff.; Karl-Heinz Gursky, Wertpapierrecht, 2.Aufl., 1997, S.87ff.; Staub=Stranz, Fn.3, Anm.3. zu §44, Anm.7 zu §79; Stranz, Fn.3, Amn.2 zu §44, Amn.2 zu §79.

証書の内容として「被拒絶者による手形上の給付請求」を求めているに過ぎないが，手形の呈示の事実は拒絶証書の内容として記載されなければならず，作成された支払拒絶証書に支払呈示を行ったことが証明されていなければ，その拒絶証書は無効であると解されている[8]。そして，現行法においても，判例・多数説は，支払拒絶証書作成のためには所持人は裏書の連続によって資格づけられていなければならないと解している[9]。

もっとも，支払拒絶証書作成のための形式的資格に関していえば，旧法から現行法への移行期に，資格ないし形式的資格の意味内容について解釈上の変容が起こったという点に注意する必要がある[11]。すなわち，手形条例下の判例・通説は，裏書の連続を所持人の「資格」とすることを規定した手形条例36条のもとで，この「資格」の意味は，所持人の権利証明（Nachweis）にあるというだけでなく，さらに，この権利証明を欠く所持人はもはや権利行使できないものと解していた。しかし，それは形式主義を過度に強調するものであるとの批判がなされ，現行法下では，「資格」のもとに所持人の権利行使要件を理解する論者はほとんどいない[12]。ドイツ手形法16条1項を法律上の権利推定規定と解するのはもはや定説であり[13]，要するに，現行法の下においては，実質的な権利者であれば権利行使及び権利移転を有効に行うことができ，裏書の連続を欠く所

---

8) Staub=Stranz, Fn.3, Anm.1 zu §80; Quassowski=Albrecht, Fn.5, Anm.7 zu §80.

9) Baumbach=Hefermehl, Fn.3, Anm.1 zu §80; Büllow, Fn.3, Anm.5 zu §79; Staub=Stranz, Fn.3, Anm.2 und 3 zu §80; Quassowski=Albrecht, Fn.5, Anm.7 zu §80.

10) BGH, WM 1977, S.839; BGH, WM 1984, S.799; BGH, WM 1991, S.1459; OLG München, WM 1972, S.607; OLG Hammburg, WM 1987, S.1486. Quassowski=Albrecht, Fn.5, Anm.14 zu §16; Staub=Stranz, Fn.3, Anm.18 zu §16, Anm.6 zu §80; Stranz, Fn.3, Anm.14 zu §16; Jacobi, Fn.5, S.697; Gursky, Fn.7, S.74; Baumbach=Hefermehl, Fn.3, Amn.15 zu §16; Büllow, Fn.3, Amn.11 zu §16, Amn.3 zu §80; Langen, Fn.3, S.40; Wolfgang Zöller, Wertpapierrecht, 14.Aufl., 1987, S.129.

11) 本章第1節1参照。

12) 裏書の連続を欠く所持人は訴訟の提起はできないと解する論者として，Stranz, Fn.3, Anm.19 zu §16; Stranz, Fn.3, Anm.14 zu §16; Johannes Priese = Fritz Rebentrost, Kommentar zum Wechselgesetz mit Text des Scheckgesetzes und der Nebengesetze, 1949, Anm11 zu §16. Vgl. Wienstein, Keine Wechselberechtigung ohne Legitimation, LZ 1915, S.1567ff.

13) Quassowski=Albrecht, Fn.5, Anm.15 zu §16; Staub=Stranz, Fn.3, Anm.2 zu §16; Stranz, Fn.3, Anm.2 zu §16; Baumbach=Hefermehl, Fn.3, Amn.1 zu §16; Büllow, Fn.3, Amn.1 zu §16; Zöller, Fn.10, S.126ff.; Hueck=Canaris, Fn.3, S.87f.; Hans Brox, Handelsrecht und Wertpapierrecht, 12.Aufl., 1996, Rdnr.490 usw.

持人はただ法律上の権利推定の効果が得られないという意味で立証上の不利益を負うに過ぎないものと解されている。

このように解されるとすれば，遡求権を行使できる者についても，実質的な権利者であればよく，裏書の連続を具備する必要はないことになる。そこで，このことから，支払拒絶証書の作成に関してももはや手形厳正を過度に重んずる必要はないとして，裏書の連続を欠く所持人によって作成された支払拒絶証書も有効であるとする説がある。しかし，既に述べたように，現在の判例・多数説はこれに反対の立場を採っている。その理由について，例えばBüllowは次のように説く。すなわち，この場合の裏書不連続の所持人はドイツ手形法16条1項による権利推定の効果を享受しえないのであるから，自らその権利を証明しなければならない。このとき，その立証は民事訴訟の原則によれば証拠調べから排除されている拒絶証書公務員に向かって行われなければならず，拒絶証書の目的と本質は迅速な立証を要求しているのであるから，即座に提出できるのみならず，訴訟を必要としない証明手段のみが認められなければならない。それゆえ，支払拒絶証書は手形に基づいて形式的に資格づけられた所持人によってのみ作成されうるという判例の見解は正しいといわねばならない，と。要するに，拒絶証書を作成するに当たって，所持人は拒絶証書公務員の前でその権利を証明することが必要であるというのである。だとすれば，それは形式的資格に相当する客観的な事実でなければならないというべきであろう。

しかしながらこのことは，拒絶証書の作成を請求する所持人には，その作成

---

14) RGZ Bd.114(1927), S.369. Staub=Stranz, Fn.3, Anm.4 zu §43; Langen, Fn.3, S.117; Baumbach=Hefermehl, Fn.3, Anm.3 zu §43; Bülow, Fn.3, Anm.3 zu §80; Hueck, Fn.3, S.68; Hueck=Canaris, Fn.3, S.114; Quassowski=Albrecht, Fn.5, Anm.14 zu §16; Jacobi, Fn.5, S.697; Locher, Fn.6, S.385. aM Stranz, Fn.3, Anm.3 zu §43.

15) 旧法下において，James Breit, Schattenkultus Gespensterfurcht in Wechselprotestjudikatur und Wechselprotestwissenschaft, ZfH Bd.3, 1928, S.293; Friedrich Klausing, Wechsel- und Scheckrecht einschliesslich der Grundbegriffe des allgemeinen Wertpapierrechts, 1930, S.44. 現行法下において，Schumann, Fn.7, S.401; Eugen Ulmer, Das Recht der Wertpapiere, 1938, S.234; Fritz Bornemann, Zivilrecht im Querschnitt, Bd.・Wertpapierrecht, 1972, S.129.

16) Büllow, Fn.3, Amn.3 zu §80. もっとも，Büllowは，形式的な裏書の連続を欠く所持人も欠缺部分の方式的な証明（例えば相続証書や商業登記簿の謄本）によって支払拒絶証書の作成が認められるとする。この点につき後掲注17）参照。

手続に際して裏書の連続による権利証明が要求されるという証拠法的な意味にとどまらない。このように解されるべき理由はむしろ手形法上の実体関係に由来する。この点につき，Baumbach=Hefermehlは次のように説く。

「手形所持人は裏書の連続によって証明されていなければならず，それは職権により確認されうるようなものでなければならない。その理由としては，一般に，手形厳正の原則に基づき，ただ手形に基づき権利者として証明された者だけが手形法上の催告を行うことができるという点が挙げられている。民法上も，債務者は，債権者の代理人による催告について，その代理権が証明されない場合には，これを拒絶できるものとされている。このように考えるとすれば，手形債権者は，形式的な証明を欠く場合には，たとえ実質的な権利者であっても，手形上の義務者に対して遡求を行うことはできないことになる。一体この結論は手形厳正の必然的な結果なのであろうか。そこでBreitは，拒絶証書にとってはただ実質的権利のみが問題であるとする。けれども，これは正しくない。確かに手形法は，所持人が拒絶証書作成時に権利者として証明さ

---

17) 判例は，支払拒絶証書は，その実質的権利を他の方法により方式に適って (förmlich) 証明することができない限り，手形に基づいて形式的に資格づけられた所持人のみが有効に作成することができるとしており (BGH, WM 1977, S.840; BGH, WM 1991, S.1459)，学説もこれを支持して，所持人の権利証明手段は形式的な裏書の連続に限られず，相続証書のような方式に適った証明手段によることも認めている (Langen, Fn.3, S.40; Büllow, Fn.3, Amn.3 zu §80; Baumbach=Hefermehl, Fn.3, Amn.15 zu §16)。Baumbach=Hefermehlも，所持人が無権利であることの確実な立証手段を有している場合には債務者は免責されないのと同様に，逆に支払請求においても，支払呈示においてその権利を相続証書などにより方式に適って証明する場合には，裏書の連続を欠く所持人は支払拒絶されないと説いている (Fn.3, Anm15 zu §16)。もっとも，これは予防司法の中立的機関としてわが国より広範な権限と責任を負わせられている公証人が，所持人による実質的権利移転の証明の有無についての判断を行う場合であることに注意する必要がある。そこでの証明手段は，形式的な裏書の連続と同程度に訴訟において証明力——単なる否認によって覆されない証明力——が認められるものとして，証書 (Urkunde) (証明力についてはドイツ民事訴訟法415条以下参照) であるべきと解されている。しかし，このように方式に適った証明を証書に限定するとしても，最終的には何をもって方式に適った証明といえるのかが問題とならざるをえず，その意味で不十分な結論といわざるをえない。そこで，学説の中には，裏書不連続手形の場合には，債務者は供託することによって免責され，拒絶証書の作成も免れると主張するものもある (Hueck=Canaris, Fn.3, S.95)。しかし，このように解すると，今度は，40条3項の規定が無意味化してしまう。そこで，方式に適った証明も認めず，ただ形式的な裏書の連続のみを認めるとする論者もある (Zöllner, Fn.10, S.129; OLG München, WM 1972, S.607; OLG Hammburg, WM 1987, S.1486)。理論的な観点からは正当である。なお，この見解も，ドイツ民法2367条が相続証書を提示した相続人への給付の効力を認めているから，この場合には，最後の被裏書人が相続証書と共に手形を呈示した場合には有効に支払拒絶証書を作成することができるとしている (Zöllner, Fn.10, S.129)。

れている場合にのみ拒絶証書は有効である，と明文をもって規定してはいない。しかしながら，見逃してはならないのは，満期に支払呈示される債務者の支払強制の地位である。これを考慮したのが手形法40条3項であり，このことから一般に，債務者には，満期において形式的に資格づけられていない所持人に対して支払うことを要求できないという結果が導かれるのである。これに対し，多くの学説は，民法174・180条に基づいて[18]，その代理権に異議があってはじめて催告は無効になると解している。このことから，債務者が，形式的に無権利な所持人，例えば満期前に手形を受け戻したが過失で後続の裏書を抹消しなかったような所持人に対して，その権利に異議を申立てるのではなく，支払能力欠缺又は支払不確実を理由に支払拒絶した場合には，それに関して作成された拒絶証書は無効ではないとする説がある[19]。しかしながら，拒絶証書に際しての立場は民法174・180条の場合の立場とは異なる。なぜなら，債務者のみならず第三者の法的地位が，債務者の行動に左右されることになるからである[20]。」

要するに，遡求義務者たる第三者の地位は債務者の支払拒絶の有無によって定まるが，所持人が支払拒絶するか否かは，手形法40条3項によれば，所持人が裏書の連続を備えて支払請求してきたか否かによって決定される。だとすれば，第三者たる遡求義務者の地位も，支払拒絶の理由を問わず，同様の事実によって決定されなければならないというわけである[21]。このことが意味するのは，裏書の連続によって資格づけられた所持人の適法な支払呈示に対して債務者は免責的に支払うことができ，それにもかかわらず支払を拒むとき——支払不能のとき——にはじめて，所持人は有効な支払拒絶証書を作成することができ，第二次的債務者である遡求義務者に対する遡求権を保全することができるということである。このことから，適法な期間内に支払呈示をなすべき者とは手形

---

18) ドイツ民法174条は「任意代理人ガ他人ニ對シテ爲シタル單獨行爲ハ，代理人ガ委任状ヲ呈示セズ且其ノ他人ガ之ヲ理由トシテ遅滞ナク其ノ法律行爲ヲ拒絶シタルトキハ，之ヲ無効トス。授權者ガ代理權授與ヲ其他人ニ通知シタルトキハ，拒絶ヲ爲コトヲ得ズ。」と規定し，同180条は「單獨行爲ニ於テハ代理權ナキ代理ヲ許サズ。單獨行爲ノ相手方ガ，法律行爲ノ當時代理人ノ主張セル代理權ヲ爭ハズ，又ハ代理人ガ代理權ナクシテ行爲ヲ爲スコトニ同意シタルトキハ，契約ニ關スル規定ヲ準用ス。単独行爲ガ代理權ナキ代理人ニ對シ其ノ同意ヲ以テ爲サレタルトキ亦同ジ。」と規定している（神戸大学外国法研究会編『現代外国法典叢書（1）・独逸民法［Ⅰ］』（有斐閣，1956年）260頁以下から引用。）。
19) Breit, Fn.16, S.293; Klausing, Fn.16, S.43; Ulmer, Fn.16, S.234.
20) Baumbach=Hefermehl, Fn.3, Amn.15 zu §16.
21) ただし前掲注17）参照。

法16条 1 項により資格づけられた所持人でなければならず，裏書の連続を欠く所持人による支払呈示に基づいて作成された拒絶証書は無効であると解されている[22]。

現在では所持人は訴訟において裏書の連続以外の方法で自己の権利を証明することが認められているから，もはや裏書の連続は所持人の権利行使要件とはいえない。しかし，拒絶証書作成時という訴訟以前の段階において支払呈示する所持人には形式的な裏書の連続が必要であると解されている。それが意味するのは，訴訟以前の段階においては，所持人にとって形式的な裏書の連続が唯一の権利証明手段であり，それを欠く場合には債務者に支払拒絶されるということである。その意味において，裁判外においては裏書の連続はいまだ所持人の権利行使要件としての役割を果たしているといえ，このとき所持人の形式的資格の意味は，権利の証明 (Nachweis) にあるというにふさわしいものといえよう。

2　わが国への妥当性

わが国も統一手形法に基づく手形法が施行されており，ドイツ法において理解されている支払拒絶証書作成のための所持人の形式的資格——支払呈示をなす所持人の要件として形式的な裏書の連続による権利証明を要求することにより，主たる手形債務者が免責的効果をもって支払うことができるにもかかわらず支払拒絶する場合にはじめて第二次的義務者である遡求義務者にその履行が強制される——は，わが国にも構造的に当てはめてみることができるといえる。そこで以下では，拒絶証書作成の場合と拒絶証書作成免除の場合に分け，この理論構成をアナロジーとしてわが国に当てはめてみた場合について，若干の考察を加えておきたい。

(1)　拒絶証書作成の場合

まず，現代の手形取引では通常，取引銀行に当座預金口座を開設し，統一手形用紙の交付を受けて，銀行店舗を支払場所とする第三者方払手形によって手

---

22) Baumbach=Hefermehl, Fn.3, Amn.1 zu §38; Büllow, Fn.3, Amn.3 zu §38.

形が振り出される[23]。このような手形の呈示場所は，本来は支払銀行店舗又は支払場所たる銀行店舗であるが，取引の実際では，手形交換により決済され，交換呈示の場合の呈示場所は常に手形交換所である[24]。手形交換所への呈示は支払呈示の効力を持つものとされている（手形法38条2項）。交換呈示の結果，資金不足等で不渡返還となったような場合に，所持人は遡求義務者に対して遡求することになる[25]。

---

23) 統一手形用紙制度は昭和40年（1965年）12月に全国銀行協会連合会が採用したもので，銀行と当座勘定取引契約のない者が銀行を支払場所とする手形を振り出して不渡事故を起こすことのないようにするため及び事務処理を機械化することによってその合理化・効率化を図るため，銀行等金融機関の店舗を支払場所として振り出される手形については，当座取引先に交付される一定の規格・様式の統一手形用紙を用いなければ決済されない取扱いとなったものである。統一手形用紙及び統一手形用紙制度については御室龍「統一手形用紙制度の実際と問題点」黒木三郎教授還暦記念論文随筆集刊行会編『法とその周辺（黒木三郎教授還暦記念論文随筆集）』（法律文化社，1983年）245頁以下，井上俊雄「手形・小切手の用紙」手研424号56頁以下（1989年）参照。

24) 髙窪利一『現代手形・小切手法＜三訂版＞』（経済法令研究会，1997年）263頁以下。わが国で流通する手形は，統一手形用紙を用いて銀行の店舗を支払場所として作成されているため，手形所持人はもっぱら取引銀行にこれらの証券を入金するか，あるいは取立の依頼をすることによって手形金の回収を図っている。銀行は，膨大な量の手形等の取立を簡易迅速に行い，資金を効率的に運用するため，手形交換によりその決済を行っている（東京手形交換所規則をもとに全国の各手形交換所規則の統一が図られており，以下，東京手形交換所規則を「規則」，東京手形交換所施行細則を「細則」として示すこととする。）。これを運営するのが手形交換所（以下「交換所」という。）であり，交換所は，その事業に参加する金融機関（参加銀行）の協力のもと，手形，小切手等の簡易，円滑な取立を可能にし，あわせて信用取引の秩序維持を図ることを目的として（規則1条），手形等の交換決済（規則2条1号）及び取引停止処分の制度（規則2条2号）を運営している。交換決済とは，参加銀行間で包括的に一種の差引計算を行うものであり，その法的性質はもっぱら規則に基づく集団的決済契約であると解されている（北沢正啓「手形交換」鈴木竹雄＝大隅健一郎編『手形法・小切手法講座第四巻』（有斐閣，1965頁）243頁以下参照）。参加銀行が支払人又は支払担当者となっている手形等を，他の参加銀行が受入れた場合には交換決済に付さなければならない（規則22条）。取引停止処分とは，交換決済して持ち帰った手形のうちに「自行宛の手形で支払に応じがたい手形」（不渡手形）がある場合（規則52条1項参照），不渡手形を出した振出人等に対して交換所が行う処分である。その内容は，参加銀行は処分を受けた者に対し処分日から起算して2年間の当座勘定及び貸出取引をすることはできないというものである（ただし，債権保全のための貸出を除く。）（規則62条）。手形の決済はメインバンクに集中する傾向があるから，企業が取引停止処分を科されるときわめて厳しい経済制裁となる。それゆえ取引停止処分は企業にとって手形の支払を迫る強制力として作用する。この取引停止処分制度の存在によって手形交換は手形取引における信用純化の機能をも合わせ持つ制度となっている（伊沢和平「手形交換における取引停止処分」遠藤浩他監修・淡路剛久他編『金融取引契約・現代契約法体系第五巻』（有斐閣，1984年）297頁）。

満期における遡求については，支払呈示期間内に適法な支払呈示をしたにもかかわらず支払のないこと（同法43条1文）を支払拒絶証書作成期間内に支払拒絶証書に作成すること（同法44条1項）がその要件である。もっとも，実際に取引で用いられている統一手形用紙には既に「拒絶証書不要」という文言が印刷されているため，拒絶証書の作成は免除されているのが通常である（同法46条2項）。しかし，「拒絶証書不要」の文言が何らかの事情によって抹消されていた場合，拒絶証書の作成が免除されていない外国の手形の場合（同法93条）には拒絶証書の作成が必要になる。[26]この場合には，支払をなすべき日とこれに次ぐ二取引日以内という短期間にそれを作成しなければならない（同法44条3項）。そこで，拒絶証書作成の通例の手続では，予め公証人は銀行から呈示日[27]の数日前に公証人役場に当該手形の写しを届けてもらい，それを参考にして拒絶証書の案文を準備したうえで，支払日に公証人，所持人，支払人の三者が支

---

25) 手形が不渡となると，適法な呈示でないこと・裏書不備（裏書の不連続）等を理由とする0号不渡事由（不渡届は不要）に該当する場合を除き，持出銀行（交換に手形を持ち出した銀行）と支払銀行（手形の支払場所に指定されている銀行）の双方が不渡届を交換所に提出し（規則63条1項），これに基づいて不渡報告への記載や取引停止処分の手続が進められる（規則64・65条）。不渡届は大別して2種類あり，資金不足又は取引なし（第1号不渡事由）を理由とする第1号不渡届（規則63条1項，細則77条1項2号）と，契約不履行・詐取・紛失・盗難・偽造・変造のように手形に関して人的・物的抗弁が存在する場合など（第2号不渡事由）を理由とする第2号不渡届（規則63条2項，細則77条1項3号）とがある。前掲注25）参照。不渡事由が付されて手形が持出銀行に返還されることを不渡返還という。不渡返還を受けた持出銀行は，所持人名義の預金に受け入れられ，又は振り込まれた証券類については，直ちに貯金者に不渡りの事実を通知し，いったん入金記帳した金額を当座勘定元帳から引き落とし，不渡手形は本人からの請求があり次第，本人に返却する（当座勘定規定ひな型5条1項）。本人に不渡証券を返還する場所は，預金受入店舗，振込受付店舗であるが，特に取引先の依頼がない限りは，不渡手形について遡求権保全手続（拒絶証書の作成）や時効中断の手続をとる義務はなく（当座勘定規定ひな型5条2項），振込金領収証にもその旨が明示されている（高窪・前掲注25）317頁）。
26) 吉井直昭編『公正証書・認証の法律相談〈第二版〉』（青林書院，2003年）244頁。拒絶証書の作成が免除されている場合でも，満期前に遡求の要求を満たすために振出人の住所又は営業所において支払呈示をする場合（最判昭和57年11月25日判時1065号182頁）や，営業所や自宅を支払場所とするいわゆる自宅払の約束手形の場合には，支払拒絶ないし支払呈示の事実を確実に立証するための証拠保全の目的で作成しておいた方がベターであるとされる。
27) 執行官も拒絶証書作成機関であるが（拒絶証書令1条参照），実際にはもっぱら公証人が利用されるため，以下の検討は公証人について行うこととする。

払の呈示場所である銀行に集まり，当事者が揃うと所持人又は公証人が支払人に手形を呈示して支払を求め，公証人はその場で拒絶証書を作成するものとされている[28]。

このとき，有効な支払拒絶証書作成のために所持人に形式的資格が必要であるということは，公証人又は所持人が支払呈示を行う際，その手形は裏書の連続によって資格づけられていなければならず，それを欠くにもかかわらず作成された支払拒絶証書は無効であるということを意味する。このような解釈の前提として，公証人には支払呈示権限が認められるか否か，公証人には所持人の形式的資格についての調査義務ないし注意義務が認められるか否かを検討する必要がある。

この点につき，ドイツの公証人については，その支払受領権限が法定されており（ドイツ手形法84条），支払呈示の権限を有するという点に異論はない。それゆえ，支払拒絶証書の内容としても公証人自らが支払呈示したことが記載されるものとされ[29]，公証人に支払提供されたにもかかわらずそれを受領せずに作成された支払拒絶証書は無効であると解されている[30]。さらに，形式的資格を欠く所持人により作成された支払拒絶証書は無効と解されていることから，公証人は，証書作成行為（Protesthandlung）をなす前に，拒絶証書作成の請求をしてきた手形所持人の形式的資格の有無を調査し，それを欠く場合には——公証人自ら所持人の形式的資格を作り出すことは許されないが——所持人に遅滞なく知らせる義務を負うものとされている[31]。すなわち，ドイツの公証人は「法律的出来事（Rechtsvorgänge）の証書作成及びその他の予防司法（vorsorgrnde Rechtspflege）領域の任務のための独立した公職担当者」（ドイツ公証人法1条）[32]であって，民事訴訟に先行する事前介助の公的中立的機関であるとされている

---

28) 吉井・前掲注27) 245頁。
29) Vgl.Baumbach=Hefermehl, Fn.3, Amn.2 zu §80.
30) Staub=Stranz, Fn.3, Anm.5 zu §84; Stranz, Fn.3, Anm.1 zu §84; Quassowski=Albrecht, Fn.5, Anm.4 zu §84; Baumbach=Hefermehl, Fn.3, Amn.1 zu §84; Büllow, Fn.3, Amn.1 zu §84.
31) RGZ Bd.66(1907), S.295; RGZ Bd.139(1933), S.193; JW 1906, S.467 Nr.25; Recht 1907, S.1068 Nr.2553. Heinrich Walter, Der Wechselprotest, 1892, S.36; Staub=Stranz, Fn.3, Anm.6 zu §79; Quassowski=Albrecht, Fn.5, Anm.12 zu §79; Stranz, Fn.3, Anm.14 zu §79; Baumbach=Hefermehl, Fn.3, Amn.4 zu §79.
32) Bundesnotarordnung vom 24.2.1961 (BGBl. I S. 98).

（同法14条参照）。この趣旨を汲んで，当事者が意識しない損害を被る危険があるときは，公証人はその者に教示すべき義務があり（同法14条・ドイツ公証法17条），それに違反した場合には公証人自身に損害賠償責任が生ずるものとされている（ドイツ公証人法19条）[33]。したがって，支払拒絶証書に関しても，公証人には有効な拒絶証書を作成する職務上の義務があり，支払拒絶証書が形式的要件を欠くため無効とされた場合や，適時にその作成が依頼されたにもかかわらず適時に支払拒絶証書を作成しなかったため遡求権が喪失されたような場合，形式的資格を欠く所持人にそれを教示しなかったため支払拒絶証書が無効とされたような場合には，公証人自身が全ての利害関係人に対して職務違反に基づく損害賠償責任を負うものと解されている[35]。

　これに対して，拒絶証書作成に関するわが国の公証人の地位は，ドイツの公証人のそれとは異なるようである。まず，公証人の支払呈示権限の根拠となる支払受領権限については，ドイツのように明文の規定はない。確かに，わが国でも，公証人は拒絶証書作成の委託を受けたときは支払呈示をなす代理権を与えられ[36]，支払が提供された場合には受領しうるものと解されてはいるが[37]，支払提供されたにもかかわらずそれを受領せずに作成された支払拒絶証書の効力については明らかではない[38]。公証人の調査義務に関しても，公証人は拒絶証書作成委託者（所持人）の権限の有無，又はその同一性，代理・代表権限の有無を調査する必要はないとされ（公証人法57条参照），それを証明させる必要もないと解されている[40]。公証人の調査権能との関係は明確ではないが，拒絶証書令2条2号にいう「被拒絶者」は権利者である所持人，つまり，裏書の連続を欠く

---

[33] Beurkundungsgesetz vom 23.8.1969 (BGBl. I S.1513).

[34] ドイツ公証人法における教示義務の内容と範囲の詳細については，永井博史「西ドイツにおける公証人の教示義務」公証法学14号110頁以下（1984年），松村和德「執行証書の債務名義性に関する一考察」公証法学21号80頁以下（1991年），植村秀三『日本公証人論』（信山社出版，1989年）32頁以下参照。なおドイツ公証人法及びドイツ公証法については，渡辺五三九「独逸連邦公証人法の成立とその問題点」公証法学4号35頁以下（1975年），梅善夫「ドイツ連邦共和国（西ドイツ）公証法について」公証法学10号49頁以下（1981年）参照。

[35] Baumbach=Hefermehl, Fn.3, Amn.3 und 4 zu §79; Büllow, Fn.3, Amn.7 zu §79. 公証人は職務責任の範囲内でドイツ公証人法19条（職務上の義務違反に基づく責任）・46条（代理人との連帯責任）に基づく責任又は一般法であるドイツ民法839条（職務違反に基づく損害賠償責任）に基づく責任を負い，国も責任追及される（ドイツ基本法34条）。

所持人でよいものと解されており[41]，そのような所持人を被拒絶者として作成された支払拒絶証書も有効であるとするのがわが国の多数説である[42]。さらには，わが国においては，作成された拒絶証書が無効となった場合でも，それにより当然に公証人に責任追及しうることにはならないことに注意する必要がある。すなわち，公証人は国家公務員に当たるものとして[43]，故意又は過失により他人に損害を加えた場合には国家賠償法1条が適用されるものと解されており，判例・多数説は公証人個人は民事責任を負わないと解している[44]。したがって，無効な拒絶証書を作成したことが公証人の職務違反に該当するような場合も，公

---

36) 大判大正10年6月27日民録27輯1252頁，松岡誠之助「拒絶証書」鈴木竹雄＝大隅健一郎編『手形法・小切手法講座第五巻』（有斐閣，1965年）86頁，伊澤孝平『手形法・小切手法』（有斐閣，1949年）524頁，鈴木竹雄『手形法・小切手法（法律学全集32）』（有斐閣，1957年）295頁注（七），田中誠二『手形・小切手法詳論下巻』（勁草書房，1968年）638頁，田邊光政『最新手形法小切手法＜五訂版＞』（中央経済社，2007年）203頁等。この問題は旧法下において，ドイツ法と同様に，支払拒絶証書の記載内容である「請求」（拒絶証書令2条2号）に当たる支払呈示をなしうるのは誰かという問題として議論され，拒絶証書作成機関は「請求」しえないとする見解もあったが（松波仁一郎『改正日本手形法』（有斐閣書房，1915年）1080頁以下），判例・多数説はこれを肯定していた（大判大正2年5月7日民録19輯310頁，毛戸勝元「商法五一五條二號ノ請求ハ何人ニ於テ之ヲ爲スヘキヤ（商事判例批評（二））」京都法學會雜誌8巻12号139頁以下（1913年），松波・前掲書1082頁以下参照）。

37) 大判明治36年2月10日民録9輯139頁，松岡・前掲注37）86頁，伊澤・前掲注37）526頁，竹田省『手形法・小切手法』（有斐閣，1955年）218頁。

38) 竹田博士によれば（前掲注38）218頁），拒絶証書の作成委託者が手形を交付して拒絶証書の作成を求める限り，委託者と公証人の間には取立委任契約が成立するため，公証人は委託者に対してのみ支払受領の義務を負うが，その受領を怠る場合には委託者に対して私法上の損害賠償義務を負担するとしながらも，あるいは受領することをもってその職務行為と解することもできぬではない，とされる。いずれにせよ，支払提供されたにもかかわらず受領せずに作成された支払拒絶証書の効力については述べられていない。

39) 松岡・前掲注37）86，92頁。反対，旧法下において，大橋光雄「拒絶証書に就て（二完）」民商1巻6号64頁（1921年）。

40) 法務省民事局編『公証人法関係解説・先例集』（商事法務研究会，1986年）119頁。公証人法57条は拒絶証書について委託者・代理人の確認等に関する規定（同法28条乃至32条）の適用を排除している。なお，遡求権を行使する際には遡求をする側で同一性の証明が必要になる（竹田・前掲注38）210頁）。

41) 松岡・前掲注37）92頁，大隅健一郎＝河本一郎『手形法・小切手法（ポケット註釈全書）』（有斐閣，1959年）557頁。

42) 竹田・前掲注38）209頁，大橋・前掲注40）68頁以下（1921年）。もっとも，竹田博士もこのような拒絶証書により所持人の遡求権行使が難しくなることは認めている（同210頁注（三）参照）。

43) 東京地判昭和32年4月20日下民集8巻4号807頁。

証人自身に対する損害賠償は認められないことになる。[45]

このように，ドイツとわが国とでは公証人の地位と責任には大きな違いがあり，それゆえ，ドイツ法で理解されている支払拒絶証書作成のための所持人の形式的資格に関する解釈をわが国へ応用することは困難であるようにも思われる。しかしながら，ドイツ法において公証人に所持人の形式的資格の調査義務が課せられると解されているのは，無効な拒絶証書を作成することにより所持人が損害を被る危険があること――裏書不連続の場合に拒絶証書が作成されてもそのような拒絶証書作成は無効であり，遡求権は保全されない――を考慮して，それを利害関係人に教示すべきことから認められる義務であるとされる。この点につき，わが国でも公証法学に関する有力説は，明文の規定はなくとも，予防司法の担い手としての公証人には教示義務が認められると主張している。[46]わが国においても，この有力説に立ったうえで，支払拒絶証書を作成する公証人に教示義務としての所持人の形式的資格の調査義務が認められるとする限りで，[47]支払拒絶証書作成のためには所持人は裏書の連続により資格づけられていなければならず，それにもかかわらず作成された支払拒絶証書は無効であると

---

44) 最判昭和30年4月19日民集9巻5号534頁。公証人の責任については，永井・前掲注35) 87頁注(一)，加藤一郎＝江草四郎『注釈民法(19) 債権(10)』(有斐閣，1965年) 414頁以下［乾昭三］，飯塚和之「公証人の責任」川井健編『専門家の責任』(日本評論社，1993年) 245頁以下，小田泰機「公正証書」村重慶一編『裁判実務体系第18巻国家賠償訴訟法』(青林書院，1987年) 396頁以下，兼子一＝竹下守夫『裁判法＜第四版補訂＞ (法律学全集34)』(有斐閣，2002年) 437頁以下等参照。

45) 竹田・前掲注38) 207頁，松岡・前掲注37) 86頁。ただし，1947年の国家賠償法制定前は公証人に対して損害賠償責任が負わせられると解されており (大橋・前掲注40) 64頁以下)，わが国にはドイツ手形法84条のような公証人の支払受領権限を法定する規定はないということからも，公証人の委任契約上の債務不履行責任を認める余地はあるとも解される (松岡・前掲注37) 86頁，竹田・前掲注38) 208頁注(二) 参照)。

46) 植村・前掲注35) 31，60頁，飯塚・前掲注45) 258頁，永井・前掲注35) 113頁以下，奥村正策「公正証書に関する総合的研究」司法研究報告書13輯1号139頁以下，大濱しのぶ「日本における公証人の独立・中立の問題の研究状況」公証法学16号36頁以下 (1987年)，松浦馨「法律行為の法令違反等と公証人の調査義務」リマークス17号 (1998年 (下)) 157頁 (1998年)，出口雅久「日独における公証人損害賠償訴訟の現状――予防司法を担う公証人のグローバル・スタンダードの素描――」公証法学28号63頁 (1999年)。

47) もっとも，このような見解は見当たらない。公証法学の研究者に取り上げられているのは主として執行証書及び公正証書遺言である。拒絶証書を題材にした研究を今後に期待したい。

解すべきといえる。[48]

(2) 拒絶証書作成免除の場合

ところで，わが国において一般に使用されている統一為替手形用紙の振出人欄及び統一為替手形用紙・統一約束手形用紙の各裏書人欄には「拒絶証書不要」の文字が既に印刷されている。拒絶証書作成という，見方によればわずらわし

---

[48] 訴訟前に明確な証拠を残すという公証制度の機能からみれば，拒絶証書を作成しておくということは一種のリスク管理としてメリットがある。すなわち，判例・通説のように解した場合，いつの時点でその権利証明を行わねばならないのかははっきりしない。裁判外でこれを行うとすれば支払呈示の時ということになろうが，債務者は，所持人の証明が不十分であるとして支払を拒絶するときには付遅滞の責を負わなければならず，逆に，軽率に支払った場合には免責を得られないというリスクを負うという点で，きわめて微妙な立場に立たされることになる（田邊・前掲注37) 129頁）。結局，裁判上で呈示のとき権利者であったと証明されたときに遡求権が保全されたことになり，遡求権行使が認められることになると考えられるが，訴訟においては，手形上の権利者であることに争いがある限り，所持人は呈示の際に手形上の権利者であったことを主張しなければならず，裏書不連続手形の所持人は手形法16条1項を利用できないから，その立証を自ら行わなければならないことになる。しかし，所持人と訴訟義務者の間の訴訟で主債務者に対する事実を証明するのは困難である。そこで，公証人という裁判外の公的機関によって訴訟以前の段階でこれに関する証拠手段を確保しておく，というわけである。拒絶証書は公正証書であることにより訴訟の実際において非常に高度の証拠力を認められるため，これに対して反証を挙げることはきわめて困難であるとされる。このとき，支払呈示の際に裏書不連続の所持人が相当な権利の証明を行った場合にのみ有効な支払拒絶証書を作成しうると解するとすれば，訴訟に際して，支払呈示の際に権利者であったことの証明は容易になるといえる。

問題は，所持人にどのような権利の証明手段を認めるかであるが，所持人と訴訟義務者の訴訟において拒絶証書と共に提出しうるもの，例えば証書によらざるをえない。その意味で，ドイツ法において，「その実質的権利を他の方法により方式に適って（förmlich）証明することができない限り，手形に基づいて形式的に資格づけられた所持人のみが有効に作成することができる」と主張されているのは首肯できる。もっとも，ドイツ法においてこれは判例法として展開してきたものであるから，わが国でもそのような解釈がそのまま導入できるとは考えられない。とりわけ，わが国の公証制度の法整備・実情からすると，公証人に，形式的な裏書の連続の有無はまだしも，実質的権利移転の証明の有無を判断する権能が認められるかは疑問なしとしない。どの程度の権利の証明がなされた場合に支払拒絶証書を作成してよいのかという判断はわが国の公証人にとっては困難であると考えられる。後述するように，わが国では拒絶証書作成免除の場合が通常であるので，裏書連続手形の呈示によってのみ遡求権は保全されると解すべきである。確かに，このように解すると，所持人は裏書不連続手形によっては有効な支払拒絶証書を作成できず，それゆえもはや遡求権を行使できないという点で不合理といわざるをえないが，その根本にはそもそもわが国では拒絶証書作成免除といういわば不健全な手形の流通形態が原則化してしまっているという問題がある（後掲注51) 参照）。

い手続から所持人を解放すると共に，義務者の方にも拒絶証書作成費用の負担を免れさせるなどのメリットがあるため，統一手形用紙に「拒絶証書不要」の不動文字が印刷されることになったという[49]。理論的にみても，拒絶証書の作成が遡求の形式的要件とされているのは，一般に主債務者の支払拒絶についての立証が困難な遡求義務者の利益を保護するためであるから，遡求義務者が任意にその利益を放棄して，他の簡易な証拠方法をもって満足することは，何ら差し支えない[50]。拒絶証書の作成免除は，不渡りの事実が公になることを防ぐことができるという実益もある。そこで，わが国においては，むしろ拒絶証書作成を免除することの方が手形利用の原則であるような状況を呈している[51]。

拒絶証書作成免除の場合，所持人は拒絶証書なくして遡求権を行使できることになる。しかし，これによって所持人には，ただ遡求の形式的要件の履践が免除されたに過ぎない点には注意する必要がある。すなわち，「拒絶証書作成免除によっては，ただ拒絶証書公務員による手形法上の請求の実施がなくなっただけであり，手形当事者自身による同様の行為の私的な実行がそれに代わるに過ぎない[52]。」のであり，所持人による適法な支払の呈示及びそれに対する支払拒絶という遡求権行使のために法が要求している手続そのものは変わらない。このことは，拒絶証書作成免除によっても適法な期間内における手形の呈示の義務は免除されないとされていることからも明らかである（手形法46条2項前段）[53]。

---

49) 吉井・前掲注27) 244頁。
50) 菅原菊志「遡求」鈴木竹雄＝大隅健一郎編『手形法・小切手法講座第五巻』（有斐閣，1965年）63頁以下。
51) 坂井芳郎『手形法小切手法の理解』（法曹会，1996年）285頁。拒絶証書作成免除は，拒絶証書制度の趣旨からすれば，本来例外的場合に認められるはずのものである。例えばGrünhutは，拒絶証書作成免除の記載は，そもそも手形が支払われないことを前提とした場合にのみ意義を有するので，証券の価値を下げるといった多くの短所を導く結果となること，それゆえ，はじめから手形の信用を毀損していることを指摘している（C.S.Grünhut, Wechselrecht, Bd.2, 1897, S.399 Anm.1)。拒絶証書制度は，原則としてそれを採用する統一法系と例外的にそれを採用していない英米手形法系とが存在することから明らかなように，手形制度に必然なものではないが，拒絶証書主義によれば，手形所持人は拒絶についての独立した確実な証拠方法を取得でき，所持人の権利行使が容易になる，義務者の側も安心して償還に応ずることができる，という長所がある一方，作成手続の手間がかかるという短所があるとされる。1988年に採択された国際為替手形及び国際約束手形に関する国連条約では拒絶証書主義が採用されている。本章第1節注42) 参照。
52) Staub=Stranz, Fn.3, Anm.4a zu §44.

問題は，拒絶証書作成免除の場合に支払呈示する所持人は裏書の連続により資格づけられていなければならないか否かである。ドイツにおいては，わが国とは逆に拒絶証書作成免除の場合がまれであるがゆえ，この点が直接に論究されることはなく，もっぱら遡求権を行使できるのは誰かという問題として論じられている。そして，判例・学説によれば，遡求権を行使できるのは手形上の権利者であり，裏書の連続によって資格づけられている必要はないと解されている。[54] すなわち，現在では，裏書の連続を欠く所持人も立証上の不利益を負担するだけで権利行使できるという点に異論はなく，したがって，所持人は裏書不連続手形によっても遡求から排除されることはなく，ただ所持人自らがその証明を行わなければならないというに過ぎないと解されている。[55] だとすれば，拒絶証書作成免除の場合には，裏書不連続手形による支払呈示によっても遡求権は保全され，ただ所持人は遡求権の行使に際して自ら遡求権者であることを証明しなければならないということになる。わが国にも同様に解する学説がある。[56] 裏書の連続はもはや所持人の権利行使要件ではないという観点からは正当な見解といえよう。

　しかしながら，わが国においてもドイツと同様に解されてよいかは疑問である。すなわち，ドイツにおいては，有効な支払拒絶証書作成のためには所持人には形式的資格が必要であると解されており，これは裁判外では裏書の連続した手形によってしか所持人は権利行使できないことを意味する。そして，このように解される結果，実際上，裏書連続手形しか流通しないことになり，債務者が裏書不連続を理由に支払拒絶する可能性は実際上きわめて低くなる。その限りで，主たる債務者が裏書不連続以外の理由で支払を拒絶してはじめて第二次的義務者である遡求義務者にその履行が強制されるという手形法の要求する遡求制度の趣旨が正しく実現されることになる。他方，拒絶証書作成免除の場合には，裏書不連続手形による支払呈示によっても遡求権は保全され，所持人は立証責任を負担して遡求義務者に権利行使できることになる。この場合には

---

53) 本章第1節2参照。
54) 前掲注15) 参照。
55) Baumbach=Hefermhehl, Fn.3, Anm.3 zu §43.
56) 坂井芳雄『約束手形金請求訴訟における要件事実とその立証＜三訂版＞』（法曹会，司法研究報告書14輯2号99頁以下（1996年））。

債務者は裏書不連続を理由として支払拒絶する——支払不能ではないが，免責されないがゆえ支払を拒絶する——ことがありうるため，このとき所持人はあたかも主たる債務者に支払請求せずに第二次的義務者であるべき遡求義務者に支払請求していることになってしまう。このような権利行使は手形法が望むところではないのはいうまでもないが，ドイツにおいては拒絶証書作成の場合が通常であるため，事実上その可能性はきわめて低くなるわけである。

　これに対して，わが国においては，拒絶証書作成免除の場合が通常であるから，裏書不連続手形による支払呈示によっても遡求権が保全されるとすると，手形法の望まない遡求権行使——主たる債務者が支払不能でないのにもかかわらず，遡求義務者に権利行使できてしまう——が常態となってしまう恐れがある。そこで，前記大阪高裁昭和55年2月29日判決は，裏書不連続手形による支払呈示も権利者による呈示である限り適法であるとしながらも，「たとえ実質上の権利者であっても，その権利を証明しないで裏書の連続を欠く手形を呈示し，かつ，手形債務者が裏書の連続の欠缺を理由に支払を拒絶したような場合には，その呈示をもって適法な呈示と認めて遡求権を保全するに足るものとすることはできない。」とする。[57]その理由としては，「手形の裏書人は，手形の所持人に対し，約束手形の振出人・為替手形の引受人と合同してその責に任ずるものとされているけれども，手形法15条1項所定のいわゆる裏書の担保的効力・裏書人の担保責任は，手形の流通保護のため法によって特に認められた法定責任で，実質上は，手形上の主たる債務者である約束手形の振出人・為替手形の引受人の保証人におけると同様の第二次的責任とみるべきものであり，法が裏書人に対する遡求権保全のために，手形債務者に対する適法な呈示を要求しているのも，手形所持人をしてまず，主たる手形債務者である振出人・引受人に対して確実にその履行を請求させ，それが功を奏しなかった場合にはじめ

57）事案は以下のようなものである。裏書不連続手形の所持人Xは，満期にこの手形を支払場所に呈示したがその支払を拒絶されたので，裏書人であるYに対して遡求権に基づき手形金の支払を求め，一審においては勝訴した。そこでYは，Xは裏書不連続の手形を呈示したに過ぎないから，適法な支払呈示がなかったことになり，呈示期間の経過と共に，裏書人であるYに対する遡求権は消滅するに至ったものと主張して，控訴した。本件判批として，倉澤康一郎・重判解（昭和55年度）125頁以下（1981年），小橋一郎・判評266号176頁以下（1981年），井田友吉・金法956号11頁以下（1981年）がある。

て実質上の第二次的義務者である裏書人の責任を追求することができるものとする趣旨からであると解するのが相当であって，そのような趣旨からすれば，主たる手形債務者において正当に履行を拒むことができるような不完全な支払呈示がなされ，かつ，債務者がそれを理由に支払を拒絶したような場合には，かかる支払呈示をもって遡求権を保全するに足る適法な呈示とみることはできないからである。」と述べている。すなわち，遡求義務は，主たる債務者が支払拒絶をした場合にはじめて遡求義務者にその履行が強制される第二次的義務であり，それゆえ，主たる債務者が裏書不連続を理由として支払を拒みうるような呈示——実質関係の証明を伴わない呈示——は無効であり，遡求権は保全されない，というわけである。学説においても，裏書不連続手形の所持人も，実質関係を証明して支払呈示をすることができる——遡求権は保全される——と解されていることは既に述べた通りである。[58]

　しかしながら，遡求制度の趣旨については正に上の判決のごとく解されるべきであるとしても，その趣旨を実現するため，実質関係を証明してなす支払呈示に遡求権保全の効力を認めるのは不十分な解釈といわざるをえない。というのは，遡求権保全効の問題としては，ことが第三者の義務の存否に関わるものである以上，要件充足の有無は当事者が直ちに認識しうるような客観的事実によって決せられるべきものであり，実質的な権利の有無という本質的に裁判上の立証によってのみ確定されうる事実が効果を左右することになるような要件は，遡求権保全のそれとしては妥当でないからである。さらに，所持人が主債務者に対して実質的な権利を証明したか否かという事実，又は，主債務者が所持人に対して裏書不連続を理由として支払を拒絶したか否かという事実を遡求権保全効の要件と解することもまた，どちらも遡求義務者にとっては明らかではない事実であるから，妥当ではない。所持人と遡求義務者との紛争において，所持人が主たる債務者に対して実質的権利を証明して支払呈示をしたか否かという第三者に関する事由を，遡求義務者が立証することはきわめて困難である。[59] 実際上も，交換呈示を受けて直ちに所持人に権利証明させることは不可能であ

---

58) 本章第1節2参照。
59) 倉澤康一郎「手形所持人の形式的資格」『手形法の判例と論理』（弘文堂，1981年）184頁以下。

手形法40条3項が債務者に裏書の連続した所持人による支払請求に対して支払免責の効果を認めている以上，第三者たる遡求義務者の地位も，支払拒絶の理由如何によらず，所持人が主たる債務者に対して形式的に裏書の連続した手形により支払呈示したか否かにより決せられなければならない。このことは，拒絶証書作成の場合が通常であるドイツにおいては，有効な支払拒絶証書作成のためには所持人は裏書の連続によって資格づけられていなければならないという解釈によって実現されている。これに対して，拒絶証書作成免除の場合が通常であるわが国においてこれを実現するには，所持人は支払呈示する際に形式的に裏書の連続した手形によらなければならないと解さなければならない。すなわち，拒絶証書作成免除の場合が常態であるわが国においては，裏書不連続手形による支払呈示は無効であり，遡求権は保全されないと解すべきである。[61] その限りで，形式的な裏書の連続は裁判外においては未だ所持人の権利行使要件としての意味を有しており，このとき所持人の形式的資格の意味は，権利の証明（Nachweis）にあるというにふさわしいものといえよう。

第4節 小　　括

わが国の手形法学は長らく立法・解釈の両面においてドイツ手形法学を母法としてきており，その影響のもとに裏書の連続を欠く所持人は権利行使できないという旧時の硬直的な理論も是正した。しかし，裏書不連続手形の権利行使については，ドイツと異なり，裁判外の権利行使についても，所持人は欠歇部分の実質関係を証明して支払呈示できると解されているのは何故かという疑問点から出発し，この見解の実質的妥当性は疑わしく，わが国の架橋説とそれ

---

60) 高窪・前掲注25）272頁，木内宜彦「裏書不連続の効果（二）——支払呈示・遡求権の保全——」『特別講義手形法小切手法』（法学書院，1982年）181頁以下。
61) 倉澤・前掲注60）184頁以下，高窪・前掲注25）272頁。実務上裏書不連続手形は手形交換に際して機械的に「裏書不備」として不渡返還されることになっているから，裏書不連続手形は実際上流通しないといえる。わが国においては手形交換所やその取引停止処分を通じて手形の流通への信用が高められていることが注目される。

に基づいて理解される裏書連続自体の意義，ひいては形式的資格概念には問題があると思われた。そこで，わが国とは異なりドイツにおいては，支払拒絶証書の作成には所持人に形式的資格が必要であると解されている点にヒントを得，その意義を検討し，わが国にアナロジーとして当てはめてみることによって，裏書の連続の意義について検討を加えたのが本章である。

　そこで，ドイツ法で理解されている支払拒絶証書作成のための所持人の形式的資格の意義を考察したところ，それは拒絶証書作成時に所持人ないし公証人が支払呈示する際に裏書の連続によって資格づけられていなければならないということを意味していることが明らかになった。確かに，現行法においてはもはや裏書の連続は所持人の権利行使要件と解されていないから，裏書不連続手形によっても立証上の不利益を負うのみで遡求権を行使できる。しかし，拒絶証書作成の場合が通常であるドイツにおいては，上のように解することによって，裁判外では裏書の連続を欠く手形による権利行使が否定されることになり，その結果，主たる債務者が支払拒絶してはじめて第二次的義務である遡求義務の履行が強制されるという遡求制度の趣旨も正しく実現されることになる。このことは同様の手形制度を有するわが国においても当てはめられるものであり，拒絶証書作成免除の場合が通常であるわが国においては，裏書不連続手形の所持人による支払呈示は無効であり，遡求権は保全されないと解することによって，その趣旨は実現されると考える。その限りで，裏書の連続は，裁判外における所持人の権利行使要件としての意味を有するものといえ，このとき形式的資格の意味は権利の証明 (Nachweis) にあるというにふさわしいものと思われる。

　ドイツ法においては，裁判上の権利行使に際して，裏書の連続した所持人は権利推定の効果を与えられるという段階と，裏書不連続手形の所持人も立証上の不利益を負担して権利行使できるという段階の間に，有効な支払拒絶証書を作成する段階——支払呈示する所持人又は公証人が裏書の連続により資格づけられていなければならない段階——が存在している。これは裁判外における所持人の権利行使要件としての機能を果たしている。これに対して，わが国では，裏書不連続手形の所持人も実質的権利移転を証明して権利行使できるということと相関的に，係る所持人も実質的権利を証明して支払呈示できると解するようである。しかし，このように解すると，裁判外では一体何を行えば権利が証

明されたことになるのかは常に問題にならざるをえない。所持人と遡求義務者間の訴訟においては，遡求義務者が主たる債務者に関する事由を証明することは困難である。ドイツ法の見解によれば，手形法の趣旨に適った権利行使により迅速かつ円滑な手形関係の処理を実現する。その構成をわが国へ採用することは意義を有するものと考える。

終　章

　支払免責制度は，円滑な決済を実現し，もって手形の流通性を増大させるという目的のために発生した制度である。わが国が立法・解釈の両面において母法としてきたドイツ法をみると，当初は，形式的に裏書の連続した所持人を資格者ないし形式的資格者とし，彼に対する支払に免責の効果が与えられるという形で支払免責の制度が理論構成され，それはまた権利行使要件であるとも解されていたことから，債務者は形式的資格を備えた所持人による支払請求を拒絶することはできないと解されていたが，善意取得制度が成立したことを受け，所持人の無権利についての確実な証明手段を確保する場合には債務者は支払を拒むことができ，さらにはそのような支払には免責の効果が与えられるべきではないと考えられていくようになった。その後，この免責効排除の要件は，悪意の支払には免責の効果が排除されるべきであるという考えに結びつけられるようになり，その後，ドイツ法においては，支払免責の理論は，外観を信頼した債務者の保護の問題として語られていくようになった。

　わが国の学説が，上のようなドイツ法における理論的展開を踏まえて展開されてきたことを踏まえると，手形法40条3項の解釈上の問題として，上の理論を必要とする側面は少なくないと思われる。このときわが国では，ドイツの議論と平仄を合わせる形で，支払免責の効果を形式的資格の効果とみるか否か，このとき形式的資格を権利外観とみるか否かが問題とされている。しかし，まず第一に，わが国の通説のいう形式的資格――権利者として推定されること――は，権利行使要件を備えた被裏書人としての地位を「資格」と理解していた旧法のもと，裏書の連続をもはや権利行使要件とは解さないという解釈を導き出すうえで，その意味内容に変容が起こったものであり，あたかも形式的資格の意味を権利行使の地位が推定されることに理解する通説の考え方は，理論的にみても，実質的妥当性からも疑問がある。すなわち，ドイツ法においても，資格ないし形式的資格が記載上の裏書の連続という形式的事実を指すものと理

解されている点では変わりはなく，欠欠部分につき実質関係の証明を伴えばあたかも形式的資格が復活するかのように考える——支払免責の効果が認められる——わが国の通説によると，債務者は裁判外において実質関係の証明の有無の判断をせざるをえないという点で，債務者の地位を不安定にすると共に，迅速な決済は実現されないことになってしまう。少なくとも，支払免責の要件としての裏書の連続は，記載上の裏書の連続と理解されなければならない。

　このとき，記載上の連続という意味での形式的資格の意義は，権利外観ではなく，権利の証明（Nachweis）にあると解すべきものと考えられる。善意弁済に関する一般規定，とりわけ所持人の同一性に関して民法470条を擁するわが国においては，形式的資格に基づく免責の効果あるいは手形法40条の制度趣旨そのものをRechtsscheinで基礎づける実際上の理由はないといえる。手形法40条3項が「裏書ノ連続ノ整否ヲ調査スル義務」を債務者に課す半面において「裏書人ノ署名ヲ調査スル義務」を免除するということを規定していることからみても，手形法40条3項にいう「悪意」の通説的な解釈——無権利を証明する確実な証明手段の確保——をみても，手形法16条1項に基づき権利推定された者——裏書の連続により権利証明された者——による権利行使に対して，支払免責の効果を理解するのが素直な読み方と思われる。この規定を権利外観保護規定と解する論者のように，同条3項2文は免責事項の例示に過ぎず，2文後段はなくともよかった，とまでいうのは，係る解釈の困難さを示すものといえる。

　とりわけ，形式的資格の意味内容を権利の証明に求める積極的な意義は，手形法においては，形式的資格は裁判外では未だ所持人の権利行使要件——裁判外では所持人は裏書連続以外の方法で自己の権利を証明することは許されない——としての意味を有しているという点にある。ドイツ法においては，拒絶証書作成時に所持人ないし公証人が支払呈示する際に裏書の連続により資格づけられていなければならないと解されており，その結果，裁判外では裏書の連続を欠く手形による権利行使が否定されるという意味において，主たる債務者が支払拒絶してはじめて第二次的義務である遡求義務の履行が強制されるという遡求制度の趣旨も正しく実現されている。拒絶証書作成免除の場合が通常であるわが国においては，裏書不連続手形の所持人による支払呈示は無効であり，

遡求権は保全されないと解することによって，その趣旨は実現され，裁判外での手形の流通性も確保されることになる。

　支払免責の要件を所持人の権利行使の側から把握し，それを権利証明たる事実に求める具体的な意味は，債務者の調査義務の対象と範囲が所持人の形式的資格の有無に限定されるという点にある。すなわち，債務者の調査対象を原則として権利・権限を証明する外形的事実に限定することによって，債務者の実質的権利についての調査が免除され，もって迅速な決済が実現されるというわけである。手形法40条3項にいう「悪意」が無権利を証明できる証拠方法の確保という意味に解されているのも，本来は債務者の心理状態であるはずの「悪意」でさえ客観的な免責要件として把握される結果，債務者の調査義務がその限度で軽減されることにほかならない。

　これに対し，例えば民法478条については，通説は「債権準占有者」を取引観念上真の債権者であると信じさせる外観を有する者と解し，債務者には善意無過失，すなわち外観上債権者らしくみえるが真の権利者でなかった者に弁済したことに過失がなかったという意味において，弁済に当たって必要な注意を尽くしたことを要するものとしているが，そこにいう「外観」への信頼は，必ずしも権利・権限を証明する――権利推定を基礎づける――外形的事実には結びつけられてはいないようである。証券・証書という定型を備えた者に対する支払免責の理論，すなわち，調査義務という形で権利の証明たる事実を免責要件とし，実質的権利の調査義務の免除のもとに免責の効果を理解する考え方は，債務者保護としての取引安全保護についての一つのあり方を示すものとして参考になると考える。

付論1

預金者と銀行の利害調整基準に関する一試論
——払戻請求書の免責的効力を基礎に——

1　はじめに

　預金の不正な払戻しが行われた場合には，預金者が銀行に対し払戻しの無効を主張するのに対し，銀行が民法478条ないし預金約款上の免責規定による免責を主張する形の訴訟がとられることが多い。免責約款と民法478条との関係については，ごく初期の判例はこの問題を免責約款の問題として処理していたが，漸次民法478条の適用を認めて銀行を免責する事例が多くなり，現在では，もっぱら免責約款は，民法478条の趣旨を明文化した規定に過ぎないと解されている。現在では，約款が存在していてもこれに触れることなく民法478条によって解決する判例がほとんどであり，判例上，この場合に民法478条による善意弁済の法理が問題とされるという点では確立しているものといえる。

　もっとも，民法478条による解決には疑問も示されている。一つは，外観法理の観点から，あるいは判例が「弁済」以外の取引類型，すなわち定期預金の期限前払戻しや預金担保貸付と相殺，総合口座取引の当座貸越，生命保険契約に基づく契約者貸付にも民法478条の類推適用を認めてきたことを背景に，民法478条による免責範囲を狭めるという意味において，同条の適用に際して債

---

1) 普通預金規定には，「払戻請求書，諸届その他の書類に使用された印影を届出の印鑑と相当の注意をもって照合し，相違ないものと認めて取扱いましたうえは，それらの書類につき偽造，変造その他の事故があってもそのために生じた損害については，当行は責任を負いません。」とする免責約款が含まれているのが通常である（普通預金規定参考例八条参照）。平成20年（2008年）改定により同条には，「なお，預金者は，盗難された通帳を用いて行われた不正な払戻しの額に相当する金額について，次条により補てんを請求することができます。」とする一文が加えられ，預金者保護法上の盗難ルールと平仄を合わせた形で，補てん請求権制度が整備された。
2) 付論2「預金払戻しに関する免責約款の効力」2「免責約款と民法478条の関係」参照。

権者の過失を考慮すべきであるというものである⁴⁾。これに対し，逆に銀行の免責範囲を広げるというという意味において，預金者の過失が問題にされる場合もある。これは，銀行に過失があり民法478条により免責されない場合で，預金者にも過失があるときは，過失相殺規定（民法418条）が類推適用されるべきであると主張するものである⁵⁾。いずれの議論にも共通するのは，預金取引において，民法478条による解決──債権者の過失を考慮せず，債務者の善意無過失という基準で一挙に債権者と債務者の利害調整を図る──では，預金者と銀行との十分な利害調整ができていない，という問題意識であるといえる。

他方，近年の不正な預金払戻し事件の急増を受けて，盗難・偽造カード等による機械払式の不正な預金払戻し等については，平成17年(2005年)に預金者保護法（「偽造カード等及び盗難カード等を用いて行われる不正な機械式預貯金払戻し等からの預貯金者の保護等に関する法律（平成17年8月10日法律第94号）」）が成立し，民法478条とは異なる責任分配のルール──原則として預金者に過失がなければ金融機関が被害を全額補てんし，過失がある場合にもその立証責任は金融機関が負担する──が形成された。平成20年(2008年)2月には，全国銀行協会は，盗難通帳とインターネット・バンキングによる不正な預金払戻しについても，同様の補てん請求権制度を設けるために約款を改定することを公表した⁶⁾。盗難通帳を用いた払戻しに関しては，「預金者の重過失または過失となりうる場合」として，通帳及び印鑑，払戻請求書の管理・保管方法を基準にしたそれが例示

---

3) 上に関する判例及び民法478条類推適用拡大化の歴史については，吉田光碩「民法四七八条≪債権準占有者への弁済≫は，どこまで拡大ないし類推を許すべきか」椿寿夫編『講座・現代契約と現代債権の展望　第二巻債権総論(2)』（日本評論社，1991年）275頁以下，池田真朗「債権の準占有者に対する弁済」『分析と展開 民法Ⅱ＜第五版＞』（弘文堂，2005年）111頁以下，副田隆重「預金担保貸付，生命保険契約上の契約者貸付と478条」椿寿夫＝中舎寛樹編著『解説 類推適用から見る民法』（日本評論社，2005年）176頁。
4) 主として外観法理の観点から，篠塚昭次＝柳田幸男「準占有と代理資格の詐称」判タ139号144頁（1963年），磯村哲編『注釈民法(12) 債権(3)』87頁［沢井裕］（有斐閣，1970年），星野英一『民法概論Ⅲ（債権総論）＜補訂版＞』240，242頁（良書普及会，1992年），加藤雅信『新民法体系Ⅲ 債権総論』376，382頁（有斐閣，2005年）。民法478条の適用範囲の拡大化に批判する観点から，池田真朗「民法四七八条の解釈・適用論の過去・現在・未来」『慶應義塾大学法学部法律学科開設百年記念論文集法律学科編』（慶應通信，1990年）348頁，河上昭二『民法判例百選Ⅱ』別ジュリ176号（2005年）89頁。
5) 付論3「【判例研究】盗難通帳による不正な預金払戻しと預金者の過失」2「預金者の過失と過失相殺」参照。

されている[7]。

　このようにみてみると，銀行を免責する法規制のあり方は再検討の時期を迎えているといえそうである。近年，無権限資金移動取引全般を対象とする立法論的検討の必要性が強く叫ばれているが，無権限者に対する預金払戻しの問題に限ってみると，論者の主張の背景には，民法478条の解釈・適用範囲の過度の拡大化，民法478条の適用により銀行に過失がない限り預金者の損失負担となる結論，同様の結論を導く約款の効力に対する規制の弱さなどについての問題意識が見て取れる[8]。

　そこで本章では，民法480条を取り上げてみることとしたい。わが国の民法は，弁済者保護規定として，478条のほか，受取証書の持参人に対する弁済（民法480条）を有しているが[9]，同条に関しては，民法478条について相当の判例及び研究が積み重ねられてきたのと比較すると，ほとんど議論されることはなかった。というのは，判例は，民法480条にいう受取証書は真正でなければならないとする立場をとる一方[10]——したがって偽造の払戻請求書の持参人（通帳・印鑑の窃盗者）に対する支払は同条により免責されない——，偽造の受取証書の持参人も民法478条によって免責されるとする途を開き[11]，それゆえ，ことが民法478条により解決される以上，民法480条による免責を論ずる実益はない

---

6) 盗難通帳を用いて行われた不正な払戻しの補償の仕組みは，預金者保護法における盗難カードの場合のルールと平仄を合わせている。すなわち，預金者は銀行に対し，その払戻しの額に相当する額について補てん請求権を有するという方法が採用されており，原則として，銀行がその善意無過失及び預金者の重過失を立証できない限り，銀行が全額を補償し，軽過失の場合も4分の3に相当する額を補償する（普通預金規定参考例9条）。

7) 全銀協「重過失となりうる場合」の具体例については，付論3「【判例研究】盗難通帳による不正な預金払戻しと預金者の過失」1「免責要件としての預金者の過失」(1)「普通預金約款の改定」参照。

8) 岩原紳作「資金移動取引の瑕疵と金融機関」『国家学会百年記念　国家と市民　第3巻』（有斐閣，1987年）167頁以下，同『電子決済と法』（有斐閣，2003年），沢野直紀「無権限資金移動取引と損失負担」岩原紳作編『現代企業法の展開』（有斐閣，1990年）353頁以下。なお，機械払式の預金払戻しに関して，山下友信「銀行取引と免責約款の効力」『石田喜久夫＝西原道雄＝高木多喜男先生還暦記念・金融法の課題と展望下巻』（日本評論社，1990年）197頁以下，預金払戻しに関して池田・前掲注4) 339頁，348頁。

9) 指図債券証書及び記名式所持人払債権証書の所持人に対する弁済の規定（民法470・471条）はもっぱら有価証券に関する規定と解されており，本稿では取り扱わないこととする。

10) 大判明治41年1月23日新聞479号8頁，大分地判昭和38年9月23日金法389号13頁等。

11) 大判昭和2年6月22日民集6巻408頁。

と考えられたためである。しかしながら,ここでひとまず民法478条適用という判例法理を離れて,取引の実質からみると,銀行の免責を基礎づける法理としては,民法480条がよりふさわしいとも思われる。すなわち,預金の払戻しに関しては,銀行は払戻請求者に通帳及び払戻請求書の提出を要求し,通帳の所持と払戻請求書の印影を確認して払戻しを行うという手続がとられており,銀行においても,払戻請求書をもって預金払戻しの事実を証明する手段として用いると共に,払戻請求者の側にとっても,払戻請求書は払戻しを受けるために銀行に差し入れる唯一の書面である。判例も,下級審判例ではあるが,払戻請求書は民法480条にいう受取証書に当たるものとしている。学説においても,「本来,銀行の免責のために用いるべき民法規定としては,表見弁済受領権者の規定たる民法480条がもっともふさわしかったと思われる」との指摘がなされるところでもある。

　問題になるのは,受取証書すなわち払戻請求書が真正でなければならないとする解釈──偽造の払戻請求書の場合には免責されないため,実際に民法480条により銀行が免責される事例はほとんど想定されなくなる──,そしてその解釈のもとでの預金者と銀行との利害調整の基準がはたして妥当性を有するのかという点である。この点につき,残念ながらわが国では議論の蓄積がない。そこで本稿では,民法480条の沿革を明らかにしつつ,同条の母法であるドイツ民法370条において,この問題についてどのような解釈・議論が行われているのかをみていき,最後に,不正な預金払戻しに係る預金者と銀行との利害調整基準のあり方について,若干の検討を加えてみることとしたい。

---

12) 磯村哲編代『注釈民法(12) 債権(3)』(有斐閣,1970年) 114頁〔沢井裕〕,亀井洋一他「＜銀行FORUM・特別座談会＞預金の払戻しにおける銀行の注意義務の程度と範囲」銀法607号24頁13頁以下〔山谷耕平発言〕(2002年) 参照。

13) 東京地判年月日不明新聞288号22頁,東京控判年月日不明新聞459号12頁,東京区判大正7年3月22日新聞1396号21頁,東京地判大正7年6月27日新聞1434号20頁,大分地判昭和38年9月23日金法389号13頁等。

14) 池田・前掲注3) 111頁。続けて,「『受取証書』という概念があまりにも具体的肯定的であったため,銀行預金証書および払戻請求書がそこに入らない,というネックがあったこと,更に,既述のように判例・通説が四七八条を四八〇条の上位概念〔より保護範囲が広い〕のごとく考えたことなどから,適用〔借用〕できるのは四七八条しかない,という必然性が生じたものと思われる。」と述べている。

2 民法480条の沿革

　民法480条は「受取証書の持参人は，弁済を受領する権限があるものとみなす。ただし，弁済をした者がその権限がないことを知っていたとき，又は過失によって知らなかったときは，この限りでない。」と規定する。この規定は，現行民法制定に際して，明治23年商法55条2項（ロエスエル商法草案56条）を範に規定されたと考えられ[15]，ドイツ普通商法296条に相当する規定であると解されている[16]。同296条は，現行ドイツ民法制定時に370条として採用され，つまり，商法に由来する規定が民法に移し替えられたわけであるが，日本もこれに倣ったものであるとされている[17]。

　法典調査会の速記録によれば，本条を設けた理由は，「銀行ノ如キ所デハ屢々其問題ガ起リマシタノデアリマスガ通常本屋デアリマストカ呉服屋デアリマストカ正當ナ店デ正當ナル所ノ受取證書ヲ以テ債權辨濟ノ請求ニ來ルコトガ屢々アル夫レデハドウモ權限ガアルモノト斯ウ看做シマセネバ通常甚ダ取引ニ困ルコトデアラウト思フ」と説明されている[18]。民法478条については，立法資料からは取引安全のためにこれを積極的に活用しようとする趣旨が読み取れないのと対照的に，民法480条は，銀行取引の場面も想定してその取引安全保護[19]

---

15) 梅謙次郎『民法要義巻之三』（信山社出版，1992年，和仏法律学校・明治30年（1897年）刊の復刻）242頁参照。民法480条について明治23年商法55条2項が引用されている。同項は「受取ノ證アル勘定書及ヒ其他ノ受取證書ヲ持參スル者ハ払金及ヒ其他書中記載ノ物ヲ受取ル權アルモノト看做サル但情況ニ因リテ右ニ異ナレル推定ヲ為ス可キトキハ此限ニ在ラス」と規定していた。

16) 法務大臣官房司法法制調査部監修『法典調査会・民法議事速記録三』（商事法務研究会，1984年）280頁参照。ドイツ普通商法296条が参照条文として引用されている。なお，司法省訳『ロエスレル氏起稿　商法草案上巻』（新青出版，1995年，明治17年（1884年）司法省訳の復刻版）184頁では「二百九十八條」，『ロエスレル　日本商法典草案注解（独文）第一巻』（新青出版，1996年，復刻版）184頁では「Art.796」とされているが，296条を指すものと思われる。長谷川喬＝岸本辰雄『商法［明治二三年］正義　第一巻・第二巻（日本立法資料全集 別巻48)』（信山社出版，1995年，新法註釋會・明治23年（1890年）刊の復刻版）224頁では，ドイツ普通商法296条と同一の条目であると述べられている。

17) 松波仁一郎＝仁保亀松＝仁井田益太郎『帝国民法［明治二九年］正解　第五巻　債権〔自第三九九條至第五一四條〕（日本立法資料全集　別巻99)』（信山社出版，1997年，日本法律学校・明治29年（1897年）の復刻版）515頁。

18) 前掲注16)『法典調査会・民法議事速記録三』280頁［穂積陳重］。

を意図した規定と考えられていたことがわかる。さらに民法制定当時の文献では，受取証書の持参人が委託を受け，あるいは承諾を得て持参する場合には問題はないが，そうでない場合には，無権限の代理行為に関する第113条の解釈上，追認がない限り，弁済が効力を生じないことになってしまう，とも説明されていることを踏まえると[21]，機能面からみて，表見代理と類似の，あるいはそれ以上の取引安全の保護を与えるための規定と考えられていたようである[22]。

本条が適用されるのは，真正の受取証書が盗難・拾得された場合と考えられており，穂積陳重委員からは，「此規定ト云フモノハ……一人ガ拾フトカ一人ガ盗ムトカシテ持ツテ往ツタ其場合ニ債権者ガ損ヲシナケレバナラヌカ債務者ガ損ヲシナケレバナラヌカト云フ問題デアリマス……是レハ獨逸ノ二讀會草案ノ方ニ斯ウ書イテアツテ夫レハ至極尤モト思フ，受取證書ヲ拵ヘタ方ガ負擔スル二人ノ内一人損ヲシナケレバナラヌト云フ場合ニハ是レハ證書ノ調整人ノ方デシナケレバナラヌト云フコトニナル」として，ドイツ民法370条の立法趣旨に則った旨が述べられている[23]。これに対して，富井政章委員は，受取証書には偽造の受取証書も含まれると考えていたので，これが盗難・拾得の場合に限られるというならば，債権者の作った受取証書とかもう少し狭く書かなければならないと思う，と発言する[24]。これに対しては，穂積委員から「文字ノ書キ方ガ惡ルカツタカラカ富井君ノ様ナ解釋ガ出タカシウリマセヌガ書ク時ノ考ヘハ受取證書ト云フモノハ眞正ノ受取證証書ト云フコトニ書イタ」と説明され[25]，さらに，盗難でも偽造でも債務者保護の面では違いがないのではないかと

19) 池田・前掲注4) 319頁，河上正二「民法四七八条（債権の準占有者に対する弁済）」広中俊雄＝星野英一『民法典の百年Ⅲ』（有斐閣，1998年）169頁参照。
20) 民法478条の適用範囲が狭いと考えられたため，民法480条が規定されたと指摘されている（河上・前掲注19）170頁）。民法典の起草者は，民法480条は，弁済受領者が債権者でも代理人でもないときにおいて善意の債務者を保護するために設けられた規定であって，「蓋シ此場合ニ於テハ其者カ債権ノ準占有者ニ非サル以上ハ弁済ハ全然無効ナルヘキカ如シト雖モ若シ債務者ニ過失ナキトキハ亦此ヲ保護セサルヘカラス」と述べている（梅・前掲注15）242頁。同旨，松波＝仁保＝仁井田・前掲注17）513頁）。
21) 松波＝仁保＝仁井田・前掲注17）518頁。
22) 民法480条を表見代理法理の沿線上にみるものとして，下森定「債権の準占有者に対する弁済」谷口知平＝加藤一郎編『新版民法演習3（債権総論）』（有斐閣，1979年）221頁。
23) 前掲注16)『法典調査会・民法議事速記録三』280頁以下［穂積陳重］。
24) 前掲注16)『法典調査会・民法議事速記録三』282頁［富井政章］。

する富井委員の発言には,「自分ノ作ツタ買物ノ帳面ニハ管理ノ責ガ自己ニアル併シ偽造シタ方ハ管理ノ責ガナイト思ヒマスカラ夫レガ違フ」(穂積) とか,「受取證書ヲ作ツタ方ハ幾分カノ過失ガアルト言ツテモ宜イ, 受取ヲ取ラレタカラト言ツテ向フニ通知スルコトモ出來ル夫レダカラ取ラレタ場合ハ其責ハドチラカト云ウテ重ミヲ言フタナラバ決シテ拂フタ方デハナクシテ其受取ヲ書イタ方ニアルト思フ」(横田國臣) と述べられ, 富井委員を支持する者はなかった。[26]

　無権限の受取証書の持参人への支払により生じた損失を債権者が負担しなければならない理由が受取証書を作成したことにあるとすれば, 債権者の全く預かり知らないところで行われる偽造について, 債権者がその損失を負担しなければならない理由はない。偽造の後始末としては, 債権者又は債務者は偽造者に損害賠償を請求できるから, これにより最終的な利害調整は図られる。[27] 後の判例も, 受取に押印した通帳や押印された払戻請求書を受取証書と扱いながらも, 受取証書は真正でなければならないとする立場を一貫している。[28]

3　ドイツ民法370条における債務者と債権者の利害調整基準

(1) 沿　革

　ドイツ民法370条の母法であるドイツ普通商法296条は, プロイセン普通ラント法130条に由来する規定である。同条は「支払われるべき額の受取証書 (Quittung) を委託された者は, 支払を受領するための代理権があるとみなす」と規定し, もっぱら代理人・使者の所持する受取証書に代理権を推定する趣旨の規定であった。[29]

　ところが, ドイツ普通商法成立時には, 代理権や弁済受領権限を与えられていない受取証書の持参人に対しても支払受領の権限を認める——持参人に支払って免責される——ことを内容とする規定に変わった。その理由は, おおよそ

---

25) 前掲注16) 『法典調査会・民法議事速記録三』281頁［穂積陳重］。
26) 前掲注16) 『法典調査会・民法議事速記録三』281頁。
27) 松浪＝仁保＝仁井田・前掲注17) 521頁以下。
28) 前掲注10) 参照。
29) Hugo Keyssner, Der Quittungsträger in: Festgabe der juristischen Gesellschaft zu Berlin zum 50jährigen Dienstjubiläum von Richard Koch, 1903, S.140.

次のように述べられている。すなわち，ラント法のように受取証書が「委託(anvertrauen)」されたことを要求すると，この規定を適用するには常に委託の事実を証明しなければならないことになってしまう。他方，債務者は，例えば請求書に受取を記載するような者に対して支払ってよいということには疑いはなく，訴訟において受取証書に対して簡単に抗弁が提出されることはないし，受取証書が真正であるにもかかわらず支払が証明されないということもほとんど考えられない，と。つまりこの規定は，委託を受けていない受取証書の所持人——それゆえ「持参人」——を弁済受領権限者とみなすことによって，債務者の立証負担の軽減を図り，もって商取引の迅速化を図るものと考えられていたといえる。それゆえ，この規定は，受取証書が委託されていない場合，すなわち受取証書が盗難されて持参されたような場合を想定したものと考えられていた。このとき債権者が不利益を負わなければならない理由は，債権者が受取証書を作成したということに求められている。すなわち，「受取証書を作成する弁済請求権者は，それをきちんと保管すればその盗難を防ぐことができる。債務者が，疑わしくない方法で受取証書に対して支払をするなら，弁済請求権者は，それよりは狭い程度でしか法的保護を要求する権利を持たない。」と。

　このような考え方はそのままドイツ民法370条に引き継がれることになる。ドイツ普通商法296条については，既に商法にとっても行き過ぎであるとの議論もあり，これを商法典修正前に民法典に受け入れることには疑念もあったようであるが，商法で要求されている取引安全の要請がこの場合には民法にも及ぶべきだと考えられたようである。特に議事録では，「確かにこの規定は，受取証書を違法に獲得した第三者による濫用を可能にするので，受取証書の作成者は，この規定によって一定の危険にさらされることになる。しかしながら，そのような場合には，受領者ではなく受取証書の作成者がそれを負担するというのが，より合目的で正当である。」と説明されており，この規定がドイツ普

---

30) Protokolle der Commission zur Beratung eines allgemeinen deutschen Handelsgesetz-Buchs, Bd.1, 1857, S.1322f.
31) Prot. zum ADHGB, Fn.30, S.1323.
32) Prot. zum ADHGB, Fn.30, S.1323.
33) Protokolle der Kommission für die zweite Lesung des Entwurfs des Bügerlichen Gesetzbuchs, Bd.1, 1897, S.341.

通商法296条と同趣旨にあることが示されている。

そしてドイツ民法の立法者及び当時の学説によれば，ドイツ民法370条は，受取証書によりその権限を証明する者に対して，債務者の権限調査義務を軽減することによって，弁済の迅速・安全性を確保する規定と解していたのであり，[35] それゆえ，受取証書は債権者ないし権限者により作成されたもの，すなわち真正でなければならないが，紛失・盗難されたものでもよいと解されていた。[36] その意味で，債務者には，受取証書が真正か否かの調査が義務づけられることになる。[37]

現在の判例・学説も，受取証書は真正でなければならないと解する点に争いはない。[38] もっとも，現在の判例・通説は，真正の受取証書に与えられる免責の効果をもっぱら，証書（Urkunde）に与えられた資格効力（Legitimationswirkung）ないし権利外観（Rechtsschein）の効果として理解するため，[39] 債務者の調査義務は，370条における立証責任の分配の問題として現れる。すなわち，債務者は，

---

34) Prot. zum BGB, Fn.33, S.341.
35) Keyssner, Fn.29, S.141. なお，ドイツ法において伝統的に免責の効果は資格調査と調査義務の軽減の問題として理解されてきた点について，第1章第3節1参照。
36) Keyssner, Fn.29, S.141;Carl Crome, System der deutschen bügerlichen Rechts, 1902, S.235 Anm.28; Friedrich Endemann, Lehrbuch des bügerlichen Rechts, Bd.1, 1903, S.801 Anm.33; H. Rehbein, Das Bürgerliche Gesetzbuch, Bd.2, 1903, S.272; Heinrich Dernburg, Das bürgerliche Recht des Deutschen Reichs und Preussens, 4.Aufl., Bd.2 Abt.1, 1909, S.308; Josef E. Goldberger, Der Schutz gutgläubiger Dritter im Verkehre mit Nichtbevollmächtigten nach BGB, 1908, S.83.
37) Endemann, Fn.36, S.801 Anm.33.
38) BAG Urt. v. 11.11.1960, NJW 1961, S.622. Ludwig Enneccerus=Heinrich Lehmann, Recht der Schuldverhältnisse, 15. Bear., 1958, S.256; Joachim Gernhuber, Die Erfüllung und ihre Surrogate, 2.Aufl., 1994, S.496; Karl Larenz, Lehrbuch des Schuldrechts, 14. Aufl., 1987, S.245; Werner Ballhaus, BGB mit besonderer Berücksichtigung der Rechtsprechung des Reichsgerichts und des Bundesgerichtshofes, Kommentar, 12. Aufl., 1976, Anm.1 zu §370; Walter Zeiss, Th. Soergel(ber.), Kohlhammer-Kommentar zum BGB 12. Aufl. 1990, Anm.5 zu §370; Dirk Olzen, J. von Staudingers Kommnentar zum BGB: mit Einführungsgesetz und Nebengesetzen, Buch2 Recht der Schuldvervältnisse（§§362-396), Neubearbeitung 2006, Anm.3 zu §370; H.P. Westermann, Erman BGB, Handkommnetar, 11. Aufl., 2004, Anm.2 zu §370; Wenzel, Münchner Kommentar zum BGB, 4. Aufl., 2001, Anm.3 zu §370; Palandt BGB: Beck'sche Kurz- Kommentare, Bd.7, 65.Aufl., 2006, Anm.2 zu §370.
39) 前掲注38)の文献のほか，BGH Urt. v. 25.11.1963, BGHZ Bd.40(1963) S.304;Grimme, Rechnung und Quittung bei der Abwicklung von Schuldverhältnissen, JR 1988, S.177f.

弁済が受取証書の持参人への弁済であることの主張・立証責任があるが，さらに受取証書の真正を主張・立証する責任を負う。これに対して債権者は，受取証書が不真正であるという反証を挙げることができ，その他にも，債務者に悪意又は過失があったことを主張・立証することができる。[40] 債務者には，受取証書が真正でなければ免責の効果を享受できないという意味において，受取証書の真正の調査が要求されることになる。

(2) 偽造の受取証書の場合の利害調整と債務者・債権者の注意義務

ところで，実際のところしばしば問題になったのは，偽造の受取証書が持参された場合であった。特に民法典制定当時は，銀行が顧客に受取証書手帳（Quittungsbuch）を交付する習慣があり，これを顧客が自身で，あるいは使者を使って預金払戻しのために利用することはもちろん，その他にも，支払のために第三者にこれを交付する，いわゆる受取式小切手（Quittungsscheck）としても利用され，まさに小切手代わりに流通する事態になっていた。[41] そこでこれが偽造であった場合について，実務上の小切手取引の観点から，偽造を可能にさせたことについて債権者に過失がある場合には，ドイツ民法370条によって債務者は免責されると主張する者もあったが，[42] これに対しては，「債務者に対して債権者に過失があるとしても，せいぜい損害賠償義務が基礎づけられるに過ぎない。」との批判がなされていた。[43]

判例は，後者の見解の方向へ進み，下級審判例ではあるが，受取式小切手の偽造の事例について，銀行と顧客の間の契約関係に基づき，顧客が交付された受取証書手帳を不注意で無権限者の手に渡らせたことについて顧客には債務不履行責任が生じ，他方，銀行も，受取証書上の署名の真正の調査に際して必要な注意を怠った場合には，相応に損害賠償額が減額される（Mitverschulden，過失相殺）と判示するもの，[44] また，解雇された元従業員が偽造の受取証書を作成

---

40) Gottfried Baumgärtel, Handbuch der Beweislast im Privatrecht, Bd.1, 2. Aufl., 1991, Anm.2 u. 3 zu §370; Olzen, Fn.39, Amn.12 zu §370.
41) Ludwig Kuhlenbeck, Der Check, 1898, S.139.
42) J. von Staudinger, Recht der Schuldvervältnisse, Kommentar zum BGB, Bd.2b, 2.Aufl., 1906, Amn.1 zu §370.
43) BGB Kommentar von Reichsgerichtsräten, Bd.1, 1910, Amn.1 zu §370.

して売買代金の支払を受けた事例について，債務者は偽造者に対して責任追及できるが，債権者には，不法行為責任は認められず，また社印・受取証書用紙の紛失について契約上の義務違反もないので債務不履行責任も認められないとするものが現れた。[45] 要するに，債権者に偽造について過失——受取証書用紙や社印の管理・保管に関する過失——がある場合には，債務者は債権者に対して損害賠償請求権（場合によっては過失相殺により減額された賠償請求権）が成立するというわけである。

その後，ライヒ裁判所は，債務者が債権者に対して上の損害賠償請求権を有するときには，これと債権者の弁済請求権とを相殺できることを明らかにした。[46] これは，偽造の受取証書を持参した会社の経理係に売買代金の支払が行われた事例であるが，原告（債権者）が受取証書は偽造であるとして売買代金相当額の支払請求訴訟を提起したのに対し，被告（債務者）は，原告には過失があり，被告には訴訟額相当額の損害賠償債権が成立するから，これと原告の売買代金支払請求権とを相殺すると主張したものである。[47] この事件で注目すべきは，債権者の注意義務——受取証書用紙・社印の管理・保管義務——のみならず，債務者側の注意義務についても説示された点である。すなわち，ライヒ裁判所は，被告（債務者）にも，契約上の義務として，可能な限り契約相手方である債権者の不利益を回避するよう行動すべき義務があるが，ドイツ民法370条及びドイツ民事訴訟法416条により受取証書の持参人に対する支払の有効性は債権者の署名の真正に依存するから，少なくとも債務者には受取証書上の署名の調査義務が課されると判示した。[48]

現在では，偽造の受取証書による支払については，受取証書用紙や社印の管理・保管方法に関して債権者に対する損害賠償請求権の成否を問い，これと債

---

44) OLG Karlsruhe Urt. v. 3.3.1904, Zeitschrift für deutsches Bürgerliches Recht und Französisches Civilrecht, Bd.31(1905), S.31.
45) KG Urt. v. 8.10.1908, ROLG BD.18(1909), S.36.
46) RG Urt. v. 10.5.1910, RGZ Bd.73(1910), S.347. なお，既にこの趣旨を判示する下級審判例として，OLG Oldenburg Urt. v. 30.10.1909, DJZ Bd.15(1910), S.974.
47) 被告にも過失ありとして2割5分の過失相殺を認め，被告が原告に対して有する訴訟額の7割5分の損害賠償請求権を，原告が被告に対して有する売買代金支払請求権と相殺し，原告に訴訟額の2割5分に相当する支払請求権を認めた。
48) わが国の民事訴訟法228条に相当する規定である。

務者の弁済義務とを相殺することによって，債務者を免責するという考え方は判例理論として確立している。このとき，債務者に受取証書の真正の調査に際して過失があれば，相殺に供すべき賠償請求権は減額され，結果，債務者は一部免責されるにとどまる。

　本来，盗まれた真正の受取証書であれ，偽造の受取証書であれ，無権限者に対して不正な支払が行われる点では変わりはない。ドイツ法においては，債務者の免責に関して，債権者に受取証書の作成に関して過失がある場合にはドイツ民法370条により免責され，偽造の場合でも，それを可能にしたことにつき債権者に過失があれば損害賠償請求権との相殺により免責されるという形で，債務者と債権者との利害調整の基準が形成されたといえる。

4　わが国への示唆

　ドイツ民法370条によれば，受取証書は真正でなければならないと解されているが，それは，受取証書は債権者ないし権限者により作成されたもの，すなわち真正でなければならないが，紛失・盗難されたものでもよいと考えられたことに由来する。つまり，真正な受取証書に免責的効力が認められるという意味において，債務者には，受取証書が真正か否かの調査が義務づけられることになる。さらにドイツ法は，偽造の場合には，民法による一般的解決に基づいて，債権者に偽造について過失——受取証書用紙や社印の管理・保管義務違反——があるときは，債務者にはもっぱら預金契約上の義務違反に基づく損害賠

---

49) 前掲注38) 44) 45) 46) に挙げた判例のほか，OLG Königsberg Urt.v. 8.1937, HRR Bd.13(1937) Nr.1578; Bd.160(1939) S.315.（ただしこの判決は，債権者が偽造に可能させたというような，契約上の付随義務違反を基礎づける根拠がある場合にのみ，債務不履行が成立するとする。）Enneccerus=Lehmann, Fn.38; Gernhuber, Fn.38, S.498f.; Werner, Fn.38, Anm.4 zu §370; Zeiss, Fn.38, Anm.6 zu §370; Olzen, Fn.38, Anm.3 zu §370; Wenzel, Fn.38, Anm.5 zu §370. ただし，注意義務の程度については，保管のうえで施錠を要求する判決として，前記OLG Königsberg判決，施錠を要しないとする判決として，RG Urt.v. 7.10.1915, Recht 1915, Nr.2659. また，債権者が普段受取証書の持参人として利用している人物の不信に気づいた場合には，これを債務者に報告すべき契約上の義務があったとする判決として，前掲注46) OLG Oldenburg判決。

50) 前掲注46) RG判決のもとに，Werner, Fn.38, Anm.4 zu §370; Wenzel, Fn.38, Anm.5 zu §370.

償請求権が生じ，これと弁済義務とを相殺できるものとして，債務者が免責される途を開いた。このとき，債務者にも過失——少なくとも受取証書の真正に関する調査義務違反——があれば，損害賠償請求権は過失相殺され，その結果，債務者は一部免責されるにとどまる。要するに，ドイツ法においては，債務者が少なくとも受取証書の真正に関する調査義務を尽くせば，受取証書が真正の場合にはドイツ民法370条により免責され，真正でなくとも，受取証書用紙や社印の管理・保管方法について債権者に過失がある場合には損害賠償請求権との相殺により免責されるという形で，債務者と債権者との利害調整の基準が形成されたといえる。

　上のような解決方法はわが国の民法480条においても当てはめてみることができると考えられるが，とりわけ偽造の場合にも債権者に過失がある場合には免責されるという利害調整基準は示唆に富むものといえる。というのは，民法478条による解決は，債権者の過失を考慮せず債務者の善意無過失という基準で一挙に債務者と債権者との利害調整を図るものであるが，この点に少なからず批判が集まっているからである。そうしてみると，無権限者に対して支払った場合の当事者間の損失負担のあり方としては，民法の一般原則に従い，債務者と債権者との過失の度合いに応じて責任分配することも検討の余地がある[51]。このとき，民法480条を基礎とする意義はなお注視されるべきである。たしかに，民法478条を基礎として考えた場合にも，債権者の過失に対して損害賠償請求権の成否を問い，これと弁済義務とを相殺するという考え方は成り立つ。しかしながら，民法480条を基礎とすることによって，ドイツ法のように，債務者側の過失という意味での債務者の注意義務は原則として受取証書の真否の調査に求められると考えられるとすれば，債務者の調査義務には一応の限界が画されることになり，その意味でなお迅速・安全な弁済が実現される可能性が残されるからである。さらに，受取証書用紙や社印の管理・保管方法に債権者の過失が問われている点も，わが国に示唆を与えるものといえよう。偽造を可

---

51) つとに偽造小切手を支払った場合の損失負担に関する学説の多くは，振出人負担となる結論を預金者の帰責性に求めているが，なかには，債務者履行構成のもとに過失相殺を認めるものも少なくない（付論2「預金払戻しに関する免責約款の効力」5「結びに代えて」参照）。

能にさせるという意味では，わが国では通帳や印鑑の管理・保管方法が預金者側の過失と評価できると考えられる[52]。

もっとも，預金の払戻方法に関していえば，現在のドイツにおいては，払戻請求書用紙を事前に預金者に交付しておく方法はほぼ行われておらず[53]，代わりに，口座元帳に代理人及び代理権限の範囲を登録する方式が普及している[54]。したがって，払戻請求書の免責的効力ということは問題にならず（不正な払戻しは預金契約上の債務不履行の問題になる）[55]，本人ないし代理人に身分証明書を提示させることによって，本人ないし登録された代理人以外に払戻しを行わないということが徹底されている。わが国でも近年は，不正な払戻し防止のため，払戻しに際して本人確認書類の提示が求められることが少なくない（普通預金規定参考例5条2項参照）。

しかしながら，わが国においては，ドイツのように法律上の身分証明書携帯

---

[52] 既に補てん請求権に関して，払戻請求書や通帳・印鑑の保管・管理のあり方について預金者の注意義務違反が問われるものとされている（前掲注7）参照）。

[53] いわゆる受取式小切手については，ドイツ民法制定直後のかなり早い時期にライヒ銀行がこれを禁止し（前掲注41）の文献参照），これに関する判例も民法制定時のごく初期以外には見当たらない。もっとも，地域的にはまだこのような方式は存続しているようであり，例えばルードウィヒスブルク郡貯蓄銀行（Kreissparkasse Ludbigsburg）の「現金払戻しに関する約款（Bedingungen für Barauszahlungen vom Girokonto）」では，現金払戻請求書（Barauszahlungsbeleg）を事前に交付しておく方式が認められており，その免責的効力についてドイツ民法370条と同趣旨の規定が存在している。

[54] 個人取引のレベルでは，代理人の名においてあらゆる銀行取引を可能にする銀行代理（Bankvollmacht）と，特定の口座に処分権を認める口座代理（Kontovollmacht）とがあり，代理権の範囲を具体的にし，後の解釈上の問題を回避するため，銀行実務においては，代理権登録用紙（Vollmachtformular）を利用する方法が発達しているとされる（Schramm, Herbert Schimansky=Hermann-Josef Bunte=Hans-Jurgen Lwowski(herg.), Bankrecht-Handbuch, 2.Aufl., 2001, §32 Rdnr.1, 5; Lwowski, a.a.O., §34）。

[55] ドイツでは，通帳は発行されないため（ギーロ口座の場合），窓口での払戻しは，ECカード（キャッシュカード）と身分証明書の提示により本人確認を行ったうえで，これを行うのが通常である。預金者と銀行の責任分配を巡っては，双方が債務不履行（積極的債権侵害）に基づく損害賠償責任を追及し合うことになる。地裁レベルであるが，銀行側には身分証を提示させ，署名の正否を調査する義務，さらに不正な払戻しを発見しうるような組織体制の欠缺（Organisationsmangel）についての注意義務を問題にするものがあり，預金者側には，ECカードと身分証明書の管理・保管に関する注意義務が問題にされている（OLG Köln Urt. v. 25. 10. 1995, NJW-RR 1996, 619; LG Frankfurt a. M. Urt. v.6. 12. 1996, NJW-RR, 1997, 941; LG Bonn Urt. v. 23. 8. 2005, VuR 2006, 202.）。

義務があるわけでもないから，本人確認書類による本人確認の精度には限界がある。より問題になるのは，わが国のように印鑑によって意思確認や本人確認を行う国では，それが本人の証明手段になるだけでなく，家族や従業員に印鑑を渡すという形で代行権限の証明手段にもなりうるという点である。わが国においては，係る代行者が払戻請求書に記名捺印し，払戻しを求めることは有効と考えられており，事実，このような形で払戻しが行われることは少なくない。だとすれば，印鑑照合と本人確認書類の提示という二本立てで本人確認を行うとしても，本人確認書類の提示によって真の代行者か否かの確認ができるわけではないという意味において，本人確認書類の提示の意味は少なくなる。逆にいえば，通帳と届出印が押印された払戻請求書を提出する者に対して印鑑照合をしたうえ払戻しを行うという払戻システムは，銀行取引に印鑑を用いるわが国の慣習からみて，それなりの合理性を有するものともいえる。不正な払戻し防止のためには，印鑑照合と本人確認書類の提示に代わる，より精度の高い本人確認システムの構築が喫緊の課題といえるが，それが実現されるまでは，すなわち現在の払戻システムのもとでは，民法480条を根拠として免責の仕組み，預金者と銀行との利害調整のあり方を考えることはなお意味があるものといえよう。

〔補遺〕　民法改正委員会「日本民法改正試案・仮案（平成21年1月1日案）」では，民法480条に関して，「その独自性を強調する見解もあるが，現行民法478条（（研究会正案）（新）383条も同じ）と同質の問題であり，同条に吸収されると考えてよいように思われる。」として削除が提案されている。私見では，受取証書の権利推定効が取引の安全に資する意義についてなお慎重に検討してもよいと思われる。

付論 2
預金払戻しに関する免責約款の効力

1　はじめに

　預金が無権限者により不正に払い戻された場合，預金者が銀行に対して責任追及するうえでは，預金者側が銀行に預金の払戻しを請求するのに対し，銀行側が預金取引約款上の免責約款ないしは民法478条による免責を主張する形がとられることが多い。普通預金規定参考例（以下「参考例」という。）8 条は「払戻請求書，諸届その他の書類に使用された印影を届出の印鑑と相当の注意をもって照合し，相違ないものと認めて取扱いましたうえは，それらの書類につき偽造，変造その他の事故があってもそのために生じた損害については，当行は責任を負いません。」と規定しているが，判例・通説は，銀行の無過失を要件に免責が認められるものと解している[1]。また，一般に預金通帳及び届出印の所持人は債権準占有者に当たるものと解されているが，民法478条によれば，債務者（銀行）には善意無過失が要求される[2]。したがって，免責約款による場合でも，民法478条による場合でも，銀行が一定の注意義務を尽くせば無過失と評価され，免責されるものと解されている。平成20年（2008年）2 月，全国銀行協会は盗難通帳を用いた不正な払戻しに関して参考例を改定し，預金者保護法[※]

---

[1] 最判昭和42年 4 月15日金判62号 2 頁。磯村哲編『注釈民法（12）債権（3）』（有斐閣，1970年）100頁以下［沢井裕］，林良平（安永正昭補訂）＝石田喜久夫＝高木多喜男『債権総論＜第三版＞』（青林書院，1996年）269頁（ただし，判例・通説は無過失を要求するとしながらも，自身の見解としては重過失がなければよいとされる），奥田昌道『債権総論＜第二版＞』（悠々社，1992年）506頁参照。

[2] 既に最高裁は民法478条の要件として債務者の無過失を要求していたが（最判昭和37年 8 月21日民集16巻 9 号1809頁等），平成16年（2004年）民法改正により，法文上も債務者の無過失が要求されている。

[※] 偽造カード等及び盗難カード等を用いて行われる不正な機械式預貯金払戻し等からの預貯金者の保護等に関する法律（平成17年 8 月10日法律第94号）。

の盗難カードの場合のルールと同じく，銀行がその善意無過失及び預金者の（重）過失を立証できない限り，預金者は払戻額相当額について「補てん請求権」を有するものとした（参考例9条）。もっとも，これは，預金払戻請求に対しては参考例8条（免責約款）ないし民法478条の適用があることを前提に，参考例9条の要件を満たした預金者に認められる権利に過ぎないから，預金払戻請求に対しては免責約款ないし民法478条による免責が問題となるという点では変わりはない[3]。

そこで，免責約款と民法478条の関係であるが，これについては，免責約款は民法478条を明文化したとか[4]，具体化した[5]，あるいは民法478条と同じことを注意的に規定したに過ぎず[6]，したがって，免責約款は民法478条で要求される注意義務の程度を軽減するものではないと説明されている。つまり，免責約款は民法478条以上に銀行を免責するものではない，というわけである。しかし，そこでは，何故免責約款が民法478条との関係で解釈されなければならないのかという問いについては十分に明らかにされていないように思われる。他方，免責約款は銀行の尽くすべき注意義務を軽減するものではないという点については上のいずれの見解も支持するところであるが，リーディングケースとして最判昭和46年6月10日民集25巻4号492頁（以下「昭和46年判決」という。）が引用されるのが常である。偽造手形の事例であるにもかかわらず，預金の払戻しにもこれが引用されるのは，委託を受けた銀行による手形・小切手の支払と預金の払戻しとが，その態様と手続において類似し，免責約款についても同趣旨の規定を有しているからである[7]。すなわち，当座勘定規定ひな型16条は，「手形，小切手または諸届け書類に使用された印影を，届出の印鑑と相当の注意をもって照合し，相違ないものと認めて取扱いましたうえは，その手形，小切手，

---

3) 約款上，預金者が預金の払戻しを受けた場合にはその限度で補てん請求権は行使できず，補てんを受けた場合にはその限度で預金債権は消滅するものとされている（参考例9条5項6項）。他方，偽造カードの場合には，預金者保護法は民法478条の適用を除外しているので（同法3条），民法478条による規律との関係が問題になる。
4) 前田庸『銀行取引』（弘文堂，1986年）28頁。
5) 仲江利政「無権利者による払戻しと銀行の責任」藤林益三＝石井眞司編『判例・先例 金融取引法＜新訂版＞』（金融財政事情研究会，1988年）34頁，矢尾渉「過誤払いと民法四七八条」金判1211号14頁（2005年）。
6) 潮見佳男『債権総論Ⅱ＜第三版＞』（信山社出版，2005年）249頁。

諸届け書類につき，偽造，変造その他の事故があっても，そのために生じた損害については，当行は責任を負いません。」と規定している。ところで，昭和46年判決は，免責約款と民法478条の関係について言及するものではない。だとすれば，民法478条から離れて，免責約款自体の効力を明らかにするには，昭和46年判決を紐解いてみる必要があるといえそうである。

近年，不正な預金払戻しにおける預金者保護のための立法・約款改定の一方で，無権限資金移動取引全般を対象とする立法論的検討の必要性が強く叫ばれている[8]。無権限者に対する預金払戻しに限ってみると，論者の主張の背景には，民法478条の解釈・適用範囲の過度の拡大化，民法478条の適用により銀行に過失がない限り預金者の損失負担となる結論，同様の結論を導く約款の効力に対する規制の弱さなどについての問題意識が見て取れる。しかしそこでは，免責約款は民法478条と同趣旨という認識のもとに議論が進められ，免責約款の効力如何という問題は注視されてはいないようである。免責約款の有効性，解釈論としての限界あるいは可能性を明らかにしておくことは，上の立法論ないし約款適正化論のたたき台として意義があるものと思われる。

そこで本稿では，まず，預金払戻しに関する免責約款が民法478条との関係において解釈されるようになった経緯を歴史的パースペクティブから明らかにする。続いて，偽造小切手・手形の支払に関する免責約款について，どのよう

---

7) 昭和29年（1954年）に全国銀行協会が銀行取引約定書の統一化の問題を検討すると決定して以後，銀行取引に使用される各種約款についての統一が進められ，全国銀行協会により，昭和37年（1962年）に銀行取引約定書ひな型が，昭和44年（1969年）に当座勘定約定書ひな型が，昭和45年（1970年）に普通預金規定ひな型が成立し，公表されている（ただし銀行取引約定書ひな型は，平成12年（2000年）に公正取引委員会の勧告により廃止されている）。普通預金規定のひな型7条（現8条）は，昭和44年（1969年）に作成された当座預金規定ひな型の免責規定と同趣旨のものであるとされる（住田立身「普通預金規定ひな型の解説」金法573号13頁（1970年））。

8) 岩原紳作「資金移動取引の瑕疵と金融機関」『国家学会百年記念　国家と市民　第3巻』（有斐閣，1987年）167頁以下，同『電子決済と法』（有斐閣，2003年），沢野直紀「無権限資金移動取引と損失負担」岩原紳作編『現代企業法の展開』（有斐閣，1990年）353頁以下。なお，機械払式の預金払戻しに関して，山下友信「銀行取引と免責約款の効力」『石田喜久夫＝西原道雄＝高木多喜男先生還暦記念・金融法の課題と展望下巻』（日本評論社，1990年）197頁以下，預金払戻しに関して池田真朗「民法四七八条の解釈・適用論の過去・現在・未来」『慶應義塾大学法学部法律学科開設百年記念論文集法律学科篇』（慶應通信，1990年）339頁，348頁。

な解釈が判例・学説において行われてきたのか，とりわけ昭和46年判決の意義と射程を洗い直していく。最後に，以上の考察を踏まえて，預金払戻しに関する免責約款の効力について検討を加えてみることとしたい。なお，本稿は盗難通帳を用いた銀行預金の払戻し（対面取引）を対象に論ずることをお断りしておきたい。

2　免責約款と民法478条の関係

(1)　損失負担特約ないし商慣習としての免責

預金契約の法的性質は一般に，消費寄託契約と解されている。預金契約が成立すると，預金者は，銀行に対して預金払戻請求権を取得し，銀行は，弁済として預金の払戻しを実行することになる。そして銀行預金の払戻しについては，古くから，預金通帳と届出印又は記名押印した払戻請求書を持参した者に対してこれが行われている。問題になったのは，通帳や届出印を窃取するなどして通帳上の受取又は払戻請求書を偽造し，これを持参した者に対する預金払戻しの効力であった。これについて初期の判例は，下級審判例であるが，受取欄に押印された通帳又は押印された払戻請求書を受取証書と見たうえで，上のような偽造の払戻請求書の持参人は民法478条にいう債権準占有者に当たらないとし，あるいは民法480条は偽造の受取証書の持参人には適用されないとして，これらの者に対する弁済を有効とはしていなかった。もっとも，各銀行の預金

---

9) 郵便貯金にも同様の問題が生じ，特に民法478条との関係においては先行して判例が集積された経緯があるが，これについては，林（安永）＝石田＝高木・前掲注1）268頁以下，中舎寛樹「表見的債権者と弁済」星野英一他編『民法講座4債権総論』（有斐閣，1989年）305頁以下・328頁を参照されたい。

10) 西原寛一『金融法（法律学全集53）』（有斐閣，1968年）79頁以下，小橋一郎「預金契約の成立」加藤一郎＝林良平＝河本一郎編『銀行取引法講座上巻』（銀行研修社，1976年）110頁以下，木内宜彦『金融法（現代法律学全集41）』（青林書院，1989年）160頁以下，田中誠二『新版銀行取引法＜全訂版＞』（経済法令研究会，1990年）80頁，西尾信一編『金融取引法＜第二版＞』（法律文化社，2004年）65頁，石井眞司監修『営業店の金融法務＜八訂版＞』（経済法令研究会，2003年）22頁。

11) 民法478条と民法480条の双方について判示するものとして，東京地判年月日不明新聞288号22頁（以下「明治38年判決」とする。），民法480条について判示するものとして，東京控判年月日不明新聞459号12頁（以下「明治40年判決」とする。）。

取引約款には，内容は大同小異，印鑑や通帳の紛失により生じた損失について銀行は責任を負わない旨の条項が存在することが多く，したがって銀行の免責は，右条項に基づく特約の成否・有効性の問題と考えられていた[12]。

この点，右下級審判例では，「當事者ノ一方ニノミ不利益ナル條項ノ如キハ之ヲ狭義ニ解スルヲ以テ當事者ノ契約當初ノ意思ニ適合スルモノト云ハザルベカラズ」として，特約の成立とこれと同種の商慣習の存在を否定し，あるいは，通帳窃取による損失を預金者が負担する旨の「特約は本件のごとく受取證書偽造にして其支拂の全然無効なる場合には効力なき者と解するを相當とする」と判示して，特約の有効性を否定していた[13]。しかし，その後の大審院判例は，「預ケ人不注意ノ為メニ損失ヲ招クコトアリトモ當銀行ハ其責ニ任セザルモノトス」という条項について，預金者に不注意がない場合でも，銀行は，自己に悪意又は過失がない限り，預金者の印影を押印した預金通帳を持参する者に対して支払をなせば足り，その印影が盗用に係るものか否かを調査することを要しないものと原審は断定した，と認めたうえで，「斯ノ如キ特約ヲ爲スコトハ法律ノ禁スル所ニアラサルヤ論ヲ俟タサル所ナリ」と判示し，係る特約の有効性を認めた[14]。さらに判例は，特約がない場合についても，通帳及び印鑑の持参人を弁済受領権限者とみなす商習慣の存在を認める傾向にあり，これによって銀行の免責を図っていた[15]。要するに，銀行の免責は，もっぱら善意弁済が認められる範囲を超えた部分について，損失を預金者負担とする特約ないし商慣習

---

12) 前掲注11) 明治38年判決においては，『当座預金通』において「一，御預け金を御引出の節は豫て差上置候受取證へ御記名捺印の上必ず通帳を添へ御差出被下成度候　一，豫て御差出しの印鑑を御改印等の節は早速御申出被成度候御申出以前に係る故障は一切関係不仕候」との規定が，前掲注11) 明治40年判決においては，『預金受渡心得』第四，五項に通帳を窃取された場合には直ちに届出をなさなければならず，これを怠ったために生じたる損失について銀行は責任を負わない旨の規定があった。

13) 前掲注11) 明治38年判決では，当該免責規定は印鑑盗用の場合を対象とするものと解されず，また，印鑑照合を行えば銀行は一切の責任を負わないとする商慣習による意思をもって預金契約が締結されたという銀行の抗弁も排斥された。前掲注11) 明治40年判決においては，当該免責規定による特約は，受取証書が偽造で全く無効の場合には効力がないものと解すべきであるとした。

14) 大判明治41年11月2日民録14輯1079頁。同様に，銀行と預金者間に通帳及び印鑑の持参人に有効に支払いうる旨の契約の成立を認めるものとして，東京地判大正5年10月7日新聞1226号21頁。

の問題として扱われていたといえる。

（2） 免責約款の解釈規準としての478条と免責約款の無意味化

ところが，詐称代理人も債権準占有者とみるべきとする学説が有力化していき，戦後，通帳と印鑑の持参人（窃盗者）を債権準占有者とする判例が現れるようになると，上の状況は変化する。[16] 不正な預金払戻しにも民法478条が適用される途が開かれたわけである。もっとも，当時問題とされた事例の多くは，定期預金の期限前払戻しや預金担保貸付に関するものであり[17]，しかも，免責約款と民法478条のいずれが適用されるかが問題とされていたことは留意しておく必要がある[18]。さらに，「特約を出さなくても債権の準占有者と認め得るからといってしまえばずっとすっきりする」とか，「代理人や使者まで準占有の範囲の幅を広げたら，商慣習にもっていかなくてもいい」という発言にみられるように[19]，特約や商慣習ではなく，民法478条による解決を望む傾向が現れていた。

他方，約款に関しては，昭和35年（1960年）頃までには，「免責」という表題のもとに，「預金の届出に使用されている印影と照合して相違ないと認めて取扱った以上は印章の盗用偽造その他どのような事故があっても当行は一切その責任を負いません」などと表現されるようになり，一般に「免責約款」ないし「免責条項」といわれるようになった点にも注意する必要がある[20]。この条項を文字通り読めば，印鑑照合さえ行えば銀行は責任を負わないとも読めるからで

---

15) 東京区判大正7年3月22日新聞1396号21頁（ただし，控訴審（東京地判大正7年6月27日新聞1434号20頁）では債権準占有者に対する弁済・商慣習を理由とする抗弁は排斥，銀行側が逆転敗訴），東京地判大正8年10月8日評論9巻商法105事件，東京地判大正13年11月13日新聞2339号19頁，東京地判昭和14年6月30日新聞4457号12頁。

16) 池田・前掲注8）321頁以下参照。下級審判決では比較的早くから通帳と届出印鑑の持参人（窃取者）を債権準占有者とするものがみられたが，実は大審院にはこれを直接に認めた判決は見当たらず，しかし戦後，それを前提とするごとき記述がみえる裁判例が現れるようになり，これらの者が債権準占有者として判例上認められるようになったのは（いつからとは特定しにくいものの）決してそれほど古いことではない，と指摘されている。

17) 畔上英治「判批」金法478号11頁（1967年）及びそこに挙げられた裁判例。

18) 安井宏「判例における預金取引約款の適用状況（一）」修道法学9巻2号482頁以下（1986年）の表「印鑑照合免責約款関係判例一覧」整理番号34〜56を参照。

19) 鈴木竹雄編『普通預金・定期預金』（有斐閣，1962年）44頁参照。

ある。通説は，この種の約款は，銀行に故意がある場合はもちろん，過失がある場合にも適用されないと解していたが，過失の程度，すなわち無過失が必要なのか，それとも重過失でなければよいのか——軽過失でも銀行は免責されるのかには議論があり[22]，特に銀行関係者からこのような主張が有力になされていた[23]。要するに，約款の解釈として，銀行の注意義務はどの程度まで求められるのかということが問題とされていたといえる。

　このような状況の中，民法478条を基礎において免責約款を解釈しようとする議論が盛んになるのは，詐称代理人にも民法478条が適用されること，そして民法478条には無過失が要件とされることが，判例上，確立して以後のことである（最判昭和37年8月21日民集16巻1809頁）[24]。銀行側から民法478条，免責約款及び商慣習による免責が主張された最判昭和42年4月15日金判62号2頁では，第一審（横浜地判昭和40年5月21日金判62号5頁）は民法478条を適用して銀行の善意無過失を認定したのに対し，控訴審（東京高判昭和41年9月18日金判62号3頁）は，商慣習又は約款の効力の問題として扱った。しかも，銀行に悪意又は過失がある場合には例外として払戻しを有効と認めないのが相当であり，銀行に過失があっても重過失がない限り責任を負わないとする商慣習について原審の鑑定を採用できない，と判示した（最高裁は控訴審の判断を是認）。

　この判決の意義は，過失があれば——軽過失であっても——銀行は責任を免れないことを明らかにした点にあるといわれているが，無過失を要するという点では，債権準占有者への弁済と相通ずることになる[25]。そこで畔上英治判事（当時）は，本判決に関して，民法478条により免責されるなら特別の免責条項は要しないとして，「そのような免責条項があるためにかえって，約款を定めた銀行自身があたかも過失責任または軽過失責任は問われないかのように錯覚し，たとえば本件の場合なども前記のような訴訟上の主張までするに至る」と

---

20) 約款の文例については，東京地判昭和36年2月24日下民集12巻2号343頁，鈴木・前掲注19) 42頁参照。
21) 並木俊守他「判批」手研46号27頁 (1961年) 参照。
22) 鈴木・前掲注19) 50頁以下，57頁以下参照。
23) 鴻常夫「判批・コメント」手研121号19頁 (1967年) 参照。
24) 池田・前掲注8) 323頁参照。
25) 判時462号32頁解説コメント参照。

断じる。あるいは，高窪利一博士は，銀行預金の払戻しには免責約款が第一次的に適用されるべきとしながらも，「判例（最高裁昭和37年8月21日判決，民集16巻9号1809頁）もいうごとく，この免責約款の解釈に当たっての指針は，民法478条の法理（債権準占有者に対する弁済の法理）を背景としなければならない。そこで，無過失か，重過失か，という弁済者側の主観的要件の問題も，当然に，銀行側の無過失を要する，という1本の線で解釈されるべきであり，免責約款に拠ると，民法478条に拠るとによって，免責の枠を異にすべきでない。」とされる。そこには，民法478条の適用要件が判例上確立したことを受けて，免責約款の解釈のために，とりわけ軽過失でも銀行は免責されるとする解釈を排除するために，民法478条が用いられたということができる。その後の判例も，銀行に過失があって民法478条により免責されない場合には，免責約款によっても免責されないと判示し（最判昭和50年6月24日金判464号2頁），免責約款が民法478条以上に銀行の責任を軽減・緩和するものではないことを明らかにしている。

このように，免責約款は民法478条を規準に解釈されるべきという考えが現れたと同時に，不正な預金払戻しに民法478条が適用されるならば，免責約款には大きな意味はないと解されていったことも指摘しておきたい。ことが実定法（民法478条）により解決されるならば，免責約款による免責を論ずる意味はない，というわけである。この点につき，平井宜雄教授は，民法478条と並んで免責約款を免責の根拠としてみても，免責約款の「法律的意味を明らかにするには，免責規定がなかったと仮定した場合の法律関係を論じなければならず，結局これまでの論議と等しくなる。しかも免責規定の存在は，規定された以外の注意義務を全く免除するわけではなく，銀行は相当の注意を払うべきだと解するのが一般であるから，免責規定を根拠とするのが大きな意味をもつわけではない。」と述べられる。

---

26) 畔上英治「判批」金法478号10頁以下（1967年）。
27) 高窪利一「判批・コメント」手研121号20頁（1967年）。
28) 金判464号2頁（1975年）解説コメント，仲政・前掲注5）34頁。
29) 林部実「判批」手研121号18頁（1967年），島谷六郎「判批・コメント」金法462号31頁以下，同「判批・コメント」金判62号2頁。

その後の判例においても，最高裁判例の多くは，銀行預金の払戻しに関する事例を，免責約款の適用ではなく，民法478条の適用によって解決していると指摘されており[31]，とりわけ近年の過誤払いに関する裁判例においては，免責約款があっても，これには触れずに民法478条によって結論が出されるものがほとんどになっている[32]。預金払戻しに関して判例が免責約款と民法478条の関係を述べたのは比較的最近のことであるが，最判平成10年3月27日金判1049号12頁が是認する東京高判平成9年9月18日判タ984号188頁（以下「平成9年判決」という。）は次のように判示する。すなわち，「本件免責条項においては，控訴人が払戻請求書の印影を届出の印鑑と相当の注意をもって照合すべきことが規定されているから，本件免責条項も，民法四七八条の定める債権の準占有者に対する弁済の一場合を注意的に規定したものにすぎず，銀行が免責されるには，民法四七八条に規定された場合と同様，銀行が払戻請求を行った者が正当な権利者であると信じたことに過失がなかったことを要するものと解するのが相当である。」と。現在では，判例上，免責約款と民法478条とは，免責要件の点で変わらないものと解されているといえる[33]。

---

30) 平井宜雄「判批」ジュリ増刊『民法の判例＜第三版＞』（有斐閣，1979年）143頁。
31) 奥村長生「預貯金債権の払戻しに関する免責条項と民法四七八条」桐蔭法学1号60頁（1994年）。同様の分析をするものとして，安井・前掲注18) 504頁，椿寿夫「預金取引」法時54巻6号10頁以下（1982年）。
32) 東京地判平成14年4月25日金判1163号24頁，東京地判平成15年1月15日金判1163号8頁，東京地判平成15年7月7日金判1193号26頁（控訴審：東京高判平成16年1月27日金判119号19頁），東京地判平成15年7月31日金判1207号49頁，横浜地判平成15年9月26日金判1176号2頁，東京地判平成15年12月3日金判1181号12頁，さいたま地判平成16年6月25日金判1200号13頁，福岡地判平成16年4月9日金判1193号37頁，新潟地裁平成16年6月2日金判1200号37頁，大阪地判平成16年7月23日金判1207号34頁，名古屋地判平成16年9月17日金判1206号47頁。
33) 免責約款による免責と民法478条による免責とでその要件に差異はないとするものとして，東京高判平成16年3月17日金判1193号4頁，東京地判平成16年3月25日金判1200号45頁（控訴審：東京高判平成16年9月30日金判1206号41頁），福岡地判平成16年9月1日金判1207号17頁。

3　偽造小切手・手形の支払と銀行の免責

(1)　判例と免責約款

　手形や小切手を振り出すには，実際上，銀行と当座勘定取引契約を締結する必要がある。その法的性質には諸説あるが，多数説は取引先の振り出した手形・小切手類の支払事務の処理を目的とする委任（準委任）と，その支払資金となるべき金銭の預入れ，保管を目的とする消費寄託ないしその予約を含む，継続的契約と解しており，手形や小切手の支払委託たる委任契約が含まれることについては異論がない。[34] ところで，銀行が支払った手形や小切手が真正に振り出されたり引き受けたりしたものではない場合には，そこには有効な支払委託がないから，銀行は手形法40条3項や小切手法35条による支払免責の効果を得られない。[35] そこで，このような偽造小切手・手形の支払による損失を，支払銀行が負担すべきか，振出人が負担すべきかが問題とされることになる。

　この点，特約がない場合について支払銀行が当然にその損失を負担すべきとした判例もあるが，[36] 損失負担に関する特約がある場合には，その有効性と解釈の問題になる。これに関して，古くは「小切手及び小切手に用ゆる印形等の窃取又は盗用に拠りて生じたる損害は預け人の負担たるべし」との規定は偽造小切手の支払には適用されないとしてその有効性を否定した判例がある。[37] しかしその後の判例は，一般に，小切手偽造の場合にも損失を振出人負担とする特約の有効性を認めている。すなわち，東京控判大正5年12月28日判例2巻民事248頁は，盗難された小切手用紙を用いて小切手が偽造された場合にもこれを預金者（振出人）負担とする特約が当事者間に成立したと認定したうえ，支払

---

34)　西原・前掲注10) 84頁，西尾・前掲注20) 65頁，石井・前掲注10) 29頁，中馬義直「預金契約」『契約法大系Ⅴ』（有斐閣，1963年）35頁以下。

35)　松本烝治『手形法』（有斐閣，1918年）345頁，喜多了祐「支払人の調査義務」『手形法小切手法講座第四巻』（有斐閣，1965年）149頁，鈴木竹雄＝前田庸『手形法・小切手法＜新版＞（法律学全集32)』（有斐閣，1992年）398頁，高窪利一『現代手形・小切手法＜三訂版＞』（経済法令研究会，1997年）298頁。

36)　東京地判明治35年2月24日新聞79号6頁。同様に支払銀行負担としたものとして，大判年月日不詳新聞71号11頁（民法470条・471条の適用により支払免責を認めた大阪控判年月日不詳新聞21号10頁の上告審）。

37)　東京地判年月日不詳1022号14頁（大正4年）。

銀行がこの特約に拠るには「銀行業者トシテノ相当ノ注意」を用いて署名印影の確認を行わなければならないとした。その理由しては,「銀行業者ハ無数ノ預金者ヲ相手方トシテ其営業ヲ営ミ終日煩劇ノ業務ニ従事スルモノナリト雖モ銀行ト預金契約ヲ為スモノハ金銭ヲ銀行ニ寄託シ銀行ヲ信頼シテ財産ノ安固ヲ図ルコトヲ其主要ノ目的ト為スモノナル」と判示し,すなわち多数の小切手を大量に取り扱う銀行側の要請もさることながら,自己の財産を寄託する預金者の信頼確保の観点から,「銀行業者カ……該小切手ノ署名印影カ右預金者ノ署名印影ナルコトヲ確認スルニ付テハ少クトモ普通人ノ通常為ス注意ヲ用キルニアラサレハ到底銀行者トシテ相当ノ注意ヲ用キタルモノト謂フコトヲ得ス」とする。このように判例は,この問題を銀行実務上の迅速決済の要請と預金者保護との利害調整の問題と捉えたうえで,この種の特約の効力を銀行が「相当の注意」を尽くしたか否かに求めてきたといえるのであり,戦後の判例でも,「小切手,手形に押印された甲の印影が予め銀行に届けられた印鑑と相違ないと認められる場合には,印章を盗用,偽造,変造その他の事故があっても取引上の責任は甲が負担する」旨の免責約款について,「近年各銀行における当座預金口座数の増加に伴い,その取り扱う小切手の数も漸次増加の一途をたどり,しかも銀行取引における小切手の支払は,短時間のうちに多数なされている取引の実状と敏速になさなければならない取引の要請とに鑑み」,「この場合印鑑の盗用,偽造その他の事故があつたとしても,銀行が相当の注意をなしこれを知ることができなかつたときは,これにつき責任を負担しないとの趣旨の特約(免責約款)をなし」たものであると判示されている。[38]

さらに判例は,この種の特約が存在しない場合にも商慣習を認定して銀行を免責する傾向にあり,まずは銀行業者同士の間で商慣習の存在が認定され,[39]小切手用紙印章等を盗用・偽造した小切手に支払銀行が「相當ノ注意ヲ爲スモ之レヲ知ルコトヲ得ズシテ支拂ヒタルトキハ」その損失を振出銀行負担とする商習慣の存在を認めた。その後,支払銀行と振出人の間にも同様の商慣習の存在することが認められ,[40]そこでもまた「善良ナル管理者ノ注意ヲ以テスルモ容易

---

38) 福岡高判昭和33年3月29日下民集9巻3号542頁。
39) 東京地判大正2年7月4日新聞880号23頁。
40) 東京控判大正4年6月22日新聞1042号28頁。

ニ其真偽ヲ判明シ難」いことが要件とされている[41]。戦後の判例においても，銀行が「相当注意をしても偽造の署名が極めて巧妙でその真偽の鑑別がむずかしかつたため，この小切手が偽造であることを知ることができないで支払つたときは」その損失を銀行は負担しないという商慣習を認めることができ，このような商慣習は公の秩序に反しないものというべきであると判示されている[42]。

要するに，判例は，署名偽造や偽造印鑑が使用された場合も含めて，銀行が「相当の注意」を尽くしたことを条件に損失を振出人（預金者）負担とする特約の効力あるいは同種の商慣習の存在を認め，ここに銀行の免責の根拠を求めてきたといえる。

(2) 昭和46年判決の意義と射程

ところで，判例をみても，銀行の注意義務は印鑑ないし署名照合に最も比重が置かれて判断されてきており，昭和35年（1960年）頃までには，この種の免責約款では「手形・小切手に使用された印影を届出の印鑑と照合し，相違ないと認めて取り扱いましたうえは」といった文言が用いられているのが通常であった[43]。そこで，預金払戻しの場合と同様，銀行の注意義務を緩やかに解そうとする見解──免責約款では銀行の受任者としての「注意義務の具体化と軽減が図られて」いる[44]──とか，免責約款は軽過失による責任の免除を定めたもの──「悪意または重大な過失のあったときは免責されない」とする見解[45]──が現れていた。このような傾向に対して厳しい態度を示したのが，昭和46年判決

---

41) 東京控判大正15年11月12日新聞2654号11頁。
42) 東京高判昭和30年9月20日高民8巻7号479頁。なお，偽造手形の場合（偽造印による貸付取引）に商慣習を認めた事例として，東京地判昭和25年4月11日下民集1巻4号536頁。
43) 昭和46年判決は昭和35年（1960年）頃の事案であるが，「当行は手形小切手の印影で届出の印鑑又は従前の手形小切手その他証書類に使用の印影と符合すると認めて，支払した上は，その支払は預主に対して効力を生ずるものとし，これによる損害については，一切責に任じません」との条項であった。その他約款の文例については，伊澤孝平「偽造変造小切手の支払と損害の負担者」企会4号107頁以下（1954年），高橋勝好「銀行取引における免責約款の研究（上）──特に偽造手形小切手の支払について──」金法92号3頁以下（1956年），鈴木竹雄編『当座預金』（有斐閣，1962年）237頁以下参照。
44) 中川高男「受任者の善管注意義務」『契約法大系Ⅳ（雇傭・請負・委任）』（有斐閣，1963年）266頁。
45) 寿円秀夫『預金（銀行取引実務講座Ⅴ）』（青林書院新社，1965年）21頁。

である。

　原告Xは，被告Y銀行と当座勘定取引契約を締結しており，Yは，X振出名義の約束手形五通を支払ったが，真実は，Xの義母がXの印鑑を偽造して振り出したものだった。そこで，Xは，主位的に，当座勘定取引契約違反があるとして支払額相当額の損害賠償を請求し，予備的に，預金返還債務の履行を求めた。これに対して，Yは，免責特約，これと同趣旨の商慣習，債権準占有者に対する弁済を主張した。

　第一審（京都地判昭和40年5月11日金法413号6頁）は，Xの主位的請求（損害賠償請求）について，Yには，印鑑照合をしたうえ提出印影と同一であると判断して手形の支払をしたことについて，「万全の注意義務をつくしたものとはいえない過失があるものと認められるが」，右照合が平面照合であっても記憶による照合であっても，「全体としては提出印影に極めて酷似しており，短時間内に多量の印影照合をしなければならなかったことに鑑みると」，「右過失は軽微なものと認められる」としたうえで，「その過失は軽微とは言っても，過失による契約違反の責を負わなければならない」とした。そのうえで，Yの免責特約の抗弁について，「右約款によって免責されるのはYが通常の注意義務を尽くして印鑑照合の上X提出の印影と符合するものとYに於て認めて支払をした場合に限るもの」と認められ，そうすると，Yが「手形の支払をしたことには軽微な過失があるに過ぎないのであるから，被告の右支払による契約違反の責は免除される」として，Yの主張を認めた。

　要するに，過失があるからYは債務不履行責任を負うが，それは「軽微な過失」であるから，「通常の注意義務」を尽くして印鑑照合すれば免責されるとする免責約款により，その責任は免除されるというわけである。もっとも，判旨の区別する「軽微な過失」と「通常の注意義務」違反の違いは明確でないとの批判があり，あるいは，偽造印章が巧妙に作られていて判別困難だったということが「軽微な過失」と述べられたに過ぎず，実質的には無過失と考えていたのではないか，という批判があった。

---

46) 昭和46年判決では振出日白地の約束手形の支払も論点とされているが，割愛する。
47) 前田庸「判批」ジュリ405号96頁以下（1968年）。
48) 島谷六郎「判批・コメント」手研104号32頁（1966年）。

控訴審（大阪高判昭和41年9月26日判時474号24頁）では原審同様，Yが勝訴したが，理論構成が変化する。すなわち，銀行は受任者として善管注意義務違反がないことを証明しない限り損害賠償責任を免れず（民法644条），この場合に銀行に要求される注意義務の程度は，印鑑照合事務に習熟している「銀行員が通常用いる注意を標準として決すべきもの」であるが，「手形小切手決済事務の迅速処理は取引界の絶対的要請でもある関係上，全ての手形，小切手につき一々時間をかけ綿密，入念な印影の照合をすることは実際不可能なため」，銀行では通常，印鑑照合に関していわゆる平面照合ないし記憶による照合の方法をとっていると認定し，「右約款の狙いは結局印影の相違につき特に疑がある場合のほか，銀行は通常行っている印影照合以上の方法をとらなくとも注意義務違反の責任を問われないという点において，本来の厳格な注意義務の軽減，緩和をはかるところにあるものと解される」とした。要するに，控訴審は，無過失と評価されうる注意義務を尽くさなければ銀行は損害賠償責任を免れないが，そこで銀行に要求される注意義務の程度は通常銀行で行われている平面照合の方法で足り，それは免責約款により「本来の厳格な注意義務の軽減，緩和」が図られているからである，とみるわけである。

　第一審や控訴審が「銀行に肩をもった判決[49]」であったのに対し，上告審である昭和46年判決はこれを覆し，控訴審判決を破棄して差し戻した。すなわち，銀行は当座勘定取引契約によって善管注意義務を負い，したがって，印鑑照合に当たっては，特段の事情のない限り，折り重ねによる照合や拡大鏡等による照合をするまでの必要はなく，肉眼によるいわゆる平面照合の方法をもってすれば足りるにしても，「金融機関としての銀行の照合事務担当者に対して社会通念上一般に期待されている業務上相当の注意をもつて慎重に事を行なうことを要し，かかる事務に習熟している銀行員が右のごとき相当の注意を払つて熟視するならば肉眼をもつても発見しうるような印影の相違が看過されたときは，銀行側に過失の責任があるものというべ」きであり，そして，このことはいわゆる免責約款が存する場合においても異なるところはなく，「かかる免責約款は，銀行において必要な注意義務を尽くして照合に当たるべきことを前提とするものであつて，右の注意義務を尽くさなかつたため銀行側に過失があるとさ

---

49) 林部実「判批」金法727号27頁（1974年）。

れるときは，当該約款を援用することは許されない趣旨と解すべき」とした。そして，「右免責約款は，印影の照合に当たり必要な注意義務が尽くされるべきことを前提としているもので，右の義務を軽減緩和する趣旨と解すべきでないことは前叙の通りであり，そして，ここにいわゆる必要な注意義務は，自己の財産の管理を銀行に委ねている取引先の信頼にそうものとして，前示のごとく，銀行に対し社会通念上一般に期待されるものに相応するものでなければならない」と判示した。要するに，免責約款が存在する場合であっても，銀行は受任者としての善管注意義務を尽くして印鑑照合に当たらなければならず，その注意の基準としても，現に行われている銀行業務の実情を踏まえた「通常の注意」では足りず，「銀行に対し社会通念上一般に期待されるものに相応する」注意でなければならない，としたわけである。

　本判決の意義は，免責約款について，「従来とかく銀行が短時間の内に多量の手形類の印鑑照合をしなければならない実情を強調して，だからその注意義務の程度も緩やかに解すべきだとする傾向があったのに対し」[50]，このような解釈を否定したという点にある。しかも，その印鑑照合における注意義務については，当座勘定取引契約上の受任者としての善管注意義務の観点からこれをみるべきとされたという点では，免責要件としての印鑑照合が否定されたといってよく，その意味では，「免責約款の基準的意義が失われるにいたった」といいうる[51]。学説でも，銀行は，印鑑照合以外の点についても広く相当の注意を尽くすべきものと解されている[52]。これは銀行実務にとっては厳しいものともいえるが，多忙性は銀行免責の理由とならない[53]。預金者の信頼保護の観点からは，「他人の金銭を預かっている銀行に対してこの程度の注意義務を課するのは，むしろ当然であり，銀行が実際上このような注意義務を尽くしていないとすれば，その危険は銀行が負担すべき」だといえる[54]。

---

50) 喜多了祐「偽造手形の支払と銀行の注意義務」『新版銀行取引判例百選』別ジュリ38号（1972年）44頁。

51) 岩崎稜「偽造手形を支払った銀行の責任」倉澤康一郎他編著『考える手形・小切手法』（弘文堂，1981年）304頁参照。「免責約款に特別の効果を認めない点，銀行側にかなりのショックを与えたようであるが，銀行の業務の確実性に対する一般人の信頼から見て当然のことであるとして，学界では多数の支持をえている。」とされる（星川長七＝斎藤睦馬『新銀行実務法律講座第一巻　預金』（銀行研修社，1974年）68頁）。

しかも，差戻後の控訴審（大阪高判昭和49年9月30日判時763号93頁）では予備的請求，すなわち預金債務の履行の請求が認められたことからも明らかなように，この種の免責約款は，運送約款や倉庫寄託約款上の免責約款のように，銀行の損害賠償責任を終局的に減免する類のものとは解されていない。ただ，本来銀行が行うべき偽造者に対する責任追及――不当利得ないし不法行為に基づく損害賠償請求――を預金者に行わせることによって，偽造者無資力のリスクを預金者に転嫁するというものに過ぎない。すなわち，印鑑照合をしなければならない数の多少に関わりなく，銀行としては常に一定の注意義務が課せられており，その注意義務を尽くしたうえは，偽造手形支払の効果を被偽造者に帰しめることを認めるという，ただそれだけのことを，念のため約定文言にしたのが，免責約款であるということになる。

昭和44年（1969年）以降，預金取引約款上の免責約款においては，「相当の注

---

52) 田中・前掲注10) 426頁以下，鈴木・前掲注43) 241頁以下［鈴木発言］，242頁［竹内昭夫発言］，志津田氏治「偽造小切手と銀行の免責約款」経営と経済42巻1号16頁以下（1962年），矢沢惇＝鴻常夫『自習商法』（有斐閣，1964年）177頁，蓮井良憲「手形の偽造」鈴木竹雄＝大隅健一郎編『手形法・小切手法講座第一巻』（有斐閣，1964年）257頁，小町谷操三『判例商法巻二（手形・その他）』（勁草書房，1953年），前田庸「振出人と支払人との関係」鈴木竹雄＝大隅健一郎編『手形法・小切手法講座第二巻』（有斐閣，1965年）163頁，奈良次郎＝松村雅司「偽造小切手の支払と注意義務」金法689号（特集号・金融法務100講）19頁（1973年）。本判決に関して，喜多・前掲注50) 44頁，中村・後掲注56) 140頁。前掲注38) 昭和33年判決で，銀行の調査義務の範囲について印鑑照合以外の点に言及されたことから，この判決に依拠する見解が多い。なお，昭和46年判決では「印鑑照合にあたっての」注意義務に関して判示されたことから，免責約款は，調査の範囲を原則として印鑑に限定することにより，注意義務の軽減を図ったものとみる見解もある（堀内仁「判批」手研174号6頁（1971年），吉原省三「判批」判タ266号74頁（1971年））。しかしながら，当座勘定取引契約上の善管注意義務の対象は印鑑照合に限られないというべきであろう。昭和46年判決の事例では，印鑑照合についての過失しか問題となっていなかったというに過ぎない。
53) 東京地判昭和29年9月30日金法54号17頁（前掲注42) 昭和30年判決の原審）より。これを支持するものとして，喜多了祐「判批」判評104号29頁（1967年），前田・前掲注47) 97頁，高窪利一「判批・コメント」手研179号32頁（1971年），前田庸「判批・コメント」手研179号32頁（1971年），浜田惟道「判批」判評155号137頁（1972年）。
54) 前田・前掲注53) 32頁。
55) その意味では，一種の危険負担を規定した性格を持つものといえる。山下・前掲注8) 193頁，松山三和子「偽造小切手の損失負担と免責約款」『近代企業法の形成と展開 奥島孝康教授還暦記念第2巻』（成文堂，1999年）465頁注(6) 参照。
56) 中村一彦「判批」民商66巻4号140頁（1972年）。

意をもって」という文句が加えられている[57]。また,「免責」とされていた見出しは「印鑑照合」と替えられている。これは,「免責」というと印鑑照合だけが免責の要件のようにみえるが,免責の要件としての過失の有無の判断は取引全体を通じてなされるものであるという銀行の自覚を示したものであると説かれている[58]。

4 預金払戻しに関する免責約款の効力

前章までの考察を踏まえると,偽造小切手・手形の支払における損失負担の問題は,小切手法35条や手形法40条3項を拡大解釈して銀行を免責するという方向には進まず,損失負担特約ないし商慣習の問題として扱われてきたといえる[59]。もっとも,学説は,特約がなかった場合の損失負担のあり方を理論構成することに古くから熱心であり,民法478条の類推適用により振出人負担の結論を導く見解もある[60]。ただし,この見解に対しては少なからず批判があると共に[61],学説上も,支払銀行負担と構成するにせよ,振出人負担と構成するにせよ,特約がある限りで特約の有効性・解釈の問題と考えるという点では変わらない[62][63]。

---

57) 全銀協昭和44年4月21日当座勘定約定書ひな型15条,同昭和45年3月3日普通預金規定ひな型7条参照。
58) 加藤一郎=吉原省三『銀行取引＜第六版＞』(有斐閣,1995年) 51頁。
59) 偽造・変造小切手の支払の場合の損失負担についてはジュネーブ会議でも激しく議論されたが,結局,これに関する規定を小切手法に設ける必要なしと決定されたという背景事情がある。ジュネーブ会議での議論については,竹田省「偽造小切手支払の被害者」『商法の理論と解釈』(有斐閣,1959年) 746頁以下,大橋光雄『小切手法＜改訂版＞』(有斐閣,1937年) 131頁参照。
60) 振出人負担とするのが多数説であり,後掲注102) 参照。各学説の理由づけ等については,松山・前掲注55) 463頁以下,沢野・前掲注8) 378頁以下,梶山純「偽造手形の支払と銀行の免責」ジュリ増刊『商法の争点Ⅱ』(1993年) 330頁参照。
61) 矢沢・前掲注52) 178頁以下,田中耕太郎『手形法小切手法概論』(有斐閣,1935年) 446頁,山下・前掲注8) 201頁。なお,実定法に根拠を求める見解の中でも,委任事務処理費用請求権(民法650条)と構成して振出人負担説を導く見解として,小橋一郎「偽造小切手の支払」ジュリ176号73頁以下(1956年)。
62) 大橋・前掲注59) 133頁,前田・前掲注52) 162頁。小切手や手形の支払の場合には,弁済ではなく,支払の効果を支払委託者に帰属させることができるかという問題である点で,民法478条の当てはめが難しくなる。偽造小切手の支払が真正の小切手と同じく有効となる点にも批判があるとされる(梶山・前掲注60) 331頁参照)。

免責約款の有効性については，無効説も存在しているが，判例・学説は，この問題を銀行実務上の迅速決済の要請と預金者の信頼保護との利害調整の問題と捉え，この種の特約の効力を，銀行が「相当の注意」を尽くしたか否かに係らしめてきたといえる。とりわけ昭和46年判決によれば，免責約款の解釈として，銀行の注意義務を緩やかに解そうとする傾向を否定し，銀行の尽くすべき「相当の注意」が当座勘定取引契約上の受任者としての善管注意義務に由来することが明らかにされている。要するに，偽造小切手・手形の支払に係る銀行の免責は，表見的弁済受領者に対する善意弁済の問題ではなく，損失負担特約の問題とされ，しかもそれはおよそ契約相手方に対する契約上の注意義務履践の問題と解されてきたわけである。

これに対し，預金の払戻しに関しては，銀行の免責は，当初は偽造小切手・手形の支払の場合と同様，損失負担特約ないし商慣習の問題とされていたが，民法478条の詐称代理人への適用，無過失要件が判例上確立すると，免責約款は民法478条を規準に解釈されると共に，免責約款による免責を論ずる具体的な意味はないという状況になっている。そこでは，実際上は，免責約款の解釈として銀行の注意義務を緩やかに解する見解を排除するため，さらに実定法（民法478条）が当てはめられるなら免責約款による免責を論ずる意味はないと考えられたためと考察される。しかしながら，昭和46年判決からも明らかなように，銀行の注意義務を厳しく解するとすれば，免責約款それ自体の解釈の問題として扱えば足りるはずである。また，免責約款が民法478条による場合とその保護範囲を同じくするというのなら，免責約款の解釈が民法478条の適用

---

63) 松本・前掲注35) 345頁，小橋・前掲注61) 77頁，田中誠二『手形・小切手法詳論下巻』（勁草書房，1968年）602頁。

64) 髙橋三知雄「印鑑照合による免責」法時41巻7号25頁以下（1969年）は，被偽造者は偽造手形の債務を負担する意思がないにもかかわらず責任を負うとすることは，法律行為を支配する私的自治という公の秩序に反するものとして，約款は無効であるとする。塩田親文「偽造小切手の支払と銀行の免責」『大隅健一郎先生古稀記念・企業法の研究』（有斐閣，1977年）684頁以下は，取引先が自由な意思に基づいて約款に合意したと解するのは困難であること，事前に包括的に不利益を負担することを約する契約自体が公序良俗に反する恐れがあること，被偽造者に責任を負わせるとすればその都度承認ないし意思確認が必要であること，要するに，経済的に弱い立場の取引先に対して附合契約によって一方的に不利益を強いることを内容とする偏った免責約款は効力を否定せざるをえないとする。

要件と整合するかという観点から論じられなければならないはずである。ところが，実際は，両者の保護範囲は変わらないというような考え方は，民法478条の適用要件が修正された結果として成立したものである。換言すれば，このような考え方を可能にしたのは，民法478条が「そもそも『債権準占有者』の概念をどのように構築するかによって，この条文の適用範囲が際限なく拡大する可能性を既に内包していた」からであり，そして，民法478条に対する理解が，少なくとも沿革からはかけ離れた変容を遂げてきたからにほかならない[66]。

すなわち，民法478条の「債権準占有者」概念については，現在の判例・学説では一般に，取引観念上真の債権者であると信じさせる外観を有する者と解されているが，「債権準占有者」か否かは，弁済者からみた外観を標準として，受領者が真実権利者又は権限者らしくみえたかどうかに従って判断され[67]，弁済者の善意無過失は，真実の債権者ではなかったことについて要求されることになる[68]。さらには，弁済受領者が権限について客観的な外形のあることすら必須の要件ではなく，むしろ，弁済を求める者が弁済者と称しており，債務者がその権限の存在を信じたことが当該事情の下で正当であったと評価できることをもって十分であるという見解すら存在する[69]。結局，弁済者からみて外観上債権者らしくみえる者に対して，「弁済にあたって取引上必要とされる注意を尽くして弁済したところ，たまたま受領権限がなかった場合」を保護するのが民法478条であるということになる[70]。

そして判例は，「弁済」以外の取引類型，すなわち定期預金の期限前払戻しや預金担保貸付と相殺，総合口座取引の当座貸越，生命保険契約に基づく契約者貸付にも民法478条の類推適用を認めてきた[71]。これを踏まえて，民法478条における弁済者の尽くすべき注意義務の程度については，学説の多くは，弁済者

---

65) 池田・前掲注8) 319頁。
66) 民法478条を歴史的観点から分析するものとして，池田・前掲注8) 315頁以下，中舎・前掲注9) 305頁以下，河上正二「民法四七八条（債権の準占有者に対する弁済）」広中俊夫＝星野英一編『民法典の百年Ⅲ』（有斐閣，1998年）165頁以下及び同注(1) に挙げられた文献を参照。
67) 潮見・前掲注6) 243頁以下。
68) 平井宜雄『債権総論』（弘文堂，1996年）195頁。
69) 佐久間毅「民法四七八条による取引保護」論叢154巻4・5・6号391頁及び注28参照（2003年）。

の注意義務の程度は取引類型により異なるものと考え，担保設定や与信行為には払戻し（弁済）の場合より注意義務は加重されるものと解している[72]。さらに，機械払式の預金払戻しに関して民法478条の適用を認める多数説は，銀行の善意無過失は，払戻し段階（弁済時）での過失に限られず，払戻システムの全体について判断すべきであるとし[73]，判例にも，免責約款が存在しない場合であるが，上と同様の考えのもとに民法478条の適用を認めるものが現れている[74]。つとに弁済者の善意無過失の判定時については，預金担保貸付と相殺の場面では「相殺時（債権消滅時）」ではなく「貸付時（担保取得時）」で足りるとする判例があり[75]，このような場面では，民法478条は「預金者と金融機関の利害調整を金融機関の善意・無過失という点に求め」るものであると述べるものもある[76]。し

---

70) 奥田・前掲注1) 506頁。したがって，弁済者は弁済に当たってどのような注意を尽くしていなければならないのかが問題になる。もっとも，郵便貯金・銀行預金払戻に関して「かなりの判決例の蓄積にもかかわらず，これを明らかにするのは困難な作業」であり，あえて述べれば，①弁済者が弁済する義務を負うべき場合であるか，②大量の債権者を相手とする取引として定型的な行動の型に従っての処理であるか，③キャッシュカードのような取引の場合には，その機械を組み込んだ取引の仕組み自体の問題として過失の有無があるか，といった点が挙げられるとする（平井・前掲注68）196頁。なお佐久間・前掲注69）407頁以下参照）。

71) 判例上，定期預金の期限前払戻し，預金担保貸付と相殺，総合口座の当座貸越，生命保険契約に基づく契約者貸付などにまで民法478条の類推適用の事例は及んでいる。上に関する判例及び民法478条類推適用拡大化の歴史については，吉田光碩「民法四七八条≪債権準占有者への弁済≫は，どこまで拡大ないし類推を許すべきか」椿寿夫編『講座・現代契約と現代債権の展望 第二巻債権総論(2)』（日本評論社，1991年）275頁以下，池田真朗「債権の準占有者に対する弁済」『分析と展開 民法Ⅱ＜第五版＞』（弘文堂，2005年）111頁以下，副田隆重「預金担保貸付，生命保険契約上の契約者貸付と478条」椿寿夫＝中舎寛樹編著『解説 類推適用から見る民法』（日本評論社，2005年）176頁。

72) 林（安永）＝石田＝高木・前掲注1) 271頁，奥田・前掲注1) 508頁，沢井・前掲注1) 105頁，椿寿夫「預金担保」『民法研究Ⅱ』（第一法規出版，1983年）183頁，星野英一「いわゆる『預金担保貸付』の法律問題」『民法論集第七巻』（有斐閣，1989年）193頁，近江孝治『民法講義Ⅳ債権総論＜第三版＞』（成文堂，2005年）298頁。

73) 早川淑男「CDカード規定試案の作成と内容」手研250号29頁（1975年），林良平「CDカードによる払戻しと免責約款」金法1229号15頁（1989年），大西武士「判批」金判824号47頁（1989年），潮見・前掲注6) 250頁以下，平井・前掲注68) 196頁，近江・前掲注72) 296頁。

74) 最判平成15年4月8日民集57巻4号337頁。

75) 最判昭和59年2月23日民集38巻3号445頁。

76) 中井美雄『債権総論講義』（有斐閣，1996年）378頁。同旨，中舎寛樹「判批」ジュリスト増刊『担保法の判例Ⅰ』（1994年）286頁。

かし，ここまでくると，「民法478条の使われ方は，『善意弁済者の保護』という本来の目的から乖離」しているという指摘もなされている。[77]

このようにみてくると，免責約款が民法478条との関係で論じられるとしても，それは判例が，民法478条の「債権準占有者」「無過失」「弁済」という全ての適用要件を修正し，それによって適用範囲の拡大化を行うことによって，実際は免責約款の解釈の問題として扱いうる事案にも対応してきたというに過ぎない。しかしながら，「債権準占有者」概念の拡大化については批判的見解が根強く存在しており，[78]適用範囲の拡大化についても，詐称代理人への適用，期限前払戻しへの適用までは学説もほぼ同調してきたが，預金担保貸付と相殺については学説は一致して同調する状態とはいえず，特に，銀行の善意無過失は貸付時点で備わっていれば，相殺時点では不要とする判例に対しては異論も多いとされる。[79]他方，免責約款の解釈としては，冒頭に述べたように，学説の多くは昭和46年判決の法理——「免責約款によって銀行の注意義務は軽減されない」——を援用するが，そこではもっぱら，民法478条を免責約款の解釈規準とすることによって，銀行の注意義務を緩やかに解する見解を排除するために援用されるに過ぎず，そこにいう銀行の注意義務が，当座勘定取引契約上の相手方に対する善管注意義務に求められているということは看過されてきたといえる。昭和46年判決の趣旨を正しく捉え，そして，民法478条にいう弁済者の過失が単なる支払に対する注意義務を超えた関係で評価されている現状を踏

---

77) 池田・前掲注71）118頁。
78) 三宅正男『判例民事法昭和十六年度』（有斐閣，1941年）60事件，同「判批」判評14号12頁（1958年），山崎寛「判批」法時36巻2号94頁（1963年），来栖三郎「債権の準占有と免責證券」民商33巻4号1頁以下（1956年），新関輝夫「フランス民法における債権占有」名法41号132頁（1967年），同「預金証書の持参人に対する弁済と民法四七八条」遠藤浩他監修『現代契約法体系第5巻金融取引契約』（有斐閣，1984年）64頁以下。詐称代理人への民法478条の適用を否定するものとして，内池慶四郎「債権の準占有と受取証書」法研34巻1号58頁以下（1961年）。
79) 吉田・前掲注71）275頁。
80) 林良平博士は，特に機械払式の預金払戻しの場合に関しては，過失を一連の弁済過程の過失と考えたうえ，この点で，単なる支払に対する注意義務ではなく，付随義務違反のごとき関係となり，この理論をとる方が，免責約款など特約を位置づけるのに便宜であるとされる（「CD取引」加藤一郎他編『銀行取引法講座（上）』（金融財政事情研究会，1976年）293頁）。

まえれば、問題の本質に近いのは、民法478条ではなく免責約款であり、預金を中心とする取引が無権限者との間でなされた場合の解決策としては、これを免責約款の解釈の問題として扱うのが適切であろう。すなわち預金払戻しに関する免責約款の効力は、銀行が預金者に対して負担する預金契約上の注意義務[83]——「注意」のレベルは時代や社会情勢、具体的な取引類型——例えば単純な払戻しか預金担保貸付か[84]——や事情に応じて上下に動きうるものであり、それが注意義務というものの果たす役割でもある——を尽くしてはじめて、その損失を預金者負担とすることができるものと解すべきと考える。

約款による規律によるべきということは、判例・学説が、免責約款の規定する印鑑照合という手続を民法478条の無過失判定のための重要なファクターと位置づけてきたという点からも裏づけられると思われる。前叙平成9年判決で

---

81) 最終的な解決は銀行預金払戻関係の無権限資金移動に関する立法によるべきとしながらも、理論構成としては、預金契約そのものの問題として、約款の合理的な解釈による規律を図る考え方が他の表見法理の借用よりも問題の本質に近いと思われると指摘するものとして、池田・前掲注71) 121頁。

82) 副田・前掲注71) 183頁、新関・前掲注78)「預金証書の持参人に対する弁済と民法四七八条」83頁、前田庸「金融取引の法律問題」『現代の経済構造と法（現代法学全集52）』（筑摩書房、1975年) 410頁、平出慶道「預金者の認定と預金の払戻し」鈴木禄弥＝竹内昭夫『金融取引法大系第二巻 預金取引』（有斐閣、1983年) 109頁、川村正幸「判批」金判686号54頁（1984年）、同「判批」金判811号48頁（1989年）。なお、平成15年判決（前掲注74)）前の見解であるが、機械式の預金払戻しに民法478条の適用を否定し、約款に基づく特約に免責の根拠を求める見解として、西尾信一「判批」判タ824号25頁（1993年）、河上正二「キャッシュ・ディスペンサーからの現金引出しと銀行の免責」鈴木禄弥＝徳本伸一編『財産法学の新展開』（有斐閣、1993年) 357頁、山本豊「判批」金法1396号9頁（1994年）、安井宏「キャッシュカードの不正使用と免責約款の効力」修道法学18巻1号109頁（1995年）。

83) 川村正幸教授は、次のように説く。すなわち、銀行は、預金契約に基づく附随義務の一つとして、顧客の利益を擁護すべき義務、すなわち誠実義務を認めることができ、これに基づき、銀行が弁済、貸付・相殺等に当たって相当な注意を払うべきことが要求される。そして、預金契約に基づく附随義務上の免責として、免責約款に決定的な意味を認めることができる、と（前掲注82)「金判811号」50頁参照）。あるいは、会社は全て商人であるが（会社法5条参照）、少なくとも商法502条8号の銀行取引を業とする者は商人であり（商法4条）、預金契約を消費寄託契約と考える場合には、商人としての銀行は預金者に対して善管注意義務を負うものと解される（商法593条）。

84) 特に単純な払戻し以外の場面では、文言上も、免責約款の方がこれを比較的包摂しやすいといえる。免責約款では「取扱い」とされているので、払戻し以外にも適用があると解することができると説くものとして、前田・前掲注82) 429頁、川村・前掲注82)「金判811号」48頁。

は,「免責条項も,民法478条の定める債権の準占有者に対する弁済の一場合を注意的に規定したものにすぎ」ないとしながらも,それは「免責条項においては,控訴人が払戻請求書の印影を届出の印鑑と相当の注意をもって照合すべきことが規定されているから」であり,その場合の印鑑照合における注意義務の程度についてはほぼ昭和46年判決の法理を引用して,銀行に上の意味での過失がある場合には,「本件免責条項の適用も,民法478条の適用もないものというべき」とする。近年の預金過誤払いに関する裁判例でも,銀行の善意無過失の判定に当たっては,免責約款を理由に[85],あるいは免責約款との関係に明示的に触れない場合でも[86],「特段の事情のない限り」印鑑照合で足りるとみている[87]。学説には,判例理論では免責約款に示される手続の履践が民法478条適用の場面でも基本的に要求されているとみるものがあり[88],民法478条の善意無過失要件については,銀行は銀行預金約款で対応していると述べるものもある[89]。こうしてみると,実質的には,免責約款による免責が判断されてきたのと異ならないといえる。

　問題は,約款の内容規制の規準としての民法478条である[90]。例えば,林良平博士は,機械払式の預金払戻しに関して,銀行の免責を支払に対する特約と考えるとしても,その具体的内容を決定するには,結局は民法478条の解釈を手

---

85) 東京地判平成14年2月19日金法1662号72頁（控訴審：東京高判平成14年12月17日金法1666号73頁）。

86) 前掲注32)に挙げた判例参照。

87) もっとも,スキミングなどの技術が発達し,届出印と同じ印影の偽造印作成がきわめて容易になった現在,判例においては,「払戻請求者が正当な受領権限者ではないことを疑わせるような特段の事情」がある場合には印鑑照合以上の権限確認事項の追加を要求し,この点についての銀行の過失の有無を判定するものが大勢になっている。佐々木正人「払戻請求者が無権限であると疑わせる特段の事情と金融機関の注意義務」金法1674号37頁以下（2003年）,渡邊博己「預金の不正払出しと金融機関の注意義務」金法1674号33頁以下（2003年）,山田剛志「盗難通帳による預金払戻しと『特段の事情』」金判1190号5頁以下（2004年）参照。

88) 池田・前掲注71)116頁（ただし預金担保貸付と相殺に民法478条の類推適用を認める判例について）。

89) 内田貴『民法Ⅲ　債権総論・担保物権＜第三版＞』（東京大学出版会,2005年）52頁。もっとも,前注の見解も含め,約款の手続を踏めば常に免責される趣旨には解されておらず,民法478条の実体法上の要件として善意無過失が要求されているという意味では,「払戻の手続のための規定は善意無過失の判断にあたっての一資料にすぎな」い（平井・前掲注68)196頁）。

がかりとすることになる,とされる[91]。あるいは,池田真朗教授は,預金払戻し等の問題を約款によって処理することも可能であるが,それが一種の附合契約的要素を有する以上,「個々の約款の正当性は,さらに何らかの法文上の根拠によって裏付けられる必要がある」とされる[92]。これらの見解は,任意法規の解釈規準としての機能,あるいは本来任意規定に過ぎない民法478条をあたかも強行法規的に扱ってきた判例法理の意義を正しく踏まえるものといえる。しかしながら,約款内容の解釈規準ないし正当性判断の根拠として民法478条を用いることができると解したとしても,適用要件の修正と適用範囲の拡大化を遂げてまで——それゆえ免責約款自体の合理的解釈によっても可能な結論を導き出してまで——民法478条に依拠する必要性があるのかについては,なお慎重な検討が必要と考えられる。約款内容の不当性ないし内容補充の規準として任意法規の精神を利用できるのかについては議論があり[93],「特定の歴史状況における関係者間の利益状況を調整するための妥協の産物である任意規定が,現代の変化した経済状況の下でなにゆえ契約正義の指針となりうるのかという観点からする根本的疑問もある」と述べる見解もある[94]。

約款論として内容規制がいかに図られるべきかは複雑な問題であり,ここで

---

90) 任意法規の「秩序づけの機能」について,河上正二『約款規制の法理』(有斐閣,1988年)383頁以下参照。この機能は,昭和52年(1977年)の第41回私法学会の前後からかなり広く承認され始めたという(同「約款(附合契約論)——わが国の約款法学の展開」星野英一編代『民法講座第5巻契約』(有斐閣,1985年)43頁。約款内容の合理性判断の規準として任意規定の意義を強調する見解として,林良平=安永正昭「銀行取引と免責約款」加藤一郎他編『銀行取引法講座上巻』(金融財政事情研究会,1976年)18頁,長尾治助『約款と消費者保護の法律問題』(三省堂,1981年)20頁以下)。

91) 林・前掲注80) 293頁。

92) 池田・前掲注71) 110頁以下。

93) 山本豊教授は,機械払式の払戻しに関して,民法478条が適用されるとする多数説の背後には,「約款規制に際して白紙で妥当性判断をするのは困難であり,制定法の条文に手掛かりを求めるしかないという判断」があるといえるが,「民法478条の伝統的解釈を変えてまで民法の法条に依拠する必要はなく,無権限者への払戻しのリスクは弁済者が負うという民法原則を基本に据え,これを変更する約款条項の(不)合理性を正面から問題にしていけば足りる」とされる(山本・前掲注82) 9頁。ただし,平成15年判決(前掲注74))前の見解である)。

94) 谷口知平=五十嵐清編『新版注釈民法(13) 債権(4)＜補訂版＞』(有斐閣,2006年)209頁[潮見佳男]。同旨,鈴木禄弥編『新版注釈民法(17) 債権(8)』(有斐閣,1993年)280頁以下[谷口知平]。

詳細に立ち入る余裕はないが，預金取引約款は，保険約款や証券投資信託約款のように監督庁の認可ないし承認を要しない自主ルールに過ぎない以上，およそ不当な約款内容の拘束力ないし有効性を否定するという意味での一般論としては，裁判所による約款内容の合理性の判断によるほかないと考えられる。最判昭和62年7月17日は，銀行が手形割引（与信取引）で取引先名義の偽造手形を取得した場合における銀行取引約定書10条4項の免責約款の適用について，1条2項の規定は10条4項の規定するような偽造手形を前提としていないと解すべきこと，そして，「与信取引は，当座勘定取引における手形小切手の支払事務と異なり，銀行がその事務処理を特に簡易迅速に行わなければならないものではなく，右規定を適用すべき合理的な必要性は認められない」とし，免責約款の適用を否定している。上の事例のように直接的な判断が下されないにしても，裁判所が免責約款の厳格な解釈によってその不当性を是正してきたことは，現実的な司法的規制のあり方として一定の評価をすべきものといえる。

　さらに，司法判断を踏まえた約款改善の機能にも着目すべきである。すなわち，印鑑や印影の偽造がきわめて容易になり，銀行が相当の注意を払っても印鑑相違を発見することが難しくなった現在，過誤払いを巡る近年の裁判例では，印鑑照合に過失がなくとも，「特段の事情」のもとに銀行の過失を認定し，銀行が敗訴する事例が増加するようになった。これらの裁判例では，通帳盗難事件が社会問題化していることを指摘して，より慎重な権限確認事務を求め，銀

---

95) 学説の状況については，谷口・前掲注94) 277頁以下，潮見・前掲注94) 197頁以下参照。
96) ただし，不当条項を無効とする消費者契約法10条による内容規制が存在している。この場合に適用される任意規定が民法478条と考える場合には，この種の免責約款を，任意規定と比較した場合に信義則に反して消費者を一方的に害するものとみることは難しいといえる。もっとも，損失負担の問題は直接には実定法に規定されておらず，銀行は無権限者に支払っても預金債権を消滅させたり，支払の効果を振出人に帰せしめることはできないという原則を「任意規定」と考えることができるか，その限りで「信義則に反して消費者の利益を一方的に害するもの」といえるかについては検討の余地がありそうである。
97) 銀行取引約定書10条4項は，「手形……の印影を私の届け出た印鑑に，相当の注意をもって照合し，相違ないと認めて取引をしたときは，手形……について偽造，変造，盗用等の事故があってもこれによって生じた損害は私の負担とし，手形……の記載文言にしたがって責任を負います」と規定し，表現上の主体が銀行か取引先かの違いはあれ，内容は預金取引約款上の免責約款と等しい。
98) 山下友信「銀行取引と約款」鈴木禄弥＝竹内昭夫『金融取引法大系第一巻　金融取引総論』（有斐閣，1983年）109頁以下。

行に過失を認定した事例も少なくない。そこで各銀行では，内規等で，一定金額以上の払戻しには身分証明書の提示を要求する等，通常とは異なる権限確認事項を付加する対応も広まった。これを受けて，平成20年（2008年）改定参考例においては，払戻限度額の設定（1条2項），払戻時の本人確認書類の提示等の手続（5条2項）などが新設されている。業界の自主的な約款改善とはいえ，法律改正より柔軟・迅速な対応が可能な点は評価してよいと思われる。

5　結びに代えて

偽造者無資力のリスクを銀行と預金者のどちらかが負うべきかという問題は，偽造小切手・手形の支払に関しては伝統的に損失負担特約すなわち免責約款の効力の問題と扱われてきたのに対して，預金払戻しに関してはもっぱら民法478条の問題とされてきた。しかし，それは民法478条の適用要件の修正と適用範囲の拡大化のもとになしえたものであり，民法478条の解釈の方があるべき免責約款の解釈に引きつけられてきたという側面もあるとすれば，問題の解決にとっては，約款による規律に求めるのが正しい方向性であると思われる。そして昭和46年判決の趣旨を踏まえれば，預金払戻しに関する免責約款の効力は，銀行が預金者に対して預金契約上の注意義務を尽くしてはじめて，その損失を預金者負担とすることができるものと解すべきである。このように預金者保護とのバランスの観点から制限的に解釈されていること踏まえれば，免責約款に一定の合理性を認めてよいと思われる。司法判断を踏まえた約款改善の機能は，約款による規律という観点からこの問題を捉えていくことの有用性を示すものといえる。

もっとも，銀行負担とするか預金者負担とするかは政策の問題に過ぎない。

---

99) 係る状況分析と裁判例について，菅原胞治「盗難通帳による預金不正払戻しと金融機関の責任をめぐる裁判例」銀法645号18頁以下（2005年）参照。

100) もっとも，司法による規制については，判決の既判力は当事者間にしか及ばないなどの限界があり，多くを期待しえないとされる（谷口・前掲注94）284頁以下）。また，これが自主的な対応に過ぎないという意味では，行政的規制のあり方が被筒の課題となると思われる。銀行取引約款の立法的規制・行政的規制・司法的規制のあり方を検討するものとして，山下・前掲注98）104頁以下参照。

そこで，保険の利用を前提とした損失負担のあり方も一考の余地がある。あるいは，現在の免責約款は，損失を負担するのは銀行か預金者であって，預金者の帰責事由を入れる余地はないが，このような規律そのものを過失相殺的思考（損失の割合的分担）から見直すことも考えられる。すなわち，銀行は無権限者に支払っても預金債権を消滅させたり，支払の効果を振出人に帰せしめることはできないという原則を正面に据えたうえで，双方の過失の度合いに応じた損失分担を実現する，というものである。つとに偽造小切手を支払った場合の損失負担に関する学説の多くは，振出人負担となる結論を預金者の帰責性に求めているが，中には上のような過失相殺的思考を示すものも少なくない。無権限資金移動取引全般の立法を主張する論者も，基本的にこのような思考に立ち，それゆえ立法による抜本的解決を主張するものと思われる。

　無権限資金移動取引の立法論に関しては，本論で取り扱った伝統的な問題以上に，機械払式の預金払戻し等の非対面取引や振込取引等の種々の取引類型に関して，その取引の実質に即したきめ細かい議論が必要となってくると思われる。また，消費者保護との関係，預金の払戻しに関しては既に成立している預金者保護法との関係も問題になってくる。総じて具体的に詰めるべき論点が数多くあり，今後の議論の推移に注視していきたい。

101）機械払式の預金払戻しに関して，山下・前掲注8）198頁以下，小切手に関して，松山・前掲注55）474頁以下。当座勘定規定に関して，保険の利用により損失の危険の分散を図るべきとする見解として，田中・前掲注10）169頁，鈴木・前掲注43）244頁［竹内昭夫発言］，柴田保幸「判批」書時24巻3号175頁（1972年）。
102）理由づけは異なるが，青木徹二『手形法論＜訂正二十一版＞』（1925年）649頁，伊澤孝平『手形法』（有斐閣，1949年）460頁，蓮井・前掲注52）252頁，石井照久『手形法・小切手法（商法Ⅳ）＜第二版＞』（勁草書房，1970年）337頁，大隅健一郎「新版手形法小切手法講義」（有斐閣，1989年）205頁，鈴木＝前田・前掲注35）399頁。また，偽造小切手の支払に関する判決の事案の多くは，顧客側に過失を認められそうなものであると指摘されている（松山・前掲注55）465頁，同旨，岩原・前掲注8）『電子決済と法』141頁）。
103）大橋・前掲注59）134頁，小町谷・前掲注52）100頁，竹田・前掲注59）760頁以下。
104）沢野・前掲注8）389頁，岩原・前掲注8）『電子決済と法』130頁以下参照。いずれも，預金者に帰責事由ない場合にも責任を負うことは不公平ないし不当とみる。

付論 3

【判例研究】
盗難通帳による不正な預金払戻しと預金者の過失

　近年,「預金者の過失」が問題となる裁判例として,預金者側から,民法478条の適用除外を,あるいは適用されるとしても,預金者の帰責事由を要件とすべきという主張が行われる場合がある(後述1)。他方,銀行側から,銀行に過失があり民法478条によって免責されない場合で,預金者にも過失があるときはこれを勘案すべきという主張が行われる場合があり,そこではもっぱら過失相殺(民法418条)の類推適用の可否が問題とされている(後述2)。

　ところで,平成20年(2008年)2月19日,全国銀行協会は,預金者保護法の趣旨を踏まえ,盗難通帳・インターネット・バンキングによる預金等の不正な預金払戻しについても,偽造・盗難カードの場合と同じく,預金者に過失がなければ原則として銀行がその被害を全額補てんするという対応をとることを公表した。以下では,預金者の過失に係る最近の裁判例を整理すると共に,約款改定後の論点についても考えてみることとしたい。

1　免責要件としての預金者の過失

(1)　普通預金約款の改定

　平成17年(2005年)に預金者保護法が成立したことにより,偽造・盗難カード等による機械払式の払戻し等については,民法478条とは異なる責任分配のルールが形成されている。同法成立後の関心の一つに,預金者保護法の法理が窓口での払戻しにも及ぶべきかという問題がある。判例集未登載であるが,名古屋高判平成19年4月18日(郵便貯金払戻しの事例)は,預金者保護法の法理に基づき,民法478条の適用に際して債権者の帰責事由が要求されるべきであるとの預金者側の主張に対して,「カードと暗証番号によるATMでの払戻しと預貯金通帳と印鑑による窓口での払戻しの差異を考慮すると,民法478条の適用に際し,預貯金者側の故意・重過失があることも要件とすべきである旨の控訴

人らの主張は採用できないというべきである。」としてこれを排斥していた。

　民法478条の要件として債権者の帰責事由が要求されるべきかという問題は別として[1]，預金者保護法が盗難通帳による払戻しを対象としなかったことについては，「預貯金者の保護という観点からは区別する合理的理由が全くないばかりか，元来過誤払いの多発は主として盗難通帳で問題となっていた経緯を無視している」との批判もあり[2]，同法の成立に際しては，盗難通帳やインターネット・バンキングによる払戻しについて「その防止策及び預貯金者の保護の在り方を検討すること」との付帯決議が採択されていたところである。このたび全国銀行協会が，預金者保護法の趣旨に基づいて，盗難通帳やインターネット・バンキングによる払戻しにも，預金者に過失のない被害は原則銀行が負担するという自主ルールを制定したのは，預金者保護・預金者の信頼確保という課題に業界を挙げて取り組む姿勢を明確に示したものといえよう。

　普通預金規定（個人用）〔参考例〕（以下〔参考例〕という。）9条によれば，盗難通帳を用いた窓口における不正な払戻しについての補償の仕組みは，預金者保護法における盗難カードの場合のルールと平仄を合わせている。すなわち，預金者は銀行に対し，その払戻しの額に相当する額について「補てん請求権」を有し，原則として，銀行がその善意無過失及び預金者の重過失を立証できない限り，全額を補てんし，預金者に（軽）過失がある場合も75％を補償する。

(2) 今後の論点

　全銀協「重大な過失または過失となりうる場合」では，重過失を故意と同視しうる著しい注意義務違反と位置づけたうえ，①預金者が他人に通帳を渡した場合，②預金者が他人に記入・押印済みの払戻請求書，諸届を渡した場合，③

---

1) このような主張がなされた裁判例として，東京地判平成16年9月6日金判1230号36頁。なお，学説上も，他の外観法理規定とのバランスの観点から（篠田昭次＝柳田幸男「準占有と代理資格の詐称」判タ139号144頁（1963年），磯村哲編『注釈民法(12) 債権(3)』（有斐閣，1970年）87頁［沢井裕］，星野英一『民法概論Ⅲ（債権総論）＜補訂版＞』（良書普及会，1992年）240, 242頁），あるいは債権準占有者概念の拡大化に批判的な観点から（池田真朗「民法四七八条の解釈・適用論の過去・現在・未来」『慶應義塾大学法学部法律学科開設百年記念論文集法律学科篇』（慶應通信，1990年）348頁），上のように主張するものがある。
2) 高見澤昭治＝齋藤雅弘＝野間啓編著『預金者保護法ハンドブック』（日本評論社，2006年）28頁。

その他預金者に①②の場合と同程度の著しい注意義務違反があると認められる場合, が例示され, ①②については, 病気の者が介護ヘルパーに対してこれを渡した場合のように, やむをえない事情がある場合は排除されるものとしている。預金者の過失となりうる場合としては, ①通帳を他人の目につきやすい場所に放置するなど第三者に容易に奪われる状態に置いた場合, ②届出印の印影が押印された払戻請求書, 諸届を通帳と共に保管していた場合, ③印章を通帳と共に保管していた場合, ④その他本人に①から③の場合と同程度の注意義務違反があると認められる場合, が例示されている。

これらの例示事項については, 預金者において一般的に回避可能と考えられるリスクを「過失」として挙げた趣旨であり, したがって印章と通帳を同じ鞄に入れて携行しているに過ぎない場合は「保管」に当たらず, また, 印章は必ずしも銀行取引にのみ用いるわけではないため, 印章を渡した場合は重過失としていない, などと説かれている。[3] 問題は, 預金者の注意義務が何によって基礎づけられるかであるが,[4] 副印鑑のある通帳の管理方法, 邸宅の施錠方法, 侵入窃盗対策の有無なども預金者の注意義務違反と考えられるか。[5] 預金者の尽くすべき注意義務の内容についての具体化・類型化の作業が求められると共に, 銀行には, 預金者への情報提供, 不正な払戻し防止のための注意喚起を推進していく必要がある。

また, 改定版の約款では, 払戻時の権限確認方法として本人確認書類の提示

---

3) 岩本秀治＝辻松雄「盗難通帳およびインターネット・バンキングによる預金の不正払戻しに対する自主的な取組み」NBL878号6頁 (2008年)。

4) 預金者には通帳・届出印を銀行のためにも信義則上管理する責任があり, その義務違反を帰責事由として扱いうると説くものとして, 宮川不可止「預金払戻取引における債権者の帰責性——過失相殺規定の類推適用の検討を中心に」法時77巻5号111頁 (2005年)。機械払の払戻しについて, 通常の債務不履行の枠組で捉えるべきとしたうえで, 預金契約上ないし信義則上, 預金者も預金債権の円満な実現に協力すべき義務を負うと説くものとして, 久須本かおり「通帳機械払いによる無権限者への預金払戻しにおける銀行の責任と預金者の過失」愛学165号73頁 (2004年)。幾代通他編『新版注釈民法 (16) 債権 (7)』(有斐閣, 1989年) 417頁以下 [打田畯一＝中馬義直], 佐藤岩昭「判批」判タ855号31頁 (1994年) 参照。なお, 後掲注21) 参照。

5) 銀行側による過失相殺の抗弁の主張において, このような事実が問題とされる (2(3)② 参照)。ただし, そこでは補てん請求権にかかる預金者の過失とは異なる問題が取り扱われているということはいうまでもない (2(4)参照)。

等の手続を要求することがある旨が規定された（参考例5条2項）。既に各銀行では，内規などにより，電話番号や住所，生年月日の照会，身分証明書の提示など，本人確認事項を付加する対応が広まっていたところである。参考例は，本人確認書類で本人確認をしたうえで払戻しを行えば銀行は免責されるとまではしていないが（8条参照），近年の裁判例を踏まえると，本人確認手続に関して銀行の過失が問題とされることも考えられる[6]。銀行には，本人確認手続の方法を具体化すると共に，それを預金者に周知・徹底することが求められる。

2 預金者の過失と過失相殺

(1) 福岡高判平成18年8月9日

旅館を営むX1が，宿泊客であったAにより預金通帳と届出印を盗取され，これらのもとに預金払戻請求に応じたYに対し，600万円の払戻しを求めた事例。原審（福岡地判平成18年3月2日判タ1226号168頁）は，Yによる免責約款及び民法478条による免責の主張を排斥したうえ，過失相殺の主張については，「預金通帳等の保管についてX1に落ち度があり，被告に全損害を負担させることが酷である場合には，公平の観点から過失相殺の規定を類推適用すべきである」とし，「X1は本件預金通帳及び届出印を預金ダンスの中の小引出しに一緒にいれて保管していたこと，X1側において宿泊者に対し安易に海外旅行予定の情報を漏らしたことにより窃盗の対象に選ばれたことなどを考慮すると，過失相殺規定を類推適用して原告について2割の過失相殺をするのが相当である」と判示して，請求を一部（480万円，2割の過失相殺）認容した。X1は弁論終結後に死亡し，その相続人X2ら及びYがそれぞれ控訴した。

控訴審である本件判決（判タ1226号165頁，以下「平成18年判決」という。）は，

---

[6]「特段の事情」がない限り印鑑照合を行えば免責されるとする判例法理に関して，近年，「特段の事情」は広く解され，事実上，一定の払戻類型の場合には，印影照合以上の注意義務が要請される事態になっている（佐々木正人「払戻請求者が無権限であると疑わせる特段の事情と金融機関の注意義務」金法1674号37頁以下（2003年），菅原胞治「盗難通帳による預金不正払戻しと金融機関の責任を巡る裁判例」銀法645号18頁以下（2005年）等参照）。銀行の内部事務手続を遵守したか否かにより過失の有無が判断されている事例もある（大阪地判平成13年9月17日金法1631号101頁，大阪地判平成18年4月11日金判1249号55頁）。

過失相殺の主張自体を否定し，全額の請求を認容した。「本件請求は，預金契約に基づき預金の払戻しを求めるものであり，契約上の履行請求である。他方，民法418条の規定する過失相殺は，債務不履行に基づく損害賠償について，損害の公平な分担を図ることを目的とするものである。契約上の履行請求と債務不履行に基づく損害賠償請求とは，その領域を異にするというべきであるから，契約上の履行請求について同条の規定を類推適用する基盤があるということはできない。」「なお，仮に同条の規定を類推適用できるとの見解に立ったとしても，預金者と銀行等の金融機関との情報量の差異，両者の無権限者による払戻し防止策の難易等に照らし，預金者に重過失などの相当程度の過失があった場合に限定して類推適用を認めるのが相当であると解すべきところ，本件においては，原告側に過失相殺を認めるほどの過失があったとまで認めることはできない。」

(2) 判例における過失相殺類推適用の理論構成

過失相殺の類推適用を認めた判例のうち，その根拠が示された事例として，東京地判平成6年6月21日金法1403号44頁（実在する他人名義（原告Xの家事手伝い人であったA・B夫婦）でなされた貸付信託がAらに払い戻された事案）がある（以下「平成6年判決」という。）。同判決は，被告Y信託銀行はAら及びXに対し共同不法行為に基づく損害賠償を求めることができると考えられるところ，Aらは無資力であるから，実際問題として，Y信託銀行とXとの損害賠償請求訴訟でそれぞれの過失割合に応じて損害が分配されることになるとしたうえで，「本件訴訟において過失相殺を否定した上で別の主張をさせたり別訴を提起させることは手続的にも迂遠であるし，仮に，本件について民法418条所定の過失相殺の規定を類推適用してYとXに損害を分配しても当事者間の実質的公平を害することもないと考えられる」として，過失相殺の類推適用の根拠を，不法行為に基づく損害賠償請求債権との相殺の実質に求めた。

これに対して，さいたま地判平成16年6月25日金法1722号81頁は（以下「平成16年判決」という。），その根拠を直接に当事者間の公平に求めるものである。「債権の準占有者に対する弁済（民法478条）については，真実の債権者に過失があるような場合であっても，弁済者の過失が否定されない以上，同条の適用

はなく，その弁済は無効とされる。しかしながら，例えば，真実の預金者の重大な過失によって預金通帳等が盗取され，それを悪用してなされた無権限払戻請求に銀行が応じて払戻しをした場合のように，無権限払戻しがされたことについて真実の預金者に重大な帰責事由が存する場合についても，銀行の過失が否定されない以上，銀行は全額について二重払いしなければならないとすることは，当事者間の公平に反する。そこで，本件のような債権の準占有者に対する弁済の事例において，真実の債権者に重大な過失がある場合には，公平の観点から，民法418条を類推適用して，その過失を斟酌し，過失相殺をすることができると解するのが相当である。」

(3) 検 討
① 過失相殺の類推適用の可否
民法478条の適用が問題となる場面での過失相殺（民法418条）の類推適用の可否については，既に能見教授により，窓口における不正な預金払戻しを例に，預金者に重過失があり銀行に過失がある場合には過失相殺の類推適用が認められると説かれていたが，具体的な根拠は示されていなかった[7]。その後，学説では，最判平成15年4月8日金判1165号7頁（機械払いによる払戻しの事例）を契機に，過失相殺の適用ないし類推適用を認める見解が主張されるようになった[8]。機械払いに関する議論をそのまま当てはめることはできないが，その背景には，「弁済者は，実質的には弁済額相当の損失を被り，いわば被害者なのである」という価値判断がある[9]。つまり，不正な預金払戻し事件においては，銀行も被害者なのだから，過失ある預金者は応分にその損失を負担すべきだというものである。

平成6年判決の法理は，過失相殺という名のもとに実質的には損害賠償請求権との相殺を行うことによって，最終的に当事者間の過失の度合いに応じた損失負担が実現されるというものである。平成16年判決が「当事者間の公平」と

---

7) 奥田昌道編『注釈民法（10）債権（1）』（有斐閣，1987年）652頁［能見善久］。
8) 笠井修「現金自動入出機を利用した不正な払戻しと預金者の保護――最高裁平成15年4月8日判決を機縁として」NBL774号34頁（2003年），並木茂「現金自動入出機による預金の払戻しと民法478条の適用の有無など（下）」金法1696号48頁（2004年）。
9) 並木・前掲注8) 47頁以下。

いうのは，預金者の（重）過失が原因となった損失については預金者も応分にそれを負担すべきという考えに立つものといえる。過失相殺の類推適用を認める学説はもっぱら，損害賠償制度を指導する公平と信義則の原則にその類推適用の根拠を求めているようであるが，ここでも当事者間の公平な損失負担が問題とされているという点では変わりはない。[10]

しかし，このような考え方はいずれにせよ理論面では問題がある。すなわち，これを「過失相殺」という形で認めるとすれば，その限りで第三者への払戻し自体を「損害」と考えなければならないが，それが善意無過失の払戻しであるときは，「債務の弁済」となって債権は消滅してしまう。銀行が民法478条によって免責されない場合にのみ，「損害」があると構成することは，理論的には困難である。さらにいえば，預金払戻請求の場面で民法418条の類推適用を認めるということは，銀行は，善意無過失であれば民法478条により免責され，かつ，過失があっても，預金者に過失があれば責任軽減されるという結果になるが，このような結論がはたして妥当といえるだろうか。大阪地判平成17年11月4日判時1934号77頁は，「民法418条定める過失相殺は，本来，債務不履行に基づく損害賠償義務を適用の対象とするものであるのに対し，本件の訴訟物たる預金契約に基づく払戻請求権は純然たる契約上の債権である。そして，たとえ債務者が，債権者らしい外観を有する者に給付を行った場合でも，民法478条等の適用によって弁済が有効と認められない限りは，当該債務はその性質をいささかも変動させることなく存続することは異論を見ないところである。それにもかかわらず，この場合にのみ，第三者が債権者らしい外観を取得するについて債権者に過失があれば，民法418条を類推適用すべきであるとするYの主張に合理的根拠を見出すことはできない」と判示する。銀行に過失があって免責されない場合にのみ預金者の過失を考慮するのは，民法478条による免責

---

10) 並木・前掲注8) 48頁，平野秀則「預金の払戻しと過失相殺（下）」金法1741号31頁（2005年），倉重八千代「預金不正払戻事件における金融機関の注意義務と過失相殺的処理の可能性——さいたま地裁平成16年6月25日判決を素材に——」明学大ローレビュー6号76頁以下（2007年）（ただし，倉重教授は，預金者の義務違反に基づき銀行は損害賠償請求権を取得し，これと預金者の預金返還請求権との対等額での相殺を，本訴において，予備的に抗弁として主張するという見解に立ち，次善の策として，過失相殺の類推適用を主張される）。

――銀行は善意無過失であれば預金者に過失がなくとも免責される――との均衡を欠く，ということであろう。

　もっとも，平成16年判決が預金者の重過失を要件として過失相殺の類推適用を認め，本件判決が，重過失などの相当程度の過失があった場合に限定して類推適用が認められる可能性を示唆するのも，この問題を，銀行の免責の拡大化と預金者保護のバランスの問題と捉えているからであろう。[11]したがって，預金者の過失が銀行の過失に比べてきわめて大きいというような場合には，その責任軽減が図られるといいうるかもしれない。しかしながら，過失相殺の理論的難点を考えても，このような場合には信義則違反を問うのが妥当である。[12]ただし，一般条項を用いなければならないという問題は残る。[13]

　そうすると，銀行は，免責が認められなかったときに備え，損害賠償債権による相殺の抗弁を予備的に主張しておくか，[14]手続的には迂遠ではあるが，預金者に損害賠償請求訴訟の反訴を提起し，実際に免責が認められなかったときは，預金者の預金債権を損害賠償債権で相殺するという方法をとるのが妥当と思われる。[15]本件判決のごとく，過失相殺の主張自体が否定されることは回避される。[16]

　②　預金者の過失の認定基準

　過失相殺の類推適用が認められた裁判例において，預金者の過失となるべき

---

[11] 香月祐爾「判批」銀法635号12頁（2004年）は，「当事者間の公平という観点からすれば，軽過失も含めつつ，初版の事情を考慮して斟酌すれば足りるのではなかろうか」とされるが，平成16年判決の評価として，「本判決が重過失に絞ったのは，預金者保護という観点と金融機関の免責事由が拡大されることの歯止めをかけることにあるのだろうか」と分析されている。

[12] 大西武士「預金払戻請求と過失相殺」判タ867号37頁（1995年）は，過失相殺を賠償範囲論と切り離して損害賠償と直接関係のない制度に類推するのは慎重でなければならないという立場から，また類推適用した判決の既判力の問題もあるとして，過失相殺規定そのものではなく，信義則や権利濫用などの一般条項を用いる方が無難であるとされる。

[13] 倉重・前掲注10）71頁参照。一般条項を回避するために過失相殺の類推適用が主張されてきたというべきであろう。

[14] 倉重・前掲注10）75頁。

[15] 機械払いにつき，尾島茂樹「判批」判評541号6頁（2004年），なお，並木・前掲注8）52頁（注67）参照。平野裕之『債権総論』（信山社出版，2003年）48頁。

[16] 過失相殺の抗弁自体を認めない判決として，本件判決のほか，東京高判昭和38年4月16日金法324号4頁，京都簡裁平成元年9月29日金判838号23頁，大阪地判平成17年11月4日判時1934号77頁。

事実と認定されたのは，無断で実在する他人名義の貸付信託契約を締結し，不正な方法で名義人らの住民票を手に入れ，銀行に提出したこと，償還日を過ぎても償還しなかったこと（平成6年判決，貸付信託の払戻しの事例，3割の過失相殺），妻に総合口座通帳の管理を一任していたこと，その妻が総合口座の通帳の保管に十分な注意を払っていなかったこと（東京地判平成11年4月22日金法1549号32頁，総合口座から普通預金の払戻しや当座貸越等が行われた事例，3割の過失相殺），保険代理店の代表者である預金者が，盗難通帳を悪用した事件が多発していることを新聞報道によって認識していたのに，届出印と共通する副印鑑が貼付された他行通帳と共に本件通帳を含む5冊の預金通帳が入ったバックを乗用車内に置いたまま車両から離れ，翌日午前11時まで盗難の被害に気づかなかったということ（平成16年判決，3割の過失相殺），通帳及び届出印を預金ダンスの中の小引出しに一緒に入れて保管していたこと，預金者が宿泊者に対し安易に海外旅行予定の情報を漏らしたことによって窃盗の対象に選ばれたこと（本件原審判決，2割の過失相殺）がある。

　他方，過失とならない事実として認定されたものとして，通帳と届出印を同じところに入れて保管していたこと（名古屋地判平成16年9月17日金判1206号47頁，ただし「被告が主張する程度の落ち度をもって，原告が預金400万円全額の払戻しを妨げるほどの事情にあたるということもできない」と判示する），通帳を鏡台右側扉の中の箱の中に，届出印を金庫の中に別個に保管していたこと，通帳の不在に気づくまで日数が経過していること（福岡地判平成17年6月3日判タ1216号198頁，ただし「過失相殺の可否について判断するまでもなく，被告の過失相殺の主張は認められない」と判示する。），玄関のかぎをかけた自宅内に本件通帳の入った通勤かばんを置いていたこと，その鍵についてもピッキングされにくいものに交換していたこと（東京高判平成16年12月15日判時1883号116頁），通帳及び印鑑の保管には十分注意しており，通帳がすぐ見えないように空き缶の下に置き，空き缶には多くのレシートをいれて印鑑を隠していたこと，外出するときには玄関に鍵をかけており，盗難被害にあった日もそのようにしていたこと（大阪高判平成17年11月29日判時1929号59頁）などがある。

　これらの裁判例は，普通預金払戻し事例に限られず，過失相殺の割合も異なるうえ，そもそも過失相殺類推適用の根拠も異なる。類型化の作業が期待される。[17]

(4) 今後の論点

　約款上，補てん請求権制度が創設されたため，今後は，預金払戻請求訴訟を提起する預金者は少なくなるとは考えられる。しかしながら，預金者には預金払戻請求を主張する方法が排除されているというわけではなく[18]，また，預金者が補てん請求してきた場合でも，銀行に過失がある場合には，預金者に過失があっても銀行は補てんに応じなければならないから[19]，預金者による預金払戻請求又は補てん請求に対して，預金者の過失を問うことができるかという問題は残る。補てん請求権に関しては，その法的性質についての議論が待たれるところである[20]。

　なお，補てん請求権を排除しうる預金者の過失を論ずるに当たり，過失相殺の抗弁が主張された裁判例の基準をそのまま当てはめることができるわけではない。裁判例では，損害賠償債権ではなく，預金払戻請求権について——したがって民法478条により免責されない銀行を責任軽減するという観点から——相殺に供すべき過失が問題にされていると考えられるからである。補てん請求権に関する事例の集積が待たれると共に，預金者の「過失」というべき注意義務違反は何により基礎づけられるのかという議論をしていく必要がある[21]。

---

17) 預金者の過失の類型化を試みるものとして，宮川・前掲注4) 110頁以下，平野・前掲注10) 33頁以下。
18) 約款上，預金者が預金の払戻しを受けた場合にはその限度で補てん請求権は行使できず，補てんを受けた場合には，その限度で預金債権は消滅するものとされている（参考例9条5項6項）。
19) 銀行は，一定の要件を満たした預金者による補てん請求に対し，銀行の善意無過失及び預金者の（重）過失を証明できない限り，補てん請求を免れない（参考例9条2項4項）。
20) 盗難カードの場合の補てん請求権は，預金者保護法に基づき発生する法定的権利であるが，約款上の補てん請求権は，当事者間に約款に基づく特約があると考えることになろうか。その限りで合意の内容は解釈の問題となるが，このとき盗難カードの場合の補てん請求権をその解釈の基準とすることができるか。
21) 前掲注4) 参照。なお，過失相殺の抗弁が主張された事例であるが，預金者は通帳について自己のものとして尽くすべき保管義務を履行していたと判示するものがある（東京高判平成16年12月15日判時1883号116頁）。

参考文献・資料一覧

参考文献

<日本>

青木徹二『手形法論＜訂正二十一版＞』（有斐閣，1925年）
飯塚和之「公証人の責任」川井健編『専門家の責任』（日本評論社，1993年）245頁以下
幾代通編『新版注釈民法（16）債権（7）』（有斐閣，1989年）
池田真朗「民法四七八条の解釈・適用論の過去・現在・未来」『慶應義塾大学法学部法律学科開設百年記念払珊文集法律学科編』（慶應通信，1990年）315頁以下
池田真朗『債権譲渡の研究＜増補二版＞』（弘文堂，2004年）
池田真朗「債権の準占有者に対する弁済」山田卓生他『分析と展開　民法Ⅱ＜第5版＞』（弘文堂，2005年）105頁以下
伊澤孝平『手形法・小切手法』（有斐閣，1949年）
伊澤孝平「偽造変造小切手の支払と損害の負担者」企会4号106頁以下（1954年）
伊沢和平「手形交換における取引停止処分」遠藤浩他監修・淡路剛久他編『金融取引契約・現代契約法体系第五巻』（有斐閣，1984年）297頁以下
石井眞司監修『営業店の金融法務＜八訂版＞』（経済法令研究会，2003年）
石井照久『手形法・小切手法（商法Ⅳ）＜第二版＞』（勁草書房，1972年）
石田文次郎『財産法に於ける動的理論』（厳松堂書店，1928年）
磯村哲編『注釈民法（12）債権（3）』（有斐閣，1970年）
井上俊雄「手形・小切手の用紙」手研424号56頁以下（1989年）
岩崎稜「偽造手形を支払った銀行の責任」倉澤康一郎他編著『考える手形・小切手法』（弘文堂，1981年）302頁以下
岩原紳作「資金移動取引の瑕疵と金融機関」『国家学会百年記念　国家と市民　第3巻』（有斐閣，1987年）167頁以下
岩原紳作『電子決済と法』（有斐閣，2003年）
岩本秀治＝辻松雄「盗難通帳およびインターネット・バンキングによる預金の不正払戻しに対する自主的な取組み」NBL878号5頁以下（2008年）
植村秀三『日本公証人論』（信山社出版，1989年）
内池慶四郎「債権の準占有と受取證書」法研34巻1号49頁以下（1961年）
内田貴『民法Ⅲ　債権総論・担保物権＜第三版＞』（東京大学出版会，2005年）
梅謙次郎『初版民法要義・巻之三・債権編（復刻叢書法律学篇12-Ⅲ）』（信山社出版，

1992年，和仏法律学校・明治30年（1897年）刊の複製）
梅謙次郎『民法原理債権總則完（復刻叢書法律学篇17）』（信山社出版，1992年，和仏法律学校・明治35年（1902年）刊の複製）
江頭憲治郎「裏書の連続のある手形による請求と権利推定の主張」『手形小切手判例百選＜第六版＞』別ジュリ173号108頁（2004年）
近江孝治『民法講義Ⅳ　債権総論＜第三版＞』（成文堂，2005年）
鴻常夫「手形裏書の連続に関する一考察——とくに裏書不連続の効果を中心として——」法協84巻7号84頁以下（1967年）〔『手形法・小切手法の諸問題（商法研究第五巻）』（有斐閣，2001年）所収〕
鴻常夫＝高窪利一＝島谷六郎「判批・コメント」手研121号19頁以下（1967年）
大西武士「判批」金判824号43頁以下（1989年）
大西武士「預金払戻請求と過失相殺」判タ867号33頁以下（1995年）
大橋光雄『新統一手形法論（上）（下）』（有斐閣，1932/33年）
大橋光雄「拒絶証書に就て（一）（二完）」民商1巻4号57頁以下，6号60頁以下（1935年）
大橋光雄『小切手法』（有斐閣，1937年）
大橋光男『手形法』（厳松堂書店，1942年）
大隅健一郎＝河本一郎『注釈手形法・小切手法（ポケット註釈全書）』（有斐閣，1959年）
大隅健一郎『新版手形法小切手法講義（有斐閣ブックス）』（有斐閣，1989年）
大濱しのぶ「日本における公証人の独立・中立の問題の研究状況」公証法学16号23頁以下（1987年）
岡松参太郎『註釈民法理由下巻債権編（復刻叢書法律学篇7-Ⅲ）』（信山社出版，1991年，有斐閣書房・明治32年（1899年）刊（訂正9版）の復刻）
岡野敬次郎『日本手形法』（有斐閣，1905年）
奥田昌道『債権総論＜第二版＞』（悠々社，1992年）
奥田昌道編『注釈民法（10）債権（1）』（有斐閣，1987年）
奥村長生「預貯金債権の払戻しに関する免責条項と民法四七八条」桐蔭法学1号31頁以下（1994年）
奥村正策「公正証書に関する総合的研究」司法研究報告書13輯1号
尾島茂樹「判批」判評541号2頁以下（2004年）
小田泰機「公正証書」村重慶一編『裁判実務体系第18巻国家賠償訴訟法』（青林書院，1987年）396頁以下
於保不二雄『新版債権総論（法律学全集20）』（有斐閣，1972年）
笠井修「現金自動入出機を利用した不正な払戻しと預金者の保護——最高裁平成15年4月8日判決を機縁として」NBL774号27頁以下（2003年）
香月祐爾「判批」銀法635号12頁以下（2004年）
加藤一郎＝江草四郎『注釈民法（19）債権（10）』（有斐閣，1965年）

加藤一郎＝吉原省三『銀行取引＜第六版＞』（有斐閣，1995年）
加藤雅信『新民法体系Ⅲ　債権総論』（有斐閣，2005年）
兼子一＝竹下守夫『裁判法＜第四版補訂＞（法律学全集34）』（有斐閣，2002年）
加美和照『手形・小切手法入門』（北樹出版，1979年）
亀井洋一他「＜銀行FORUM・特別座談会＞預金の払戻しにおける銀行の注意義務の程度と範囲」銀法607号24頁6頁以下（2002年）
河上正二『約款規制の法理』（有斐閣，1988年）
河上正二「キャッシュ・ディスペンサーからの現金引出しと銀行の免責」鈴木禄弥＝徳本伸一編『財産法学の新展開』（有斐閣，1993年）341頁以下
河上正二「民法四七八条（債権の準占有者に対する弁済）」広中俊夫＝星野英一編『民法典の百年Ⅲ』（有斐閣，1998年）165頁以下
川島武宜『近代社会と法』（岩波書店，1959年）
河本一郎「有価証券におけるレヒツシャイン」神戸2巻4号725頁以下（1953年）〔『有価証券法研究（商事法研究第1巻）』（成文堂，2000年）所収〕
河本一郎「免責証券について」神戸3巻1号141頁以下（1953年）〔『有価証券法研究（商事法研究第1巻）』（成文堂，2000年）所収〕
河本一郎「物としての有価証券――所有権理論について――」神戸4巻2号279頁以下（1954年）〔『有価証券法研究（商事法研究第1巻）』（成文堂，2000年）所収〕
川村正幸「手形法におけるレヒツシャイン法理に関する若干の考察」一論71巻6号48頁以下（1974年）
川村正幸「判批」金判686号48頁以下（1984年）
川村正幸「判批」金判811号43頁以下（1989年）
川村正幸『手形小切手法＜第3版＞（新法学ライブラリー＝15）』（新世社，2005年）
川島武宜『近代社会と法』（岩波書店，1959年）
川名兼四郎講述『債権總論』（金刺芳流堂，1904年）
木内宜彦他著『シンポジューム手形・小切手法』（青林書院新社，1979年）
木内宜彦「裏書不連続の効果（二）――支払呈示・遡求権の保全――」『特別講義手形法小切手法』（法学書院，1982年）177頁以下
木内宜彦『手形法小切手法（企業法学Ⅲ）』（勁草書房，1982年）
木内宜彦『金融法（現代法律学全集41）』（青林書院，1989年）
喜多了佑「手形支払者の調査義務再論」『商法学における論争と省察（服部榮三先生古稀記念）』（商事法務研究会，1990年）263頁以下
喜多了佑「支払人の調査義務」鈴木竹雄＝大隅健一郎編『手形法・小切手法講座第四巻』（有斐閣，1965年）123頁以下
喜多了祐「判批」判評104号28頁以下（1967年）
喜多了裕「偽造手形の支払と銀行の注意義務」『新版銀行取引判例百選』別ジュリ38号43頁以下（1972年）

喜多了佑『外観優越の法理』（千倉書房，1976年）
北沢正啓「手形交換」鈴木竹雄＝大隅健一郎編『手形法・小切手法講座第四巻』（有斐閣，1965頁）243頁以下
木村秀一「遡求・拒絶証書・出訴期限（国際手形法の論点④）」金法1030号241頁以下（1988年）
畔上英治「判批」金法478号8頁以下（1967年）
久須本かおり「通帳機械払いによる無権限者への預金払戻しにおける銀行の責任と預金者の過失」愛学165号59頁以下（2004年）
倉澤康一郎「手形所持人の形式的資格」『手形法の判例と論理』（弘文堂，1981年）169頁以下〔法研54巻5号（1981年）初出〕
倉澤康一郎「相続人の署名と裏書の連続」『手形小切手判例百選＜第三版＞』別ジュリ72号132頁以下（1981年）
倉澤康一郎「指図証券性」倉澤康一郎他著『分析と展開・商法Ⅱ［手形・小切手法］』（弘文堂，1985年）11頁以下
倉澤康一郎『手形判例の基礎』（日本評論社，1990年）
倉澤康一郎「有価証券法重点ゼミ」受新41巻9号37頁以下（1991年）
倉重八千代「預金不正払戻事件における金融機関の注意義務と過失相殺的処理の可能性――さいたま地裁平成16年6月25日判決を素材に――」明学大ローレビュー6号57頁以下（2007年）
来栖三郎「債権の準占有と免責證券」民商33巻4号1頁以下（1956年）
黒野恭成「手形法四〇条三項の適用範囲」愛学88号1頁以下（1978年）
毛戸勝元「拒絶證書改正論」京都法學會雜誌4巻2号1頁以下（1909年）
毛戸勝元「商法五一五條二號ノ請求ハ何人ニ於テ之ヲ爲スヘキヤ（商事判例批評（二））」京都法學會雜誌8巻12号136頁以下（1913年）
毛戸勝元『統一手形法論』（有斐閣，1914年）
毛戸勝元『改訂統一手形法論』（有斐閣，1931年）
小池隆一『債權法總論』（泉文堂，1954年）
神戸大学外国法研究会編『現代外国法典叢書（9）・独逸商法［Ⅳ］』（有斐閣，1956年）
神戸大学外国法研究会編『現代外国法典叢書（1）・独逸民法［Ⅰ］』（有斐閣，1956年）
神戸大学外国法研究会編『現代外国法典叢書（2）・独逸民法［Ⅱ］』（有斐閣，1955年）
古瀬村邦夫「裏書の連続」鈴木竹雄＝大隅健一郎編『手形法・小切手法講座第三巻』（有斐閣，1965年）57頁以下
後藤紀一『要論手形小切手法＜第三版＞』（信山社出版，1998年）
小橋一郎「ヤコビの有価証券概念」『商法の諸問題（竹田省先生古稀記念論集）』（有斐閣，1952年）393頁以下
小橋一郎「偽造小切手の支払」ジュリ176号73頁以下（1956年）〔『商法論集Ⅲ手形（2）』（成文堂，1985年）所収〕

小橋一郎『手形行為論』（有信堂，1964年）
小橋一郎「学説100年史・商法――有価証券法」ジュリ400号104頁以下（1968年）
小橋一郎「預金契約の成立」加藤一郎＝林良平＝河本一郎編『銀行取引法講座上巻』
　　（銀行研修社，1976年）110頁以下
小橋一郎『有価証券法の基礎理論』（日本評論社，1982年）
小橋一郎「ブルンナーにおける有価証券」『商法論集Ⅱ　商行為・手形（1）』（成文堂，
　　1983年）23頁以下
小橋一郎「トェールと無記名証券」『商法論集Ⅱ　商行為・手形（1）』（成文堂，1983年）
　　61頁以下
小橋一郎「ヤコビの手形理論（権利外観理論）について」『商法論集Ⅱ　商行為・手形
　　（1）』（成文堂，1983年）152頁以下
小橋一郎『手形法・小切手法』（成文堂，1995年）
小町谷操三『判例商法巻二（手形・その他）』（勁草書房，1953年）
境一郎「裏書の連続」『総合判例研究叢書・商法（3）』（有斐閣，1958年）1頁以下
坂井芳雄「架橋説批判」『裁判手形法（再増補）』（一粒社，1988年）91頁以下
坂井芳雄「手形法一六条一項の性質」『裁判手形法（再増補）』（一粒社，1988年）107頁
　　以下
坂井芳雄「連続した裏書記載の主張の有無」『裁判手形法（再増補）』（一粒社，1988年）
　　397頁以下
坂井芳雄『手形法小切手法の理解』（法曹会，1996年）
坂井芳雄『約束手形金請求訴訟における要件事実とその立証＜三訂版＞』（法曹会，司
　　法研究報告書14輯2号（1996年）
佐久間毅「民法四七八条による取引保護」論叢154巻4・5・6号377頁以下（2003年）
佐々木正人「＜特集＝盗難通帳による預金の払戻しと実務対応＞払戻請求者が無権限で
　　あると疑わせる特段の事情と金融機関の注意義務」金法1674号37頁以下（2003年）
佐藤岩昭「判批」判タ855号27頁以下（1994年）
沢野直紀「無権限資金移動取引と損失負担」岩原紳作編『現代企業法の展開』（有斐閣，
　　1990年）353頁以下
塩田親文「偽造小切手の支払と銀行の免責」『大隅健一郎先生古稀記念・企業法の研究』
　　（有斐閣，1977年）684頁以下
潮見佳男『債権総論Ⅱ＜第三版＞』（信山社出版，，2005年）
志津田氏治「偽造小切手と銀行の免責約款」経営と経済42巻1号1頁以下（1962年）
篠田昭次＝柳田幸男「準占有と代理資格の詐称」判タ139号140頁以下（1963年）
柴田保幸「判批」曹時24巻3号167頁以下（1972年）
司法省編『ロエスエル氏起稿　商法草案［復刻版］』（新青出版，1995年，明治17年
　　（1884年）司法省訳の復刻版
下森定「債権の準占有者に対する弁済」『新版民法演習3（債権総論）』（有斐閣，1979年）

213頁以下

寿円秀夫『預金（銀行取引実務講座Ⅴ）』（青林書院新社，1965年）

庄子良男「ハインリッヒ・ブルンナー『有価証券論』」『ドイツ手形法理論史（上）』（信山社出版，2001年）311頁以下〔千葉大学法学論集9巻2号187頁以下（1994年），9巻3号179頁以下（1995年）初出〕

庄子良男「19世紀プロイセン手形立法史の概観と考察──1847年プロイセン手形条例草案を中心として──」『ドイツ手形法理論史（下）』（信山社出版，2001年）851頁以下〔『現代企業・金融法の課題上巻（平出慶道先生＝高窪利一先生古稀記念論集）』（新山社出版，2001年）初出〕

末弘嚴太郎『債權總論』（日本評論社，1938年）

須賀喜三郎『手形法原論』（厳松堂書店，1935年）

菅原菊志「遡求」鈴木竹雄＝大隅健一郎編『手形法・小切手法講座第五巻』（有斐閣，1965年）33頁以下

菅原胞治「盗難通帳による預金不正払戻しと金融機関の責任を巡る裁判例」銀法645号18頁以下（2005年）

杉之原舜一「表見的受領權者に對する辨濟者の保護（一）（二）」法協46巻8号1頁以下，9号49頁以下（1928年）

鈴木竹雄「手形裏書の抹消──裏書の資格授与力に関する一研究──」法協50巻1号1頁以下（1932年）〔『商法研究Ⅰ総論・手形法』（有斐閣，1981年）所収〕

鈴木竹雄「（民事法判例研究録78）線引小切手を窃取して呈示せる振出人の雇人に対して為した支払の効力」法協59巻2号119頁以下（1941年）

鈴木竹雄『手形法・小切手法（法律学全集32）』（有斐閣，1957年）

鈴木竹雄編『普通預金・定期預金』（有斐閣，1962年）

鈴木竹雄編『当座預金』（有斐閣，1962年）

鈴木竹雄＝前田庸補訂『手形法・小切手法＜新版＞（法律学全集32）』（有斐閣，1992年）

鈴木禄弥編『新版注釈民法（17）債権（8）』（有斐閣，1993年）

住田立身「普通預金規定ひな型の解説」金法573号10頁以下（1970年）

関俊彦『金融手形小切手法＜新版＞』（商事法務，2003年）

副田隆重「預金担保貸付，生命保険契約上の契約者貸付と478条」椿寿夫＝中舎寛樹編著『解説 類推適用から見る民法』（日本評論社，2005年）176頁以下

高窪利一『手形法・小切手法』（文久書林，1964年）

高窪利一＝堀口亘＝島谷六郎「判批・コメント」手研104号29頁以下（1966年）

高窪利一＝前田庸＝島谷六郎「判批・コメント」手研179号29頁以下（1971年）

高窪利一『手形・小切手法通論＜全訂版＞』（三嶺書房，1986年）

高窪利一『現代手形・小切手法＜三訂版＞』（経済法令研究会，1997年）

高鳥正夫「證券所持人の同一性に關する調査義務」法研27巻12号1頁以下（1954年）

高鳥正夫『手形法小切手法＜改訂版＞』（慶應通信，1983年）

高田晴人「指図債権の裏書譲渡と権利移転的効力について――民法四六九条論・序説――」『現代企業法の諸問題（小室金之助教授還暦記念）』（成文堂，1996年）193頁以下
高橋勝好「銀行取引における免責約款の研究（上）――特に偽造手形小切手の支払について――」金法92号3頁以下（1956年）
高橋三知雄「印鑑照合による免責」法時41巻7号25頁以下（1969年）
髙見澤昭治＝齋藤雅弘＝野間啓編著『預金者保護法ハンドブック』（日本評論社，2006年）
竹田省「裏書の不連続と手形所持人」民商5巻2号1頁以下（1937年）〔『商法の理論と解釈』（有斐閣，1959年）所収〕
竹田省「（最新判例批評78）小切手金の支払と民法第百十條」民商13巻2号110頁以下（1941年）
竹田省『手形法・小切手法』（有斐閣，1955年）
竹田省「偽造小切手支払の被害者」『商法の理論と解釈』（有斐閣，1959年）756頁以下
武久征治「ギールケの有価証券理論について」彦根論叢160号115頁以下（1973年）
田島順『民法一九二條の研究』（立命館出版部，1919年）
多田利隆「善意要件の二面性――ローマ法のbona fidesに即して――（上）」北九州21巻1号23頁以下（1993年）
田中耕太郎『手形法（現代法学全集第7巻）』（日本評論社，1928年）
田中耕太郎『手形法小切手法概論』（有斐閣，1935年）
田中耕太郎『世界法の理論（田中耕太郎著作集Ⅲ）』（春秋社，1954年）
田中誠二『手形・小切手法詳説下巻』（勁草書房，1968年）
田中誠二『新版商行為法＜再全訂版＞』（千倉書房，1970年）
田中誠二『新版銀行取引法＜全訂版＞』（経済法令研究会，1990年）
田邊宏康『手形小切手法講義』（成文堂，2005年）
田邊光政「手形所有権説の新展開――新手形所有権説への指向――」関法19巻1・2・3合併号76頁以下（1970年）
田邊光政「手形法統一運動史と国際手形法条約草案」高窪利一他編『企業社会と法（升本喜兵衛先生追悼論文集）』（学陽書房，1987年）269頁以下
田邊光政『最新手形法小切手法＜五訂版＞』（中央経済社，2007年）
谷口知平＝五十嵐清編『新版注釈民法（13）債権（4）』（有斐閣，2006年）
玉樹智文「＜資料＞債権総則（三五）」民商91巻2号296頁以下（1984年）
中馬義直「預金契約」『契約法大系Ⅴ』（有斐閣，1963年）19頁以下
出口雅久「日独における公証人損害賠償訴訟の現状――予防司法を担う公証人のグローバル・スタンダードの素描――」公証法学28号43頁以下（1999年）
手塚尚男「手形法四〇条三項における弁済受領者の範囲」民商54巻6号26頁以下（1966年）

手塚尚男「手形法四〇条三項における弁済受領者の範囲再論」同法48巻1号1頁以下（1996年）
椿寿夫「預金取引」法時54巻6号8頁以下（1982年）
椿寿夫「預金担保」『民法研究Ⅱ』（第一法規出版，1983年）153頁以下
栂善夫「ドイツ連邦共和国（西ドイツ）公証法について」公証法学10号49頁以下（1981年）
仲江利政「無権利者による払戻しと銀行の責任」藤林益三＝石井眞司編『判例・先例 金融取引法＜新訂版＞』（金融財政事情研究会，1988年）33頁以下
中井美雄『債権総論講義』（有斐閣，1996年）
長尾治助『約款と消費者保護の法律問題』（三省堂，1981年）
中村一彦「判批」民商66巻4号132頁以下（1972年）
中舎寛樹「表見的債権者と弁済」星野英一編『民法講座4債権総論』（有斐閣，1985年）305頁以下
永井博史「西ドイツにおける公証人の教示義務」公証法学14号87頁以下（1984年）
中川高男「受任者の善管注意義務」『契約法大系Ⅳ（雇傭・請負・委任）』（有斐閣，1963年）261頁以下
並木茂「現金自動入出機による預金の払戻しと民法478条の適用の有無など（下）」金法1696号45頁以下（2004年）
並木俊守他「判批」手研46号26頁以下（1961年）
奈良次郎＝松村雅司「偽造小切手の支払と注意義務」金法689号（特集号・金融法務100講）18頁以下（1973年）
新関輝夫「預金証書の持参人に対する弁済と民法四七八条」遠藤浩他監修『現代契約法体系第五巻金融取引契約』（有斐閣，1984年）64頁以下
西尾信一「判批」判タ824号25頁以下（1993年）
西尾信一編『金融取引法＜第二版＞』（法律文化社，2004年）
西原寛一『商行為法＜第三版＞（法律学全集29）』（有斐閣，1973年）
西村信夫編『注釈民法（11）債権（2）』（有斐閣，1965年）
西村信夫編『注釈民法（12）債権（3）』（有斐閣，1965年）
西島彌太郎「手形法に於ける悪意重過失」民商9巻2号1頁以下（1939年）
西本辰之助「ヤコビの権利表見説」綜合2巻5号244頁以下（1959年）
納富義光『手形法に於ける基本理論』（有斐閣，1940年）
納富義光「手形法第四〇条三項について——特に支払者の調査権を中心として——（上）（下）」手研266号4頁以下，同267号4頁以下（1978年）
納富義光『手形法・小切手法論』（有斐閣，1982年）
ハインリッヒ・ミッタイス著，世良晃志郎＝広中俊雄共訳『ドイツ私法概説』（創文社，1961年）
長谷川喬＝岸本辰雄『商法［明治二三年］正義 第一巻・第二巻（日本立法資料全集 別

巻48)』(信山社出版，1995年，新法註釋會・明治23年（1890年）刊の復刻版)
長谷川雄一「手形法四〇条三項の善意支払の意義について」法と権利2・民商78巻臨増
　　(2) 468頁以下（1978年）
長谷川雄一「所持人の形式的資格と善意の支払（一）（二）」愛学102号55頁以下（1983
　　年），103号41頁以下（1983年）
蓮井良憲「手形の偽造」鈴木竹雄＝大隅健一郎編『手形法・小切手法講座第一巻』（有
　　斐閣，1964年）232頁以下
服部育生「手形の支払と善意免責」名学21巻1・2合併号93頁以下（1984年）
服部榮三『手形・小切手法＜改訂版＞』（商事法務研究会，1978年）
鳩山秀夫『日本債権法總論＜増訂改版＞』（岩波書店，1925年）
塙浩『ゲヴェーレの理念と現実［西洋法史研究］（塙浩著作集3）』（信山社出版，1992
　　年）
浜上則雄「表見受領権者への弁済」谷口知平＝加藤一郎編『新民法演習3（債権総論）』
　　（有斐閣，1968年）160頁以下
浜田惟道「判批」判評155号29頁以下（1972年）
早川淑男「CDカード規定試案の作成と内容」手研250号26頁以下（1975年）
林良平「CDカードによる払戻しと免責約款」金法1229号13頁以下（1989年）
林良平（安永正昭補訂）＝石田喜久夫＝高木多喜男『債権総論＜第三版＞』（青林書院，
　　1996年）
林良平＝安永正昭「銀行取引と免責約款」加藤一郎他編『銀行取引法講座上巻』（金融
　　財政事情研究会，1976年）1頁以下
林部実「判批」手研121号14頁以下（1967年）
平井宜雄「判批」ジュリ増刊『民法の判例＜第三版＞』（有斐閣，1979年）138頁以下
平井宜雄『債権総論』（弘文堂，1996年）
平出慶道「預金者の認定と預金の払戻し」鈴木禄弥＝竹内昭夫『金融取引法大系第二巻
　　預金取引』（有斐閣，1983年）70頁以下
平出慶道『商行為法＜第二版＞（現代法律学全集17）』（青林書院，1989年）
平出慶道『手形法小切手法』（有斐閣，1990年）
平出慶道＝神崎克郎＝村重慶一編『手形・小切手法（注解法律学全集25)』（青林書院，
　　1997年）
平野秀則「預金の払戻しと過失相殺（下）」金法1741号29頁以下（2005年）
平野裕之『債権総論』（信山社出版，2003年）
広中敏雄編著『民法修正案（前三編）の理由書』（有斐閣，1987年）
福瀧博之「有価証券法における所有権説について(Jacobi, Die Wertpaiere, 1917における)」
　　関法26巻4・5・6合併号877頁以下（1977年）
福瀧博之「手形法と権利外観理論」菱田政宏編『商法における表見法理（岩本慧先生傘
　　寿記念論文集)』（中央経済社，1996年）249頁以下

福瀧博之『手形法概要』（法律文化社，1998年）
法務省民事局編『公証人法関係解説・先例集』（商事法務研究会，1986年）
星川長七＝斎藤睦馬『新銀行実務法律講座第一巻　預金』（銀行研修社，1974年）
星野英一『民法概論Ⅲ（債権総論）＜補訂版＞』（良書普及会，1981年）
星野英一「いわゆる『預金担保貸付』の法律問題」『民法論集第七巻』（有斐閣，1989年）167頁以下〔『民法講座（1）民法総則』（有斐閣，1985年）所収〕
堀内仁「判批」手研174号4頁以下（1971年）
前田庸「振出人と支払人との関係」鈴木竹雄＝大隅健一郎編『手形法・小切手法講座第二巻』（有斐閣，1965年）133頁以下
前田庸「判批」ジュリ405号95頁以下（1968年）
前田庸「金融取引の法律問題」『現代の経済構造と法（現代法学全集52）』（筑摩書房，1975年）402頁以下
前田庸『手形法・小切手法入門（法学教室全書）』（有斐閣，1983年）
前田庸『手形法・小切手法（法律学体系）』（有斐閣，1999年）
前田庸『銀行取引』（弘文堂，1986年）
升本喜兵衛『有価証券法（新法学全書）』（評論社，1952年）
升本喜兵衛「有価証券における権利と資格」綜合2巻5号263頁（1959年）
松浦馨「法律行為の法令違反等と公証人の調査義務」リマークス17号（1998年（下））154頁以下（1998年）
松岡誠之助「拒絶証書」鈴木竹雄＝大隅健一郎編『手形法・小切手法講座第五巻』（有斐閣，1965年）80頁以下
松村和　「執行証書の債務名義性に関する一考察」公証法学21号51頁以下（1991年）
松波仁一郎＝仁保亀松＝梅謙次郎『帝国民法〔明治29年〕正解第五巻債権（自第三九九條至第五一四条）（日本立法資料全集別巻99）』（信山社出版，1997年，日本法律学校・明治30年（1897年）刊の復刻版）
松本烝治『手形法』（有斐閣，1918年）
松本烝治「民法第四百七十條ト第四百七十八條トノ關係」『私法論文集』（厳松堂書店，1926年）374頁以下
松山三和子「偽造小切手の損失負担と免責約款」『近代企業法の形成と展開　奥島孝康教授還暦記念第2巻』（成文堂，1999年）463頁以下
丸山秀平『手形法小切手法概論＜第二版＞』（中央経済社，2001年）
水口吉蔵『手形法論』（清水書店，1916年）
御室龍「統一手形用紙制度の実際と問題点」黒木三郎教授還暦記念論文随筆集刊行会編『法とその周辺・黒木三郎教授還暦記念論文随筆集』（法律文化社，1983年）245頁以下
宮川不可止「預金払戻取引における債権者の帰責性——過失相殺規定の類推適用の検討を中心に」法時77巻5号108頁以下（2005年）

三宅正男『判例民事法昭和十六年度』（有斐閣，1941年）60事件
矢尾渉「過誤払いと民法四七八条」金判1211号14頁以下（2005年）
矢沢惇＝鴻常夫『自習商法』（有斐閣，1964年）
安井宏「判例における預金取引約款の適用状況（一）」修道法学9巻2号477頁以下（1986年）
安井宏「キャッシュカードの不正使用と免責約款の効力」修道法学18巻1号97頁以下（1995年）
安永正昭「動産の善意取得制度についての一考察――いわゆる占有の権利外観効を中心として――」論叢88巻第4・5・6号272頁以下（1970年））
弥永真生『リーガルマインド手形法・小切手法＜第2版補訂＞』（有斐閣，2005年）
山尾時三『新手形法論』（岩波書店，1935年）
山崎寛「判批」法時36巻2号94頁（1963年）
山下友信「銀行取引と免責約款の効力」『石田喜久夫＝西原道雄＝高木多喜男先生還暦記念・金融法の課題と展望下巻』（日本評論社，1990年）189頁以下
山田剛志「盗難通帳による預金払戻しと「特段の事情」」金判1190号2頁以下（2004年）
山本豊「判批」金法1396号7頁以下（1994年）
吉田光碩「民法四七八条≪債権準占有者への弁済≫は，どこまで拡大ないし類推を許すべきか」椿寿夫編『講座・現代契約と現代債権の展望 第二巻債権総論（2）』（日本評論社，1991年）275頁以下
横田秀雄『債権總論』（日本大學，1908年）
吉井直昭編『公正証書・認証の法律相談＜第二版＞』（青林書院，2003年）
吉原省三「判批」判タ266号69頁以下（1971年）
我妻栄『新訂債権総論（民法講義Ⅳ）』（岩波書店，1964年）
渡辺五三九「独逸連邦公証人法の成立とその問題点」公証法学4号35頁以下（1975年）
渡邊博己「預金の不正払出しと金融機関の注意義務」金法1674号28頁以下（2003年）
渡辺博之「信義誠実の原則の構造的考察（一）――信義則の行為規範的側面の再評価――」民商91巻4号1頁以下（1985年）
Carl Friedlich Hermann Roesler, Entwurf eines Handels-gesetzbuches für Japan mit Commentar, Bd.2, 1996, Neudruck der Ausgabe 1884（『ロェスエル　日本商法典草案注解（独文）第2巻』（新青出版，1996年，復刻版）

＜ドイツ・オーストリア・スイス＞
Karl *Adler*, Das österreichische Wechselrecht, 1904
Adolf *Baumbach*=Wolfgang *Hefermehl*, Wechselgesetz und Schekgesetz: Beck'sche Kurz=Kommentare, Bd.26, 22.Aufl, 2000
Gottfried *Baumgärtel*, Handbuch der Beweislast im Privatrecht, Bd.1, 2. Aufl., 1991

Wilhelm *Bernstein*, Allgemeine deutsche und allgemeine oesterreichische Wechselordnung, 1898

Wilhelm *Bernstein*, Die Reform des Wechselprotestes, 1907

Fritz *Bornemann*, Zivilrecht im Querschnitt, Bd. V Wertpapierrecht, 1972

S.*Borchardt*, Die Allgemeine Deutsche Wechselordnung mit den von den Deutschen und Oesterreischen Gerichtshöfen ausgesprochen Grundsätzen des Wechselrechts nebst Bemerkungn, 6.Aufl., 1874

James *Breit*, Schattenkultus Gespensterfurcht in Wechselprotest judikatur und Wechselprotestwissenschaft, ZfH Bd.3, 1928, S.288ff.

Hans *Brox*, Handelsrecht und Wertpapierrecht, 12.Aufl., 1996

Heinrich *Brunner*, Die Werthpapiere in: W. Endemann(hrsg.), Handbuch des deutschen Handels-, See-, und Wechselrechts, Bd.2, 1882, S.160ff.

Peter *Büllow*, Heidelberger Kommentar zum Wechselgesetz/Scheckgesetz und zu den Allgemeinen Geschäftsbedingungen, 4.Aufl., 2004

Raban Freiherr *von Canstein*, Das Wechselrecht Öterreichs und die Abweichungen der Wechselrechte Deutschlands, Ungarns, Bosniens und der Herzegowina, der Schweiz, Russlands, Italiens, Rumäniens, Serbiens, Frankreichs und Englands, 2.Aufl., 1903

Carl *Crome*, System der deutschen bügerlichen Rechts, 1902

Georg *Cohn*, Der Kampf um die Wechselprotest, 1905

Konrad *Cosack*, Lehrbuch des Handelsrechts mit Einschluß des See-, Wechsel- und Versicherungsrechts, 2.Aufl., 1893

Heinrich *Dernburg*, Die Schuldverhältnisse, Das bürgerliche Recht des deutschen Reichs und Preußens, Bd.2, Abt.1, 3.Aufl., 1905

Heinrich *Dernburg*, Die Schuldverhältnisse, Das bürgerliche Recht des deutschen Reichs und Preußens, Bd.2, Abt.2, 3.Aufl., 1906

Friedrich *Endemann*, Lehrbuch des bügerlichen Rechts, Bd.1, 1903

Ludwig *Enneccerus*=Heinrich *Lehmann*, Recht der Schuldverhältnisse, 15. Bear., 1958

Erman BGB, Handkommetntar, 11. Aufl., 2004

Füssel, Ist der Beklagte zur eidliche Dissession der Indossamente, auf welchen Klägers Legitimation beruht, zuzulassen, ArchDWR Bd.2, 1852, S.257ff.

Joachim *Gernhuber*, Die Erfüllung und ihre Surrogate, 2.Aufl., 1994

Otto Friedrich *von Gierke*, Die Bedeutung des Fahrnisbesitzes für streitiges Recht nach dem Bürgerlichen Gesetzbuch für das Deutsche Reich, 1897

Otto Friedrich *von Gierke*, Deutsches Privatrecht, Bd.2, 1905

Levin *Goldschmidt*, Ueber den Erwerb dinglicher Rechte von dem Nichteigenthümer und die Verschränkung der dinglichen Rechtsverfolgung, insbesondere nach handelsrechtlichen Grundsätzen, ZHR Bd.8, 1865, S.225ff.

Levin *Goldschmidt*, System des Handelsrechts mit Einschluss des Wechsel-, See-, und Versicherungsrechts im Grundriss, 1891

Josef E. *Goldberger*, Der Schutz gutgläubiger Dritter im Verkehre mit Nichtbevollmächtigten nach BGB, 1908

Werner(bear.), *Großkommentar* der Praxis, Bd.2, Teil 1, 12.Aufl., 1976

Grimme, Rechnung und Quittung bei der Abwicklung von Schuldverhältnissen, JR 1988, S.177ff.

C.S. *Grünhut*, Wechselrecht, Bd.2, 1897

Karl-Heinz *Gursky*, Wertpapierrecht, 2.Aufl., 1997

Karl Wilhelm *Harder*, Welcher Art ist die Eigenschaft des wechselprotestierenden Notars?, ArchTP Bd.39, 1879, S.87f.

W. *Hartmann*, Das deutsche Wechselrecht, 1869

Hans *Hattenhauer*, Allgemeines Landrecht für die Preußischen Staaten von 1794, Textaufgabe, 1970

Helmut *Henrichs*, Der Schutz des gutgläubigen Wechselerwerbers nach dem einheitlichen Wechselgesetz der Genfer Verträge unter besonderer Berücksichtigung der Rechtsentwicklung in den Vertragsstaaten, 1962

Manfred *Nitschke*, Die Wirkung von Rechtsscheintatbäständen zu Lasten Geschäftsunfähiger und beschränkt Geschäftsfähiger, JuS 1968, S.541ff.

Emil *Hoffmann*, Ueber die Bedingungen der Gültigkeit des Erwerbs eines Wechsels und der an den Wechselinhaber geleisteten Zahlung, ArchDWR Bd.5, 1857, S.381

Emil *Hoffmann*, Ausführliche Erläuterung der Allgemeinen Deutsche Wechselordnung, 1859, S.381ff.

Eugen *Huber*, Die Bedeutung der Gewere im deutschen Sachenrecht, Festschrift im Namen und Auftrag der Universität Bern, 1894

Alfred *Hueck*, Recht der Wertpapiere, 8.Aufl., 1960

Alfred *Hueck*=Claus-Wilhelm *Canaris*, Recht der Wertpapiere, 11. Aufl., 1986

Josef *Hupka*, Das Einheitliche Wechselrecht der Genfer Verträge, 1934

Ernst *Jacobi* (bear.), Die Wertpapiere in: Victor Ehrenberg(hrsg.), Handbuch des gesamten handelsrechts mit Einschluß des Wechsels-, Scheck-, See- und Binnenschiffahrtsrechts, des Versicherungsrechts sowie des Post- und Telegraphenrechts, 1917, S.125ff.

Ernst *Jacobi*, Wechsel- und Scheckrecht unter Berücksichtigung des Ausländischen Rechts, 1955

Jolly, An wen muß und an wen kann die Zahlung einse Wechsel geshehen?, ArchDWR Bd.2, 1858, S.163ff.

Friedrich *Kessler*, Wechselgesetz von 21. Juni 1933, 1933

Friedrich *Klausing*, Wechsel- und Scheckrecht einschliesslich der Grundbegriffe des allgemeinen Wertpapierrechts, 1930

Hugo *Keyssner*, Der Quittungsträger in: Festgabe der juristischen Gesellschaft zu Berlin zum 50 jährigen Dienstjubiläum von Richard Koch, 1903

Richard Koch, Zur Lehre von der Erhebung des Protestes mangels Zahlung, ArchTP Bd.45, 1884, S.63ff., Bd.46, 1886, S.187ff.

Ludwig *Kuhlenbeck*, Der Check, 1898

Kunze=Brachmann, Das Wechselrecht, in: Endemann(herg.), Handbuch des deutschen Handels-, See- und Wechselrechts, Bd.4, Abt.2, 1884

Karl *Larenz*, Lehrbuch des Schuldrechts, 14. Aufl., 1987

Eugen *Locher*, Das Recht der Wertpaiere, 1947

Ladenberg, Die rechtliche Stellung des protestierenden Notars oder Gerichtsbeamten, ArchTP Bd.41, 1881, S.89ff.

Arnold *Langen*, Die Wechselverbindlichkeit nach dem Gesetz vom 21. Juni 1933, 1934

Heinrich Otto *Lehmann*, Lehrbuch des deutschen Wechselrechts, 1886

E. *Leist*, Der Wechselprotest und seine Reform, 1899

R. *Mansfeld*, Wechsellegitimation und Wechselberechtigung, LZ 1912, S.577ff

Herbert *Meyer*, Das Publizitätprinzip im deutschen bürgerlichen Recht, 1909

Ulrich *Meyer-Coding*=Tim *Drygala*, Werpapierrecht, 1995

Richard *Michaelis*, Wechselrecht: Kommentar auf der Grundlage der Deutschen Wechselordnung unter vergleichsweiser Heranziehung der hauptsächlichsten ausländischen Wechselgesetze und des künftigen einheitlichen Wechselrechts, 1932

Rudolf *Müller-Erzbach*, Deutsches Handelsrecht, 1969, Neudruck der 2./3. Auflage, 1928

Münchner Kommentar zum BGB, Bd.5 Schuldrecht, besonderer Teil III, 4. Aufl., 2001

Münchner Kommetnar zum BGB, Bd.2, 4.Aufl., 2001

Hubert *Naendrup*, Protesterhebung mangels Zahlung trotz Angebotes an den Protestbeamten, 1899

Paul *Oertmann*, Recht der Schuldverhältnisse, Kommentar zum BGB, 2.Buch, 3.und 4.Aufl., 1910

Otto *Oertzen*, Der Wechselregreß, ZHR Bd.75, 1914, S.88ff.

Palandt BGB: Beck'sche Kurz- Kommentare, Bd.7, 65.Aufl., 2006

Kurt *von Pannwitz*, Die Entstehung der Allgemeine Deutschen Wechselordnung: ein Beitrag zur Geschichte der Vereinheitlichung des deutschen Zivilrechts im 19. Jahrhundert, 1999

Max *Pappenheim*, Literatur: Lehrbuch des Handelsrechts mit Einschluß des See- Wechsel- und Versicherungsrechts von Konrad Cosack, ZHR Bd.42, 1894, S.299ff.

Planck, Recht der Schuldvervältnisse, Kommentar zum BGB, Bd.2, 1.und 2.Aufl., 1900

BGB mit besonderer Berücksichtigung der *Rechtsprechung des Reichsgerichts und des*

Bundesgerichtshofes, Kommentar, 12. Aufl., 1976
Johannes *Priese*=Fritz *Rebentrost*, Kommentar zum Wechselgesetz mit Text des Scheckgesetzes und der Nebengesetze, 1949
Quassowski=Albrecht, Wechselgesetz vom 21. Juni 1933: unter besonderer Berücksichtigung der amtlichen Materialien (Regierungsvorlagen, Haager und Genfer Konferenzberichte), 1934
Regensberger, Der sogennante Rechtserwerb vom Nichtberechtigten, JherJb Bd.47, 1904, S.339ff.
H. *Rehbein*, Allgemeine Deutsche Wechselordnung, 5.Aufl., 1895
H. *Rehbein*, Das Bürgerliche Gesetzbuch, Bd.2, 1903
BGB Kommentar von *Reichsgerichtsräten*, Bd.1, 1910
Achilles *Renaud*, Lehrbuch des Allgemeine Deutschen Wechselrechts, 3.Aufl., 1868
Achilles *Renaud*, Zur Lehre von der Erhebung des Protestes mangels Zahlung, ArchTP Bd.43, 1883, S.291ff., Bd.46, 1886, S.41ff.
Reinhard *Richardi*, Wertpapierrecht, 1987
Hans-Peter *Scheerer*, Bankgeschäfte des Minderjärigen, BB 1971, S.981ff.
Herbert *Schimansky*=Hermann-Josef Bunte=Hans-Jurgen Lwowski(herg.), Bankrecht-Handbuch, 2.Aufl., 2001
Hans *Schumann*, Handelsgeschafte- Wertpapiere, Handelsrecht Bd.2, 1954
Claudius Frh. *von Schwerin*, Recht der Wertpapiere einschließlich Wechsel- und Schekrecht, 1924,
Claudius Frh. *von Schwerin*, Wechsel- und Scheckrecht einschließlich der Grundbegriffe des Wertpapierrechts, 2.Aufl., 1934
Th. *Soergel* (begr.), Kohlhammer-Kommentar zum BGB, 12. Aufl., 1990
Gustav *Stanzl*, Böser Glaube im Wechselrecht, 1950
Stranz, Bemerkungen über die Verhandlungen der Nürnberger Conferenz zur Berathung eines Allgemeinen Deutschen Handelsgesetzbuchs bezüglich der Allgemeinen Deutschen Wechselordnung, ArchDWR Bd.9, 1860, S.217ff.
Josef *Stranz*, Ein Protest gegen den Wechselprotest in：Festgabe der juristischen Gesellschaft zu Berlin zum 50 jährigen Dienstjubiläum ihres Vorsitzenden des wirklichen geheimen Rats Dr. Richard Koch, 1903, S.342ff.
Hermann *Staub*, Kommentar zur Allgemeine Deutsche Wechselordnung, 3. Aufl., 1899
Hermann *Staub*, Kommentar zur Allgemeinen Deutschen Wechselordnung, 4.Aufl., 1901
Staub=Stranz, Staub's Kommentar zur Allgemeinen Deutschen Wechselordnung, 5.Aufl., 1907
Staub=Stranz, Staub's Kommnentar zur Wechseloudnung, 8.Aufl., 1912
Staub=Stranz, Komnnentar zum Wechselgesetz, 13.Aufl., 1934

Martin *Stranz*, Kommnentar zum Wechselgesetz, 14.Aufl., 1952
J. von *Staudinger*, Recht der Schuldvervältnisse, Kommentar zum BGB, Bd.2b, 2.Aufl., 1906
J. von *Staudingers* Kommnentar zum BGB: mit Einführungsgesetz und Nebengesetzen, Buch2 Recht der Schuldvervältnisse (§§779-811), Neuarbeitung 2002
J. von *Staudingers* Kommnentar zum BGB: mit Einführungsgesetz und Nebengesetzen, Buch2 Recht der Schuldvervältnisse (§§362-396), Neubearbeitung 2006
Johann *Swoboda*, Ueber die Natur des Wechselprotestes, ArchDWR Bd.17, 1868, S.337ff.
Heinrich *Thöl*, Das Handelsrecht, Bd.1, 6.Aufl., 1879
Heinrich *Thöl*, Das Wechselrecht, Das Handelsrecht, Bd.2, 4.Aufl., 1878
Georg Carl *Treitschke*, Alphabetische Encyclopädie der Wechselrechte und Wechselgesetze, Bd.2, 1831
Eugen *Ulmer*, Das Recht der Wertpapiere, 1938
Joseph *Unger*, Die rechtliche Natur der Inhaberpapier, 1857
Volkmar=Loewy, Die Deutsche Wechselordnung, 1862.
Oscar *Wächter*, Wechsellehre nach den deutschen und ausländischen Gesetzen für den praktischen Gebrauch des Handelsstandes, 1861
Oscar *Wächter*, Encyclopädie des Wechselrechts der Europäischen und Ausser-Europäischen Länder auf Grundlage des gemeinen deutschen Rechts, 1880
Leonhard *Wächter*, Der Wechselprotest kein Formalact, sondern ein Beweisdocument, ArchDWR Bd.7, 1858, S.233ff.
Heinrich *Walter*, Der Wechselprotest: Systematische Darstellung des in Deutschland geltenden Wechselprotestrechtes, 1892
Wienstein, Keine Wechselberechtigung ohne Legitimation, LZ 1915, S.1567ff.
Martin *Wolf*, Ueber den Verkehrschutz im neuen Wechselrecht, in: Beiträge zum Handelsrecht, Festgabe zum siebzigsten Geburtstage von Carl Wieland, 1934, S.438ff.
Wolfgang *Zöllner*, Wertpapierrecht, 14.Aufl., 1987

＜フランス＞
Ch. *Lyon-Caen*=L. *Renault*, Traité de droit commercial, T.4., 4e éd., 1907
Ch. *Lyon-Caen*=L. *Renault*, Traité de droit commercial, T.4., 5e éd., 1925

資　料

＜日本＞
法務大臣官房司法法制調査部監修『法典調査会・民法議事速記録三（日本近代立法資料叢）』（商事法務研究会、1984年）

法務大臣官房司法法制調査部監修『法律取調委員會・商法第一讀會會議筆記・商法第二讀會會議筆記（日本近代立法資料叢書17）』（商事法務研究会，1985年）

法務大臣官房司法法制調査部監修『法律取調委員會・商法草案議事速記（日本近代立法資料叢書18）』（商事法務研究会，1985年）

＜ドイツ・フランス・国連＞

Werner Schubert (hrsg. u. eingel.), Gesetzrevision(1825-1848): Quellen zur preussischen Gesetzgebung des19. Jahrhunderts, 2.Abt. Öffentliches Recht, Zivilrecht und Zivilprozeβrecht, Bd.4 Wechselrecht, 1. und 2. Halbband, 1983

Protocolle der zur Berathung einer Allgemeinen Deutschen Wechsel=Ordnung in der Zeit von 20. October bis zum 9. Dezember in Leipzig gehaltenen Conferenz nebst dem Entwurfe einer Wechsel=Ordnung für die Preuβischen Staaten, den Motiven zu demselben und dem aus den Beschlüssen der Conferenz hervorgegangenen Entwurfe, 1848

Protokolle der Commission zur Beratung eines allgemeinen deutschen Handelsgesetz-Buchs, Bd.1, 1857

Verhandlungen der Kommission zur Berathung eines Allgemeinen Deutschen Handeslgesetzbuches, mehrere zur Allgemeinen Deutschen Wechselordnung in Anregung gekommene Frage betreffend, 1861, S1-44, SS.85-101.

Protokolle der Kommission für die zweite Lesung des Entwurf des Bürgerlichen Gesetzbuchs, Bd.2, 1898

Conférence de la Haye pour l'unification du droit relative à la letter de change, le billet à ordre et le chèque, Acte et Documents, Ministère des Affaires estranges(France), 1910

Deuxième Conférence de la Haye pour l'unification du droit relative à la letter de change, le billet à ordre et le chèque, Documents et Actes(Ⅰ, Ⅱ), Ministère des Affaires estranges(France), 1912

The International Conference for the Unification of Laws on Bills of Exchange, Promissory Notes and Cheques, Geneva, Februry 17th, 1930: Preparatory documents, Drafts prepared bt the Leag of Nations Expers observations by Governments, League of

Nations Publications C234 M83 1929 II

Records of the International Conference for the Unification of Laws on Bills of Exchange, Promissory Notes and Cheques, Geneva, May 13th—June 7th, 1930: First session Bills of Exchange and Promissory Notes, Series of League of Nations Publications C360 M151 1930 II

Denkschrift der Deutschen Reichsregierung zum Haager Abkommnen über die Vereinheitlichung des Wechselrechts und zur Einheitlichen Wechselordnung, Reichsdrucksache Nr. 1002, 13. Legislaturperiode, Bd. 302 der "Verhandlungen des Reichstags" I . Session 1912/1913

Deutsche Denkschrift zur Reichstagsvorlage betrr. die Genfer Abkommen zur Vereinheitlichung des Wechselrechts, Reichstagsvorlage vom 20.4.1932, Nr.1442, 5. Wahlperiode, Bd. 453 der "Verhandlungen des Reichstags"

■著者紹介

島田　志帆（しまだ　しほ）

2005年　慶應義塾大学大学院法学研究科民事法学専攻後期博士課程単位取得退学
現　在　京都学園大学法学部准教授

〔主著〕
「株券不発行制度の意義」『倉澤康一郎先生古稀記念論集　商法の歴史と論理』（新星出版，2005年）
「合同会社制度の創設と持分会社規制」『新会社法の基本問題』（慶應義塾大学出版会，2006年）
「電子記録債権法の立法」京都学園法学2007年1号（2007年）など

2009年3月31日　初版第1刷発行

支払免責制度の研究

著　者　島　田　志　帆

発行者　秋　山　　　泰

発行所　株式会社　法律文化社
〒603-8053　京都市北区上賀茂岩ケ垣内町71
電話 075（791）7131　FAX 075（721）8400
URL:http://www.hou-bun.co.jp/

© 2009　Shiho Shimada　Printed in Japan
印刷：㈱太洋社／製本：㈱藤沢製本
装幀　前田俊平
ISBN978-4-589-03156-3

『現代ビジネス判例』編集委員会編
現代ビジネス判例
―企業行動の新たなる指針―
A5判・546頁・9975円

取締役の経営責任や知的財産権戦略など企業責任をとりまく状況は大きくかわりつつある。企業ビジネスの最新のリーディングケース研究により，これからの企業責任の潮流を探り，そのあるべき姿を明らかにする。

酒巻俊雄監修　藤原祥二・藤原俊雄編
商法大改正とコーポレート・ガバナンスの再構築
A5判・270頁・3360円

企業経営の公正化・透明化をねらった平成13・14年商法大改正を多面的に分析，評価し，将来の展望を示す。研究者のみならず，企業実務家にも対応して曖昧な点もていねいに解明した本格的な解説書。

畠田公明著
コーポレート・ガバナンスにおける取締役の責任制度
A5判・350頁・7875円

取締役の責任の減免，監査制度など近年の商法改正の論議について，アメリカ法との比較，考察により，立法論および解釈論を展開。企業経営の健全性・適法性を確保するための合理的な責任制度とは何かを探る。

志村治美編
東アジアの会社法
―日・中・韓・越の現状と動向―
A5判・284頁・5670円

東アジアにおける経済状況の差異を確認しながら企業組織法の変遷をトレースし，各国の特色と共通する問題状況を鮮明に洗い直す。会社法と証券市場の動向にも着目し，その現状と問題点を明確化する。

小川正雄・高橋岩和編
アジアの競争法と取引法制
A5判・198頁・4725円

アジア諸国・諸地域における競争法を公正な競争の重視，産業政策との両立，消費者利益の重視という3つの特徴をもとに構想。その目的と構造をさぐり，同質性と異質性について検討を行ったシンポジウムの研究成果。

――法律文化社――

表示価格は定価（税込価格）です